U0165965

蔡忠道——著

《史記》武將、
史傳文學暨《史記》學

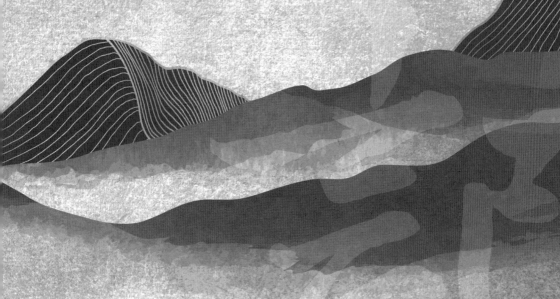

五南圖書出版公司 印行

謹將此書獻給
父親 蔡北川先生

序

　　人生有許多難以預料。

　　1998年8月，我從高雄來到嘉義任教，夢寐以求的大學中文系教席讓我興奮莫名。1999年10月22日的嘉義大地震、10度的低溫都沒有嚇跑我，如今，即將屆滿三十年，我已進入耳順之年，嘉義是我停留最久的城市，成了我的第二故鄉。

　　《史記》的教學與研究，是嘉大中文系送我的一份大禮。原本授課老師釋出課程，主任徵詢我的意見，我慨然應允，從此，幾乎每年都開設《史記》相關課程。後來，連續好幾年跟隨賴明德教授、李偉泰教授、林聰舜教授，到中國參加研討會，陸續發表論文，也指導研究生研究《史記》。這一本專書就是這些年來的研究成果。

　　《史記》是中國第一本紀傳體史書，以嶄新的體裁與視角，開展中國史書的新頁。其中，列傳中有十篇類傳，包括〈刺客列傳〉、〈循吏列傳〉等，司馬遷以三人以上的類型人物書寫歷史，傳達了某些類型人物對歷史的重大影響。若從類傳的角度審視《史記》，〈本紀〉是記載歷代統治者，也是某種類型的類傳。順此以往，帝王身邊的文臣、武將，也可以當成類型人物來研究。武將手握兵權，身受君王信任，為國家開疆闢土、捍衛邊防，地位重要。然而，武將與君王的關係常陷入緊張，這樣的尷尬兩難，常讓這些驍勇善戰、帶兵如神的將領進退失據。本書的第一編是筆者武將一系列的研究成果。第二編則是關於史記學、史傳散文的研究彙編，也是筆者長期關注的主題。

　　學術研究是一趟馬拉松，貴在持續而深入的探索。筆者資質平凡，在教學與研究中身影交錯，師友的啟發與家人的支持是最重要的前行動力。何淑貞教授、江建俊教授、陳麗桂教授等老師長期的關懷。父親的栽培、母親的寬容、內人錦麗的無悔支持，都是學術路上最重要的助力。本書的完成是階段成果的標記，《史記》的研究，仍在繼續。

(6)　《史記》武將、史傳文學暨《史記》學

　　本書出版特別感謝五南圖書副總編輯黃惠娟的促成與編輯魯曉玟的辛
勤付出。內容或有錯謬之處，期待專家學者不吝指正指導。

蔡忠道

2024.12.

CONTENTS
目　次

第一編

斬將搴旗，立功掘
墓——《史記》武
將疏論

第一章
《史記》之武將典型
以〈項羽本紀〉、〈淮陰侯列傳〉、李將軍列傳爲中心

　　司馬遷創類傳的體例，概括歷史類型人物，既可表現出多元的歷史人物，也能收到以簡馭繁的敘寫功效。然而，除了十篇類傳之外，《史記》有許多散居各篇的類型人物，因爲個別人物在歷史上深具份量，遂以單傳或合傳記載之，如果我們將這些人物傳記並觀歸納，將獲得不同的閱讀樂趣與新奇發現。「武將」就是歷史中很重要的類型人物，他們率領士兵在戰場上斬將搴旗，因此，本身必須擅長戰鬥技能，成爲強悍的戰鬥體；武將最重要的是統帥軍隊殺敵致勝，他們必須具備豐富的兵學知識，且能靈活運用。此外，武將位高權重，動見觀瞻，個性耿直，卻又長年在外，必須具備高度的政治智慧，才能應對複雜的官場。本章以《史記》中的武將類型爲題，聚焦於〈項羽本紀〉、〈淮陰侯列傳〉、〈李將軍列傳〉，先分析其內涵，再論其典型的意義。

　　《史記》是歷史人物的畫廊，除了「書」、「表」之外，130篇中有112篇人物傳記。人物傳記的體例有單傳、合傳、類傳與附傳等，[1]其中，類傳歸納歷史的類型人物，對閱讀史傳、了解人物頗能收以簡馭繁的功效。《史記》的類傳共有10篇，以歷史上代表性的「類型」人物爲傳主，不同於單傳、合傳記敘一、兩人，類傳的人物都是三人以上。[2]然而，如

---

[1] 關於《史記》傳記人物體例的討論，可參見蔡信發〈《史記》合傳析論〉、〈《史記》附傳析論〉，氏著《話說史記》（臺北：萬卷樓圖書有限公司，1995），頁27-50。

[2] 《史記》的類傳有刺客列傳（五人）、循吏列傳（四人）、儒林列傳（八人）、酷吏列傳（十三

果我們從「類型」人物的角度切入，就會發現，《史記》記載的類型人物，除了刺客、滑稽、佞幸、酷吏等類傳之外，還有其他類型人物散居各篇，「武將」就是一個明顯的例子。《史記》中記載的武將，僅從篇名統計就有32位，包括項羽（項羽本紀）、陳涉（陳涉世家）、曹參（曹相國世家）、周勃（絳侯周勃世家）、司馬穰苴（司馬穰苴列傳）、孫武、吳起（孫子吳起列傳）、白起、王翦（白起王翦列傳）、魏公子（魏公子列傳）、樂毅（樂毅列傳）、廉頗（廉頗藺相如列傳）、田單（田單列傳）、蒙恬（蒙恬列傳）、陳餘（張耳陳餘列傳）、魏豹、彭越（魏豹彭越列傳）、黥布（黥布列傳）、韓信（淮陰侯列傳）、韓王信、盧綰（韓信盧綰列傳）、田儋（田儋列傳）、樊噲、酈商、夏侯嬰、灌嬰（樊酈滕灌列傳）、季布、欒布（季布欒布列傳）、韓長孺（韓長孺列傳）、李廣（李將軍列傳）、衛青、霍去病（衛將軍驃騎列傳）共23篇傳記，占《史記》全書17%，範圍涵蓋本紀、世家、列傳，時間則從春秋到西漢。

由此可見，在歷史的長河中，武將是人數眾多，也是影響深遠的一群重要人物。然而，歷來對《史記》武將的研究，雖曾關注個別的武將，如李廣、韓信等人，卻較少對武將做整體的觀照與全面的把握，據筆者搜尋，具代表性的研究只有蔡信發〈從《史記》論將帥之道〉[3]一文以及宋

人）、遊俠列傳（三人）、佞幸列傳（七人）、滑稽列傳（三人）、日者列傳（一人）、龜策列傳（一人）、貨殖列傳（十七人）。除了日者列傳與龜策列傳只記載一人之外，其餘列傳都是三人以上，不過，日者列傳與龜策列傳被張晏列入十篇「有目無書」之中，對於其是否為史公撰寫，歷來有所爭議。例如〈太史公自序・日者列傳〉：「齊、楚、秦、趙為日者各有俗所用，欲循觀其大旨，作日者列傳。」而今日流傳的〈日者列傳〉只記載司馬季主一人，與〈太史公自序〉的內容顯然不符。

[3] 參見蔡信發：〈從《史記》論將率之道〉，收在氏著《話說史記》（臺北：萬卷樓圖書有限公司，1995），頁135-157。該文從《史記》歸納將領統帥軍隊的原則，計有(1)樹立軍威，振厲士心；(2)施予恩惠，感奮軍心；(3)將士相得，發揮戰力；(4)善用兵法，出奇制勝；(5)切忌驕慢，免遭赴滅；(6)拘形為下，樂從是尚。涵括全面，深具參考價值。

嗣廉《司馬遷兵學縱橫》[4]一書，前者從《史記》論爲將之道，著重統帥之道的分析歸納。後者論述史公兵學時，對《史記》記敘的戰爭、武將有初步的研究。此外，《史記》對戰爭的描寫深受《左傳》的影響，因此，關於《左傳》武略、兵學、戰爭的相關研究，也是了解《史記》武將的重要參考。[5]因此，「《史記》武將之研究」在前人研究成果的基礎上，進一步開展的研究主題。本章以〈項羽本紀〉、〈淮陰侯列傳〉、〈李將軍列傳〉爲主，三位都是出色的將領：有出色的戰鬥技能，又善用兵法，在戰場上指揮若定，屢建奇功，然而，也都以悲劇收場，具有典型的意義。

第一節　霸王項羽

　　項羽是不世出的霸王，項羽本紀也是《史記》最出色的篇章之一。項羽武將的才性，可從其出身武學世家，以及學習的經歷獲得印證。[6]而其身長八尺，力能扛鼎，自有一股令人震懾的氣勢。

　　司馬遷以鉅鹿救趙、鴻門宴、垓下之圍三段落寫項羽霸業的興起、轉折與消逝。鴻門宴是政治宴會，雖然刀光劍影、暗潮洶湧，但不是戰場上的廝殺，鉅鹿救趙與垓下之圍則是真實鮮明的戰役，從中可清楚看到項羽的軍事才能。

---

[4] 宋嗣廉：《司馬遷兵學縱橫》（西安：陝西人民教育出版社，2006）全書八章，主要是論述司馬遷兵學的一家之言，深具開創性與啓發性，其中，第二章司馬遷的兵學思想，第三章至第六章分別寫《史記》中三代與西周、春秋、戰國、秦漢的戰爭，第七章司馬遷對兵家名將的摹寫，對《史記》武將的研究，都有相當的參考價值。

[5] 例如張高評：《左傳之武略》（高雄：麗文文化事業股份公司，1994）、陽平南：《左傳敘戰的資鑑精神》（臺北：文津出版社，2001）等著作。

[6] 《史記·項羽本紀》記載，項羽的叔公就是楚國名將項燕，「項氏世世爲楚將，封於項。」而項羽學習的歷程，從學書、學劍皆不成，轉而學兵法才「大喜」，都可以佐證其軍事才分。參見西漢·司馬遷撰，日·瀧川龜太郎考證：《史記會注考證》（臺北：萬卷樓圖書有限公司，1993），頁140。本文所引《史記》，皆據此版本，後再引述，僅標出頁碼。

一、破釜沉舟

秦二世元年（B.C.209）九月，項羽和叔父項梁起義抗秦，當時項羽二十四歲。兩個月前，陳涉、吳廣在大澤鄉首先發難，抗秦的勢力風起雲湧，項梁叔姪兩人擊殺會稽郡守殷通，收得精兵八千人。秦二世二年，陳涉敗走被殺，項梁率兵渡江，獲得陳嬰的奧援，增兵至兩萬人；後來，黥布等率兵歸附，勢力迅速增長至六、七萬。東阿之役與定陶之役，項梁連續擊敗秦國的部隊，心生驕滿輕敵，在秦二世二年（B.C.208）九月，被秦將章邯擊敗、殺害。楚地的義軍潰散，章邯轉向北方攻打趙國，在鉅鹿圍攻趙王歇；楚懷王在定陶之役之後，親自到彭城糾集將領，重整楚軍，並重用宋義為上將軍，派宋義率軍救趙。[7]宋義到了安陽之後，就不再前進了。項羽勸宋義率軍救趙，宋義並不採納，還出言諷刺、下令威脅，[8]項羽就陣前殺將奪軍，《史記·項羽本紀》載：

> （宋義）乃遣送其子宋襄相齊，身送之無鹽，飲酒高會。天寒大雨，士卒凍飢。項羽曰：「將戮力而攻秦，久留不行，今歲饑民貧，士卒食芋菽，軍無見糧，乃飲酒高會，不引兵渡河，因趙食，與趙并力攻秦，乃曰『承其敝！』夫以秦之彊攻新造之趙，其勢必舉趙，趙舉而秦彊，何敝之承？且國兵新破，王坐不安席，掃境內而專屬於將軍，國家安危，在此一舉。今不恤士卒而徇其私，非社稷之

---

[7] 楚懷王重用宋義的主要理由是「宋義論武信君必敗」，也就是在項梁「將驕卒惰」之時，預見其失敗。參見〈項羽本紀〉，頁143-144。

[8] 宋義主張：「今秦攻趙，戰勝則兵罷，我承其敝；不勝，則我引兵鼓行而西，必舉秦矣。夫被堅執銳，義不如公；坐而運策，公不如義。」接著，還下令：「猛如虎、很如羊、貪如狼，彊不可使者，皆斬之。」宋義顯然不願積極救趙，而是希望秦、趙兩強相鬥之後，坐收漁利。與項羽的主張不同，此外，宋義的調侃與挑釁的言行，也會激怒年輕氣盛的項羽。

臣。[9]

項羽義正辭嚴的說詞，極具煽動力與說服力。當士兵在寒風苦雨中挨餓受凍，看到宋義父子飲酒高會，心中一定不是滋味。而軍隊已經在安陽停留近兩個月，士兵私下不免議論紛紛。項羽掌握士兵不滿與疑慮的心裡，首先批判宋義在秦、趙惡戰之後坐收漁利的戰略是不符實際的錯誤決策，再者，從整體情勢而論，楚軍從陳涉到項梁接連的敗亡，已經到了存亡之秋，若不能藉此戰役擊敗秦軍，重振士氣，那麼，楚國的抗秦勢力必然瓦解，東方的抗秦力量也將前途未卜。因此，不論就整體的情勢與士兵的感受，宋義不積極救趙的戰略，以及飲酒高會的作爲，都是引人爭議的，項羽批判宋義徇私、「非社稷之臣」，就相當有說服力。[10]宋義不但誤判情勢，延誤軍機，也低估了項羽的憤怒與決心，《史記‧項羽本紀》載：

> 項羽晨朝上將軍宋義，即其帳中斬宋義頭。出令軍中曰：「宋義與齊謀反楚，楚王陰令羽誅之。」當是時，諸將皆慴服，莫敢枝梧，皆曰：「首立楚者，將軍家也，今將軍誅亂！」乃相與共立羽爲假上將軍。使人追宋義子，及之齊，殺之；使桓楚報命於懷王，懷王因使項羽爲上將軍。[11]

項羽在朝見宋義時，就在其軍帳中斬殺宋義，並成爲大將軍。項羽的勇猛讓人生畏，其所作所爲，常讓人「莫敢」置一辭，這正展現其霸王的氣

9　西漢‧司馬遷撰，日‧瀧川龜太郎考證：《史記會注考證》，頁144。
10　明‧屠隆曰：「楚不殺田假，其不發兵助楚，兩國固有隙者，義何遣子相之？此羽斬義聲其罪曰：『與齊謀反楚』也。」參見明‧凌稚隆輯校，清‧李光縉增補：《史記評林》（天津市：天津古籍出版社，第二冊，1998），頁19。
11　西漢‧司馬遷撰，日‧瀧川龜太郎考證：《史記會注考證》，頁144-145。

勢。[12]

　　項羽先派當陽君等人率兩萬士兵渡河救趙，當戰況不利，趙將陳餘請求進一步的協助，項羽親率大軍渡河救趙，《史記·項羽本紀》載：

> 項羽乃悉引兵渡河，皆沉船、破釜甑、燒廬舍，持三日糧，以示士卒必死，無一還心。於是至則圍王離，與秦軍遇，九戰，絕其甬道，大破之，殺蘇角、虜王離。……當是時，楚兵冠諸侯，諸侯軍救鉅鹿下者十餘壁，莫敢縱兵，及楚擊秦，諸將皆從壁上觀。楚戰士無不一以當十，楚兵呼聲動天，諸侯軍無不人人惴恐。於是已破秦軍，項羽召見諸侯將，入轅門，無不膝行而前，莫敢仰視。[13]

秦軍打敗楚軍，士氣高昂，繼而圍攻趙國，困趙王於鉅鹿，當時雖有多國馳軍救趙，然多作壁上觀。項羽率楚軍救趙抗秦，是不容失敗，卻是以弱擊強的艱難戰役，關鍵在於將士的士氣與決心，項羽以破釜沉舟的作為，激勵軍隊殺敵的決心，果然在救趙戰役表現出色。司馬遷連用三次「無不」形容楚軍勇冠三軍的作戰表現，並以將領膝行進入項羽轅門，莫敢仰視，襯托出項羽霸王的氣勢。

二、以寡擊眾

　　西元前205年，還定三秦的劉邦統帥諸侯五十六萬軍隊，攻入彭城，正在齊國作戰的項羽，親自率領三萬精兵趕回彭城，趁著清晨，突襲慶功而熟睡的漢軍，到了中午，戰局底定，十幾萬漢軍被殺，十幾萬的士兵被追擊至睢水，睢水為之不流。劉邦帶著數十名隨從落荒而逃。

---

[12] 〈項羽本紀〉載項羽殺會稽郡守殷通：「籍遂拔劍斬守頭，項梁持守頭，配其印綬，門下大驚擾，籍所擊殺數十百人，一府中皆慴服，莫敢起。」項羽一出手，就有懾人的氣勢。

[13] 西漢·司馬遷撰，日·瀧川龜太郎考證：《史記會注考證》，頁145。

　　西元前202年，楚漢爭霸進入尾聲，原本兵強馬壯、氣勢如虹的楚軍，因為項羽一連串錯誤的決策，例如，誤信陳平的反間計，范增出走；在齊國的作戰，因殺戮過多，無法結束……，逐漸兵疲馬困、糧草武器也捉襟見肘。最後被漢軍追擊，圍在垓下。兵少食盡的楚軍被團團圍住，漢軍以四面楚歌的心理戰打擊楚軍的士氣，半夜，項羽率領僅剩的八百多名將士突圍，渡過淮河，僅剩一百多人；後來，又在大澤中迷路，被夏侯嬰率領的漢軍追上，到了東城，只有二十八人，被數千名漢軍包圍。情勢已不可為，項羽仍打了一場漂亮的戰役，《史記・項羽本紀》載：

> 項王自度不得脫，謂其騎曰：「……今日固決死，願為諸君快戰，必三勝之，為諸君潰圍、斬將、刈旗，令諸君知天亡我，非戰之罪也。」乃分其騎以為四隊、四嚮，漢軍圍之數重，項王謂其騎曰：「吾為公取彼一將！」令四面騎馳下，期山東為三處。於是項王大呼馳下，漢軍皆披靡，遂斬漢一將。是時赤泉侯為騎將，追項王，項王瞋目而叱之，赤泉侯人馬俱驚，辟易數里。與其騎會為三處，漢軍不知項王所在，乃分軍為三，復圍之，項王乃馳，復斬漢一都尉，殺數十百人，復聚其騎，亡兩騎耳。乃謂其騎曰：「何如？」騎皆伏曰：「如大王言！」[14]

這是一場精彩的戰役，雖然是項王的告別戰，帶有濃厚的感傷。項王以二十八騎對抗數千騎漢軍，首先，他先以自身在戰場上的功績，堅定士兵的信心，提振士氣；接著，楚軍以圓陣外向的陣勢，讓攻守更為靈活。楚軍在項羽帶領下主動攻擊，項羽斬將、瞋目叱退赤泉侯，霸王餘威猶存；二十八騎一分為三，讓漢軍一分為三，也達到欺敵的效果。項羽的軍事才

---

[14] 西漢・司馬遷撰，日・瀧川龜太郎考證：《史記會注考證》，頁157。

能在這場戰役中淋漓展現，戰場上，項羽擁有絕對的主動權，難怪楚軍對項羽戰場上的指揮調度心悅誠服。

第二節　兵仙韓信

　　韓信是漢初最出色的武將，身材壯碩，不過，韓信並不是以強悍的戰鬥，而是出色的謀略獲得青睞。《史記・淮陰侯列傳》記載他身材高大，好帶刀劍，卻遭受胯下之辱，被視爲懦夫。韓信屢次「以策干項羽」，不被重用，轉而投靠劉邦，不但未受重視，反而因連坐問斬，幸好夏侯嬰欣賞韓信臨死前「上不欲就天下乎？何斬壯士！」的一席話，讓韓信免於一死，後來，蕭何屢次與韓信談論天下大勢，欣賞其主張，認爲韓信是劉邦稱霸天下的主力，推薦給劉邦，拜爲大將軍。韓信登壇拜將，與劉邦有一段精彩的對話，《史記・淮陰侯列傳》載：

> 王曰：「丞相數言將軍，將軍何以教寡人計？」信謝，因問王曰：「今東鄉爭權天下，豈非項王邪？」漢王曰：「然！」曰：「大王自料勇悍仁彊，孰與項王？」漢王默然良久，曰：「不如也。」信再拜，賀曰：「惟信亦爲大王不如也。」然臣嘗事之，請言項王之爲人也。項王喑噁叱咤，千人皆廢。然不能任屬賢將，此特匹夫之勇耳。項王見人恭敬慈愛，言語嘔嘔，人有疾病，泣涕分食飲，至使人有功，當封爵者，印刓敝，忍不能予，此所謂婦人之仁也。[15]

韓信與漢王的對話中，有世俗武將難得的細膩深刻，他謙退的的言行、直

---

15 西漢・司馬遷撰，日・瀧川龜太郎考證：《史記會注考證》，頁1065。

指核心的問題，讓人欣賞，也讓人錯愕。他以「勇悍仁彊」總結項羽，充分掌握了項羽的人格特質與爭霸優勢。不過，項羽的勇悍，因不能任賢，只是匹夫之勇；項羽的仁愛，因不能依功分封，只是婦人之仁。韓信對項羽的性格有深刻的觀察，因此，他認為，在主觀條件上，項羽爭霸的優勢並非真正的優勢。韓信接著說：

> 項王雖霸天下而臣諸侯，不居關中而都彭城。有背義帝之約，而以親愛王諸侯，不平；諸侯之見項王遷逐義帝，置江南，亦皆歸逐其主，而自王善地。項王所過，無不殘滅者，天下多怨，百姓不親附，特劫於威彊耳。名雖為霸，實失天下心。故曰其強易弱。[16]

韓信對項羽的主觀性格有深入的了解，對客觀的情勢也能深入掌握。他指出項羽表面尊奉義帝，卻將他遷逐江南；依個人好惡分封諸王，造成不公；而其作戰過於殘忍，動不動就屠城，未獲得普遍的民心擁戴。因此，項羽雖貴為霸王，卻外強中乾，容易擊敗。至於如何擊敗項羽，韓信也提出主張：「今大王誠能反其道，任天下武勇，何所不誅？以天下城邑封功臣，何所不服？以義兵從思東歸之士，何所不散？」（〈淮陰侯列傳〉）韓信提供的滅楚戰略，簡單的說就是反其道而行。項羽做不到的，劉邦做到，例如，任賢、封侯、取得作戰的正當性以號召諸侯。此外，韓信主張運用關中民心的向背，平定三秦，在伺機進軍中原。證諸後來的歷史發展，韓信的主張就成為後來劉邦滅楚的藍本，可見其高瞻遠矚，洞察局勢。

---

[16] 同前註。

　　韓信作戰用兵，也是知己知彼，善用奇謀，[17]後人譽爲「兵仙」。[18]以下根據《史記》的記載分析如下。

一、奇襲戰

(一)韓信擊魏之戰──富有膽略，善用奇兵

　　高祖二年（B.C.205），魏王豹以省親的理由返回魏國，背漢歸楚。劉邦派酈食其遊說魏王無效，遂以韓信統帥軍隊攻魏。魏王與韓信在黃河兩岸對峙，魏王在東岸的蒲坂布置重兵以堵絕韓信從臨晉渡河，韓信將計就計，在臨晉故布疑陣，準備船隻，好像要渡河的樣子。其實，韓信的伏兵用「木罌缶」，從夏陽渡河，襲擊魏國的安邑，魏王倉促迎戰，兵敗被俘。韓信一戰而定魏國，可以看出韓信靈活多變，富有膽略，而且善用奇兵。

(二)井陘破趙之戰──靈活善變，出奇致勝

　　韓信拿下魏國之後，高祖派張領增兵三萬，協助韓信進攻趙國。韓信的部隊先打敗代郡的趙國部隊，擒獲了夏說、閼與兩位將領。高祖三年（B.C.204），漢軍與趙軍在井陘口對陣，趙軍二十萬，韓信只有數萬，而且是高祖挑剩下的兵力。[19]在攻守的形勢上，井陘口兩山夾擊，山口狹

---

[17] 清‧何焯：「韓信用兵，古今無及者，然不過知彼己耳。」（《義門讀書記》，卷十七，北京：中華書局，1987）

[18] 明‧茅坤：「予觀覽古今兵家者流，當以韓信為最。破魏以木罌，破趙以立漢赤幟，破齊以囊沙，皆彼從天而下，而未嘗與敵血戰者。予故曰：古今來，太史公文仙也，李白詩仙也，屈原詞賦仙也，劉、阮酒仙也，而韓信兵仙也。」（《史記抄》，卷五十九，新北市：莊嚴文化事業有限公司影印四庫全書存目叢書，1996）

[19] 楚漢爭戰期間，高祖屢次戰敗，亡卒失糧，除了要求鎮守關中的蕭何補充兵員、糧草之外，也經常侵奪韓信的兵員。例如：漢王三年（B.C.204）六月，「六月，漢王出成皋，東渡河，獨與滕公俱從張耳軍脩武。至，宿傳舍。晨，自稱漢使，馳入趙壁，張耳、韓信未起，即其臥內上奪其印符，以麾召諸將，易置之。信、耳起，乃知漢王來，大驚。漢王奪兩人軍。」（〈淮陰侯列傳〉）這實在很誇張，漢王要韓信、張耳的部隊，本來可以公開要，卻選擇一大早闖進臥室奪取印信，直接接

窄，地勢凹陷如井，易守而難攻。整體的情勢對韓信不利。趙營廣武君李左車分析韓信軍隊的優劣說：

> 聞漢將韓信涉西河，虜魏王、禽夏說，新喋血閼與。今乃輔以張耳，議欲下趙。此乘勝而去國遠鬥，其鋒不可當。臣聞千里饋糧，士有飢色，樵蘇後爨，師不宿飽。今井陘之道，車不得方軌，騎不得成列，行數百里，其勢糧食必在後。願足下假臣奇兵三萬人，從閒道絕其輜重，足下深溝高壘，堅營勿與戰。彼前不得鬥，退不得還，吾奇兵絕其後，使野無所掠，不至十日，而兩將之頭可至於戲下。[20]

李左車充分掌握韓信軍隊的勝利銳氣以及糧食補充不易的情況，並且提出先斬斷其糧草供應，卻不正面接戰，讓韓信陷入進退兩難的處境，再甕中捉鱉的策略。然而迂腐的陳餘不屑用詐謀奇計，而是要運用兵力的優勢，圍攻韓信，一舉成擒。[21]

　　韓信得知陳餘不採納李左車的計謀，而是選擇正面交戰，非常高興。陳餘錯失先機，整個戰場的主動權又回到韓信手裡，首先，韓信精選兩千輕騎兵，每人手持漢軍赤色旗，在山頭窺探趙軍的動態，韓信交代：當趙

管部隊。又如：漢王五年（B.C.202），劉邦滅楚，親率軍隊招降魯地之後，「還至定陶，馳入齊王壁，奪其軍。」（〈高祖本紀〉，頁173）不論戰敗或戰勝，劉邦隨時都會奪取韓信的軍隊，這顯示劉邦對韓信的壯大極不信任。

[20] 西漢・司馬遷撰，日・瀧川龜太郎考證：《史記會注考證・淮陰侯列傳》，頁1067。

[21] 陳餘的主張是：「吾聞兵法，十則圍之，倍則戰。今韓信兵號數萬，其實不過數千，能千里而襲我，亦已罷極，今如此避而不擊，後有大者，何以加之？則諸侯謂吾怯，而輕來伐我。」（〈淮陰侯列傳〉，1067）陳餘根據《孫子兵法・謀攻篇》，提出圍攻漢軍的主張，也是一種選擇，不過其堅持不用「詐謀奇計」，顯然背離「兵者，詭道」兵不厭詐的靈活手法。所以，遇到善用奇計的韓信，就處處受制，無以抗衡。

軍傾巢而出，營壘空虛之際，輕騎兵馬上進入趙營，把趙軍旗幟換成漢軍的赤色旗。其次，韓信讓將士吃了便餐，並傳令：今天破趙再會餐。將士不信。再者，為了誘使趙軍追擊，韓信先擺了被趙軍取笑的背水陣，再親自領兵進攻，一戰假裝潰敗，輕敵的趙國將士，傾巢追擊，韓信進入背水陣，漢軍已經無路可退，個個奮勇殺敵，趙軍雖在人數上占有優勢，卻無法擊敗漢軍。兩軍正在僵持之際，原先埋伏的輕騎兵已進入趙營，換上漢軍的旗幟；當趙軍想回營壘時，赫然發現營壘已經被漢軍占領，陳餘陷入了進退不得的處境，軍心浮動，漢軍兩面夾擊，斬殺陳餘，獲得勝利。事後，將士問韓信為何擺了不合兵法的背水陣？卻大勝趙軍，實現的當天戰勝會餐的承諾。韓信說：

> 此在兵法，顧君不察耳。兵法不曰：「陷之死地而後生，置之亡地而後存。」且信非得素拊循士大夫也。此所謂驅市人而戰之，其勢非置之死地，使人人自為戰。今予之生地，皆走，寧尚可用之乎？[22]

戰場，是人命的搏鬥；戰爭，是一連串的抉擇。兵法，就是提供將領選擇的參考，戰爭有常法、有權變，所以，將領面對瞬息萬變的戰場，必須掌握原則，又能通權達變。韓信在攻趙這場戰役中，做了很好的示範。漢軍將領引兵法「右倍山陵，前左水澤。」的布陣方式，軍隊作戰要能攻能守，易於進退，因此，布陣時背山面水，則後方不易被偷襲，易於防守；進攻時可以把敵人逼到水邊，對於進攻有利。[23]這當然是正確的，戰爭求

---

[22] 西漢·司馬遷撰，日·瀧川龜太郎考證：《史記會注考證·淮陰侯列傳》，頁1068。

[23] 《孫子兵法·行軍篇》：「凡處軍相敵，絕山依谷，……絕水必遠水，客絕水而來，勿迎之於水內，令半濟而擊之，利。……丘陵隄防，必處其陽而右背之，此兵之利、地之助也。」（臺北：東大圖書有限公司，2006），頁176。

勝，掌握有利的地形是必要的，韓信的背水陣不合乎兵法的常則，卻能獲得勝利，主要是在鬆懈敵人的戰鬥意志，增進我軍背水一戰的必勝決心。況且，韓信率領的軍隊並非長期訓練的精銳部隊，而是臨時雜湊的雜牌軍，想要激發其戰鬥力，必須讓他們為自己，尤其是為自己的生命而戰，因此，背水陣看似不利，卻是獲得勝利的險棋妙招。[24]韓信用兵不拘一格，隨情勢的發展調整，又能善用奇兵，是出色的將領。相對的，陳餘不聽李左車的建議，失去制敵先機，其理由竟是高談戰爭的道義，可見其迂腐的墨守成規，加上又太過輕敵，在戰術上，只想運用人數優勢進行包圍戰，與韓信的軍事才幹實有霄壤之別。

㈢敗楚之戰——足智多謀，勇猛果敢

漢王三年（B.C.204），韓信奉命伐齊，然而，當他尚未進入齊國，卻聽聞高祖另派酈食其說服齊王歸服。韓信本想停止前進，在聽了辯士蒯通的分析之後，改變心意，仍領軍攻打齊國，害得酈食其被齊王烹殺。[25]韓信大軍攻進臨淄，齊王田廣逃往高密，楚國接獲求援，派龍且率領二十萬大軍救齊。

有人建議龍且說：

> 漢兵遠鬬窮戰，其鋒不可當。齊、楚自居其地戰，兵易敗
> 散，不如深壁。令齊王使其信臣招所亡城，亡城聞其王

---

[24] 清‧何焯：「信所將，非素所拊循也。兵不為用，與驅市人同耳。戰國之後，民猶習兵，諸將灌嬰、曹參之流，百戰之餘，非真市人也。故背水而陳得以用之。」（《義門讀書記‧史記下》引馮鈍吟）何焯提醒，背水陣之所以能轉劣勢為優勢，除了將士的戰鬥意志受到激勵，韓信陣中的將士也不乏灌嬰、曹參等猛將，士兵的戰鬥力也不弱。因此，擺背水陣能達到置之死地而後生的效果。

[25] 蒯通說：「將軍受詔擊齊，而漢獨發間使下齊，寧有詔止將軍乎？何以得毋行也。且酈生一士，伏軾掉三寸之舌，下齊七十餘城。將軍將數萬眾，歲餘乃下趙五十餘城，為將數歲，反不如一豎儒之功乎？」（〈淮陰侯列傳〉）漢高祖同時派酈食其與韓信到齊國，確實有可議之處，不過，謀士遊說與武將攻城本可並行不悖，最重要的是取得最後的勝利。韓信攻齊的決定，彰顯其自私的一面。

在，楚來救，必反漢。漢兵二千里客居，齊城皆反之，其
勢無所得食，可無戰而降也。[26]

這是一個深知敵我優劣的分析，漢軍新勝遠鬥，銳不可當，然其客居他
地，加上齊國幅員廣大，非漢軍所能全面掌控，因此，若齊楚聯軍選擇深
壁不出，消耗漢軍的銳氣與軍力，並號召齊地將士軍民響應，以形成夾擊
之勢，則韓信可不戰而降。然而，龍且輕視韓信，認為韓信容易對付，並
且自私的認為，如果韓信不戰而降，那麼自己就毫無功勞；如果打敗韓
信，至少可以獲得半個齊國的封賞。所以，他主張力戰漢軍，生擒韓信。
韓信與龍且在齊國的戰役中，都有自私的考量，然而，韓信雖然自私，在
戰事的安排上並未犯錯；相對的，龍且是既自私又愚蠢，相較之下，龍且
的失敗是可預期的。

　　漢、齊兩軍夾濰水對陣。韓信獲知龍且的策略之後，馬上要部下趕
製沙包，將濰水上流阻塞，再帶兵渡河攻打龍且，並且假裝戰敗，龍且心
想，韓信的膽怯果然一如傳聞，於是率大軍追擊，韓信率漢軍渡河回陣營
後，將沙包移走，河水淹至，半渡河的齊軍進退兩難，韓信趁機發動攻
擊，大敗齊軍。漢王四年（B.C.204），韓信拿下齊國。在濰水之戰中，
韓信利用龍且輕敵以及對情勢的誤判，善用地形，並以欺敵與奇襲的方
式，獲得勝利。

二、不戰而屈人之兵

　　漢高祖元年（B.C.206）立韓信為大將軍，三年（B.C.204），韓信虜
魏豹、殺陳餘，攻取魏、趙兩國，其勢銳不可當，韓信禮遇不被陳餘重用
的廣武軍李左車，李左車提醒韓信，破魏、趙兩國的戰役，固然名聞海
內、威震天下，卻也「眾勞卒罷，其實難用」，若要以武力攻打燕國，恐

---

[26] 西漢・司馬遷撰，日・瀧川龜太郎考證：《史記會注考證・淮陰侯列傳》，頁1069。

怕無法立即拿下，曠日廢時，不利作戰，也讓楚、漢相爭的情勢變化更加難以確定。因此，李左車建議「以長擊短」，他說：

> 方今爲將軍計，莫如案甲休兵，鎮趙撫其孤，百里之內，
> 牛酒日至，以饗士大夫，醳兵，北首燕路。而後遣辯士，
> 奉咫尺之書，暴其所長於燕，燕必不敢不聽從，燕已從，
> 使諠言者東告齊，齊必從風而服，雖有智者，亦不知爲齊
> 計也。[27]

韓信的優勢在於打敗魏、趙的氣勢，韓信的劣勢在於兵疲馬困，補給困難。因此，李左車要韓信先穩定趙國情勢，並犒賞士兵，再擺出要進攻燕國的樣子，然後派出特使勸降燕國，燕國歸服之後，再告知齊國，齊國無法聯合燕國對抗漢軍，也不敢輕舉妄動。李左車這一招「先聲後實」，以氣勢震懾敵軍，再以實力作後盾，放大自己的優點，掩藏自己的缺點，果然收到效果，韓信不費兵卒，就拿下燕國。

　　在《史記》中不乏這樣的例證，例如，秦末武臣攻打趙國即是。秦二世元年（B.C.209）七月，陳涉起兵抗秦，兩個月後，攻至陳郡，眾人欲擁立爲王，張耳勸陳涉不急著稱王，因爲，剛起兵不久就稱王，反而暴露了自己追求功名的私心。張耳建議陳涉應該廣立六國之後，壯大勢力，再揮軍西進，一舉殲滅秦國。然而，陳涉並未聽張耳的勸諫，仍自立楚王。張耳、陳餘兩人轉而自動請纓，輔佐武臣北略趙地。兩人隨武涉渡過黃河，並非以武力攻城，而是遊說眾家豪傑：

> 秦爲亂政虐刑，以殘賊天下，數十年矣。北有長城之役，
> 南有五嶺之戍，外內騷動，百姓罷敝，頭會箕斂，以供軍

27　同前註，頁1068-1069。

費，才匱力盡，民不聊生。重之以苛法峻刑，使天下父子
不相安。陳王奮臂，為天下倡，始王楚之地，方二千里，
莫不響應。家自為怒，人自為鬬，各報其怨而攻其讎，縣
殺其令丞，郡殺其守衛，今已張大楚，王陳，使吳廣、周
文將卒百萬西擊秦。於此時而不成封侯之業者，非人豪
也。夫天下同心而苦勤久矣，因天下之力，而攻無道之
君，報父兄之怨而成割地有土之業，此士之一時也。[28]

陳涉出身微寒，名不見經傳，率領九百戍卒，在大澤鄉起義，卻造成風起
雲湧的局勢，才兩個月就就在陳郡稱王。這足以彰顯幾點現象：首先，秦
朝的滅國之辱與高壓統治，造成從貴族到百姓，人心普遍的反感，這是反
秦勢力快速壯大的心理因素。再者，在這樣的時空環境之下，豪傑之士應
該積極作為，為自己的功業努力奮鬥。張耳、陳餘這段話充分打動各地豪
傑的心，遂紛紛響應，不但沿路號召了數萬人，也兵不血刃，連下十座城
池。

　　然而，趙地廣大，非一席話所能攻下，當武臣的大軍攻打范陽縣時，
范陽人蒯通以「賀弔」遊說范陽令，蒯通指出，秦政苛虐，范陽百姓的不
滿，都會算在范陽令身上，而范陽令為官已經十年，殺戮刑罰百姓無數，
在秦朝統治穩固的時候，人民忌憚秦律，敢怒不敢言；如今反秦勢力蠭
起，反秦大軍已經兵臨城下，城中想要殺范陽令復仇的人正蠢蠢欲動，若
范陽令還不了解自己的處境，抗拒這樣的時勢，恐怕立即有殺身之禍。不
過，時代正處變異之際，轉禍為福也正在此時，范陽令派蒯通與武臣交
涉。蒯通見武臣，兩人有一段精彩的對話：

　　足下必將戰勝然後略地，攻得然後下城，臣竊以為過矣。

---

28 西漢‧司馬遷撰，日‧瀧川龜太郎考證：《史記會注考證‧張耳陳餘列傳》，頁1050。

誠聽臣下之計，可不攻而降城，不戰而略地，傳檄而千里
定。可乎？武信君曰：「何謂也？」蒯通曰：「今范陽令
宜整頓其士卒以守戰者也。怯而畏死，貪而重富貴，故欲
先天下降，畏君以爲秦所置吏，誅殺如前十城也。然今范
陽少年亦方殺其令，自以城距君，君何不齎臣侯印，拜范
陽令，范陽令則以城下君，少年亦不敢殺其令。令范陽令
乘朱輪華轂，使驅馳燕、趙郊，燕、趙郊見之，皆曰：
『此范陽令先下者。』即喜矣，燕、趙城可毋戰而降也。
此臣之所謂傳檄而千里定者也。」武信君從其計，因使蒯
通賜范陽令侯印，趙地聞之，不戰以城下者三十餘城。[29]

　　武臣集結數萬的兵力之後，並降服了十城，卻殺了十城的守將，因此，當
武臣大軍圍攻范陽，范陽令雖然想要投降，卻怕被殺害；而城中的百姓又
伺機要殺他復仇。蒯通深刻洞悉范陽令的兩難處境，也了解武臣缺乏絕對
的實力討伐趙國諸城，因此，他建議武臣招降范陽令，並給予優厚的禮
遇，讓他成爲號召其他觀望守將的樣板。這一計策果然收到良好的效果，
范陽令受到的待遇造成三十餘座城池歸降，武臣的軍隊順利進入邯鄲。

　　武臣用了張耳、陳餘與蒯通前後的兩個計謀，就順利攻取趙國，這充
分印證的《孫子兵法》中：「不戰而屈人之兵」[30]的上策。

第三節　飛將軍李廣

　　李廣一生與匈奴進行了七十餘戰，匈奴尊稱他爲「飛將軍」。《史

---

[29] 同前註，頁1051。

[30] 孫子曰：「凡用兵之法，全國爲上，破國次之。……是故百戰百勝，非善之善者也；不戰而屈人之
兵，善之善者也。」參見《孫子兵法・謀攻篇》（臺北：東大圖書股份有限公司，2006），頁39-
40。

記‧李將軍列傳》選擇最有代表性的三場戰役：猝逢千餘騎的遭遇戰、傷重被俘、孤身鬥敵的脫險戰、衝破匈奴四萬餘騎的突圍戰，都是以少勝多的戰役。

一、猝逢千騎的遭遇戰

　　景帝時，李廣擔任上郡太守，天子派宦官到前線習兵監軍，有一次，宦官監軍率十餘名隨從外出，遭遇三名匈奴軍士，宦官本人被射傷，隨從也多被射殺，李廣得知，率百餘騎追趕三位匈奴軍士，並親自射殺二人、活捉一人。不料，在回程中，遭遇千餘騎兵，敵眾我寡，猝然遭遇，李廣深知匈奴不知漢軍虛實，因此，大膽採取欺敵策略。《史記‧李將軍列傳》載：

> 匈奴千餘騎見廣，以爲誘敵，皆驚，上山陳。廣之百騎皆
> 大恐，欲馳還走。廣曰：「吾去大軍數十里，今如此以百
> 騎走，匈奴追射，我立盡。今我留，匈奴必以我爲大軍誘
> 之，必不敢擊我。」廣令諸騎曰：「前！」前未到匈奴陳
> 二里所止，令曰：「皆下馬解鞍！」其騎曰：「虜多且
> 近，即有急，奈何？」廣曰：「彼虜以我爲走，今皆解
> 鞍，以示不走，用堅其意。」於是胡騎遂不敢擊。[31]

這真是非常戲劇性的一幕，也表現出李廣的智謀與勇敢。匈奴皆善騎射，漢軍人數又少，猝然遭逢，已陷入劣勢。不過，匈奴在探得漢軍虛實之前，也只能在山上布陣紮營，不敢主動攻擊。李廣就利用匈奴疑懼的心裡，故布疑陣，讓軍士表現出胸有成竹的從容，加深敵方認定漢軍後有設伏的猜測，以達到欺敵的效果。在寫法上，以李廣與士兵的對話，重現當

---

[31]　西漢‧司馬遷撰，日‧瀧川龜太郎考證：《史記會注考證》，頁1179。

時場景，在兩者的襯托下，凸顯李廣的智謀與勇氣。不過，故布疑陣只是
緩兵之計，要匈奴退兵還需要其他作為。匈奴雖然在人數上占有優勢，不
過，在騎射的技能方面，漢軍有突出的人才，那就是李廣本人，[32]李廣以
這一點優勢，營造儡人的氣勢，《史記‧李將軍列傳》載：

> 有白馬將出護其兵。李廣上馬，與十餘騎犇射殺胡白馬
> 將，而復還。至其騎中，解鞍，令士皆縱馬臥。是時會
> 暮，胡兵終怪之，不敢擊。夜半時，胡兵亦以為漢有伏軍
> 於旁，欲夜取之，胡皆引兵而去。[33]

匈奴雖按兵不動，對漢軍的作為將信將疑，當中亦有懷疑漢軍只是故布疑
陣，拖延時間，並無援軍。李廣以迅雷不及掩耳之勢，率十餘騎奔射匈奴
白馬將，對匈奴軍士產生相當的震撼效果。匈奴軍士赫然發現，原來，漢
軍是有實力可以和我們對抗的。而李廣回到軍隊後，不但解鞍，還「縱馬
臥」，更以從容的態度表現其不懼匈奴的態勢。因此，匈奴更確認漢有伏
兵的猜測，連夜撤軍。

二、孤身鬥敵的脫險戰

　　武帝元光六年（B.C.129），在雁門關外，李廣寡不敵眾，兵敗被匈
奴俘虜，單于獲知活捉李廣的消息，下令不得殺他。匈奴將受傷的李廣放
在繩子結成的網袋，放在兩匹馬之間。李廣假裝昏死，卻暗中觀察周遭，

---

[32] 《史記‧李將軍列傳》：「廣家世世受射。」並以「李廣射石」的故事強化其騎射的能力。其實，
李廣遭逢危難時，精良的騎射能力是其轉危為安的關鍵。因此，明朝陳仁錫曰：「廣家世受射句，
乃一傳之綱領，廣所長在射，故傳中敘射事獨詳，若射匈奴、射雕者、若射白馬將、若射追騎、若
射獵、若射石、若射猛獸、若射神將，皆著廣善射之實也。末及孫陵教射，亦與篇首世世受射句相
應。」（轉引自《史記會注考證》，頁1178）

[33] 西漢‧司馬遷撰，日‧瀧川龜太郎考證：《史記會注考證》，頁1179。

等待機會。待一匈奴士兵騎著一匹健壯的戰馬經過身旁，李廣見機不可失，立即翻身上馬，推匈奴下馬，雙腳一蹬，馬兒放足急奔，匈奴百餘騎追趕，李廣射殺數名匈奴之後，安全逃回漢營。

李廣在受傷被俘之際，還能冷靜以對，等待時機，殺敵脫險，正展現其冷靜、機智、才幹與勇敢。

三、衝破萬騎的突圍戰

武帝元狩二年（B.C.121），張騫與李廣分別率領軍隊出擊匈奴，出關百餘里之後，李廣率領的四千騎兵遭遇匈奴右賢王的四萬名騎兵，雙方實力懸殊，漢軍震恐，士氣浮動。李廣如何應對這樣的情勢，《史記·李將軍列傳》載：

> 廣乃使其子敢往馳之，敢獨與數十騎馳，直貫胡騎，出其左右，而還告廣曰：「胡虜易與耳！」軍士乃安。廣為圓陣外嚮，胡急擊之，矢下如雨，漢兵死者過半。漢矢且盡，廣令士持滿毋發，而廣身自以大黃射其裨將，殺數人，胡虜益解。會日暮，吏士皆無人色，而廣意氣自如，益治軍，軍中自是服其勇也。明日復力戰，而博望侯軍亦至，匈奴軍乃解去。[34]

李廣首先安撫驚恐的士氣，他派兒子李敢率領十餘騎兵馳入匈奴陣營，再從左右兩側突圍而出，讓士兵了解匈奴並不可畏。軍心穩定下來之後，李廣以「圓陣外嚮」應敵，他把士兵集中，圍成圓形，層層人牆都面向外，形成嚴密的防守陣勢，以降低傷亡。匈奴箭如雨下，漢軍死傷過半，入夜之際，士氣又跌入谷底。這時，李廣又出現，一方面巡視部屬，一方面鼓

---

[34] 西漢·司馬遷撰，日·瀧川龜太郎考證：《史記會注考證》，頁1181。

舞士氣，與「面無人色」的士兵不同，李廣「意氣自如」，非常從容而鎮定，他的勇敢獲得了尊敬，也鼓舞了大家的士氣，翌日，漢軍再與匈奴力戰，延誤軍情的張騫終於帶領援軍到達，李廣軍隊安全撤退。

第四節　小結

　　《史記》的武將人數眾多，可見其在歷史的重要性。至於武將的研究，仍有進一步努力的空間。本章以項羽、韓信、李廣為例，歸納《史記》武將的典型，武將擅長兵法，在戰場上指揮若定，建立戰功。典型的武將，本身也驍勇善戰，在戰場上，個人的戰鬥能力對戰場有絕對的主宰力，例如，項羽在垓下之圍身先士卒，斬將搴旗，提振士氣；李廣在面臨千騎匈奴的遭遇戰時，以其射箭的技能發揮關鍵的力量等。韓信則是精於戰略，為國君擘畫戰略計畫，在登壇拜將時，論楚漢優劣、天下大勢。然而，典型的武將雖立下戰功，卻經常以悲劇結局，項羽身居霸王，號令天下，卻因誤判情勢，缺乏用人的氣度等原因，身死烏江；韓信則太過於信任劉邦，最後被斬鐘室；李廣則被衛青犧牲，自刎而死。武將雖有一身戰技，善用兵法，在戰場上能百戰不殆。然個人際遇難以全然自主，又身處權力中心，若缺乏足夠的政治智慧，終將難以全身而退。

第二章
《史記》之兵學

　　「武將」是歷史中很重要的類型人物，他們率領士兵在戰場上斬將搴旗，因此，本身必須擅長戰鬥技能，成為強悍的戰鬥體；武將最重要的是統帥軍隊殺敵致勝，他們必須具備豐富的兵學知識，且能靈活運用；此外，武將位高權重，動見觀瞻，個性耿直，卻又長年在外，必須具備高度的政治智慧，才能應對複雜的官場。兵學，是司馬遷的家學之一，武將大起大落的境遇也讓史公寄予深刻的同情。《史記》寫武將的專篇約有23篇，人數超過30位，各篇內容重點不一，本章以《史記》的兵學為題，聚焦於〈孫子吳起列傳〉、〈田單列傳〉、〈淮陰侯列傳〉、〈李將軍列傳〉等四篇，這四篇列傳中，對於武將統帥軍隊，展現兵法有較多的著墨，筆者試圖分析《史記》敘寫春秋、戰國、漢初四位代表性將領的兵法，並與其他武將的篇章參照比較，歸納其中的兵學思想。

　　司馬遷身為史官，雖然不曾率兵打仗，其兵學造詣來自家學；[1]他是中國歷史上第一位替兵家立傳的史官，又熟讀各家兵法；[2]司馬遷至各

---

[1] 〈太史公自序〉說自己的家世：「重、黎之後……世序天地。其在周，程伯休甫其後也。當周宣王時，失其守，而為司馬氏。……自司馬氏去周適晉，分散，或在衛，或在趙，或在秦。其在衛者，相中山。在趙者，以傳劍論顯，蒯聵其後也。在秦者名錯，與張儀爭論，於是惠王使錯將伐蜀，遂拔，因而守之。錯孫靳，事武安君白起。而少梁更名曰夏陽。靳與武安君阬趙長平軍，還而與之俱賜死杜郵，葬於華池。……當始皇之時。蒯聵玄孫卬為武信君將而徇朝歌。諸侯之相王，王卬於殷。」參見西漢・司馬遷撰，日・瀧川龜太郎考證：《史記會注考證》，頁1365-1366。

[2] 例如，〈司馬穰苴列傳〉：「余讀司馬兵法，閎廓深遠，雖三代征伐，未能竟其義。」（頁863）〈孫子吳起列傳〉：「吳起兵法，世多有，故弗論。」（頁868）關於司馬遷的兵學淵源，參見

地，也配合文獻的研讀，特別注意古代戰場的考察。[3]因此，《史記》的戰爭敘寫獨樹一幟，顧炎武曰：

> 秦楚之際，兵所出入之塗，曲折變化，唯太史公序之如指掌，以山川郡國不易明。故曰東、曰西、曰南、曰北，一言之下而形勢瞭然。以關塞江河為一方界限，故於項羽則曰「梁乃以八千人渡江而西」，曰「羽乃悉引兵渡河」……於高帝則曰「出成皋玉門北渡河」，曰「引兵渡河復取成皋」。蓋自古史書兵事地形之詳，未有過此者，太史公胸中固有一天下大勢，非後代書生之所能幾也。[4]

司馬遷寫戰爭確實成竹在胸，這不僅是透過實地考察而對地形地貌熟悉，更重要的是對兵法的深透。

班固在《漢書‧藝文志》的〈兵書略〉中載錄兵書4種53家，790篇，圖43卷。分別是「兵權謀」13家，259篇；「兵形勢」11家，92篇，圖18卷；「兵陰陽」16家，249篇，圖10卷；「兵技巧」13家，199篇。[5]「兵技巧」收錄許多「射法」、「弋法」等戰鬥技能的兵書，班固解釋「兵技巧」曰：「技巧者，習手足，便器械，積機關，以立攻守之勝也。」

程金造：〈司馬遷的兵學〉，收在張高評主編：《史記研究粹編㈡》（高雄：復文圖書出版社，1992），頁463-472。

[3] 例如，〈魏世家贊〉：「吾適故大梁之墟，墟中人曰：『秦之破梁，引河溝而灌大梁，三月城壞，王請降，遂滅魏。』」（頁722）、〈蒙恬列傳贊〉：「吾適北邊，自直道歸，行觀蒙恬所為秦築長城亭障，塹山堙谷，通直道，固輕百姓力矣。」（頁1048）關於司馬遷對古代戰爭的考察，參見宋嗣廉《司馬遷兵學縱橫》（西安：陝西人民教育出版社，2006），頁109-116。

[4] 參見明‧顧炎武撰，清‧黃汝成集釋：《日知錄集釋‧史記通鑑兵事》（臺北：中華書局影印四庫備要本，1984），卷二十六，頁1。

[5] 東漢‧班固：《漢書‧藝文志》（臺北：鼎文書局，1985），頁1757-1763。本書引述《漢書》皆依據此版本，如再引述，僅標出篇名與頁碼。

（《漢書・藝文志》，頁1762）主要是戰鬥技能的訓練，以及器械的操作，以發揮士兵的戰鬥力，取得勝利。班固解釋「兵陰陽」曰：「陰陽者，順時而發，推刑德，隨斗擊，因五勝，假鬼神而爲助者也。」（《漢書・藝文志》，頁1760）主要是透過陰陽變化、五行生剋的原則，把握時機，順時而動，兼用刑德，甚至假鬼神以助威，以成就軍功。班固解釋「兵形勢」曰：「形勢者，雷動風舉，後發而先至，離合背鄉，變化無常，以輕疾制敵者也。」（《漢書・藝文志》，頁1759）主要是闡發將領善用形勢，統帥軍隊靈活輕捷，在變化無常的戰場上，能夠先發制人，或者後發先制，掌握戰爭的主動性，制敵於機先。「兵形勢」收錄了《尉繚》三十一篇等兵學名家。最值得注意的是「兵權謀家」，關於「兵權謀篇」，班固曰：

> 權謀者，以正守國，以奇用兵，先計而後戰，兼形勢，包陰陽，用技巧者也。[6]

兵權謀能「兼形勢，包陰陽，用技巧」，可見其能綜合運用形勢、陰陽與技巧，是兵學的集大成者，在面對戰爭時、能有全盤謀略，又不墨守成規，能出奇計、用奇兵，以最小的代價獲取最大的勝利。孫武、孫臏、韓信等至今知名的兵家都收錄在兵權謀家，更可見其在兵學的地位與重要性。

　　若以《漢書・藝文志・兵書略》對兵書的分類與著錄，其中與《史記》人物有關的兵書，計有：「兵權謀篇」之《吳孫子兵法》82篇、《齊孫子》89篇、《公孫鞅》27篇、《吳起》48篇、《范蠡》2篇、《大夫種》2篇、《韓信》3篇等。「兵形勢篇」《魏公子》48篇、《項王》1篇

---

[6] 東漢・班固：《漢書・藝文志》，頁1758。

等。「兵技巧篇」之《伍子胥》10篇、《李將軍射法》3篇。[7]四類中,雖然缺乏兵陰陽篇的人物,然而,在《史記》中仍不乏類似的兵法運用,例如,陳涉起義之初,洞察秦政背離民心的客觀條件,選擇以項燕與扶蘇爲號召,企圖在楚地與全國發揮號召力,再以魚書狐鳴建立權威,號召徒眾等作爲,顯然是兵陰陽家思想的體現。司馬遷對兵學深有造詣,《漢書·藝文志·兵書略》著錄的兵書,史公理當有所涉獵,不過,先秦兩漢的兵學著作,亡佚甚多,今日流傳較完整的只有《孫子兵法》,其他如《孫臏兵法》、《尉繚子》、《司馬法》等都不完整。本章擬延續《漢書·藝文志·兵書略》的提點,以《史記》中代表性的武將及其主導的戰役,參照現今流傳的兵書,探討《史記》體現的兵學思想。

第一節　仁義爲本的戰爭思想

　　人們基於生存的需要,必須依賴各種物資的供應,因此,人們努力獲取物資以維繫生存;當自己的利益受到侵犯之際,總會挺身捍衛。因此,戰爭的產生,來自獲取資源、保護自己利益的自然情性。司馬遷曰:「自含齒戴角之獸見犯則校,而況於人懷好惡喜怒之氣?喜則愛心生,怒則毒螫加,情性之理也。」(〈律書〉,頁450)然而,戰爭畢竟不是個人的爭鬥,而是集體的殺伐,因此,戰爭理當有更堂而皇之的作用,史公曰:「兵者,聖人所以討彊暴,平亂世,夷險阻,救危殆。」(〈律書〉,同前)個人的武力用來捍衛一己的利益,國家的武力則可以誅除暴亂、平定亂事、剷除險阻,以及拯救危殆。戰爭,有其神聖的目的,是人類社會不可或缺的要項。[8]然而,戰爭畢竟是殺伐之事,非純善之德,因此,戰爭

---

[7] 參見陳桐生:《史記與諸子百家之學》(合肥:安徽大學出版社,2006),第六章〈《史記》與兵家〉,頁209。

[8] 孔子曰:「足食,足兵,民信之矣。」(《論語·顏淵》,參見南宋·朱熹:《四書章句集注》(高雄:高雄復文圖書出版社,1985),頁125、「有文事,必有武備。」(《史記·孔子世

要能發揮討暴平亂的功能，就必須有更高的指導思想。史公曰：

> 非兵不彊，非德不昌，黃帝、湯、武以興，桀、紂、二世
> 以崩，可不慎歟？司馬法所從來尚矣，太公、孫、吳、王
> 子能紹而明之，切近世，極人變。作〈律書〉第三。[9]

「非兵不強，非德不昌」是司馬遷兵學的核心。[10]史公一方面指出軍事與政治必須相輔相成，更重要的是，軍事的成敗關鍵在於仁義之德。《史記・孫子吳起列傳》載：

> 武侯浮西河而下，中流，顧而謂吳起曰：「美哉乎山河之
> 固，此魏國之寶也！」起對曰：「在德不在險。昔三苗氏
> 左洞庭，右彭蠡，德義不修，禹滅之。夏桀之居，左河
> 濟，右泰華，伊闕在其南，羊腸在其北，修政不仁，湯放
> 之。殷紂之國，左孟門，右太行，常山在其北，大河經其
> 南，修政不德，武王殺之。由此觀之，在德不在險。若君
> 不修德，舟中之人盡爲敵國也。」武侯曰：「善。」[11]

家》，頁748）、蘇秦曰：「今欲幷天下，凌萬乘，詘敵國，制海內，子元元，臣諸侯，非兵不可！」（西漢・劉向集錄：《戰國策・秦策一》，臺北：里仁書局，1990），頁81。

[9] 參見西漢・司馬遷撰，日・瀧川龜太郎考證：《史記會注考證・太史公自序》，頁1374。

[10] 今傳《司馬法》的第一篇就是〈仁本〉，其言：「古者以仁為本。……是故殺人安人，殺之可也；攻其國愛其民，攻之可也；以戰止戰，雖戰可也。」、「戰道：不違時，不歷民病，所以愛吾民也。不加喪，不因凶，所以愛夫其民也。冬夏不興師，所以兼愛其民也。」（參見王雲路注譯：《司馬法讀本》，臺北：三民書局，2007，頁4-6）在戰爭過程中，對於本國與他國的子民都能基於仁愛，給予最大的體貼與關照。相關論述，參見宋嗣廉《司馬遷兵學縱橫》（西安：陝西人民教育出版社，2006），頁52。

[11] 參見西漢・司馬遷撰，日・瀧川龜太郎考證：《史記會注考證》，頁867。

吳起是春秋戰國名將，他一再叮嚀魏武侯「在德不在險」，國家治亂不在
於地形的險固，而是仁政的落實，並舉夏禹滅三苗、商湯放夏桀、武王伐
商紂等歷史教訓，都是有道之賢者討伐無道而有險固地形的暴君，這正彰
顯了德治仁政才是治國的根本，軍事要回歸於德治。[12]史公曰：「地形險
阻，所以爲固也；兵革刑法，所以爲治也。猶未足恃也。夫先王以仁義爲
本，而以固塞文法爲枝葉，豈不然哉！」（〈陳涉世家〉褚先生補傳，
頁771）司馬遷以這段引文帶出賈誼〈過秦論〉，作爲〈陳涉世家〉的論
贊，史公承續賈誼「仁義不施，攻守之勢異也。」的卓見，指出治國之本
在於仁義，而非險塞苛法。楚漢爭霸，韓信分析劉邦能勝出的原因在於：

> 項王所過無不殘滅者，天下多怨，百姓不親附，特劫於威
> 彊耳。名雖爲霸，實失天下心。故曰其彊易弱。……大王
> 之入武關，秋豪無所害，除秦苛法，與秦民約法三章耳，
> 秦民無不欲得大王王秦者。……今大王舉而東，三秦可傳
> 檄而定也。[13]

項羽在軍事的能力，非劉邦所及，項王失敗的主要原因，就在於「欲以力
征天下」（〈項羽本紀〉），韓信分析關中民心的向背，劉邦入關，與民
約法三章；項羽在新安坑殺關中子弟二十餘萬，德行與暴虐的強烈對比，
是劉邦能順利平定關中，一統天下的關鍵。《孫子兵法》論兵學五大要
項：道、天、地、將、法，「道」爲首要，而「道」的內涵是「令民與上

12　《史記‧殷本紀》載：「夏桀爲虐政荒淫，而諸侯昆吾氏爲亂，湯乃興師，率諸侯，伊尹從湯，湯
　　自把鉞以伐昆吾，遂伐桀。」（頁95）、《史記‧周本紀》也記載了武王伐紂的經過：「居二年，
　　聞紂昏亂暴虐滋甚，殺王子比干，囚箕子。太師疵、少師彊抱其樂器而犇周。於是武王徧告諸侯
　　曰：『殷有重罪，不可以不畢伐。』乃遵文王，遂率戎車三百乘，虎賁三千人，甲士四萬五千人，
　　以東伐紂。」（頁121）

13　參見西漢‧司馬遷撰，日‧瀧川龜太郎考證：《史記會注考證‧淮陰侯列傳》，頁1065-1066。

同意」、「上下同欲」，就是以德治讓君民同心，在作戰時發揮最大的力量。[14]

　　戰爭的目的不是在於殺戮與攫奪，而是以仁義爲根本。因此，士兵不是耕戰的工具，而是將領出生入死的夥伴，理當善待之。孫武曰：

> 視卒如嬰兒，故可與之赴深谿；視卒如愛子，故可與之俱死。厚而不能使，愛而不能令，亂而不能治，譬若驕子，不可用也。[15]

戰場上的廝殺是凶殘的面對面，稍有閃失就落得身首異處，因此，將士一心才能勇於奮戰；將領仁愛士卒，士卒親附，自然能夠將士同心，發揮最佳戰力。[16]然而，仁愛士卒並非一味的寵愛士卒，如此，將造成士兵怠惰，管理鬆散，軍令無法貫徹，貽誤軍機，害人誤國，因此，嚴格的訓練與要求也是愛護士卒的作爲。《史記》載：

> 士卒次舍井灶飲食問疾醫藥，身自拊循之。悉取將軍之資糧享士卒，身與士卒平分糧食，最比其羸弱者。三日而後勒兵。病者皆求行，爭奮出爲之赴戰。[17]

司馬穰苴親自關懷撫慰士兵的疾苦，又能與之共分糧食，難怪士兵皆爭先爲之赴戰。值得注意的是，史公在這段之前，先寫司馬穰苴斬齊景公的寵

---

[14] 參見東周・孫武撰，三國・曹操等註：《孫子集註・計篇》（臺北：東大圖書公司，2006），頁3。本書所引《孫子兵法》皆據此版本，後再引述，僅標出篇名與頁碼。

[15] 參見東周・孫武撰，三國・曹操等註：《孫子集註・地形篇》，頁205-206。

[16] 《荀子・議兵》：「士卒不親附，則湯武不能必勝也。故善附民者，是乃善用兵者也，故兵要在乎善附民而已矣。」（李滌生：《荀子集釋》，臺北：臺灣學生書局，1979），頁312。

[17] 參見西漢・司馬遷撰，日・瀧川龜太郎考證：《史記會注考證・司馬穰苴列傳》，頁862。

臣莊賈以樹立軍威，可見司馬穰苴治軍謹嚴，其愛護士卒，自然不會流於
溺愛無度。此外，《史記》記載吳起爲將帶兵的情形：

> 起之爲將，與士卒最下者同衣食。臥不設席，行不騎乘，
> 親裹贏糧，與士卒分勞苦。卒有病疽者，起爲吮之。卒
> 母聞而哭之。人曰：「子卒也，而將軍自吮其疽，何哭
> 爲？」母曰：「非然也。往年吳公吮其父，其父戰不旋
> 踵，遂死於敵。吳公今又吮其子，妾不知其死所矣。是以
> 哭之。」文侯以吳起善用兵，廉平，盡能得士心，乃以爲
> 西河守，以拒秦、韓。[18]

殺妻求將的吳起，雖然刻薄失德，卻能與士卒同甘共苦，士兵身上潰爛長
瘡，他親自爲士兵吸吮治療。士卒的母親聽聞消息，竟然哭了，原來，他
的丈夫也是吳起的部屬，受到相同的對待，戰死沙場。[19]李廣也是善待士
卒，「乏絕之處，見水，士卒不盡飲，廣不近水，士卒不盡食，廣不嘗
食。寬緩不苛，士以此愛樂爲用。」、「得賞賜輒分其麾下。」（〈李將
軍列傳〉，頁1180）深得士卒敬愛，願爲之效死。[20]

---

18 參見西漢・司馬遷撰，日・瀧川龜太郎考證：《史記會注考證・孫子吳起列傳》，頁867。

19 今傳《吳子・治兵》提出「父子之兵」的主張。將領訓練士兵，又能親愛之，讓士兵能夠受將領
　指揮，協同作戰，攻無不克，所向無敵。參見王雲路注譯：《吳子讀本》（臺北：三民書局，
　2003），頁43-44。

20 其他如戰國趙將李牧將租稅都用來犒賞士卒，漢代竇嬰平定七國之亂有功，把朝廷賞賜的黃金陳
　列於廊下，任軍吏自取，自己不留下一絲一毫，這都是能施惠將士，獲得士卒效死的良將。參見
　西漢・司馬遷撰，日・瀧川龜太郎考證：《史記會注考證・廉頗藺相如列傳》，頁995；〈魏其武
　安侯列傳〉，頁1166。此外，軍隊所過，常是荊棘殘滅，因此，若能「軍之所至，無刊其木、發其
　屋、取其粟、殺其六畜、燔其積聚，示民無殘心。其有請降，許而安之。」（參見王雲路注譯《吳
　子讀本》，臺北：三民書局，2003，頁91）在攻城之際，善待百姓、俘虜，都是仁義的表現。

第二節　兵者詭道

《孫子兵法‧計篇》：

> 兵者，詭道也。故能而示之不能，用而示之不用，近而示
> 之遠，遠而示之近。利而誘之，亂而取之，實而備之，強
> 而避之，怒而撓之，卑而驕之，佚而勞之，親而離之，攻
> 其不備，出其不意。此兵家之勝，不可先傳也。[21]

曹操註曰：「兵無常形，以詭詐爲道。」詭詐是軍事的常道。兩軍相接，
生死爲鬥，爲了爭取勝利，必須知己知彼；相對的，我方的實力與優劣則
不能爲敵方探之，因此，就必須以欺瞞的方式，隱藏自己的眞實情況，讓
敵方產生誤判，如此，則我方容易掌握戰場的主動權，以最佳的時機出
擊，獲取最後的勝利。

　　兵以詐立的兵學思想，在《史記》中有多層次的印證。首先，《史
記》引述兵法的內容，例如《史記‧劉敬叔孫通列傳》載劉敬之言：

> 兩國相擊，此宜夸矜見所長。今臣往，徒見羸瘠老弱，此
> 必欲見短，伏奇兵以爭利。愚以爲匈奴不可擊也。[22]

漢高祖因匈奴與韓王信聯合謀反而大怒，欲發兵攻打匈奴，派遣使者前往
窺探匈奴虛實，皆言匈奴可擊。劉敬卻持不一樣的意見，雖然，他見到羸
瘠老弱的人畜，卻認爲是匈奴強而示弱，故布疑陣；尤其兩軍劍拔弩張之
際，更是可疑。這就是《孫子兵法》所謂的「能而示之不能」的詭道。

　　在具體的戰役方面，《史記》有許多相關的記載。商鞅率軍伐魏，

---

[21] 參見東周‧孫武撰，三國‧曹操等註：《孫子集註》，頁14-23。

[22] 參見西漢‧司馬遷撰，日‧瀧川龜太郎考證：《史記會注考證》，頁1112。

與公子卬對陣，商鞅主動捎信給魏公子卬，以舊日情誼邀宴，並希望雙方訂立盟約，化干戈為玉帛，免除一場不必要的戰爭。公子卬信以為真，親自赴宴，卻被俘虜，魏國軍隊因而全軍覆沒。[23]齊、魏馬陵之戰，孫臏利用龐涓輕敵的心態，以減灶的方式欺敵，大敗魏軍，射殺龐涓。[24]趙國將領李牧是邊境良將，他鎮守邊關，防禦匈奴，卻與將士約定：「匈奴即入盜，急入收保，有敢捕虜者，斬。」[25]匈奴及漢兵都以李牧懦弱，趙王責罵，李牧如故，趙王大怒，派他將代之。後來，李牧又受到重用，卻依然如故，匈奴瞧不起他，日受賞賜的士兵則願意為他奮戰，於是，李牧挑選精兵，嚴加訓練，並「大縱畜牧，人民滿野。」利誘匈奴，匈奴入侵，趙軍假裝敗北，單于率軍大舉入侵，李牧大敗之，其後十多年，趙國北境不再有匈奴侵犯。

　　田單以一連串的欺敵戰術，讓燕軍誤判形勢，一步步陷入泥淖，最後，再以火牛陣大敗燕軍，光復齊國。太史公論贊引《孫子兵法》：「兵以正合，以奇勝。善之者，出奇無窮。奇正還相生，如環之無端。夫始如處女，適人開戶；後如脫兔，適不及距，其田單之謂邪！」[26]兵學正奇相生，變化無窮，田單復齊之戰正是最佳示範。

　　韓信號稱兵仙，用兵如神，不論是滅魏、破趙、下齊，都是先以謀略欺敵，再以奇襲獲勝。漢王三年（B.C.204），韓信與張耳率領數萬兵力攻打趙國，趙王與陳餘領兵二十萬，兩軍在井陘口對峙。韓信剛在魏國

23　參見西漢・司馬遷撰，日・瀧川龜太郎考證：《史記會注考證・商君列傳》，頁894。

24　參見西漢・司馬遷撰，日・瀧川龜太郎考證：《史記會注考證・孫子吳起列傳》，頁866。1972年，山東臨沂銀雀山漢墓出土之《孫臏兵法》，其言曰：「功（攻）其無備，出其不意」「謀者，所以令適無備也。詐者，所以困適也。」（參見駢宇騫等譯注：《孫臏兵法・威王問》，北京：中華書局，2006，頁127、132）正是強調謀詐的詭道，以欺敵致勝。

25　參見西漢・司馬遷撰，日・瀧川龜太郎考證：《史記會注考證・廉頗藺相如列傳》，頁995。

26　參見西漢・司馬遷撰，日・瀧川龜太郎考證：《史記會注考證・田單列傳》，頁997-998。史公引述《孫子・勢篇》：「凡戰者，以正合，以奇勝。故善出奇者，無窮如天地，不竭如江河。……戰勢不過奇正，奇正之變，不可勝窮也。奇正相生，如循環之無端，孰能窮之？」（頁80-82）

打勝仗，士氣高昂，不過，在滎陽與對峙的劉邦，「使人收其精兵」，因此，兵力的質量上，韓信都不如陳餘，再加上陳餘先占據井陘口，占有地利之便，戰爭尚未開打，韓信已經處於劣勢。不過，陳餘仍以仁義領兵，不尚詐謀。[27]因此，陳餘對於李左車以奇兵斷絕韓信軍隊糧草的建議置之不理，貽誤先機。[28]韓信聞訊大喜，帥軍攻趙，未至井陘口三十里，選輕騎兩千人，每人持漢軍赤旗，埋伏在趙軍附近的山壘中，交待他們，見趙軍傾巢而出，即進入趙營，以漢幟易趙幟。再者，為了讓陳餘誤判形勢，韓信以背水陣迎敵，「趙軍望見而大笑」；接著，韓信親自領軍迎擊陳餘，假裝敗北，逃入背水陣，趙軍自覺勝負已定，傾巢而出追擊漢軍，漢軍陷入絕境，反而激發求生的強大戰鬥力，負隅頑抗；此時，韓信先前安排的伏兵潛入趙營易幟，趙軍回見營壘易幟，以為留守將士被漢軍俘虜，自己陷入前後夾擊的險境，陣行大亂，四向奔逃，韓信趁機追擊，大敗趙軍，斬殺陳餘，漢軍大獲全勝。在這場戰役中，韓信能轉換兵員與地形的劣勢，是在獲得敵方精確的情報之後，以欺敵權詐的方式，鬆懈趙軍的戒心，再誘敵深入，並且以伏兵渲染自己的實力，讓敵方一再誤判情勢；相對的，漢軍是一群缺乏嚴謹組織、訓練的部隊，韓信以背水陣，把己方將

---

[27] 就春秋而言，兵法戰術的沿革大致經歷了三個階段：一是仁義之兵，此階段受《周禮》制約，兵家提出「成列而鼓」的王道思想，例如，宋襄公在宋、楚的泓之戰的作為；二是節制之兵，強調尊王攘夷，軍隊紀律嚴明，以威嚴懾服敵國，例如齊桓公統治下的齊軍；三是權詐之兵，在春秋末期，用兵強調行權用奇，例如晉、楚城濮之戰，吳、越柏舉之戰等。參見宋嗣廉《司馬遷兵學縱橫》（西安：陝西人民教育出版社，2006），頁249。由此可知，兵學思想隨時代演進而有變化，陳餘至楚漢之際還固守仁義之兵的兵學思想，顯然是食古不化。

[28] 《史記‧淮陰侯列傳》載李左車之言：「聞漢將韓信涉西河，虜魏王，禽夏說，新喋血閼與，今乃輔以張耳，議欲下趙，此乘勝而去國遠鬥，其鋒不可當。臣聞千里餽糧，士有飢色，樵蘇後爨，師不宿飽。今井陘之道，車不得方軌，騎不得成列，行數百里，其勢糧食必在其後。願足下假臣奇兵三萬人，從間道絕其輜重；足下深溝高壘，堅營勿與戰。彼前不得鬥，退不得還，吾奇兵絕其後，使野無所掠，不至十日，而兩將之頭可致於戲下。」（頁1067）

士推入絕境，激發其最強大的戰鬥能力，一舉擊敗趙軍。[29]不論是計謀、布陣，韓信用兵都是根據兵法，又能活用兵法，是兵學詭道的最佳實踐。

　　李廣率領百餘騎追殺匈奴三位射鵰者，卻遭遇匈奴千餘騎的大隊人馬，匈奴以爲李廣率領的是引誘的部隊，因此，也採取保守的策略，在山上布陣；李廣的部屬驚慌，想要逃竄，李廣力排眾議，曰：

> 吾去大軍數十里，今如此以百騎走，匈奴追射我立盡。今我留，匈奴必以我爲大軍之誘，必不敢擊我。[30]

李廣清楚的認識到，敵眾我寡的情勢，若倉皇逃走，必定被匈奴追殺殆盡，因此，李廣利用匈奴疑懼的心態，故意讓漢兵前進到距匈奴軍營兩里處，解鞍下馬，故作鎮定，讓匈奴更確定李廣爲誘敵的判斷，接著，再以迅雷不及掩耳的方式射殺匈奴白馬將，展現實力。於是，匈奴對於李廣的實力感到虛實難測，遲遲不敢攻擊，甚至夜半率先撤軍，李廣全身而退。[31]

　　詭道，是善用虛實奇正的方式，達到欺敵的效果，掌握戰場上的主動權，進而抓準時機，發揮奇襲，攻其不備，擊潰敵人。其運用端視將領靈活的兵法，在《史記》中，除了上述例證之外，還有很多這類的戰役方式，可見其對詭道之兵學有深刻的認識。

---

[29] 《史記‧淮陰侯列傳》載：「諸將效首虜，畢賀，因問信曰：『兵法右倍山陵，前左水澤，今者將軍令臣等反背水陳，曰破趙會食，臣等不服。然竟以勝，此何術也？』信曰：『此在兵法，顧諸君不察耳。兵法不曰「陷之死地而後生，置之亡地而後存」？且信非得素拊循士大夫也，此所謂「驅市人而戰之」，其勢非置之死地，使人人自爲戰；今予之生地，皆走，寧尚可得而用之乎！』諸將皆服曰：『善。非臣所及也。』」（頁2617）韓信用兵，真令人望塵莫及。

[30] 參見西漢‧司馬遷撰，日‧瀧川龜太郎考證：《史記會注考證‧李將軍列傳》，頁1179。

[31] 諸葛亮的空城計脫胎於此。在李廣之前，《左傳》記載，魯莊公二十八年，楚令尹子元帥軍攻打鄭國，楚軍攻入城郭，卻發現用來阻擋敵軍的內城閘門並未放下，楚軍懷疑是鄭國誘敵的計謀，退出城外，後來，他國援軍即時趕到，楚軍連夜退兵。關於歷代空城計的運用，詳參張高評《左傳之武略》（高雄：麗文文化公司，1994），頁49-52。

第三節　不戰而屈人之兵

孫子曰：

> 兵者，國之大事也。死生之地，存亡之道，不可不察
> 也。[32]

戰爭，是國力的巨大消耗，也是生死存亡的鬥爭，因此，不可不慎。再者，戰爭帶來殺戮，背離仁義生德，更要充分準備，妥善運用。因此，孫子強調要慎戰。《史記》引《司馬法》曰：「國雖大，好戰必亡；天下雖平，忘戰必危。」（〈平津侯主父偃列傳〉，頁1217）戰爭有必要，戰爭更必須審慎發動。《史記》載：

> 句踐聞吳王夫差日夜勒兵，且以報越，越欲先吳未發往伐
> 之。范蠡諫曰：「不可。臣聞兵者凶器也，戰者逆德也，
> 爭者事之末也。陰謀逆德，好用凶器，試身於所末，上帝
> 禁之，行者不利。」越王曰：「吾已決之矣。」遂興師。
> 吳王聞之，悉發精兵擊越，敗之夫椒。[33]

吳、越之戰，紛爭數十年，吳王闔閭敗於句踐，傷指而死，死前囑咐其子報仇，夫差即位之後，勵精圖治，積極準備復仇之事，句踐選擇主動出擊，卻因準備不周，雖然范蠡引兵書勸戒不要再輕啟戰端，仍一意孤行，敗於夫椒，幾乎滅國。後來，句踐臥薪嘗膽，夫差卻一心稱霸中原，在其北會諸侯黃池之際，句踐率軍攻入姑蘇，大敗吳軍。吳越爭霸成敗的關鍵，都在於君主能否有慎戰的觀念，不輕易發動戰爭，充分準備才能獲得

---

[32] 參見東周・孫武撰，三國・曹操等註：《孫子集註》，頁1。

[33] 參見西漢・司馬遷撰，日・瀧川龜太郎考證：《史記會注考證・越王句踐世家》，頁666。

勝利。

戰爭是萬不得已的手段，因此，將領面對戰局，不是以殺戮爲主，而是以全勝爲最高原則。所謂的全勝，孫子曰：

> 凡用兵之法，全國爲上，破國次之；全軍爲上，破軍次之，……是故百戰百勝，非善之善者也；不戰而屈人之兵，善之善者也。[34]（〈謀攻〉）

「不戰而屈人之兵」就是全勝的理論，也就是在戰爭中，以最小的代價獲取全面的勝利。這樣的勝利需要靠謀略，而非兵力，因此，孫子接著說：「上兵伐謀，其次伐交，其次伐兵，其下攻城。」（同上，頁41-43）攻城是下下策，以謀略戰勝敵人才是上策。

漢王二年（B.C.205）十月，韓信攻下趙國之後，俘虜了廣武君李左車，以師待之，並向他請教攻打燕國的策略。《史記》載李左車的謀略：

> 「今將軍涉西河，虜魏王，禽夏說閼與，一舉而下井陘，不終朝破趙二十萬眾，誅成安君。名聞海內，威震天下。農夫莫不輟耕釋耒，褕衣甘食，傾耳以待命者。若此，將軍之所長也。然而眾勞卒罷，其實難用。今將軍欲舉倦獘之兵，頓之燕堅城之下，欲戰恐久力不能拔，情見勢屈，曠日糧竭，而弱燕不服，齊必距境以自彊也。燕、齊相持而不下，則劉、項之權未有所分也。若此者，將軍所短也。臣愚，竊以爲亦過矣。故善用兵者不以短擊長，而以長擊短。」韓信曰：「然則何由？」廣武君對曰：「方今爲將軍計，莫如案甲休兵，鎮趙撫其孤，百里之內，牛酒日至，以饗士大夫醳兵，北首燕路，而後遣辯士奉咫尺

之書，暴其所長於燕，燕必不敢不聽從。燕已從，使諠言者東告齊，齊必從風而服，雖有智者，亦不知爲齊計矣。如是，則天下事皆可圖也。兵固有先聲而後實者，此之謂也。」[35]

李左車精確的分析了韓信的處境：優勢在於攻下趙國，聲勢銳不可擋；弱點在於長期征戰，兵疲馬困，如果選擇與燕軍正面對壘，勝負難料。因此，他反對韓信攻打燕、齊的計畫，而提出了「先聲後實」，也就是以長擊短的戰略。他建議韓信先穩定趙國的情勢，並犒賞疲困的士兵，再作勢向燕國挺進，以連勝魏、趙的氣勢力壓燕軍，然後，派出辯士招降燕國，則燕王必定降服。韓信聽從李左軍的建議，燕國果然望風披靡，韓信不費一兵一卒就拿下燕國。這正是《孫子》「不戰而屈人之兵」的最佳範例。[36]

第四節　小結

　　司馬遷的兵學淵源於家學，史公不但遍覽兵書，在周覽各地之時，也特別注意戰場的考察，因此，其寫武將的篇章、戰爭的段落，都富涵兵學的內容。本文以孫子、吳起、田單、韓信、李廣等代表性將領爲例，歸納《史記》的兵學思想：仁義爲本、兵者詭道，以及不戰而屈人之兵的全勝思想。由此可見，司馬遷對於戰爭的規律有深刻的認識，難得的是，史公並非崇尚武鬥，而是標舉仁義以爲戰爭之本，如此，戰爭不再只是殺戮，而有更崇高的止暴求治的高遠理想。

---

[35] 參見西漢·司馬遷撰，日·瀧川龜太郎考證：《史記會注考證·淮陰侯列傳》，頁1068-1069。

[36] 春秋五霸之首齊桓公也是「不戰而屈人之兵」的典範。齊桓公在位四十三年，大部分的戰役都是憑藉軍事行動的威嚇作用，達到預期的政治目的。齊桓公以強大的軍事實力爲後盾，展現其運用軍力的決心以威嚇敵人，達到不戰而屈的效果。參見《史記·齊太公世家》，頁553-556。宋嗣廉《司馬遷兵學縱橫》（西安：陝西人民教育出版社，2006），頁73-78。

第三章
《史記》之命論

　　《史記》是中國第一部紀傳體的史書，也是史傳文學的代表作。其實，《史記》也蘊涵豐富的思想，例如，其中的儒學、黃老、歷史哲學……等，都值得再深掘闡發。本章擬從思想的角度，並選擇以「命」為主題，闡發《史記》的思想內涵。「命」是中國思想重要的觀念，在儒家、道家等先秦諸子中，都有討論，也與其他觀念，如「義」、「順」等連結，成為各家思想的重要觀念。《史記》承先秦之後，綜合各家思想，「命」的內涵如何？與先秦諸子的命論有何繼承與轉化的關係？更值得注意的是，《史記》以紀傳體為主，顯示其以人為主的史觀，在人與歷史的關係中，司馬遷是主張人必須依順命運，還是人可以改變命運？也就是說，「命」的觀念，在《史記》中，關涉到人的處境、人與歷史等問題，這些問題都值得深入探索。

　　中國的思想是生命的學問，關注生命主體及其在人生的處境與應對，與人生際遇相關的「命」理當是其中重要的觀念。「命」的意義非常豐富，如生命、命名……等不同意涵，然而，如果從思想的角度而言，有「命令」與「命限」兩種意義，[1]「命令」是命的本義，是一種意志內容的貫徹，可以和「天」結合為「天意」、「天命」，用來解釋政權的轉移，如「天命靡常」（《詩・大雅・文王》）[2]；或者人性的根源，如

1　參見勞思光：《新編中國哲學史》㈠（臺北：三民書局，2004），頁94-95。勞思光指出，「命」的觀念在古代中國思想中，有兩種意義，一指「出令」，一指「限定」。前者是「命令義」，後者為「命定義」；「命令義」以「意志性」為基本要求，「命限義」以「條件性」為基本條件。

2　參見清・阮元校勘：《詩經》（臺北：藝文印書館影印重刊宋本十三經注疏本，1979），頁536。

「天命之謂性」（《中庸》）[3]。命限，是指人生中難以掌握，又無法主導的客觀限制，接近我們常說的「命運」。

陳寧將「命」分爲道德命定論、道德中性的命運前定論。[4]道德命定論主張人的禍福由德行決定，決定的主宰或爲一人格神，或爲一定理，也就是命隨德定。是結合「命令義」與「命限義」意義而成，例如，周文王勤政愛民，獲得天命，武王滅商，統治天下。命運前定論不受道德影響，所以是道德中性，其中又根據可預知與改變與否，分爲可預知可改變、可預知不可改變、不可預知不可改變，是對「命限義」的補充。例如司命信仰可視爲「可預知可改變」的命運觀的體現；《莊子·大宗師》：「死生，命也，其有夜旦之常，天也。人之有所不得與，皆萬物之情也。」[5]則是「不可預知不可改變」的命可稱爲盲目的命運觀；至於可預知不可改變的命運觀，例如，漢文帝使善相者爲鄧通看相，相者說：「當貧餓死」，雖然文帝極力使其富貴，最後鄧通卻「竟不得名一錢，寄死人家。」[6]文帝以帝王之力也無法改變鄧通餓死的命運。

先秦儒家與道家對「命」都有精彩的論述，儒家論「命」有兩種內涵：一是自然意義的天命，指的是人的富貴、吉凶、壽夭等氣命與命數，例如，孔子對弟子伯牛染有惡疾的感嘆：「斯人也，而有斯疾也。」（《論語·雍也》）；以及對理想是否實現的洞察：「道之將行也，命也

---

[3]　參見南宋·朱熹《四書章句集注》（臺北市：大安出版社，1994），頁22。本書引述《論語》皆據此版本，後再引用，僅標出篇名與頁碼。

[4]　參見陳寧：《中國古代命運觀的現代詮釋》（瀋陽：遼寧教育出版社，1999），頁6-10。存在主義分析大師羅洛·梅提出命運的四個層面：宇宙之道，如生死與地震、遺傳、文化、環境。其意義比較偏重在無法預知不可改變的命運。參見Rollo May著，龔卓軍、石世明譯：《自由與命運》（Freedom and Destiny）（臺北：立緒文化，2001），頁128-131。

[5]　參見清·郭慶藩：《莊子集釋》（臺北：萬卷樓圖書有限公司，1993），頁241。本書引述《莊子》皆據此版本，後再引用，僅標出篇名與頁碼。

[6]　參見《史記·佞幸列傳》。西漢·司馬遷撰，日·瀧川龜太郎考證：《史記會注考證》，頁1323。

夫。」（《論語‧憲問》）[7]都是；一是道德意義的天命，《孟子》盡心知性以知天、存心養性以事天、夭壽不貳修身以俟之的「立命」；《中庸》的「天命之謂性」都是。[8]至於人們合理的應對態度，不論是面對自然意義的天命，或者道德意義的天命，儒家都是一貫的主張「立命」。儒家的核心思想是仁、義、禮，本著體貼的本心善性，不論自身獨處或應對人際，都能行所當行，並落實於生活的禮儀之中。儒家主張，面對人生無法掌握的吉凶禍福，人應該行所當行，如此，人才可以在命運之前挺立人格，彰顯自身的主動與自主，此所謂「以義立命」，儒家知其不可而為之的剛健精神也由此彰顯。[9]至於道德的天命，則是與人之所以為人的本質有關，人秉賦天命的常理常性，必當順其常理常性而彰顯擴充之，唯有全幅的充盡秉賦的本心善性，才能契合天道。人也由一微渺的、有限的生命，成為巨大而永恆的存在。道家也是從人生的局限性說「命」，莊子「子之愛親，命也，不可解於心。」（《莊子‧人間世》）以親子關係為例，說明其中的牽掛是一生難以割捨放下的。與儒家不同的是，莊子的「義」是「臣之事君，義也，無適而非君，無所逃於天地之間。」（同上）而「義」與「命」皆為人生的「大戒」。莊子的「義」不是行所當行，而是無可逃離的君臣關係，與親子關係的「命」都是人生的必須面對的重要關卡，必須謹慎處理之。因此，莊子的義與命都是無所逃的命限義，面對無所逃、不可解的命限，莊子不是以義立命，而是「順命」，[10]既然不能掌握、無法主導，就不要主導，放下自我的執著成見，才能在巨

---

[7] 參見南宋‧朱熹：《四書章句集注》，頁116、219。

[8] 參見傅偉勳：《死亡的尊嚴與生命的尊嚴》（臺北：正中書局，1993），頁158。

[9] 子路對隱者的一席話可為代表：「君子之仕也，行其義也。道之不行，已知之矣。」（《論語‧微子》，頁259）

[10] 莊子曰：「知其不可奈何而安之若命，德之至也。」（〈人間世〉，頁155）、「適來，夫子時也；適去，夫子順也。安時而處順，哀樂不能入也，古者謂是帝之縣解。」（〈養生主〉，頁128）關於先秦儒、道的命論，可參考林玫玲：《先秦哲學的命論思想》（臺北：文津出版社，2007），頁206-290。

大的命運之前，安身立命。[11]漢人有所謂的三命說，名義並未統一，最具代表性是王充的正命、隨命、遭命，正命是「本稟之自得吉也，……故不假操行以求福而及自至。」是先天已定。隨命則是「戮力操行而吉福至，縱情施欲而凶禍到。」是陳寧所謂命隨德定的道德命定論。遭命則是「行善得惡，非所冀望，逢遭於外而得凶禍。」[12]是隨時而遇，出乎意表，也無法掌握，勞思光所謂的命定論。

　　司馬遷撰寫《史記》，上下縱貫兩千多年，面對人類歷史的興衰成敗，司馬遷有何見解？如何看待人所不能把握的「命」？尤其，司馬遷在天漢二年（B.C.99），為李陵仗義執言而觸怒武帝，遭到宮刑，人生面臨重大挫敗，他又是如何在命運的撥弄下，選擇堅定完成《史記》。也就是說，《史記》的命論包括司馬遷對歷史的省思與自身的體悟，兩者交錯而成《史記》對命的深刻論述。

　　《史記》論命的篇章，主要集中在〈外戚世家〉、〈李將軍列傳〉等篇章，蓋〈外戚世家〉拈出「命」為全篇主題，〈李將軍列傳〉記述其一生功業及際遇，以「不遇時」、「數奇」說明李廣無法封侯的原因，都是對「命」的深刻闡發，其他如〈伯夷列傳〉、〈伍子胥列傳〉、〈項羽本紀〉、〈淮陰侯列傳〉、〈佞幸列傳〉，以及〈報任少卿書〉、〈太史公自序〉等篇章也有涉及，以下就這些篇章，歸納《史記》的命論內涵。

---

[11] 羅洛‧梅提出與命運締結的方式：與之合作、認知並接受、介入、質疑與挑戰、衝突與反叛等五種。羅氏所謂的與命運締結的方式，也就是本文的回應命運的方式，而上述五種，合作、認知並接受的態度比較傾向於「順命」，介入、質疑與挑戰則比較接近「立命」。不同的是，儒、道思想都沒有改變命運的意圖，而是在認知意識命運的前提之下，順應而悠遊或確立而行義。羅氏的主張，參見Rollo May著，龔卓軍、石世明譯：《自由與命運》（Freedom and Destiny）（臺北：立緒文化，2001），頁131-138。

[12] 東漢‧王充著，黃暉校釋：《論衡校釋‧命義》（北京：中華書局，1990），頁49-50。

第一節　不可預知、無法改變的命運

　　〈外戚世家〉是《史記》少數以女性爲傳主的列傳，這些女性能在歷史上嶄露頭角，最主要的是其依附於皇權之中。身爲皇帝的后妃，本來就有較好的機會躍上歷史舞臺，成爲皇室的焦點，他們在後宮沉浮掙扎，就是希望有一天能成爲皇帝寵愛的妃子，再努力爲皇帝生下兒子，兒子順利繼承皇位，母以子貴，就能登上枝頭成鳳凰。不過，開創維艱，守成不易，登上頂峰之後，如何維繫自己與家族的權勢不墜，又得費一番工夫。〈外戚世家〉就是記載這群女子的故事。〈外戚世家〉最前面有一段序言，司馬遷曰：

> 自古受命帝王，及繼體守文之君，非獨內德茂也，蓋亦有外戚之助焉。……周之興也以姜原及大任，而幽王之禽也淫於褒姒。故《易》基乾坤，《詩》始關雎，《書》美釐降，《春秋》譏不親迎。夫婦之際，人道之大倫也。禮之用，唯婚姻爲兢兢，夫樂調而四時和。陰陽之變、萬物之統也。可不慎與？人能弘道，無如命何。甚哉，妃匹之愛，君不能得之於臣，父不能得之於子，況卑下乎。既驩合矣，或不能成子姓；能成子姓矣，或不能要其終，豈非命也哉？孔子罕言命，蓋難言之也，非通幽明之變，惡能識乎性命哉？[13]

司馬遷在序言中，以三代爲例，首先指出帝王外戚能助成國君之德，與治國有莫大的關係。而經典之中，無不重視夫婦之倫，蓋夫婦爲家庭的核心，兩人的和樂將成就家庭的和諧，培育身心健全的下一代，對個人、家

---

[13]　參見西漢·司馬遷撰，日·瀧川龜太郎考證：《史記會注考證·外戚世家》，頁773-774。

族的影響深遠。[14]如果這對夫婦是一國之君主與皇后，那麼其影響力與重要性更是不可輕忽，因此，結婚、夫婦之事，就不可不慎了。其次，司馬遷拈出「命」作為全篇的眼目。[15]所謂「命」，就是不可掌握、預測，人無法主導的命運，包括個人的壽命、吉凶、禍福等。史公引述孔子「人能弘道」（〈衛靈公〉，頁167）、「罕言命」（〈子罕〉，頁109），說明性命之理深奧難解，更強調人在命運之前的渺小與無力。夫婦之倫根源於情義，不像父子之倫是基於血濃於水的血緣關係，夫妻之間若情愛不再，兩人的關係就無以為繼了。一般的家庭多是一夫一妻，數十年的相處已經不易維持了，何況在宮廷之中，後宮佳麗三千，皇帝卻只有一位，如何從眾多佳麗之中脫穎而出，本來就是非常艱難，其中包含了美貌、性情與機遇。況且，大家進宮的唯一目的就是獲得寵幸，輔佐帝王，掌管後宮，然而，勝利者只有一位。在這樣封閉而高度競爭的環境，人與人之間的關係必然非常緊張，因此，刻骨銘心的夫妻之愛，在宮廷的扭曲關係之中，變異性大而顯得更不確定。再者，即使獲寵封后，是否能為皇帝生下龍子才是關鍵；有了皇子之後，能否成為太子、皇帝；即使母以子貴，成為太后之後，又得為延續自己的家族的興盛傷透腦筋。因此，進入後宮，就得步步為營，用心經營，才能位冠群芳，歷久不墜。然而，勝利者只有一位，后妃有的無法生子，有的無法善終，更多的是終老宮廷，未被寵幸，這些際遇都只能歸於「命」。也就是說，「命運」在後宮的爭亂中，顯現其巨大的力量。[16]

---

14 《禮記・昏義》：「昏禮者，將合二姓之好，上以事宗廟，而下以繼後世也，故君子重之。」（臺北：藝文印書館影印重刊宋本十三經注疏本，1979，頁999）揭示了婚禮的重大意義。婚禮不只是兩人的結合，更是兩個家族的結合，與家族的發展有莫大的關係。

15 清・姚祖恩：《史記菁華錄・外戚世家》：「〈外戚傳・序〉拈出「命」字作全篇眼目，故各篇中凡涉遭遇失意處，俱隱隱有「命」字在內。」（上海：上海古籍出版社，2007），頁58。

16 梁淑媛分析《史記・外戚世家》命論有三：道德命定論、命運可預知論、命運不可預知論。其中，道德命定論的論證內容就是〈外戚世家〉序文。筆者以為，史公序文前段強調后妃之德，雖然隱含

　　劉邦稱帝，呂雉成爲皇后，經過十多年的經營，封諸呂，廢劉氏，鞏固呂氏家族的勢力。[17]然而，呂后十多年的經營，卻功虧一簣。呂太后死前，命呂祿爲上將軍，與呂產統領南、北軍，掌控京畿；然而，呂祿在與陳平、周勃爲首的群臣爭鬥的過程中，呂氏派出去的將領灌嬰，囤駐滎陽，採觀望的態度，牽制齊王與呂產兩端；後來，呂祿又被酈寄欺騙，交出北軍軍權，呂氏遂節節敗退，最後被滅族，這就是「命」。司馬遷曰：

　　孝惠帝崩，天下初定未久，繼嗣不明，於是貴外家，王諸

　　命隨德定的道德命定論，不過，這個部分是要彰顯後段的人不能自主的命定論。因此，命隨德定的道德命定論不是〈外戚世家〉論命的主軸。至於命運可預知及命運不可預知，是根據陳寧的見解，都屬於命運前定論，也就是本文的命定論。參見梁淑媛：〈《史記·外戚世家》命觀研析〉（《輔仁國文學報》，第15期，1999.05），頁179-201。

[17] 惠帝在位七年，呂后稱制八年，前後十五年，呂后實際掌握政權，也有相當的政績。然而，在其執政期間，殺害劉姓宗室，封呂氏爲侯，要朝中大臣表態，都展現其剛毅強悍的個性：她殺趙王如意，要毒死與惠帝兄弟相待的齊王劉肥，餓死不知疼愛呂氏女子的趙王劉友；封呂臺爲呂王，封呂嬃爲侯。更離譜的是擅自廢立帝王，〈呂太后本紀〉載：「宣平侯女爲孝惠皇后時，無子，詳爲有身，取美人子名之，殺其母，立所名子爲太子。孝惠崩，太子立爲帝。帝壯，或聞其母死，非真皇后子，迺出言曰：『后安能殺吾母而名我，我未壯，壯即爲變。』太后聞而患之，恐其爲亂，迺幽之永巷中，言帝病甚，左右莫得見。太后曰：『凡有天下治爲萬民命者，蓋之如天，容之如地，上有歡心以安百姓，百姓欣然以事其上，歡心交通而天下治。今皇帝病久不已，迺失惑惛亂，不能繼嗣奉宗廟祭祀，不可屬天下，其代之。』群臣皆頓首言：『皇太后爲天下齊民計，所以安宗廟社稷甚深，群臣頓首奉召。』帝廢位，太后幽殺之。五月丙辰，立常山王義爲帝，更名曰弘，不稱元年者，以太后治天下事也。」（《史記·呂太后本紀》，頁186-187）。呂后以宣平侯張敖的女兒爲皇后，張敖娶魯元公主爲妻，張皇后是惠帝的外甥女，兩人的婚配應當是呂后主導，這樣才能保障呂氏的後代掌握劉氏王朝的政權。然而，張皇后沒有子嗣，呂后則以其他嬪妃的兒子替代，殺其生母，立爲太子。後來太子繼位爲帝，當少帝知道自己身世之後，宣稱要復仇，呂后又藉故廢了少帝，另立常山王爲帝。在呂后這一連串的消滅劉氏、鞏固呂氏勢力的作爲中，以陳平爲首的群臣卻一再退讓，首先，在惠帝崩殂之後，爲了讓呂后安心，拜呂產、呂祿爲將，統帥京畿南、北兩軍；其次，在呂后欲封諸呂爲王的廷議上，見風轉舵，諂媚曲從，所以，當呂后暗示要封呂臺爲呂王時，大臣趕緊主動建請；最後，呂后大權在握，掌握全局，擅自廢立皇帝，群臣也只能「頓首奉召」。

呂，以爲輔。而以呂祿女爲少帝后，欲連固根本牢甚，然
無益也。高后崩，合葬長陵。祿、產等懼誅，謀作亂，大
臣征之，天誘其統，卒滅呂氏。……迎立代王，是爲孝文
帝，奉漢宗廟，此豈非天邪？非天命孰能當之？[18]

人的際遇、結局都不是人力所能完全掌控，呂后「王諸呂」、「欲連固根
本牢甚」，最後都是徒勞無功，所有的安排與計較，都不敵天命，史公所
謂的「天命」，指涉一超越的主宰，人爲的努力並不能撼動天命的意志。
同樣的，呂后的敵對戚夫人也是如此，戚夫人年輕貌美，受到劉邦寵愛，
她遂千方百計要劉邦廢太子，另立如意，最後，在群臣的反對與張良的謀
劃之下，功虧一簣。[19]所以，當東園公等四人出現在惠帝身邊，高祖也無
法廢太子了。史載：

四人爲壽已畢，趨去，上目送之。召戚夫人，指示四人
曰：「我欲易之，彼四人輔之，羽翼已成，難動矣，呂后
眞而主矣。」戚夫人泣，上曰：「爲我楚舞，吾爲若楚
歌。」歌曰：「鴻鵠高飛，一舉千里，羽翮已就，橫絕四
海；橫絕四海，當可奈何！雖有繒繳，尚安所施。」戚夫
人噓唏流涕，上起去，罷酒。竟不易太子。[20]

高祖的楚歌正表示了，即使擁有人間最大權力的君王，也有無可奈何的時

---

[18] 參見西漢・司馬遷撰，日・瀧川龜太郎考證：《史記會注考證・外戚世家》，頁774。

[19] 張良在呂后的威逼之下，建議呂后找商山四皓輔佐惠帝，因為高祖景仰四人，四人對高祖辱慢的態
度不以為然，故隱居未出。如果「太子為書，卑辭安車，因使辯士固請，宜來。來以為客，時時從
入朝，令上見之，則必異而問之；問之，上知此四人賢，則一助也。」參見《史記・留侯世家》，
頁808-809。

[20] 參見西漢・司馬遷撰，日・瀧川龜太郎考證：《史記會注考證・留侯世家》，頁809。

候。高祖想要廢掉太子劉盈,另立趙王如意,並非臨時起意,在公開的朝議、私下的言談,劉邦都不諱言自己想廢太子的意志。[21]然而,他與戚夫人處心積慮的作為,卻落得「尚安所施」的窘境,命運力量之大而人無以違逆,昭然若揭。

　　呂后、戚夫人汲汲營營於太子的爭奪,薄太后則無心,亦無力於此。薄氏出身本是魏國人,在魏國後宮的妻妾中並不凸顯。[22]後來,魏豹被曹參所滅,薄氏淪落「織室」。[23]然而,命運並未棄絕薄氏,《史記》載:

　　漢王入織室,見薄姬有色,詔內後宮,歲餘不得幸。始,
　　姬少時,與管夫人、趙子兒相愛,約曰:「先貴無相
　　忘。」已而管夫人、趙子兒先幸漢王。漢王坐河南宮成皋
　　臺,此兩美人相與笑薄姬初時約,漢王聞之,問其故,兩
　　人具以實告漢王,漢王心慘然,憐薄姬,是日召而幸之。
　　薄姬曰:「昨暮夜,妾夢蒼龍據吾腹。」高帝曰:「此貴
　　徵也,吾為女遂成之。」一幸生男,是為代王,其後薄姬

21　《史記·劉敬叔孫通列傳》:「漢十二年,高祖欲以趙王如意易太子。叔孫通諫上曰:『昔者,晉獻公以驪姬之故廢太子,立奚齊,晉國亂者數十年,為天下笑;秦以不蚤定扶蘇,令趙高得以詐立胡亥,自使滅祀,此陛下所親見。今太子仁孝,天下皆聞之,呂后與陛下攻苦食啖,其可背哉!陛下必欲廢適而立少,臣願先伏誅,以頸血污地。』高帝曰:『公罷矣,吾直戲耳。』叔孫通曰:『太子,天下本;本一搖,天下振動,奈何以天下為戲!』高帝曰:『吾聽公言。』」(《史記·劉敬叔孫通列傳》,頁1115)叔孫通從公、私兩面質疑高祖廢太子的不智,劉邦雖然口頭承諾,然而,一直到東園公等四人出現之後,他才真正打消此意。

22　根據〈外戚世家〉記載,薄太后是薄氏與魏王同宗的女子魏媼私通所生,後來,進入後宮,相者許負斷定其「當生天子」。不自量力的魏王豹暗自歡喜,認為自己將稱王於天下,遂在楚漢相爭之際,轉變立場,背漢而中立,沒想到招來滅亡之禍。參見《史記·外戚世家》,頁774。

23　織室,官署名,專門織造宮廷所需的織物,姬妃犯錯也會被送到此地。薄氏初入漢庭,進入「織室」,前景堪慮。

希見高祖。[24]

　　薄姬的際遇真是一波三折：到了漢庭，被分派到織室，以為此生慘然，沒想到劉邦到織室，欣賞薄氏的美色，將他納入後宮，然而，一年多從未臨幸。卻在偶然的機會，劉邦聽到管夫人與趙子兒兩位美人嘲笑薄氏的際遇，心生愛憐，遂召幸薄氏，並一幸得男，不過，薄氏並未成為劉邦的寵妃，也很少見到漢王。後來，呂后當權，整肅後宮，薄姬卻因為沒有受到劉邦的寵幸而逃過一劫，並獲准前往代郡與代王劉恆團圓，母子兩人僻處西北，原本以為無緣再回關中。呂后崩殂之後，群臣議立新君，於公，大家擔心後宮強悍，呂后再現；於私，群臣也希望新君實力不強，較能維護自身權益；因此，排除了齊王、淮南王等實力雄厚者，選定了代王劉恆，薄姬成了薄太后。薄太后波折而戲劇化的一生，無意經營卻登上頂峰，這就是不可預知的「命」的安排，遠遠超過人力刻意的經營。

　　竇皇后與薄太后的際遇相似，竇氏本是呂太后身邊的侍女，後來，被選中，賞賜給諸王侯，竇氏原本希望回到故鄉趙國，也送禮打點主管的宦官，沒想到宦官忘了竇后請託的事，把他安排給代王，竇氏哭著不願前往，卻也無可奈何。竇氏到了代郡，深受代王寵愛，生了一女二男。不可思議的是，原本代王王后及其四個兒子都先後過世，文帝即位之後，另立太子，竇姬的兒子是長男，成為太子，竇姬順勢當上皇后。薄、竇兩位太后，既是婆媳關係，又有相似的際遇。命運的安排，有時真是驚奇連連。竇氏一家在漢初政壇深具影響力，竇后從文帝、景帝、武帝三朝，皆主管後宮，對朝廷也有左右的力量，加上竇長君、少君、[25]竇嬰等人，可謂權

[24] 參見西漢・司馬遷撰，日・瀧川龜太郎考證：《史記會注考證・外戚世家》，頁774-775。

[25] 竇皇后與其弟竇廣國的相認，也極具戲劇性，《史記》載：「竇皇后兄竇長君，弟曰竇廣國，字少君。少君年四、五歲時，家貧，為人所略賣，其家不知其處，傳十餘家，至宜陽。為其主入山作炭，暮，臥岸下百餘人，岸崩，盡壓殺臥者，少君獨得脫，不死，自卜數日當為侯。從其家之長安，聞竇皇后新立，家在觀津，姓竇氏，廣國去時雖小，識其縣名及姓，又常與其姐採桑墮，用為

傾一時。

　　衛皇后的際遇又再一次印證命運的主宰。衛子夫出身微寒，本是武帝姐姐平陽公主的歌者，在平陽公主的安排下，獲得武帝臨幸。子夫被送入宮中後，卻受到冷落，在被選送出宮歸家之際，向武帝哀泣而再度獲幸，並逐漸受寵，生下三女一男。陳皇后無子失寵，衛子夫的兒子劉據被立為太子，子夫當上皇后，弟弟衛青在其庇蔭下，進入行伍，討伐匈奴，屢建大功，封為大將軍，衛青三個在襁褓中的兒子也被封為列侯，衛青還娶了寡居的平陽公主；其外甥霍去病也在與匈奴戰役中立功封侯，號驃騎將軍。衛氏一家，貴震天下。[26]皇室的爭鬥是零和遊戲，只有一人獨占鼇頭，因此，有人平步青雲，就會有人從雲端墜落。相對於衛子夫的受寵，陳皇后則是落寞多了，武帝登基，獲利於大長公主劉嫖甚多，因此，即位之後，就娶了劉嫖之女陳阿嬌為后，然而，陳皇后恃母而驕，又無子嗣，在衛子夫得寵之後，劉嫖力爭未果。[27]陳皇后以女子楚服詛咒之，落得被

符信，上書自陳。竇皇后言之於文帝，召見問之，具言其故，果是。又復問他何以為驗？對曰：「姐去我西時，與我決於傳舍中，丐沐沐我，請食飯我，乃去。」於是竇皇后持之而泣，泣涕交橫下，侍御左右皆伏地泣，助皇后悲哀。乃厚賜田宅金錢……家於長安。」（《史記·外戚世家》，頁776）少君被人掠奪轉賣，又經歷岸崩的意外而獨活，最後，在自己的主動的爭取下，姐弟團圓。其中有命運的安排，例如「自卜數日當為侯」，也有少君自主的力量。

[26] 據褚少孫的補傳：「衛子夫立為皇后，后弟衛青，字仲卿，以大將軍封為長平侯，四子，長子伉為侯世子，侯世子常侍中，貴幸，其三弟皆封侯，各三千百戶，一曰陰安侯，二曰發干侯，三曰宜春侯，貴震天下。天下歌之曰：『生男無喜，生女無怒，獨不見衛子夫霸天下！』」參見（《史記·外戚世家·補傳》），頁779。

[27] 〈外戚世家〉：「陳皇后母大長公主，景帝姐也。數讓武帝姐平陽公主曰：『帝非我不得立，已而棄捐吾女，壹何不自喜而倍本乎？』平陽公主曰：『用無子故廢耳。』陳皇后求子，與醫錢凡九千萬，然竟無子。」（《史記·外戚世家》，頁778）陳皇后的母親劉嫖是景帝的姐姐，也就是武帝的姑姑。景帝在位時，太子為劉榮，其母栗姬，劉嫖希望把自己的女兒許配給太子劉榮，卻遭到栗姬反對，劉嫖懷恨在心，常在景帝前毀謗栗姬，最後，太子被廢，栗姬抑鬱而死，景帝立劉徹為太子，其母為王皇后。因此，武帝得立太子，劉嫖確實居首功，他將女兒阿嬌嫁給武帝，希望掌握後宮。然而，這樣辛苦的經營，即使陳阿嬌被策封為皇后，卻因無子而被廢。司馬遷以「竟無子」表達人為努力對命運的無力。

廢囚長門宮的下場。然而，衛子夫也未得善終，武帝晚年，江充當權，江充與戾太子有隙，害怕武帝死後被太子所誅，遂趁武帝赴甘泉宮避暑養病之際，以蠱毒案誣陷太子，太子興兵要捕殺江充，引發長安城內太子與宰相劉屈氂兵馬的混戰，太子戰敗自殺，衛皇后抑鬱而終。[28]

　　由此可見，命運強大的力量，非人所能預測或改變。後宮嬪妃或在爭逐皇后途中被淘汰出局；或取得皇后權位，卻因無子失寵；或得寵多年，卻晚年失意。[29]有的則是誤打誤撞，並未用心經營，卻得寵尊榮，善始善終。人的際遇在命運之前，變得不可預測，也無法改變。

　　《史記》論「命」的篇章，除了〈外戚世家〉之外，〈李將軍列傳〉也有相關的內容。[30]

　　李廣出身武將世家，世代以射箭技術精良聞名，是漢代討伐匈奴的大將。李廣在武帝與匈奴的戰役中，擔任邊郡太守，身經七十餘次戰役，皆以力戰聞名，在戰場上驍勇而多智，是一位難得的將才。《史記·李將軍列傳》則描寫其屢次歷險都能全身而退的勇與謀，例如：

---

[28] 參見《史記·田叔列傳》補傳褚少孫，頁1140。《漢書·江充傳》，卷四十五、〈武五子傳〉，卷六十三、〈劉屈氂傳〉，卷六十五等篇章的記載。參見東漢·班固：《漢書》（臺北：鼎文書局，1995），頁2175-2178、2741-2748、2879-2882。

[29] 褚少孫：《史記·外戚世家·補傳》載鉤弋夫人的故事，鉤弋夫人在武帝晚年得寵，生昭帝，理當享有尊寵，不料，武帝在決定立昭帝為太子之後，做了出乎眾人意料的事，史載：「帝譴責鉤弋夫人，夫人脫簪珥叩頭，帝曰：『引持去，送掖庭獄。』夫人還顧，帝曰：『趣行！女不得活。』夫人死雲陽宮。時暴風揚塵，百姓感傷，使者夜持棺往葬之，封識其處。其後帝閒居，問左右曰：『人言云何？』左右對曰：『人言且立其子，何去其母乎？』帝曰：『然。是非兒曹愚人所知也。往古國家所以亂，由主少母壯也。女主獨居驕蹇，淫亂自恣，莫能禁也。』」據《漢書·外戚傳》記載，當時昭帝才五歲左右，「主少母壯」確實令人擔心；況且，呂后的殷鑑不遠。因此，武帝賜死鉤弋夫人，確實有其安定國家的考量，然而，從鉤弋夫人的角度設想，真是情何以堪，百姓都不忍鉤弋夫人的死，這大概只能說命運捉弄吧！參見《史記·外戚世家·補傳》，頁780。

[30] 司馬遷寫李廣，一方面表彰他是對抗匈奴的名將，也對他的際遇深表同情。這方面的論述極多，可參見賴明德：〈《史記·李將軍列傳》析論〉，收在《許錟輝教授七秩祝壽論文集》（臺北：萬卷樓圖書有限公司，2004），頁433-442。本文則集中在其關於「命」的論述。

匈奴有千餘騎，見廣，以爲誘騎，皆驚，上山陳。廣之百
騎皆大恐，欲馳還走，廣曰：「吾去大軍數十里，今如此
以百騎走，匈奴追射我立盡；今我留，匈奴必以我爲大軍
之誘，必不敢擊我。」廣令諸騎曰：「前！」前未到匈奴
陳前二里所，止，令曰：「皆下馬解鞍。」其騎曰：「虜
多且近，即有急，奈何？」廣曰：「彼虜以我爲走，今皆
解鞍以示不走，用堅其意。」於是胡騎遂不敢擊。有白
馬將出護其兵，李廣上馬與十餘騎犇射殺胡白馬將，而
復還至其騎中，解鞍，令士皆縱馬臥。是時會暮，胡兵終
怪之，不敢擊。夜半時，胡兵亦以爲漢有伏軍於旁欲夜取
之，胡皆引兵而去。平旦，李廣乃歸其大軍。[31]

李廣率領百餘騎猝逢匈奴的千餘騎，匈奴本擅騎射，在人數上又有十倍的
優勢，情況非常危急。李廣毫不慌亂，以虛爲實，採用欺敵策略，命令士
兵主動前進至匈奴陣營附近，解鞍下馬，表現出從容自信的樣子，讓匈奴
以爲旁有伏兵。接著，再利用射殺匈奴的白馬將，展現漢軍強大的實力，
威嚇匈奴。李廣就以騎射的實力與虛實難辨的兵法，讓匈奴心生畏懼，率
先退兵。

　　李廣兼具戰鬥的實力與靈活的兵法，是一位智勇兼具的出色將領。文
帝十四年（B.C.166），李廣從軍擊胡，立下戰功，然而，文帝時對匈奴
的政策是和親爲主，因此，文帝曾說：

惜乎，子不遇時！如令子當高帝時，萬戶侯豈足道哉！[32]

---

31 參見西漢・司馬遷撰，日・瀧川龜太郎考證：《史記會注考證・李將軍列傳》，頁1179。
32 參見西漢・司馬遷撰，日・瀧川龜太郎考證：《史記會注考證・李將軍列傳》，頁1178。

文帝雖然惜才，但是，他主政其間，漢朝實力不足與匈奴對抗，而其政權也受制於陳平、周勃等老臣，因此，晉用新人，尤其是年輕的將領，有其大環境的限制。所以，文帝感慨李廣「不遇時」，李廣也只官居八百石的中郎兼武騎常侍。

李廣的「不遇時」，不只在文帝時，景帝三年（B.C.154），吳、楚七國之亂，李廣以驍騎都尉跟隨太尉周亞夫平亂，斬將搴旗，立了大功，卻因受了梁王賜予的將軍印，觸犯了景帝的忌諱而取消所有的封賞。[33]

到了武帝主政，既沒有權力基礎不夠穩固的問題，也不再有皇室爭權的矛盾，而且，當時漢朝國力強大，君王積極有為，討伐匈奴是國家施政的主要項目之一。李廣的名聲響亮，他任職未央宮尉，是九卿之一，負責未央宮的安全，職權相當重要。此外，在漢朝與匈奴的戰爭中，李廣屢次被任命為將軍，帶兵參與作戰。這本是他立功揚名的大好機會，然而，李廣在關鍵戰役總是未能立功，例如，元光六年（B.C.129），李廣被俘，他雖然靠著機智逃脫，仍被免為庶人。後來，再被啓用為右北平太守，元狩二年（B.C.121），隨張騫率兵攻打匈奴，卻遭遇匈奴四萬騎主力，幾乎全軍覆沒。元狩四年（B.C.119），李廣以前將軍隨大將軍衛青攻打匈奴，衛青希望給恩人公孫敖立功機會，加上出兵前，武帝告誡他李廣年老、「數奇」，不要派他與單于會戰，所謂「數奇」就是運氣不好。因此，衛青調李廣隨右將軍趙食其作為接應，李廣力爭未果，後來，軍隊又迷路誤期。李廣錯失了一生唯一一次當面與單于會戰的機會，衛青也未能擒獲單于。最後，在歸咎責任上，李廣不願配合衛青提出報告，獨力承擔

---

[33] 景帝與梁王是兄弟，文帝與竇太后非常寵愛少子梁王，文帝甚至說出「千秋萬歲後傳於王」的承諾，梁王雖然知道是父皇戲言，仍難掩心中之歡喜，再加上竇太后的寵愛，因此，景帝登基之後，對梁王是有疙瘩的，在平定七國之亂的戰役中，梁王阻絕吳、楚西進的路徑，居功厥偉。景帝雖然封賞梁王，然而，對私受其將軍印的李廣略過不賞，正表現其對梁王的不悅。李廣雖是出色的武將，然而，自恃才能，對宮廷的政治鬥爭未必留心，卻誤觸了景帝的政治紅線，有功無賞。參見《史記·梁孝王世家》，頁826。

全部責任而自殺。《史記》載：

> 大將軍使長史急責廣之幕府對簿。廣曰：「諸校尉無罪，
> 乃我自失道，吾今自上簿。」至莫府，廣謂其麾下曰：
> 「廣結髮與匈奴大小七十餘戰，今幸從大將軍出接單于
> 兵，而大將軍又徙廣部行回遠，而又迷路失道，豈非天
> 哉！且廣年六十餘矣，終不能復對刀筆之吏。」遂引刀自
> 剄。廣軍士大夫一軍皆哭。百姓聞之，知與不知，無老
> 壯，皆為垂涕。[34]

李廣是一位備受軍民尊敬的傑出將領，卻落得自殺的下場，原因何在？李
廣歸之於「天」，即是「天命」，無法主導、掌握的命運。因此，武帝的
「數奇」，文帝的「不遇時」，李廣的「天」，都指向「命」。[35]司馬遷
為凸顯此一主題，在李將軍列傳中以對比的方式，彰顯李廣傑出卻無相對
成就的悖逆。尤其是與其堂弟李蔡的對比：景帝時，李蔡積功勞至二千
石；孝武帝時，當代王宰相；元朔五年（B.C.124）為輕車將軍，從大將
軍衛青攻打右賢王，有功，封為安樂候；元狩二年（B.C.121），當上丞
相，位居三公。然而，李蔡品格卑下，遠不如李廣，李廣雖官居九卿，卻
從未封侯。不僅如此，李廣的部下封侯者也所在多有。難怪李廣感嘆曰：

> 自漢擊匈奴而廣未嘗不在其中，而諸部校尉以下，才能不

---

[34] 參見西漢・司馬遷撰，日・瀧川龜太郎考證：《史記會注考證・李將軍列傳》，頁1182。

[35] 關於李廣的「數奇」的原因，林聰舜認為李廣是生錯時代的軍事天才，是體制外的英雄，他的才氣
不能被同時代的人了解。賴漢屏則認為是根源君王用人的私心。參見林聰舜：〈體制外的豪傑——
天才將領李廣〉，收在氏著《史記的人物世界》（臺北：三民書局，2003），頁170-176。賴漢
屏：〈李廣無功非數奇——〈李將軍列傳〉評賞〉，收在氏著《史記評賞》（臺北：三民書局，
1998），頁89-103。

及中人，然以擊胡軍功取侯者數十。而廣不為後人，然無尺寸之功以得邑封侯者，何也？豈吾相不當侯也？且固命也。[36]

李廣將自己不能封侯拜相歸之於「命」，正是將自己難以索解的際遇歸諸於無法理解的力量，否則，以李廣的才幹，真的難以釋懷。就此而言，「命運」也是人們面對無法理解的際遇時，歸究的理由之一，藉此以安撫難平的情緒。[37]

第二節　以義立命

　　司馬遷對命的體會是非常深刻的。史公出身史官世家，受到良好的教育，父親司馬談在武帝朝當太史令，元封元年（B.C.110），武帝封禪，司馬談卻因故滯留周南，[38]憂憤不已，生命危殆。奉命出使巴蜀的司馬遷趕回來與父親見最後一面，父子兩人淚眼相對，司馬談慎重託付遺命，要司馬遷彰顯家族的優良傳統，回應史官的時代使命，完成自己已經開始撰寫的史書。司馬談對於自己不能參與漢朝百年的盛典——封禪，甚感遺憾，他說：「今天子接千歲之統，封泰山，而余不得從行，是命也夫！是命也夫！」（〈太史公自序〉，頁1369）

　　司馬談將自己不能參與封禪的原因歸諸於命的安排，此所謂的

[36]　參見西漢・司馬遷撰，日・瀧川龜太郎考證：《史記會注考證・李將軍列傳》，頁1181。

[37]　雖然望氣者王朔將之歸諸於李廣殺了八百多位羌族投降的軍士，但是，以「禍莫大於殺已降」作為不得封侯的原因，雖有關武德，然而，終究仍是歸之於因果報應，而因果報應也可視為命運的一部分。關於司馬遷因果報應的思想，參見日・今鷹真〈《史記》中所表現的司馬遷因果報應思想和命運觀〉，收入陝西省司馬遷研究會編：《司馬遷與史記論集》（西安：陝西人民出版社，1995），頁269-274。

[38]　周南，即今日的洛陽。司馬談滯留的原因，一說是司馬談生病；一說是武帝不滿意他與群儒草擬的封禪禮儀。

「命」，也和前一節的意義相同，是不可預知、無法改變的命運。

　　司馬遷繼承父親任太史令，天漢二年（B.C.98）爲李陵說情而觸怒武帝，司馬遷爲了完成《史記》，自請宮刑。[39]當司馬遷爲了素無交情的李陵仗義執言時，武帝誤解其用心而震怒；當他身陷囹圄，卻無人挺身相助，司馬遷心中的憂憤，在多年之後仍難以消除，他說：

> （李陵）事已無可奈何，其所摧敗，功亦足以暴於天下矣。僕懷欲陳之而未有路，適會召問，即以此旨推言陵之功，欲以廣主上之意，塞睚眦之辭，未能盡明，明主不曉，以爲僕沮貳師，而爲李陵遊說，遂下於理。拳拳之忠，終不能自列，因爲誣上，卒從吏議。家貧，貨賂不足以自贖，交遊莫救，左右親近，不唯一言。身非木石，獨與法吏爲伍，深幽囹圄之中，誰可告愬者！[40]

司馬遷在〈報任安書〉抒發其在李陵案中的憤懣與委屈：忠而被疑、無人救援。因此，〈報任安書〉一再出現「悲夫」、「事未易一二爲俗人言也」、「難爲俗人言也」的憂憤。就司馬遷而言，滿朝文武儱於武帝而不敢爲李陵說句公道話之際，他基於正義感，挺身而出，是行其所當行。因此，在自己受到宮刑的最大恥辱之後司馬遷沒有選擇自殺而是隱忍苟活，是因爲：

> 恨私心有所不盡，鄙陋沒世而文采不表於後世也。古者富

---

[39] 關於司馬遷自請宮刑的考訂論述，參見阮芝生：〈司馬遷的心〉（《臺大歷史學報》，第26期，2000.12），頁182-185。

[40] 參見司馬遷：〈報任安書〉，〈報任安書〉收在班固：《漢書‧司馬遷傳》，也被《昭明文選》收錄，阮芝生參照兩個版本校訂考證，本文所引根據阮芝生的校訂。參見阮芝生：〈司馬遷的心〉（《臺大歷史學報》，第26期，2000.12），頁153-156。後面再引述，僅標出頁碼。

貴而名磨滅，不可勝記，唯倜儻非常之人稱焉。蓋西伯拘
而演《周易》；仲尼厄而作《春秋》；屈原放逐，乃賦
《離騷》；左丘失明，厥有《國語》；孫子臏腳，《兵
法》修列；不韋遷蜀，世傳《呂覽》；韓非囚秦，〈說
難〉、〈孤憤〉。詩三百篇，大氐賢聖發憤之所為作也。
此人皆意有所鬱結，不得通其道，故述往事，思來者。及
如左丘明無目，孫子斷足，終不可用，退論書策以舒其
憤，思垂空文以自見。僕竊不遜，近自託於無能之辭，
網羅天下放失舊聞，考之行事，稽其成敗興壞之理，凡
百三十篇，……亦欲以究天人之際，通古今之變，成一家
之言。草創未就，適會此禍，惜其不成，是以就極刑而無
慍色。僕誠已著此書，藏之名山，傳之其人通邑大都，則
僕償前辱之責，雖萬被戮，豈有悔哉！（〈報任安書〉，
頁155）

這是司馬遷對撰寫《史記》最深刻、也最坦率的表白。史書的編撰，對司
馬遷而言，是家族的傳統，也是回應時代的文化使命，更是個人生命價值
的完成。尤其在面對宮刑的羞辱之後，史書的撰寫就成了對抗命運撥弄的
唯一武器。司馬遷引述了歷來遭遇重大挫敗之後，而能以著作傳世的聖
賢，鼓舞自己發憤著書，完成使命、追求價值。[41]這段發憤著書的話，也
見於《史記·太史公自序》，是司馬遷一貫的文學主張與價值追求。也就
是說，司馬遷效法孔子著《春秋》「我欲載之空言，不如見之於行事之

---

[41] 生命的弔詭無所不在，自由的持續生機來自於命運，命運的深沉意義則有賴於自由。人的天賦、才
氣的充盡發揮，與死亡、疾病等我們無法掌握的因素息息相關。而帶著正常的焦慮生活，表達健
康的憤怒，也是生命能量的源頭活水，生活向上提升的力量。參見Rollo May著，龔卓軍、石世明
譯：《自由與命運》（Freedom and Destiny）（臺北：立緒文化，2001），頁24-25。

深切著明也。」（〈太史公自序〉，頁1370）的形式，以史書傳達自己的「一家之言」。所以，《史記》既是史書，也是子書。[42]司馬遷對《史記》價值的肯認，也見於〈伯夷列傳〉：

> 「同明相照，同類相求。」「雲從龍，風從虎，聖人作而萬物睹。」伯夷、叔齊雖賢，得夫子而名益彰。顏淵雖篤學，附驥尾而行益顯。巖穴之士，趣舍有時若此，類名堙滅而不稱，悲夫！閭巷之人，欲砥行立名者，非附青雲之士，惡能施于後世哉？[43]

〈伯夷列傳〉是七十列傳的第一篇，內容又與一般列傳以傳主事蹟不同，作者在其中大發議論，質疑天命，歷來受到相當的注目。〈伯夷列傳〉的內容豐富，司馬遷在〈太史公自序〉標舉「讓國」之義，首段以「考信於六藝」為《史記》真實根據，並以孔子的論評貫串全篇表達其尊孔的思想。[44]如前所述，司馬遷寫《史記》是自覺地繼承孔子，而史書最重要是讓那些有德有才，卻湮沒於歷史洪流的倜儻之士，都能夠透過史書的記載而流傳後世，就像伯夷、叔齊與顏淵等人，因為孔子的稱揚而名顯於後世。而對照司馬遷的際遇和〈報任安書〉的內容，司馬遷一方面質疑天道在報施善惡的真確性，一方面又肯定傳名後世的價值。顯然，史公分別個人際遇的「命」與行所當行的「義」，人遭遇非預期的憂患，總會對

---

[42] 梁啟超曰：「其著書最大的目的乃在發表司馬氏『一家之言』，與荀況著《荀子》、董生著《春秋繁露》性質正同，不過其一家之言，乃借史的形式以發表耳。」參見氏著《要籍解題及其讀法》（臺北：華正書局，1974），頁35。

[43] 參見西漢·司馬遷撰，日·瀧川龜太郎考證：《史記會注考證·伯夷列傳》，頁849。

[44] 關於〈伯夷列傳〉作為《史記》列傳總序的意義，有四點意涵：⑴說明作傳的態度與目的；⑵推崇辭讓，表白理念；⑶究天人際，多發議論；⑷剖白竊比孔子的撰述心志。參見顏天佑：〈〈伯夷傳〉為《史記》列傳總序說之略探〉（《中華學苑》，第43期，1993.03），頁59-77。

「命」與「天道」產生質疑與憂憤，然而，憂憤並不能解除生命的困境、回答生命的疑惑，史公以自身的遭遇照應先聖前賢的處境，尋找命運主宰下的生命出路，在其具體的實踐中，以史書的撰寫為那些被歷史忽略的賢聖倜儻之人發聲，留下見證；在普遍的意義上，則承繼儒家以義立命、義命對揚，在命運的籠罩下，確立人文的精神。[45]這樣的人文精神，或許就是司馬遷在撰寫史書的體例上，並未延續前人的編年體，而是選擇以人物為中心的紀傳體的思想基礎。

〈外戚世家〉所謂「人能弘道，無如命何？」（頁773）一方面是對「命」的無可奈何，一方面也可以說是人要把握能弘之道，不必在乎命的內容。司馬遷將項羽列入本紀，表彰他在楚漢之際的歷史地位，然而，在論贊中對項羽將自己的失敗歸諸於天命則不以為然。[46]〈伍子胥列傳〉讚揚伍子胥的剛烈性格，也正是肯定其對抗命運的勇氣與毅力。[47]這些篇章都證明司馬遷特別欣賞那些面對命運的挑戰，能挺身而出的卓異豪傑之士。

---

[45] 關於〈伯夷列傳〉彰顯的「義」，可參見阮芝生：〈伯夷列傳析論〉，《大陸雜誌》，第六十二卷，第3期，1981.03，頁37-42。〈伯夷列傳發微——伯夷列傳析論之二〉（《文史哲學報》，第34期，1985.12），頁39-58。

[46] 司馬遷曰：「夫秦失其政，陳涉首難，豪傑蠭起，相與並爭，不可勝數。然羽非有尺寸，乘勢起隴畝之中，三年，遂將五諸侯滅秦，分裂天下而封王侯，政由羽出，號為「霸王」，位雖不終，近古以來未嘗有也。及羽背關懷楚，放逐義帝而自立，怨王侯叛己，難矣。自矜功伐，奮其私智而不師古，謂霸王之業，欲以力征經營天下，五年卒亡其國，身死東城，尚不覺寤而不自責，過矣。乃引「天亡我，非用兵之罪也」，豈不謬哉！」（《史記·項羽本紀》，頁159）司馬遷肯定項羽的功業是千古末有，也批判他在面對失敗時，不知咎責深省，而將失敗歸諸於天命的安排，顯然忽略了外在情勢與自身努力的可能性。

[47] 太史公曰：「向令伍子胥從奢俱死，何異螻蟻。弃小義，雪大恥，名垂於後世。悲夫！方子胥窘於江上，道乞食，志豈嘗須臾忘郢邪？故隱忍就功名，非烈丈夫孰能致此哉？」（《史記·伍子胥列傳》，頁875）伍子胥引外力攻入祖國以報父仇，於「忠」有所虧，然而，司馬遷對其讚頌有加，最主要是針對他剛烈的性格，而其剛烈就展現在十六年的復仇過程，不論是多大的苦難都不退卻的毅力與決心。

第三節 小結

命運是人們無法主宰、掌握的力量，因此，在命運之前，人們顯得微渺，儒家與道家分別提出「以義立命」、「順天安命」的思想回應命運的巨大力量，彰顯人的主動性。日本學者貝塚茂樹指出，命運是《史記》列傳的重要主題，[48]《史記》在〈外戚世家〉、〈李將軍列傳〉等篇章中，展現命運的巨大，〈外戚世家〉以後宮的鬥爭興衰為主軸，捻出「命運」的主題，以彰顯人生際遇的不可確定性。由此，〈外戚世家〉描寫的人物有兩組明顯的對照：一是呂后、戚夫人，兩人都具有強烈的企圖心，期待成為皇后，兩人正面交鋒的結果，戚夫人敗陣，下場悽慘。呂后當上皇后，在劉邦崩殂之後，還掌握漢朝權柄十多年，積極謀劃壯大呂氏，然而，呂氏家族卻在其去世之後，遭到族滅的命運；一是薄氏、竇氏、衛氏等三人，這三位都出身微寒，對後宮本無企圖心，卻因緣際會成為皇后，薄氏與竇氏影響漢初政治深遠，家人多位封侯，這樣的結果遠遠超出他們對人生的期待。〈李將軍列傳〉則將李廣的「不遇時」歸究於「數奇」，李廣個人作戰的能力、帶兵作戰的功力，都是無可置疑的，然而，一生經歷七十餘戰，卻未能封侯，不但要屈居衛青手下，仰人鼻息，甚至還比不上能力、聲名遠不如自己甚多的堂弟李蔡，這樣的結果叫人如何接受？只有歸諸命運才能平撫心中的怨怒與不平。是以，命運的巨大力量，一方面顯現人的渺小與被決定，一方面又因肯認其無所不在的籠罩的力量，讓人的不平獲得釋懷。

此外，司馬遷以自身的經歷，提煉出發憤著書的主張，在人生面對重大挫敗之際，也是生命從谷底躍升的最佳契機。「命」只能決定現實的存在，無法賦予生命的價值，生命的價值常在對抗命運之際獲得彰顯，這顯然是延續儒家「以義立命」的思想，讓微渺的生命能在巨大的命運之前昂然挺立。

---

[48] 日・貝塚茂樹：《史記》（東京：中央公論社，1995年），頁64-65。

第四章
煮酒話英雄
李景星《史記評議》之武將評論

　　李景星（1876-1934），清末民初人，字紫垣，山東省費縣人，著有《四史評議》等書。《四史評議》逐篇閱讀四史，並加以總結性的論述，言語精賅，內容豐富。不論是篇章主旨、全文結構、人物評論、文獻考訂，都能提出一針見血的見解，對於閱讀、研究《史記》有重要的啓發。[1]目前對李景星的研究比較偏向宏觀的論述，例如黃世錦〈李景星《史記評議》評介〉、[2]王敏〈李景星《史記評議》研究〉、韓鎖明〈《史記評議》論〉。[3]本章以《史記》中以武將爲篇名的相關篇章（23篇）爲焦點，釐析《史記評議》的相關評述，闡發李景星對於研讀《史記》、考述史料、撰寫史書、評論人物等面向的精彩見解，並試圖初步建構李氏的史記學，以彰顯其在《史記》研究的貢獻與地位。

1　韓兆琦指出：「《四史評議》對於初讀前四史的人是一部很有用的書，它可以幫助我們深入地理解作品，可以開擴我們的思路，而且在如何研究歷史、如何欣賞文章、如何品評歷史人物等方面也都能給我們許多啓發與借鑑。」參見氏著《四史評議・前言》（長沙：岳麓書社，1986），頁4。本章所引《史記評議》皆根據此版本，後再引述，僅標出篇名、頁碼。

2　參見輔仁大學中文系編：《第四屆先秦兩漢學術全國研究生論文發表會論文集》（臺北：輔仁大學中國文學系所，2004），頁65-84。

3　兩篇都是陝西師範大學文學院2009年的碩士論文。

第一節　篇章主旨

　　《史記》的篇章都有主旨，敘述武將的篇章也不例外。李景星多指出各篇的主旨，例如，〈張耳陳餘列傳〉的「勢利交」、[4]〈蒙恬列傳〉寫權勢的盛衰、〈樂毅列傳〉寫處世智慧，都是深刻的主題。茲以〈李將軍列傳〉為例：

> 不曰韓信，而曰淮陰侯；不曰李廣，而曰李將軍，只一標題間，已見出無限的愛慕景仰。此篇用意尤在「數奇」二字，而敘事精神更在射法一事。贊其射法，正所以深惜其數奇也。篇首而文帝曰：「惜乎子不遇時」云云，已伏數奇之根。以後敘擊吳楚還賞不行，此一數奇也；敘贖為庶人，此一數奇也；敘出定襄無功，此一數奇也；敘出右北平軍功無賞，此一數奇也；直至引刀自剄，乃以數奇終焉。其數奇之旁寫，則以從弟李蔡事為襯也，以望氣王朔語為襯也，以天子誡衛青語為襯，並借以點明眼目也。其數奇之餘波，則當戶之早死也，敢之被射殺也，陵之生降也，又「李氏陵遲衰微」、「李氏名敗」云云，皆是極端探其數奇處。至敘其射法，曰「廣家世世受射」、曰「射匈奴」、曰「射鵰」、曰「是白馬將」、曰「射追騎」、曰「射石」、曰「射虎」、曰「射闊狹以飲」、曰「射猛獸」、曰「射裨將」、曰「善射亦天性也」、曰「其射見敵急，非在數十步內，度不中不發」，末又附李陵之善

---

[4] 李景星曰：「〈張耳陳餘〉『以由此，陳餘、張耳遂有隙』一句為通篇關鍵。以上步步寫其合，以下步步寫其離，活畫出一幅勢利交情態。傳末詳敘貫高事，正為張、陳作反托。有此『立名義不侵然諾』之人，愈顯得張、陳兩人十分不堪也。」參見氏著《四史評議·史記評議·張耳陳餘列傳第二十九》，頁82。

射、教射，與篇首「世世受射」句相應，或正或側，或虛
或實，直無一筆犯復，蓋太史公復一世奇氣，鬱一腔奇
冤，是以借此奇事而發爲奇文。贊語曰：「彼其忠實心誠
信於士大夫也。」傳一代奇人，而以「忠實」兩字爲歸
宿，手眼俱超，壓倒一切。[5]

　　太史公對李廣充滿景仰之意，在〈李將軍列傳〉中處處流露，例如，他寫
李廣對待士卒的愛護，寫士卒對李廣的誓死效忠……，李景星則點出，
〈李將軍列傳〉標題中的「李將軍」就明顯表達了太史公對李廣的敬意，
檢視幾位武將列傳的標題，就連戰功彪炳的名將，多是直呼其名，如〈白
起王翦列傳〉、〈田單列傳〉等，以「李將軍」取代李廣，顯然有弦外之
音。類似的例證，還有武將中〈淮陰侯列傳〉、戰國四公子之首〈魏公子
列傳〉[6]等篇章。

　　李景星進一步指出，「數奇」貫穿〈李將軍列傳〉，是其主旨。「數
奇」的「奇」是奇偶的奇，奇則不偶，「數奇」就是命運不佳、運氣不
好。〈李將軍列傳〉寫一位不世出的武將被命運捉弄，而成爲悲劇英雄，
令人欷愷。李將軍兼具戰鬥的實力與靈活的兵法，是一位智勇兼具的出色
將領，他經歷文帝、景帝、武帝三朝。文帝十四年（B.C.166），李廣從
軍擊胡，立下戰功，然而，文帝時對匈奴的政策是和親爲主，因此，文帝
曾說：「惜乎！子不遇時。如令子當高帝時，萬戶侯豈足道哉！」（〈李
將軍列傳〉）文帝雖然惜才，但是，他主政其間，漢朝實力不足與匈奴對
抗，而其政權也受制於陳平、周勃等老臣，晉用新人，尤其是年輕的將

---

[5]　參見氏著《四史評議・史記評議・李將軍列傳第四十九》，頁100。
[6]　李景星曰：「四君之中，以魏公子最賢；太史公作四君傳，亦以〈魏公子傳〉最出色。標題曰『魏
　　公子列傳』，與〈自序〉合，正所以殊於其餘三君也。他本或稱『信陵君列傳』，未免不達史公之
　　旨。」參見氏著《四史評議・史記評議・魏公子列傳第十七》，頁72。

領，有其大環境的限制。所以，文帝感慨李廣「不遇時」，李廣也只官居八百石的中郎兼武騎常侍。景帝三年（B.C.154），吳、楚七國之亂，李廣以驍騎都尉跟隨太尉周亞夫平亂，斬將搴旗，立了大功，卻因受了梁王賜予的將軍印，觸犯了景帝的忌諱而取消所有的封賞。[7]到了武帝主政，既沒有權力基礎不夠穩固的問題，也不會有皇室的鬥爭，而且，當時國力強大，君王積極有為，討伐匈奴是國家施政的主要項目之一。李廣的名聲響亮，他任職未央宮尉，是九卿之一，負責未央宮的安全，職權相當重要。此外，在漢朝與匈奴的戰爭中，李廣屢次被任命為將軍，帶兵參與作戰。這本是他立功揚名的大好機會，然而，李廣在關鍵戰役總是未能立功，例如，元光六年（B.C.129），李廣被俘，他雖然靠著機智逃脫，仍被免為庶人。再被啟用為右北平太守，元狩二年（B.C.121），隨張騫率兵攻打匈奴，卻遭遇匈奴四萬騎主力，幾乎全軍覆沒。元狩四年（B.C.119），李廣以前將軍隨大將軍衛青攻打匈奴，衛青希望給恩人公孫敖立功機會，加上出兵前，武帝告誡他李廣年老、「數奇」，不要派他與單于會戰，因此，衛青調李廣隨右將軍趙食其作為接應，李廣力爭未果，後來，軍隊又迷路誤期。李廣錯失了一生唯一一次當面與單于會戰的機會，衛青也未能擒獲單于。最後，在歸咎責任上，李廣不願配合衛青提出報告，獨力承擔全部責任而自殺。《史記》載：

> 大將軍使長史及則急責廣之幕府對簿，廣曰：「諸校尉無
> 罪，乃我自失道，吾今自上簿。」至莫府，廣謂其麾下

---

[7] 景帝與梁王是兄弟，文帝與竇太后非常寵愛少子梁王，文帝甚至說出「千秋萬歲後傳於王」的承諾，梁王雖然知道是父皇戲言，仍難掩心中的歡喜，再加上竇太后的寵愛，因此，景帝登基之後，對梁王是有疙瘩的，在平定七國之亂的戰役中，梁王阻絕吳、楚西進的路徑，居功厥偉。景帝雖然封賞梁王，對私受其將軍印的李廣略過不賞，正表現其對梁王的不悅。李廣雖是出色的武將，然而，自恃才能，對宮廷的政治鬥爭未必留心，卻誤觸了景帝的政治紅線，有功無賞。參見《史記‧梁孝王世家》，西漢‧司馬遷撰，日‧瀧川龜太郎考證：《史記會注考證》，頁825-830。

曰：「廣結髮與匈奴大小七十餘戰，今幸從大將軍出，接單于兵，而大將軍又徙廣部，行回遠，而又迷路失道，豈非天哉！且廣年六十餘矣，終不能復對刀筆之吏。」遂引刀自剄。廣軍士大夫一軍皆哭，百姓聞之，知與不知，無老壯，皆爲垂涕。[8]

李廣是一位備受軍民尊敬的傑出將領，卻落得自殺的下場，原因何在？李廣歸之於「天」，即是「天命」，無法主導、掌握的命運。因此，武帝的「數奇」，文帝的「不遇時」，李廣的「天」，都指向「命」。司馬遷爲凸顯此一主題，在〈李將軍列傳〉中以對比的方式，彰顯李廣傑出卻無相對成就的悖逆。尤其是與其堂弟李蔡的對比，景帝時，蔡積功勞至二千石。孝武帝時，當代王宰相，元朔五年（B.C.124）爲輕車將軍，從大將軍衛青攻打右賢王，有功，封爲安樂候。元狩二年（B.C.121），當上丞相，位居三公。然而，李蔡品格卑下，遠不如李廣，李廣雖官居九卿，卻從未封侯。不僅如此，李廣的部下封侯者也所在多有。難怪李廣感嘆曰：「廣不爲後人，然無尺寸之功以得邑封侯者，何也？豈吾相不當侯也？且固命也。」（〈李將軍列傳〉）李廣將自己不能封侯拜相歸之於「命」，正是將自己難以索解的際遇歸諸於無法理解的力量，否則，以李廣的才幹，眞的難以釋懷。就此而言，「命運」也是人們面對無法理解的際遇時，歸究的理由之一，藉此以安撫難平的情緒。再者，〈李將軍列傳〉以「李廣射石」的故事凸顯李廣家傳的射法，精良的射技讓他轉危爲安，死裡逃生。李景星指出，射法的極力書寫，是要反襯李將軍的數奇，李將軍的射技愈精良，就更顯得其際遇越荒涼。而李將軍之子李當戶早死於沙場，李敢被霍去病射死，李陵降於匈奴，門風日益衰頹，都是「數奇」的餘波。

---

[8] 參見西漢・司馬遷撰，日・瀧川龜太郎考證：《史記會注考證・李將軍列傳》，頁1182。

第二節　合傳理由

　　《史記》武將的篇章，有單傳、合傳，李景星指出，武將合傳的理由，以兵法、戰功最多，例如〈孫子吳起列傳〉、〈白起王翦列傳〉。李景星曰：

> 〈孫吳傳〉以兵法連合，如〈孫子傳〉「以兵法見於吳王闔廬，於是闔廬知孫子能用兵」；〈吳起傳〉「好用兵，學兵法以事魯君」。此傳中首尾處點逗也。中間附〈孫臏傳〉曰：「孫臏嘗與龐涓俱學兵法」，曰：「孫臏以此名顯天下，世傳其兵法。」此又如常山之蛇，擊中間則首尾俱應矣。[9]

　　〈孫子吳起列傳〉敘寫孫武、吳起的事蹟，也附傳孫臏，三人都是軍事長才，有兵法傳世，李景星特別指出，史公在敘寫三人事蹟，特別標舉其兵法，而且在篇章安排上，孫武、吳起首尾呼應，孫臏穿插其間，三人一貫而下，結構謹嚴，主題顯豁。

　　除了擅長兵法之外，武將合傳的主要理由還有際遇、出身相似。例如韓王信與盧綰，兩人都是漢朝鎮守北方的大將，後來卻叛逃到匈奴，成為北邊邊患，其子孫卻都復降漢朝。如此相似的際遇，是兩人合傳的堅實理由。[10]再加上附傳陳豨，清楚描繪出漢朝初年北邊的情勢。類似的合傳

---

[9] 參見氏著《四史評議·史記評議·孫子吳起列傳第五》，頁62。關於白起、王翦合傳的理由，李氏指出：「白起、王翦以善用兵合傳，故〈白起傳〉首曰：『善用兵』；〈王翦傳〉首曰：『少而好兵』。」同前，頁68-69。

[10] 李景星曰：「此篇以三叛將合傳，韓、盧二人異姓封王同，反叛同，亡匈奴同，子孫來歸同。陳豨雖非二人比，而與二人同為北邊患，故以二人合傳，而豨亦附之。」《四史評議·史記評議·韓信盧綰列傳第三十三》，頁85。

如〈魏豹彭越列傳〉，魏豹與彭越在楚漢爭霸時，分別擔任魏國王侯與丞相，漢朝建立之後，彭越封爲梁王。兩人在魏國有非常重要的影響力，合傳正能彰顯楚漢之際魏國的情勢。[11]衛青、霍去病兩人出身相似，又立下顯赫戰功，因此合傳。[12]樊噲、灌嬰等出身卑微的將領，也因爲出身相似而合傳，李氏曰：

> 樊、酈、滕、灌以身分相同合傳，樊以屠狗爲事，酈聚少年而東西略人，滕爲沛廄司御，灌在睢陽販繒，其出身微賤同。〈樊傳〉曰「復常從」，〈酈傳〉曰「以將軍爲太上皇衛」，〈滕傳〉屢書「爲太僕」，〈灌傳〉曰「以中涓從」其被親幸亦同，是以太史公合而傳之。[13]

樊噲、酈商、夏侯嬰以及灌嬰都是劉邦身邊的重要將領，他們共同的特點就是出身微賤，或爲屠狗、車夫、賣布，然而，他們趁勢而起，追隨高祖立功，因此，四人不但出身相似，立功模式也相近，故合傳。另外，還有人生價值得追求相似而合傳的，例如，季布與欒布兩人任俠仗義，重視氣節，因而合傳。

---

11 李景星曰：「漢王二年春，與魏王豹集諸侯東擊楚，彭越將其兵三萬餘人歸漢於外黃。漢王曰：『彭將軍收魏地得十餘城，欲急立魏後。今西魏王豹亦魏王咎從弟也，真魏後。』乃拜彭越爲魏相國，擅將其兵，略定梁地。」此一段敘魏、彭事始末最爲詳悉，乃二人合傳之由來也。」《四史評議‧史記評議‧魏豹彭越列傳第三十》，頁85。

12 李景星曰：「衛將軍、驃騎將軍出身同，立功同，故合傳。」《四史評議‧史記評議‧衛青驃騎列傳第五十一》，頁103。

13 參見氏著《四史評議‧史記評議‧樊酈滕灌列傳第三十五》，頁86-87。

第三節　篇章結構

李景星在評議武將相關篇章，對於篇章結構特別著力，例如：

> 樂毅出處本末，盡在〈報燕惠王〉一書。故太史公之傳樂
> 毅，即以此書爲主。前半敘事，步步以此書伏根；後半敘
> 事，處處與此書照映；贊語引蒯通、主父偃事，又遙遙爲
> 此書證明。合觀通篇，命意最高，章法亦最嚴，誠佳傳
> 也。蓋樂毅在戰國中另是一流人物，絕不染當時習氣。史
> 公愛其品、重其人，是以慎言其事。「賢好兵」三字，
> 是通篇骨子。「卒於趙」三字，是通篇歸宿。開首詳其先
> 代，末尾詳其後世，是通篇特筆。贊之後數句，於樂臣公
> 獨流連不置，則尤見史公之於樂毅愛慕之極致也。夫人於
> 一器一物之可貴，尚備溯期源流，況賢人之世系與其遺族
> 哉！況其遺族而爲吾所親見者哉！[14]

樂毅是戰國非常特出的武將，他受燕昭王賞識、重用，統帥燕、趙等六國
聯軍伐齊，攻克臨淄，被封爲昌國君。然而，齊國卻久攻不下。燕惠王即
位，誤入齊將田單反間計的陷阱，以騎劫取代樂毅，於是，戰況逐漸逆
轉。田單掌控全局，騎劫則隨之起舞，最後，田單以火牛陣突圍，光復齊
國。樂毅自知若回燕國，將身陷危險，因此，轉而投靠趙國，趙國封爲望
諸君。樂毅在趙國受到禮遇的消息傳回燕國，燕惠王一方面後悔以騎劫取
代樂毅的錯誤決策，失去已占領的齊國領土；一方面又擔心樂毅挾怨報
復，趁燕國大敗之際，引趙軍入侵。因此，他寫了一封兼具指責與道歉的
信給樂毅：

---

[14] 參見氏著《四史評議・史記評議・樂毅列傳第二十》，頁74-75。

先王舉國而委將軍，將軍爲燕破齊，報先王之讎，天下莫
不震動。寡人豈敢一日而忘將軍之功哉？會先王棄群臣，
寡人新即位，左右誤寡人，寡人之使騎劫代將軍，爲將軍
久暴露於外，故召將軍且休、計事。將軍過聽，以與寡人
有隙，遂捐燕歸趙，將軍自爲計則可矣，而亦何以報先王
之所以遇將軍之意乎？[15]

　　燕惠王在這封信中除了爲自己的愚蠢作爲辯解之外，最重要的是，藉著肯定樂毅對燕國的貢獻，質疑樂毅棄燕投趙，是愧對燕昭王知遇之恩的錯誤決定。樂毅的價值與功業都植基於他與燕昭王的相知相遇，如果連這層關係都受到質疑，樂毅的人生也將隨之崩解。因此，樂毅回信答覆惠王的質疑。

　　樂毅對君臣交接之際，有深刻的體認，他說：「賢聖之君不以祿私親，其功多者賞之，其能當者處之。故察能而授官者，成功之君也；論行而結交者，立名之士也。」（〈樂毅列傳〉，頁986-987）國君量能授官，不以個人的喜好，而是以臣子的能力安排適當的官職，這是一種客觀化的表現；士人欲成就功名，戮力爲學，尋訪伯樂賞識，一展長才。這樣的關係正是君臣的理想關係：兩者平等對待，成就彼此。樂毅與燕昭王的關係就是如此，樂毅欣賞燕昭王的魄力、視野，遂前往投靠，也獲得拔擢；燕昭王伐齊雪恥的宿願也靠樂毅的謀劃與作戰而達成。樂毅裂土封侯，功成名就；昭王一雪國恥，強大燕國，可謂兩全其美，相得益彰。燕昭王在位三十三年，內外兼修，國力富強，爲後繼之君奠定了相當厚實的基礎。因此，後繼者只要蕭規曹隨，就能延續基業。樂毅說：「先王之報怨雪恥，夷萬乘之彊國，收八百歲之蓄積。及至棄群臣之日，餘教未衰，執政任事之臣脩法令、愼庶孽，施及萌隸，皆可以教後世。」（〈樂毅列

---

[15] 西漢‧司馬遷撰，日‧瀧川龜太郎考證：《史記會注考證‧樂毅列傳》，頁986。

傳〉，頁987）燕惠王來信提及，自己在昭王過世後新掌政權，受到左右蒙蔽，才會以騎劫取代樂毅伐齊主帥的地位。樂毅諷刺惠王無法繼承昭王的格局氣度，也不知重用舊臣，在君權更迭之際，採取友善而合情的措施，穩定民心，延續政績。反而在掌權之後，公報私仇，導致燕國陷入一連串危機之中。

　　樂毅批評惠王不諳治國之道，排斥前朝舊臣，因此，對於君臣相處之道，有了另一層的抉擇，他說：「善作者不必善成，善始者不必善終。」（〈樂毅列傳〉，頁987）當君臣之間缺乏互信時，臣子不必強求受到重用，而是該另擇明主。他以伍子胥為例，伍子胥的際遇與樂毅相似，兩人分別知遇於闔閭、燕昭王，又受到後繼君王夫差、燕惠王的廢棄；兩人都知遇於父，疏遠於子。因此，樂毅以伍子胥為例，說明君臣的終始關係，當是有其深意的。不過，樂毅既不像伍子胥一樣，選擇強諫君王，以生命阻擋國君的錯誤決策；也就不會在死前滿懷怨怒地要將眼睛挖出，懸於東門，要親眼見到越國滅了吳國。樂毅的選擇是比較隨順的：當國君重用的時候，就戮力為其效命；當國君不再青睞，就轉投明主。因此，樂毅棄燕投趙，當然心有不滿，但是，他不會引外力以復仇。樂毅曰：

> 夫免身立功，以明先王之迹，臣之上計也；離毀辱之誹謗，墮先王之名，臣之所大恐也。臨不測之罪，以幸為利，義之所不敢出也。[16]

瀧川龜太郎曰：「去燕奔趙，正當不可測之重罪，又乘燕之敝，使趙伐之，以徼幸於萬一，非義甚也。」燕惠王來信的最後，質疑樂毅奔趙之舉，辜負了燕昭王的重用，樂毅也表明心志，雖然不能再為燕國效力，也不會趁機引趙軍伐燕。這不但辱沒了燕昭王的知遇之恩，也不合乎世人交

---

[16] 西漢・司馬遷撰，日・瀧川龜太郎考證：《史記會注考證・樂毅列傳》，頁987。

往的溫厚教養。

綜觀樂毅的〈報燕惠王書〉，不但表明自己受知於燕王，為燕國貢獻心力的事實，也表明自己不會傷害燕國的立場。不但正面回應燕惠王的質疑與擔憂，也彰顯其在君臣相處之際，能隨順情勢的成就彼此，表現出高度的士族教養與黃老智慧。魏‧夏侯玄曰：「觀樂生〈遺燕惠王書〉，其殆庶乎知機合道，以禮始終者與。」[17]可謂知人之論。樂毅雖然沒有再回到燕國任官，而終老於趙國。不過，他以客卿的身分，往來於燕、趙兩國。其子樂間則仍被燕惠王封為昌國君。顯然，〈報燕惠王書〉緩和君臣兩人的矛盾，恢復了彼此的信任。

史公寫〈樂毅列傳〉就是以〈報燕惠王書〉為中心，此書之前，寫樂毅的發跡、受重用，以及逃齊歸趙；此書之後則是寫〈報燕惠王書〉的效果與影響，通篇結構謹嚴。文章開頭寫樂毅的先祖，最後寫其子孫，更彰顯史公對樂毅的推崇。

再如〈田單列傳〉，也是武將的著名篇章，整篇列傳以以「奇」貫穿，寫田單運謀、用兵之奇，讓人嘆為觀止。史公之好奇人、能奇文都豁然可見。[18]另一篇〈田儋列傳〉，李景星也非常讚賞其章法，李氏曰：

---

[17] 魏‧夏侯玄：〈樂毅論〉，參見清‧嚴可均輯：《全三國文》（臺北：世界書局，1982）。日‧瀧川龜太郎曰：「六國將相有儒生氣象者，惟望諸君一人。其〈答燕王書〉，理義明正，當是第一文字。諸葛孔明以管、樂自比，而其〈出師表〉，實得力於此文尤多。樂書曰：『恐抵斧質之罪，以傷先王之明，而又害於足下之義。』諸葛則云：『受命以來，夙夜憂歎，恐付託不效，以傷先帝之明。』樂書曰：『先王過舉，擢之乎賓客之中，而立之乎群臣之上，而使臣為亞卿。臣自以為奉令承教，可以幸無罪矣，故受命而不辭。』諸葛則云：『先帝不以臣卑鄙，猥自枉屈，三顧臣於草廬之中，由是感激，許先帝以驅馳。』樂書曰：『免身立功，以明先王之迹，臣之上計也』諸葛則云：『庶竭駑鈍，攘奸兇，興復漢室，還於舊都。此臣所以報先帝而忠陛下之職分也。』彼此對看，必知其風貌氣骨有相通者。」（〈樂毅列傳〉，頁988）對比樂毅的〈報燕惠王書〉與諸葛亮的〈出師表〉，指出諸葛亮受樂毅之影響。

[18] 李景星曰：「〈田單傳〉暗以「奇」字作骨，至贊語始點明之。蓋單之為人奇，破燕一節其事奇，太史公又好奇，遇此等奇人奇事，那能不出奇摹寫？前路以傅鐵籠事小作渲染，已是奇想；隨即接

〈田儋傳〉以高祖所言「起自布衣，兄弟三人更王，豈
不賢乎哉」數語爲一篇骨子。起首曰「能得人」，結尾
曰「能得士」，首尾照應，尤一篇扼要處。蓋太史公爲
田儋兄弟立傳，以其賢也。而其所以賢，則在於能得人。
通篇將三人事一串寫來，以田儋領起，即接述儋弟榮，榮
弟橫，一篇大局已定於此。而又及儋子市，榮子廣與諸田
中、田假、田角、田間、田都、田安等。其間爭立賊殺，
雖紛如亂絲，而指畫詳明，却瞭如列圖。於列傳中參用世
家體，是最有章法文字，不獨寫田橫處生色也。至傳曰
「二客」，曰「五百人」，贊語又突出蒯通、安期生，皆
爲得人點染，並非閒筆。[19]

史公用了相當的篇幅敘寫秦漢之際的各地情勢，包括趙地的〈張耳陳餘
列傳〉、魏地的〈魏豹彭越列傳〉、楚地的〈黥布列傳〉、〈淮陰侯列
傳〉、韓地的〈韓信盧綰列傳〉、齊地的〈田儋列傳〉等。其中，〈田儋
列傳〉中主角是流著貴族血統的田氏家族，與其他篇章純粹出身草莽的傳
主不同。史公以田儋、田榮、田橫三人爲主，旁及田間、田假等人，構築
田氏家族在秦漢之際的作爲，而以賢能德人爲主軸，在敘寫賢能德士上，
以田橫爲重心，寫田橫不願屈居劉邦之下，也無顏與酈商並肩共事，因而

入破燕，而以十分傳奇之筆盡力敘之。寫田單出奇致勝，妙在全從作用處著手。如：「乃縱反間於
燕宣言曰」、「田單因宣言曰」、「乃宣言曰」、「單又縱反間曰」、「令即墨富豪遺燕將曰」，
節次寫來，見單之奇功，純是以奇謀濟之，並非如後人效顰，僅以魯莽從事也。贊語曰：「兵以正
合，以奇勝，善之者出奇無窮，奇正還相生，如環之無端。」連用三「奇」字，將通篇之意醒出。
「始如處女」四句，亦復奇語驚人。君王后，奇女；王蠋，奇士，不入傳中，而附於贊後，若相應
若不相應，細繹之，却有神無迹，是乃真奇格也。合觀通篇，出奇無窮，的為《史記》奇作。」參
見氏著《四史評議‧史記評議‧田單列傳第二十二》，頁76。

[19]　參見氏著《四史評議‧史記評議‧田儋列傳第三十四》，頁86。

自殺，後來，與他一起流亡海外的五百多位門客也自殺殉節，令人震撼。史公借高祖之言：「三人更王，豈不賢乎哉！」也不斷強調「田橫之可皆賢」、「田橫兄弟能得士」。[20]。李景星進一步指出，本篇列傳章法謹嚴，把秦漢之際齊地田氏的豪傑，大致網羅，不但清楚敘寫了齊地情勢，也敘寫了田儋兄弟三人的賢能、刻畫了田橫及其門客高潔的形象。在體例上，雖放在列傳，其實參用世家體例。[21]這些的角度打開了讀者閱讀的視野，田橫一節固然是本篇精彩處，田儋的興亡，田榮與田氏王侯的對抗爭鬥、和項羽的周旋，都貫串著賢能德士的主軸。

至於論贊提及的蒯通與安期生，乍看似乎顯得突兀，[22]蒯通說服韓信為了自己的利益而攻齊，雖然順利打下齊國，卻造成漢王特使酈商被烹，得罪劉邦，種下後來被斬的惡因。齊王田廣被俘、田橫流亡自殺，也導因於韓信攻齊的決定。因此，蒯通的作為與田橫的生死息息相關，並非無涉。安期生是黃老學者，與蒯通相善，不見用於項羽。蒯通雖然受韓信重用，在自立為王一事上，韓信並未採納蒯通的建議，後來，蒯通還被俘虜，因此，兩位賢者並未真正獲得明主賞識。史公以此對比田儋兄弟三人賢能德士，具有對比點染的效果。

第四節　敘事手法

一、正面實寫

武將以兵法、戰功揚名青史，因此，列傳多以這方面的記述為主，敘

---

[20] 西漢・司馬遷撰，日・瀧川龜太郎考證：《史記會注考證・田儋列傳》，頁1082。

[21] 明・唐順之：「文一串，似世家體。」（明・凌稚隆輯校，明・李光縉增補：《史記評林》，天津：天津古籍出版社，第五冊，1998，頁811）李景星的主張當本於此。

[22] 清・趙翼：「《史記・田儋傳贊》，忽言蒯通辯士，著書八十一篇，項羽欲封之而不受。此事與田儋何涉而贊及之，……後人竄入者也。」（清・趙翼：《二十二史劄記・《史記》有後人竄入處》，卷一，臺北：仁愛書局，1984，頁10）

寫的方式以正面描寫為主,所謂正面描寫,是直接敘寫相關事蹟,彰顯傳主的特質與功業。例如〈淮陰侯列傳〉寫韓信攻打魏、趙、燕國的奇謀與戰功,就是典型的例證。李景星曰:

> 〈司馬穰苴傳〉只敘誅莊賈,退燕、晉師一事,而規模整齊,節奏安雅,是一篇正鋒文字。「文能附眾,武能威敵」二語,括盡穰苴本能。以下自「穰苴既辭」至「然後行」,所謂「武能威敵」也;自「士卒次舍」至「爭奮出為之赴戰」,所謂「文能附眾」也。[23]

司馬穰苴是太史公第一位立傳的武將,史公用了極短的篇幅,正面描寫司馬穰苴這位文武兼備的將領。司馬穰苴在齊國最艱難的時候接掌軍權,必須對抗北邊的燕國、西邊的晉國,他雖然出身田氏家族,又獲得丞相晏嬰的推薦,然而,在軍中素無經歷與威望,如何率領將士迎戰強敵?齊景公派親信莊賈監軍,司馬穰苴透由誅殺傲慢的權臣莊賈,激勵士氣,建立權威。[24]然後,再以體貼的對待,凝聚將士求戰的決心。[25]原本新敗而士氣低落的齊國將士,在司馬穰苴一番作為之後,受到平等而貼心的照顧,更體認到肩負國家興亡的重責大任,士氣高昂,齊心求戰。最後,「晉師聞之,為罷去;燕師聞之,度水而解。」司馬穰苴完全不費兵卒,解除了國之憂患。「文能附眾,武能威敵」道盡了司馬穰苴,也是出色將領的作

---

[23] 參見氏著《四史評議·史記評議·司馬穰苴列傳第四》,頁62。

[24] 司馬穰苴斬莊賈的最重要理由,在於「今敵國深侵,邦內騷動,士卒暴露於境,君寢不安席,食不甘味,百姓之命,皆懸於君,何謂相送乎?」莊賈身為邊境重臣,代君監軍,卻一心想著個人利益與享樂而嚴重瀆職。司馬穰苴面對景公特使刀下留人的請求,則以「將在軍,君令有所不受」回應。參見西漢·司馬遷撰,日·瀧川龜太郎考證:《史記會注考證·司馬穰苴列傳》,頁862。

[25] 《史記》載:「士卒次舍,井竈飲食,問疾醫藥,深自拊循之。悉取將軍之資糧享士卒,身與士卒平分糧食,最比其羸弱者。三日而後勒兵,病者皆求行,爭奮出為之赴戰。」,同前註。

為，兩者都不是在戰場上的臨陣磨槍，或是斬將搴旗，而是透由文、武的作為，提策將士的意志，凝聚大家心力，就能產生不可思議的威嚇力，達到不戰而勝的目的。

二、側面點染

敘寫人物的手法，除了正寫實筆之外，最常見的就是側寫點染。例如〈孫子吳起列傳〉在寫孫、吳的兵法，史公以訓練宮女寫孫武的兵法，以賽馬彰顯孫臏的謀略，即是側寫點染的手法。李景星曰：

> 〈黥布傳〉純以旁寫取勝。前路處處以項羽伴說，見布之勇不在項羽下，其人之歸附與否，與漢極有關係。中間詳敘隨何說布，見布之所以歸漢也。後幅詳敘薛公策布，見漢之所以制布也。一個草澤英雄，自始至終不能出人範圍，是可用之才，確非用人之才。至其首尾，又與〈彭越傳〉作反正映。彭澤漁大澤，黥布輸麗山，其出身同；彭越未免乞憐，黥布到底強硬，其結局異。贊語倔強疏挺，正稱黥布為人。結尾咄然而止，筆亦老橫。[26]

黥布出身麗山之徒，趁勢而起，左右楚漢爭霸的情勢。黥布善用兵，常為先鋒，能以少勝多，是戰場上的驍勇將領。然而，史公寫黥布，不在其軍事成就，而是在彰顯其關鍵的歷史地位，以及其興衰的過程。隨何遊說黥布歸漢，薛公揣度黥布謀反的軍事布局，都是從側面點染黥布的性情與格局。如果以互見的讀法，對照彭越與黥布，更可以彰顯黥布倔強強硬的性格，這樣的性格與他的軍事作為、人生際遇又緊緊扣合，史公對此深致嘆息。相似的手法也見於〈季布欒布列傳〉，李景星指出：

---

[26] 參見氏著《四史評議‧史記評議‧黥布列傳第三十一》，頁83-84。

通篇多以虛處著筆，文勢十分靈活。〈季布傳〉敘周氏，敘朱家，敘曹丘生，皆是敘季布。其正敘處不過折樊噲、對文帝兩節耳。〈欒布傳〉敘彭越，敘臧荼，敘燕、齊立社，皆是敘欒布。其正敘處不過奏事彭越頭下及自稱數語耳。〈季布傳〉後附敘季心、丁公，亦以反正相生，映帶成趣。而贊語以曲折之筆寫探美之意，又復句句生動。合觀通篇，無一事堆垛，無一筆板滯，奇事奇聞，可稱雙絕。[27]

季布、欒布兩人的氣節高標，令人景仰。史公曰：「能摧剛作柔，卒為列臣；欒公不劫於勢而倍死，作季布欒布列傳。」（〈太史公自序〉）在論贊中稱兩人為「壯士」、「烈士」，評價甚高。李景星則標舉史公寫季布、欒布的靈活筆法，全篇以虛筆側寫為主，也穿插正寫實筆，例如，季布朝議之時批判面折樊噲輕率討伐匈奴的主張，無異亡國之舉，理當斬首；面折文帝用人態度前後反覆，讓人失望，[28]這兩件事情可充分彰顯季布的剛直。史公寫季布的任俠助人，則是從側面寫周氏與朱家協助季布脫險，以及曹丘生對季布的敬重，蓋季布樂於助人，一言百諾，不論遊俠或辯士都對他敬重有加。欒布受到臧荼、彭越拔擢、營救，建立真摯的友誼，彭越被冤殺梟首，欒布不顧高祖禁令，祭祀哭泣，直指劉邦「以苛小案」誅滅彭越，其心可囬，其壯烈的勇氣令人讚賞。燕、齊為欒布立社祭

---

[27] 參見氏著《四史評議‧史記評議‧季布欒布列傳第四十》，頁91。

[28] 樊噲主張討伐匈奴是無法忍受單于調戲呂太后的憤怒，季布則是理智的指出，高祖受困平城的教訓，顯示新建的漢朝無力對抗匈奴，樊噲欺君罔上，置國家於險境，罪不可赦。因此，「是時殿上皆恐，太后罷朝，遂不復議擊匈奴。」季布為河東郡守，有人向文帝推薦季布。文帝召見，想要任命季布為御史大夫；後來，有人說其酗酒壞事，文帝退縮，季布在官邸等候一個月，文帝取消召見。季布主動求見文帝晉見，提醒文帝對臣子的態度，或見或不見，任人耳語，一方面臣子寒心，一方面君威淪喪。參見《史記》，頁1118。

祀，則是以虛筆從側面寫欒布的政績與人格都令人敬重。其實，彭越、臧茶的器重，除了彼此的交情，更重要的是凸顯欒布的才幹。

三、特筆

　　史公敘寫人物的筆法多樣而靈活，李景星在武將的相關篇章中，除了正寫、側寫、實筆與虛筆之外，還指出「特筆」的筆法，李氏曰：

〈淮陰傳〉有正寫，有特筆。敘淮陰計畫及其戰功，此正寫也。雖說得酣暢淋漓，猶在人意想之中。敘武涉之說淮陰，蒯通之說淮陰，則以最詳明最痛快之筆出之；敘淮陰教陳豨反漢，則以隱約之筆出之，正以明淮陰之不反。而「挈手避左右」云云，乃當時羅織之辭，非實事也。又恐後人誤以爲眞，更以蒯通對高祖語安置於傳末，而曰：「豎子不用臣之策，故令自夷如此。」夫曰「不用」，曰「自夷」，則淮陰之心迹明矣。凡此，皆所謂特筆也。[29]

韓信是典型的武將，史公運用正寫敘述其戰場上運用奇謀攻打魏、趙、齊等國，爲漢王打下大片江山。此外，〈淮陰侯列傳〉對韓信造反之事著墨甚多，項羽在楚漢爭霸戰事吃緊之際，派武涉遊說韓信，韓信的謀臣蒯通也試圖遊說韓信自立爲王，韓信皆不爲所動。韓信約陳豨造反之詞又隱約閃爍，不合常理。兩相對照，韓信的確沒有謀逆之心。蒯通被劉邦捕繫之後，說：「豎子不用臣之策，故令自夷於此。」蒯通是遊說韓信造反的人，「豎子不用臣之策」再一次強調韓信並未想要造反。因此，韓信與陳豨「挈手避左右」的悄悄話，根本是誣告者的羅織之辭。論贊的「天下

---

[29] 參見氏著《四史評議・史記評議・淮陰侯列傳第三十》，頁82-83。

已集，乃謀叛逆，夷滅宗族，不亦宜乎。」恐怕得以反語視之。[30]史公在
〈淮陰侯列傳〉中已超過一半的篇幅敘寫淮陰侯謀反之事，顯然是刻意的
安排，凸顯這個事件主要的目的有二：一是彰顯韓信的悲劇；一是揭露帝
王的猜忌。韓信的悲劇有其客觀的因素，也有主觀智慧的不足；帝王的猜
忌則幾乎貫穿所有漢初的重要功臣，包括蕭何、彭越、黥布……等，可見
得是一普遍的現象。[31]

四、筆法變化，貼近傳主

　　史公在敘寫人物的筆法，除了正寫、側寫與特筆之外，也會因應不
同的人物，靈活變化，這樣多變的筆法在合傳中展現得最清楚，李景星指
出：

> 樊、酈、滕、灌以身分相同合傳，樊以屠狗為事，酈聚
> 少年而東西略人，滕為沛廐司御，灌在睢陽販繒，其出
> 身微賤同。〈樊傳〉曰「復常從」，〈酈傳〉曰「以將
> 軍為太上皇衛」，〈滕傳〉屢書「為太僕」，〈灌傳〉曰
> 「以中涓從」其被親幸亦同，是以太史公合而傳之。傳之
> 妙處在以一樣筆法連寫四篇，而每篇各又自一樣。樊噲是
> 親臣，故敘其戰功以「從」字冠首，附戰級、賜爵而不再

---

[30] 詳細論證可參見蔡信發：〈析論韓信不造反〉，收在氏著《話說史記》（臺北：萬卷樓圖書有限公
司，1995），頁193-211。

[31] 李景星論史公寫彭越：「敘彭越事，而曰『朝陳』，曰『皆來朝長安』，曰『梁王恐，欲自往
謝』，曰『梁王不覺』，曰『自言無罪』，皆於無形中證明越之不反，尤為太史公特筆。」（〈魏
豹彭越列傳第三十〉，頁82-83）彭越的造反也是冤枉，楚漢相爭為劉邦立下汗馬功勞，封為梁王
之後，按時朝覲；高祖對他沒有親自率兵協助平亂而不滿，他毫不避忌，「欲往自謝」；太僕誣
告造反，高祖派人突襲，彭越毫無察覺；被捕繫之後，巧遇呂后，仍以赤忱向呂后求情「自言無
罪」，總總跡象顯示，司馬遷用這些特筆不斷暗示讀者，彭越的謀反是誣罔的。

編年月；〈酈商傳〉雖以年月紀事，而卻以官名提綱，屬戰功於其下。滕公夏侯嬰本是車將，故節節提「奉車」字樣；灌嬰是騎將，故曰「長於用騎」，曰「破其騎」，曰「斬騎將」，曰「擊破楚騎」，曰「虜騎將」，曰「破胡騎」，曰「受將並將燕、趙、梁、楚車騎」，處處以騎字關合，較上三傳尤有色澤。[32]（〈樊酈滕灌列傳第三十五〉）

樊噲、酈商、夏侯嬰、灌嬰四位將領都出身低微，四人都與劉邦長期並肩作戰，立功無數，受到重用，因此，四人合為一傳。如何寫四個人的事蹟，史公採取了四種敘寫方式。篇幅最多的樊噲，是劉邦的同鄉，娶呂后妹妹，又有姻親關係，是劉邦最親信的將領之一。樊噲跟隨劉邦作戰殺敵，經歷了鴻門宴、亡秦、滅楚的戰役，漢朝建立之後，又隨高祖征伐謀反的韓王信等人的戰役，因為最受高祖親重，史公敘其戰功時，特別強調「從」，例如「從攻城陽」、「從擊秦軍騎壤東」、「從攻項籍」、「以將軍從高祖，攻反韓王信於代」[33]……等，既彰顯樊噲的戰功，也隱喻君臣的關係，如此，樊噲在高祖病篤之際的排闥直諫、陳平雖親受君令，卻不敢逕斬樊噲都變得順理成章。酈商是高祖手下的一員猛將，屢因功受封，因此，史公敘寫的方式是配合時日、軍功頭銜，敘寫其戰功。例如：「以隴西都尉從擊項籍軍」、「以右丞相別定上谷」[34]……等。夏侯嬰與劉邦同出沛縣，因迴護劉邦而入獄數年，飽受折磨，因而深受劉邦器重，是劉邦的專業車夫，官拜太僕，因此，史公敘寫其戰功，常以「太僕奉車」提起。灌嬰則為騎將，敘其戰功則有「虜車騎將軍」、「破其騎」、

---

32 參見氏著《四史評議・史記評議・樊酈滕灌列傳第三十五》，頁86-87。

33 參見西漢・司馬遷撰，日・瀧川龜太郎考證：《史記會注考證・樊酈滕灌列傳》，頁1084-1086。

34 同前註，頁1087-1088。

「斬車騎」[35]等，文字特別有起伏變化。總之，史公寫四個將領，一方面寫其相似的出身與際遇，鮮明其合傳的理由；一方面隨其不同的身分、君臣關係，以及立功方式而有不同的敘寫，文筆靈活，又能貼合傳主，是非常高明的手法。

　　史公以五體撰寫史書，然而，五體不是相互對立、壁壘分明，而是相輔相成。[36]〈田儋列傳〉以近乎世家的體例寫列傳，以便呈現田氏家族完整的興衰，就是很好的例證。〈衛將軍驃騎列傳〉則是另一種典型，李景星曰：

> 衛將軍、驃騎將軍出身同，立功同，故合傳。衛將軍擊匈奴者七，驃騎將軍及匈奴者六，詔書封拜者共八，附傳諸將軍共十六。而其間敘匈奴之入，敘皇后、王夫人之寵，敘兩將軍之為人，埋伏布置，穿插變換，無一不出於自然。尤妙在敘封拜處處提「天子」字樣，以示鄭重；敘附傳諸將軍處處提「從大將軍」、「從驃騎將軍」字樣，以相聯屬。得與失不相掩，功與過不相折，榮與辱不相覆，盛與衰不相蒙。神聖莊嚴之中，時露地獄變相，是傳中變格，亦是傳中創例。而鄧氏以讚乃以為非太史公甚得意之作，何也？贊語則記大將軍一段議論，亦是變體。劉氏知幾曰：「敘事之體，有假論贊而自見者。如〈衛青傳〉後，太史公曰：『蘇建嘗責大將軍不薦賢招士』。此則紀之與傳並所不書，而史臣發言，別出其事，所謂假贊論而自見者」也。[37]（〈衛將軍驃騎列傳第五十一〉）

---

[35] 同前註，頁1090-1091。

[36] 參見阮芝生〈論史記五體的體系關聯〉（《臺大歷史學報》，第7期，1980.12），頁1-30。

[37] 參見氏著《四史評議‧史記評議‧衛將軍驃騎列傳第五十一》，頁103。

衛青、霍去病叔姪是漢朝最有戰功的將領，兩人合傳的理由就在於出身與
戰功。李景星指出〈衛將軍驃騎列傳〉以衛青、霍去病帶出匈奴的單于、
關氏、將領，以及漢朝伐匈奴的將領數十人。這是史公常用的手法，並不
稀奇。特別的是，史公敘寫兩人的封賞都會提到「天子」，強調兩人與武
帝緊密的君臣關係。此外，兩人的豐功偉業都暗藏著後來的頹敗，衛青、
霍去病兩人都因功當到大將軍，功成名就，卻無法阻絕人生的起落，衛青
被霍去病超越的焦慮、霍去病帶兵心態的驕縱，或直指其苦受，或帶有作
者的褒貶，都是史公匠心獨運之處。論贊批評衛青對於舉薦賢才的規避，
有失臣子之風，更是論贊的變體。李景星標舉〈衛將軍驃騎列傳〉中的創
體與變例，提供讀者不同的視野審視史公的敘寫，極具啓發。

第五節　人物刻畫

　　武將在《史記》中極具典型意義，李景星在其評述之中，也點出了武
將的幾種典型。首先，是出將入相的曹參，李氏曰：

> 曹相國參前後似兩截人，而太史公作世家亦前後分兩截
> 敘。前寫戰功，活畫出一個名將；後寫治國，又活畫出一
> 個名相。似此人品，乃可稱出入將相本領；似此筆法，乃
> 能傳眞正將相事業，豈非天闢異境！至前半寫戰功處，屢
> 用「取之」、「破之」、「擊之」、「攻之」等字，迭頓
> 回應作章法，峭利森嚴，咄咄逼人，秦以前無此體，漢以
> 後亦無此筆，眞是千古絕調！贊語亦分將相兩半寫，抑揚
> 轉折，風神獨遠。「然百姓離秦之酷後」三句，陡然一
> 轉，似極牽強，而含蓄正自無窮。[38]

曹參出身沛縣獄吏，與劉邦同鄉。他的功業，前期輔助劉邦滅秦、楚，主要是戰場上的戰功，後期輔助惠帝統治漢朝，為後來的文景盛世奠定良好的基礎。在武將立功方面，史公屢用「取之」、「破之」、「擊之」、「攻之」等詞，縷述其戰績，並總結其十二年（B.C.207-195）的戰功為：「凡下二國、縣一百二十二；得王二人，相三人，將軍六人，大莫敖、郡守、司馬侯、御史各一人。」[39]在戰場上斬將搴旗、攻城掠地，本來就是武將的主要任務，曹參出身軍旅，史公用了超過一半的篇幅，敘寫其彪炳戰功，活化出一位出色武將的典型。然而，曹參與一般的武將不同，西元前202年，高祖登基之後，曹參並未留下宮中擔任要職，也不是獲封為王侯，成為一方之霸，而是在齊國擔任相國，輔佐高祖的長子，齊王劉肥。齊國是春秋戰國的強權，齊地原本封給韓信，高祖稱帝後，改封劉肥，在王侯之間最具實力，曹參擔任齊相，顯示高祖對曹參的信任。期間，曹參以齊相國的身分，率軍討伐黥布，身兼武將與齊相。曹參擔任齊丞相時，採用黃老學者蓋公的建議，以清靜無為的黃老治術輔佐年輕的齊王劉肥，九年（B.C.202-194）而「齊國安集，大稱賢相。」惠帝二年（B.C.193）相國蕭何去世，曹參因齊國治績斐然，繼任為相國。他仍然採用黃老治術，蕭規曹隨，全然延續蕭何的政策，任用老成持重的官員，官員要向他報告興革變異之事，曹參灌以醇酒，讓他們酒醉而無法報告。面對惠帝與官員怠忽職守的指責，曹參的回應非常有智慧：他問了惠帝兩個問題：高祖與惠帝誰比較英明？蕭何與曹參誰比較賢能？如果高祖與蕭何的組合比惠帝與自己的組合高明，那麼，無為而治的方略不是怠忽職守，而是最佳的選擇。太史公在論贊中，稱許曹參出將入相的才能與智慧，並特別標舉曹參是韓信部屬之中，能獨善其名的將領，主要的原因是他深具黃老智慧，在個人出處上，隨順高祖的安排，達成君王託付的使命；在治國方略的選擇上，能體察酷秦之後，百姓又經歷了楚漢爭霸，亟

---

[39] 參見西漢‧司馬遷撰，日‧瀧川龜太郎考證：《史記會注考證‧曹相國世家》，頁801。

需休養生息的民心，以無爲而治厚植國力，贏得民心，也成就自己的功業。

武將半生戎馬，在戰場廝殺，成就功業。解甲之後，只有極少數的人能像曹參出將入相，多數是功高震主，難以善終。周勃父子就是非常鮮明的例子，李景星曰：

絳侯兩世有大功於漢，而兩世亦俱以下吏收場，此太史公最傷心處，故用全力寫之。前半寫絳侯處，略用〈曹相國世家〉文法，以瑣碎勝，而道古過之；後半寫絳侯之子條侯處，卻又以整齊勝。前半於絳侯誅諸呂事，輕輕帶過，而用薄太后責文帝語從旁一擊，神采陡出；後半敘條侯之功既畢，乃曰：「皇后兄王信可侯也」；曰：「帝趣侯信也」；曰：「條侯果餓死，死後，景帝乃封王信爲蓋侯」。當詳而略，當略而詳，離奇變化，不可方物，此正史公文字非后人印板文字也。[40]

周勃也是高祖同鄉，出身更卑微，隨高祖起義之後，立戰功，[41]封爲絳侯，食邑超過八千戶，後來更升任太尉，位列三公。呂后崩殂，周勃與陳平聯合，誅滅呂氏，迎立文帝，官拜右丞相，食邑萬戶。聲勢如日中天之後，有人提醒絳侯享尊位、受厚賞，威鎮天下，恐怕也禍將及身。周勃自感危懼，請辭右丞相，後來陳平過世，文帝復請周勃擔任右丞相，然而，不到一年，文帝卻提醒周勃：「前日吾詔列侯就國，或未能行。丞相吾所重，其率先之。」（〈絳侯周勃世家〉，頁821）文帝表面上要周勃作列侯表率，前往封邑絳縣，眞正的目的是要周勃辭官，識趣的周勃再次辭去

---

[40] 參見氏著《四史評議・史記評議・絳侯周勃世家第二十七》，頁55-56。
[41] 《史記・絳侯周勃世家》：「最從高帝得相國一人，丞相二人，將軍、二千石各三人；別破軍二，下城三，定郡五，縣七十九，得丞相、大將各一人。」（頁820）

右丞相。周勃遷居絳縣，心裡卻惴惴不安，生活在恐懼之中，[42]甚至還被告謀反，逮捕下獄，質樸敦厚的周勃根本無力應對獄吏的審訊，後來，透過外戚薄昭的幫忙，薄太后面責文帝：「絳侯綰皇帝璽，將兵於北軍，不以此時反，今居一小縣，顧欲反邪？」（同上）才能全身而退，周勃的冤獄凸顯了文帝的猜疑。周勃出獄之際，慨嘆「吾嘗將百萬軍，然安知獄吏之貴乎！」（同上）最後，絳侯孤獨的死在封邑。條侯周亞夫，是絳侯周勃的兒子，治軍嚴謹，深受文帝賞識。[43]景帝三年（B.C.154）周亞夫協助景帝平定吳、楚七國之亂，有功於漢室，從太尉被拔擢為丞相，深受景帝器重。然而，在平定七國之時，基於戰略考量，周亞夫在景帝同意之後，以梁國為前線，委棄於吳、楚，卻得罪了梁王與竇太后。不久之後，周亞夫又因匈奴降王唯徐盧封侯的問題與景帝意見相左，因病免相。不久之後，周亞夫被控告謀反，加上他購買皇帝的葬器，被逮捕入獄。條侯沒有其父周勃的幸運，最後在獄中嘔血而死。

　　絳侯周勃父子都有功於漢朝，由武將而太尉、丞相，與曹參一樣出將入相，然而，或晚年憂懼，或餓死獄中，難以善終。除了君王的猜忌之外，個人也有不足之處，史公在論贊中指出，周勃鄙樸凡庸，周亞夫則自以為是，態度傲慢，二人雖然功在國家，缺乏處世的智慧，終陷困窮，令人唏噓。在文獻的處理上，史公善用互見的方式，將兩人的戰功細節，寫入〈呂太后本紀〉、〈景帝本紀〉、〈吳王濞列傳〉等篇章，以彰顯本篇主旨。

　　歷史人物的敘寫與評論貴在真實，真實而有血肉的人才有真精神，才能感動人。因此，史公對於他同情的人物，也直書其缺點；對於他所鄙夷的人，也彰顯其貢獻，真正寫出人的複雜性，也表現了人的真實性。李景

---

[42] 《史記·絳侯周勃世家》：「每河東守尉行縣至絳，絳侯勃自畏恐誅，常被甲，令家人持兵以見之。」（頁821）

[43] 《史記·絳侯周勃世家》：「孝文且崩時，誡太子曰：『即有緩急，周亞夫真可任將兵。』」（頁822）

星說：

> 至於淮陰失處，在請爲假王與後來羞與絳、灌爲列，故傳
> 亦不爲之諱。而贊語「學道謙讓」數句，責難淮陰，似迂
> 而實正，即起淮陰質之，亦應無可置對。「天下已集，乃
> 謀畔逆」，與〈絳侯世家〉「不以此時反」數句同意。此
> 出以含蓄，更覺佳妙。[44]

史公讚嘆韓信的軍事才華，也直言不諱他篤信劉邦與他情誼之不智。劉邦
無力對付的項羽，他從容應對；劉邦無法看清的局勢，他三言兩語，直指
核心。這樣的文武全才，君王求之不得，卻又惴惴不安，韓信在楚漢對峙
榮陽之際，只想著齊王的寶座，不知謙讓；高祖與他討論軍事上領軍的才
幹，多多益善之言，不免讓人覺得狂妄；不論得勢或失勢，都瞧不起對於
周勃、灌嬰等武將。這樣的高傲態度，不但開罪了君王，也失去了朋友。
在險惡的政治漩渦中心，陷入了孤立無援，又讓君王不能放心，韓信的倒
臺滅族，眞是其來有自。

第六節　小結

　　《史記》的閱讀可以有多種的可能性，李景星對《史記》深研有得，
並以評點的方式呈現，內容非常豐富，就本章針對武將的歸納，李景星的
閱讀特別重視《史記》列傳中合傳的理由，篇章主旨、架構、以及人物刻
畫……等。這些觀點雖然不全然是李氏孤詣獨發的創見，作為一位閱讀
者，李景星都能提供相當具深度而新穎的解讀，讓人耳目一新且深受啓
發，相當難得。此外，李氏對於《史記》的文字考訂也下了工夫，在其論
著中占了不小的篇幅，可見他對史實材料的重視。

---

[44] 參見氏著《四史評議‧史記評議‧淮陰侯列傳第三十二》，頁84。

第五章
樂毅──武將特出的典範

　　樂毅是戰國時期的武將，爲燕昭王伐齊復仇，展現其軍事才能，除此之外，樂毅也擅長謀略，極富處世智慧。因此，司馬遷將樂毅單獨成篇，並置放於〈范雎蔡澤列傳〉與〈廉頗藺相如列傳〉之間，以彰顯其在戰國時代的重要地位。本章以〈樂毅列傳〉爲主，論述其內容，並比較其內容與《戰國策》的異同，最後指出樂毅在武將中特出的典型。

第一節　《史記・樂毅列傳》的內容分析

一、投效燕王

　　司馬遷寫樂毅，先敘其先祖樂羊，樂羊是魏文侯（在位五十年，B.C.445-396）的將領，曾率領魏軍攻打中山國，立下戰功。《史記・魏世家》載魏文侯十七年（B.C.429）攻打中山，[1]剷滅之後，由趙倉唐輔佐魏太子子擊鎮守。而這場滅中山國的戰役，樂羊就是主將，《戰國策・魏一》：

---

[1]　《史記・六國年表》置於周威烈王十八年，與魏文侯十七年不合。考周威王十八年，是魏文侯三十八年（B.C.408），趙國主政者是烈侯；而魏文侯十七年，應是周考王十二年，趙國主政者是趙襄子。《戰國策・中山策》：「魏文侯欲殘中山，常莊談謂趙襄子曰……」因此，本文根據《戰國策》的記載，將魏伐中山訂在魏文侯十七年。參見西漢・司馬遷著，日・瀧川龜太郎考證：《史記會注考證》，頁285、西漢・劉向集錄：《戰國策》（臺北：里仁書局，1990），卷三十三，頁1185。本文所引《戰國策》皆據上述版本，後再引述，僅標出篇名與頁碼。

> 樂羊爲魏將而攻中山。其子在中山，中山之君烹其子而遺
> 之羹，樂羊坐於幕下而啜之，盡一盃。文侯謂覩師贊曰：
> 「樂羊以我之故，食其子之肉。」贊對曰：「其子之肉尚
> 食之，其誰不食！」樂羊既罷中山，文侯賞其功而疑其
> 心。[2]

樂羊身爲主將，面對敵人的挑釁，最忌諱情緒失控，中山國烹其子而分送一杯羹，就是要激怒樂羊，使其陷入喪子哀痛之中，癱瘓其戰鬥意志。樂羊不爲所動，還當著大家的面前，在帳下將兒子的肉羹食用殆盡。樂羊隱忍個人情感而成就國家軍事大計，理當受到鼓勵。[3]然而，覩師贊的一席

---

[2] 西漢‧劉向集錄：《戰國策》，卷二十二，頁777。《戰國策‧中山》也記載此事：「樂羊為為魏將，攻中山。其子時在中山，中山君烹之，作羹致於樂羊，樂羊食之，古今稱之。樂羊食子以自信，明害父以求法。」（卷三十三，頁1185）。對樂羊的作法持正面肯定。又，《韓非子‧說林上》、《淮南子‧人間訓》、《說苑‧貴德》皆記載樂羊伐中山之事，三者內容接近，茲舉《淮南子》為例：「有功者，人臣之所務也；有罪者，人臣之所辟也。或有功而見疑，或有罪而益信，何也？則有功者離恩義，有罪者不敢失仁心也。魏將樂羊攻中山，其子執在城中，城中縣其子以示樂羊。樂羊曰：『君臣之義，不得以子為私。』攻之愈急。中山因烹其子而遺之鼎羹與其首，樂羊循而泣之曰：『是吾子。』已為使者跪而啜三杯。使者歸報中山曰：『是伏約死節者，不可忍也。』遂降之。為魏文侯大開地有功。自此以後，日以不信，此所謂有功而見疑者。」（劉文典《淮南鴻烈集解‧人間訓》，臺北：文史哲出版社，1985，卷十八，頁6-7）《淮南子》等書的記載更有層次：中山國對待樂羊之子的作法是先懸以示之，由於樂羊「攻之愈急」，才烹其子；最後，確定樂羊不屈服於個人情感之後，就率眾投降。再者，對樂羊的行為給予負面的評價，認為其「有功而離恩義」。

[3] 清‧鮑彪曰：「樂羊所以隱忍以成就功名者也。子則既烹矣，敵人遺之羹，將以亂其心也。有如不忍而以慈愛沮其殺敵之心，則大事去矣，何救於亡子。故羊忍為此以眾怒而成功，乃其情則非然無以天性為者也。覩師贊之言，其謗書之渠乎？雖然，羊之義，視分羹為有餘，比覆醢為不足，使其投盃慷慨，一鼓而家國之憤，亦收功必矣。」鮑氏之言，誠持平之論。樂羊的作為，是為了激發將士同仇敵愾的情緒，以殺敵致勝，以結果而論，也確實達成任務。當然，樂羊要激發士氣，也可以採取其他方式，例如擲杯奮起，食肉羹並非唯一且最佳的抉擇，而其作為比起孔子聽聞子路被斬成肉醬而覆醢，顯然有所不足，然而，樂羊並非聖人，實不必苛責。鮑氏之言參見西漢‧劉向集錄：《戰國策》，頁778。

惡意毀謗的話，卻引起魏文侯對樂羊的疑慮，這或許正是文侯雖然欣賞樂羊的才幹卻不讓他鎮守中山的原因。然而，樂羊有功也不能否認，魏文侯封以中山國境的靈壽，樂氏家族依此而有了立身之處。

　　樂毅出身武將世家，家學淵源，他的才能也是展現在軍事兵學上。樂家居住的靈壽鄰近趙國，中山被魏滅了之後，曾經復國，又被趙武靈王（在位二十七年，B.C.325-299）所滅，樂家成了趙國人，樂毅受到推薦，在朝中任官。後來，樂毅輾轉到魏國任職，並未獲得重用。他聽聞燕昭王（在位三十三年，B.C.311-279）圖謀國富兵強，積極招攬人才，禮賢下士，樂毅十分嚮往這樣的君王，等待機會投靠燕王，《史記》記載這段事蹟：

> 樂毅於是爲魏昭王使於燕，燕王以客禮待之，樂毅辭讓，
> 遂委質爲臣。燕昭王以爲亞卿，久之。[4]

樂毅藉著出使到燕國的機會，受知於燕王，他在〈遺燕惠王書〉中提到：「臣竊觀先王之舉也，見有高世主之心，故假節於魏，以身得察於燕。先王過舉，廁之賓客之中，立之群臣之上，不謀父兄，以爲亞卿。」（〈樂毅列傳〉，頁987）這是一段君臣相知相惜的佳話，樂毅看出燕昭王不同於一般世主的胸襟抱負，燕昭王則欣賞樂毅的能力才情。戰國時代的士人祖國觀念淡薄，周遊列國，只求一展長才，實現抱負，因此，在進退出處之際，就不像後來的嚴苛。[5]

4　西漢・司馬遷著，日・瀧川龜太郎考證：《史記會注考證・樂毅列傳》，頁985。

5　明・茅坤曰：「毅仕魏，爲魏使於燕，以燕客遇之，不及報命，而遽留燕委質焉，可乎？」（《史記抄》，收在《四庫全書存目叢書》（臺北：莊嚴文化事業有限公司影印明萬曆三年自刻本），卷四十八，頁1。茅坤的評價過於苛求。日・中井積德曰：「毅欲仕於燕，故請而使之，與常常使命異科。茅駁過苛。且毅之書自稱假節於魏，以身察於燕，事情自見。」（《史記會注考證》引，頁985）樂毅對此事表現得非常坦蕩，正代表當時士人不以此爲意，茅坤的批評恐有以古非今之失。

二、伐齊復仇

燕昭王的父親燕王噲主政之時（在位九年，B.C.320-312），宰相子之掌握大權，後來，燕王噲更聽信鹿毛壽的讒言，讓位子之，自居臣位；為了讓子之掌握全局，進一步把太子重要的親信免職，交付子之重新任命。三年之後，燕國大亂，太子平與將軍市被攻打子之，齊宣王先是鼓舞太子發動攻擊，在太子軍事不利，燕國陷入混亂之際，發兵攻打燕國，殺死燕王噲，驅逐子之。燕國群龍無首，幾乎亡國。兩年後（B.C.311），燕人擁立太子，是為燕昭王（在位三十三年，B.C.311-279）。[6]因此，燕昭王接掌君位之時，燕國剛經過大亂，國勢衰弱；而燕昭王痛恨齊王在燕國內亂時採用兩面手法圖謀利益，又乘燕國內亂之際，發兵攻打，因此，他即位之後，一心要富國強兵，伐齊復仇。首先，他採用郭隗的建議，廣納賢才，並等待機會。然而，齊湣王執政後，國勢不斷強大，接連打敗楚國、秦國之後，在齊湣王十三年（B.C.288），與秦昭王並稱東、西帝。然而，在連年征戰之後，齊湣王驕矜自負，人民則已超限負荷，各國諸侯也對齊國相當不滿。在燕國境內，經過多年的勵精圖治，兵強馬壯。[7]在這樣的內外情勢下，燕昭王與樂毅商量攻齊大計，樂毅回應說：

> 齊，霸國之餘業也，地大人眾，未易獨攻也。王必欲伐
> 之，莫如與趙及楚、魏。[8]

燕王採納樂毅的建議，並派他出使曾經任官的趙國，順利聯合了趙、魏、韓、秦等國，燕昭王二十八年（B.C.284），樂毅以燕國上將軍兼趙國相

---

[6] 參見《史記‧燕召公世家》，卷三十四，頁582-584。

[7] 《史記‧燕召公世家》：「樂毅自魏往、鄒衍自齊往、劇辛自趙往，士爭趨燕。燕王弔死問孤，與百姓同甘苦。二十八年，燕國殷富，士卒樂軼輕戰。」（卷三十四，頁584）

[8] 西漢‧司馬遷著，日‧瀧川龜太郎考證：《史記會注考證‧樂毅列傳》，頁986。

國的身分，統帥五國聯軍打敗齊國，[9]在遣還韓、秦兩國軍隊之後，又分魏師攻占舊宋國，分趙師攻取河間，樂毅獨率燕軍攻入齊國首都臨淄，獲得重大勝利，也完成了燕昭王的復仇大計，樂毅被封爲昌國君，人生事業達到頂峰。

樂毅率領燕軍留在齊國作戰，五年內攻下七十餘座城池，齊國僅剩莒、即墨。西元前279年，燕昭王去世，燕惠王即位，他對樂毅並不信任，齊國守將田單趁機散布謠言：

> 齊城不下者兩城耳。然所以不早拔者，聞樂毅與燕新王有隙，欲連兵且留齊，南面而王齊。齊之所患，唯恐他將之來。[10]

燕惠王誤入田單反間計的陷阱，眞的以騎劫取代樂毅，於是，戰況逐漸逆轉。田單掌控全局，騎劫則隨之起舞，最後，田單以火牛陣突圍，光復齊國。[11]樂毅自知若回燕國，將身陷危險，因此，轉而投靠趙國，趙國封爲望諸君。

三、出處之際

樂毅在趙國受到禮遇的消息傳回燕國，燕惠王一方面後悔以騎劫取代樂毅的錯誤決策，失去已占領的齊國領土；一方面又擔心樂毅挾怨報復，

9　這次聯合伐齊的國家，《史記・秦本紀》、〈趙世家〉、〈魏世家〉都說是燕、秦、韓、趙、魏五國，〈燕召公世家〉、〈田敬仲完世家〉、〈楚世家〉則說是包含楚國在內六國，而〈樂毅列傳〉則說是燕、楚、韓、趙、魏五國，沒有秦國。當時楚國並未參加聯合攻齊的大軍，反而派淖齒將兵救齊，其目的在於瓜分齊國，收復淮北失地。因此，當依〈秦本紀〉的記載，樂毅率領燕、秦、韓、趙、魏五國聯軍伐齊。

10　西漢・司馬遷著，日・瀧川龜太郎考證：《史記會注考證・樂毅列傳》，頁986。

11　參見《史記・田單列傳》，卷八十二，頁997-998。

趁燕國大敗之際，引趙軍入侵。因此，他寫了一封兼具指責與道歉的信給
樂毅：

> 先王舉國而委將軍，將軍爲燕破齊，報先王之讎，天下莫
> 不震動。寡人豈敢一日而忘將軍之功哉？會先王棄群臣，
> 寡人新即位，左右誤寡人，寡人之使騎劫代將軍，爲將軍
> 久暴露於外，故召將軍且休、計事。將軍過聽，以與寡人
> 有隙，遂捐燕歸趙，將軍自爲計則可矣，而亦何以報先王
> 之所以遇將軍之意乎？[12]

燕惠王在這封信中除了爲自己的愚蠢作爲辯解之外，最重要的是，藉著肯
定樂毅對燕國的貢獻，質疑樂毅棄燕投趙，是愧對燕昭王知遇之恩的錯誤
決定。樂毅的價值與功業都植基於他與燕昭王的相知相遇，如果連這層關
係都受到質疑，樂毅的人生也將隨之崩解。因此，樂毅回信答覆惠王的質
疑。

㈠君臣貴在相知

樂毅對君臣交接之際，有深刻的體認，他說：

> 賢聖之君不以祿私親，其功多者賞之，其能當者處之。故
> 察能而授官者，成功之君也；論行而結交者，立名之士
> 也。[13]

國君量能授官，不以個人的喜好，而是以臣子的能力安排適當的官職，這
是一種客觀化的表現：士人欲成就功名，戮力爲學，尋訪伯樂賞識，一展

12　西漢・司馬遷著，日・瀧川龜太郎考證：《史記會注考證・樂毅列傳》，頁986。

13　同前註，頁986-987。

長才。這樣的關係正是君臣的理想關係：兩者平等對待，成就彼此。樂毅與燕昭王的關係就是如此，樂毅欣賞燕昭王的魄力、視野，遂前往投靠，也獲得拔擢；燕昭王伐齊雪恥的宿願也靠樂毅的謀劃與作戰而達成。樂毅裂土封侯，功成名就；昭王一雪國恥，強大燕國，可謂兩全其美，相得益彰。[14]

　　燕昭王在位三十三年，內外兼修，國力富強，為後繼之君奠定了相當厚實的基礎。因此，後繼者只要蕭規曹隨，就能延續基業。樂毅說：

> 先王之報怨雪恥，夷萬乘之彊國，收八百歲之蓄積。及至
> 棄群臣之日，餘教未衰，執政任事之臣脩法令、慎庶孽，
> 施及萌隸，皆可以教後世。[15]

燕惠王來信提及，自己在昭王過世後新掌政權，受到左右蒙蔽，才會以騎劫取代樂毅伐齊主帥的地位。樂毅諷刺惠王無法繼承昭王的格局氣度，也不知重用舊臣，在君權更迭之際，採取友善而合情的措施，穩定民心，延續政績。反而在掌權之後，公報私仇，導致燕國陷入一連串危機之中。

(二)善始不必善終

　　樂毅批評惠王不諳治國之道，排斥前朝舊臣，因此，對於君臣相處之道，有了另一層的抉擇，他說：「善作者不必善成，善始者不必善終。」（〈樂毅列傳〉，頁987）當君臣之間缺乏互信時，臣子不必強求受到重

14　樂毅在〈遺燕惠王書〉中，對伐齊的功業有較詳細的描寫：「大敗齊人，輕卒銳兵，長驅至國。齊王遁而走莒，僅以身免。珠玉財寶，車甲珍器，盡收入於燕。齊器設於寧臺，大呂陳於元英，故鼎反乎曆室，薊丘之植，植於汶篁。自五伯已來，功未有及先王者也。」乃是彰顯昭王的功業與自己的貢獻。所謂「賢聖之君功立而不廢，故著於春秋；蚤知之士，名成而不毀，故稱於後世。」參見〈樂毅列傳〉，頁987。

15　同前註，頁987。

用，而是該另擇明主。他以伍子胥為例，伍員雖然為吳國伐楚立功，成
就吳王稱霸中原的大業，然而，當夫差不願再聽信其先滅越、後伐齊的
建言，伍員仍多次強諫，最後卻落得浮屍江上。[16]君臣的美好遇合有始難
終，令人感嘆。伍子胥的際遇與樂毅相似，兩人分別知遇於闔閭、燕昭
王，又受到後繼君王夫差、燕惠王的廢棄；兩人都知遇於父，疏遠於子。
因此，樂毅以伍子胥為例，說明君臣的終始關係，當是有其深意的。不
過，樂毅既不像伍子胥一樣，選擇強諫君王，以生命阻擋國君的錯誤決
策；也就不會在死前滿懷怨怒地要將眼睛挖出，懸於東門，要親眼見到越
國滅了吳國。樂毅的選擇是比較隨順情勢變化：當國君重用的時候，就戮
力為其效命；當國君不再青睞，就轉投明主。因此，樂毅棄燕投趙，當然
心有不滿，但是，他不會引外力以復仇。樂毅曰：

> 夫免身立功，以明先王之迹，臣之上計也；離毀辱之誹
> 謗，墮先王之名，臣之所大恐也。臨不測之罪，以幸為
> 利，義之所不敢出也。[17]

瀧川龜太郎曰：「去燕奔趙，正當不可測之重罪，又乘燕之敝，使趙伐
之，以徼幸於萬一，非義甚也。」燕惠王來信的最後，質疑樂毅奔趙之
舉，辜負了燕昭王的重用，樂毅也表明心志，雖然不能再為燕國效力，也
不會趁機引趙軍伐燕。這不但辱沒了燕昭王的知遇之恩，也不合乎世人交
往的溫厚教養。

綜觀樂毅的〈報燕惠王書〉，不但說明自己受知於燕王，為燕國貢獻
心力的事實，也表態自己不會傷害燕國的立場。不但正面回應燕惠王的質
疑與擔憂，也彰顯其在君臣相處之際，能隨順情勢的成就彼此，表現出高

16　參見西漢·司馬遷著，日·瀧川龜太郎考證：《史記會注考證·伍子胥列傳》，頁870-875。

17　西漢·司馬遷著，日·瀧川龜太郎考證：《史記會注考證·樂毅列傳》，頁987。

度的士族教養與黃老智慧。魏‧夏侯玄曰：「觀樂生遺燕惠王書，其殆庶乎知機合道，以禮始終者與。」[18]可謂知人之論。

樂毅雖然沒有再回到燕國任官，而終老於趙國。不過，他以客卿的身分，往來於燕、趙兩國。其子樂間則仍被燕惠王封為昌國君。顯然，〈報燕惠王書〉緩和君臣兩人的矛盾，恢復了彼此的信任。

四、子裔事蹟

〈樂毅列傳〉記載樂毅後代的事蹟，有兩個重點：一是留在燕國的樂間奔趙的事；一是樂氏子孫黃老思想的家學。

燕王喜（在位三十三年，B.C.254-222）即位，採納宰相栗腹的建議，準備伐趙，詢問樂間的意見，樂間不贊成，燕王仍執意攻打趙國，燕軍被廉頗率領的趙軍打敗，樂間奔趙。燕、趙兩國烽火再起，燕國多次被圍，也只能不斷割地、重禮以求和。

樂毅之孫樂鄉被高祖封為華成君，劉邦出自於對樂毅的景仰而封樂鄉，秦滅趙之後，樂氏逃往齊國。樂氏的後代樂瑕公、樂臣公等人，是齊國黃老之學的重要承傳，司馬遷曰：

> 樂臣公學黃帝、老子，其本師號曰河上丈人，不知其所

---

18 魏‧夏侯玄：〈樂毅論〉，參見清‧嚴可均輯：《全三國文》（臺北：世界書局，1982）。日‧瀧川龜太郎曰：「六國將相有儒生氣象者，惟望諸君一人。其答燕王書，理義明正，當是第一文字。諸葛孔明以管、樂自比，而其出師表，實得力於此文尤多。樂書曰：『恐抵斧質之罪，以傷先王之明，而又害於足下之義。』諸葛則云：『受命以來，夙夜憂歎，恐付託不效，以傷先帝之明。』樂書曰：『先王過舉，擢之乎賓客之中，而立之乎群臣之上，而使臣為亞卿。臣自以為奉令承教，可以幸無罪矣，故受命而不辭。』諸葛則云：『先帝不以臣卑鄙，猥自枉屈，三顧臣於草廬之中，由是感激，許先帝以驅馳。』樂書曰：『免身立功，以明先王之迹，臣之上計也』諸葛則云：『庶竭駑鈍，攘奸兇，興復漢室，還於舊都。此臣所以報先帝而忠陛下之職分也。』彼此對看，必知其風貌氣骨有相通者。」（〈樂毅列傳〉，頁988）對比樂毅的〈報燕惠王書〉與諸葛亮的〈出師表〉，指出諸葛亮受樂毅之影響。

　　出。河上丈人教安期生，安期生教毛翕公，毛翕公教樂瑕
　　公，樂瑕公教蓋公，蓋公教於齊高密、膠西，爲曹相國
　　師。（〈樂毅列傳〉，頁989）

黃老道家是漢代重要的思想，曾經是漢初的統治思想。黃老是以道家、法
家爲主，再綜合儒家、陰陽家、名家等各家思想，在政治上採取無爲，然
而，其無爲並非先秦道家的順自然，而是植基於嚴刑峻法；在處世上，則
以因循虛順爲準則，強調順勢而爲。[19]樂毅在君臣交接之際的抉擇深富黃
老智慧，因此，樂氏的黃老家學應是根源於樂毅而逐漸形成的家族傳統。

第二節　《史記・樂毅列傳》的構成

　　綜觀〈樂毅列傳〉，有四個記述的重點：投效燕王、伐齊戰役、出
處之際、子裔事蹟。這四段的內容，都根據《戰國策》。所以，明代茅坤
說：

　　《戰國策》本文好而太史公儘力摹寫。[20]

司馬遷在撰寫〈樂毅列傳〉，固然有參考、引用《戰國策》，然而，太史
公也有其鎔裁創發處。以下試以《史記》引述《戰國策》的文字舉證說明
之。

---

[19] 關於黃老思想，可參考參見司馬談〈論六家要旨〉、陳鼓應註譯：《黃帝四經今註今譯》（臺北：
臺灣商務印書館，1995）以及陳麗桂：《秦漢時期的黃老思想》（臺北：文津出版社，1997）、拙
著：〈黃老的處世思想析論——以《史記》爲中心的考察〉（收在《魏晉處世思想之研究》，臺
北：文津出版社，2007），頁61-97。

[20] 參見明・茅坤輯：《史記抄》，收在《四庫全書存目叢書》（臺北：莊嚴文化事業有限公司影印明
萬曆三年自刻本），卷四十八，頁1。

一、燕昭王禮遇樂毅

　　關於樂毅知遇於燕昭王的過程，《史記》在〈樂毅列傳〉、〈燕世家〉都有記載，其內容主要參考《戰國策‧燕策》。燕昭王即位之初，燕國剛經歷齊國入侵，國勢衰弱，燕昭王欲勵精圖治，向郭隗請益，郭隗建議昭王廣納賢才，樂毅就在這樣的背景下，從魏國轉投燕國。關於這件事，《史記》與《戰國策》記載的詳略、重點有些不同。《史記‧樂毅列傳》的重點在於樂毅知遇於燕昭王，至於燕昭王與郭隗的對話則爲則未載錄；而〈燕世家〉的重點則是在陳述燕昭王欲強大燕國而禮賢下士的作爲，因此，記載了昭王與郭隗的對話：

> 　　（燕昭王）謂郭隗曰：「齊因孤之國亂，而襲破燕，孤知燕小力少，不足以報。誠然得賢士以共國，以雪先王之恥，孤之願也。先生視可者，得身事之。」郭隗曰：「王必欲致士，先從隗始，況賢於隗者，豈遠千里哉？」[21]

這段對話不見於〈樂毅列傳〉。而〈燕世家〉所載燕昭王的部分，幾乎與《戰國策‧燕策一》相同，[22]郭隗的部分則與《戰國策》不同，《戰國策》詳細記載郭隗的論述：

> 　　郭隗先生對曰：「帝者與師處，王者與友處，霸者與臣處，亡者與役處。詘指而事之，北面而受學，則百己者至。先趨而後息，先問而後默，則什己者至。人趨己趨，則若己者至。馮几據杖，眄視指使，則廝役之人至。若恣睢奮擊，呴藉叱咄，則徒隸之人至。此古服道致士之法

21　西漢‧司馬遷著，日‧瀧川龜太郎考證：《史記會注考證‧燕世家》，頁584。
22　參見西漢‧劉向集錄：《戰國策》，卷二十九，頁1064。

也。王誠博選國中之賢者，而朝其門下，天下聞王朝其賢
臣，天下之士必趨於燕矣。」[23]（《戰國策‧燕策一》，
頁1064）

郭隗提出的「服道致士之法」，把臣子與國君的關係分成「師」、「友」、
「臣」、「役」四種，延伸而來的態度與效果也隨之不同：能以師待之，
則招來才華超過自己百倍的人才；能以友待之，則招來才華超過自己十倍
的人才；以臣事之，則只能招來才能與自己相當的人才；如果態度倨傲，
頤指氣使，就只能招來奴僕。因此，燕昭王若要拔擢人才，就得放下身
段，親自拜訪賢才，才能達到招攬人才的效果。郭隗這段話說得非常精彩
而透徹，可作為尚賢使能的最佳詮釋。此外，《戰國策》又記載昭王與郭
隗的另一段對話：

昭王曰：「寡人將誰朝而可？」郭隗先生曰：「臣聞古之
君人，有以千金求千里馬者，三年不能得。涓人言於君
曰：『請求之。』君遣之。三月得千里馬，馬已死，買其
首五百金，反以報君。君大怒曰：『所求者生馬，安事死
馬而捐五百金？』涓人對曰：『死馬且買之五百金，況生
馬乎？天下必以王為能市馬，馬今至矣。』於是不能期
年，千里之馬至者三。今王誠欲致士，必從隗始；隗且見
事，況賢於隗者乎？豈遠千里哉？」[24]

郭隗以生動的比喻說明國君尋求賢臣，就像尋找千里馬一樣，寓言中的君
王以重金購求，卻求之不得；涓人三月之間以五百金購得千里馬，卻只是

死馬的馬頭。國君當然生氣，然而，若臣民傳言，國君連死千里馬的馬頭都願意以五百金購得，何況是活馬？國君愛馬之名遂不脛而走。果然，一年之內，就有非常多千里馬呈獻在國君面前。涓人的方法就是不惜代價的購求，國君則是斤斤計較：不惜代價，雖然有良莠不齊的問題，卻一定能網羅人才；斤斤計較，雖然節省用度，卻可能無人問津。因此，郭隗建議燕昭王先禮遇自己的建議，就不是圖利自己而已，也有形成號召的作用。[25]

　　以上兩段引文，如前所述，〈樂毅列傳〉並未載錄，〈燕世家〉則只記載燕王欲網羅人才助其復仇的宿願，郭隗的回答也只是「王必欲致士，先從隗始，況賢於隗者，豈遠千里哉？」司馬遷在記述燕王禮遇賢才的過程中，省略了郭隗兩段非常精彩的對話，引起後人的批評，如清朝鮑彪曰：

　　　臣役之對，天下之格言；市馬之喻，萬世之美談。太史公
　　　獨何爲削之，亦異於孔氏刪修之法矣。[26]

司馬遷爲何刪去郭隗兩段精彩的論述和比喻呢？是刪裁失當，還是另有考慮？如果要將這兩段論述放入《史記》，要記載在哪一篇？筆者以爲，史公刪去郭隗的兩段文字，確實可議；在〈樂毅列傳〉、〈燕世家〉中，記載「燕王禮遇賢才」的內容也就略嫌單薄。然而，如果要加入這兩段內容，則以〈燕世家〉爲宜，因爲〈樂毅列傳〉以樂毅事蹟爲主，「燕王禮遇賢才」的內容只是其背景說明，不宜占用過多篇幅。

---

[25] 南宋·葉適曰：「郭隗以古道說燕昭王，發其敬士之機。築宮師事，自其身始，非不讓也。四方聞風，皆以類至，非勝己也。破齊之功，樂毅專之，己無與焉，非無能也。為人主力致士法，以示後世，非賴寵也。《書》稱一個臣，非好彥聖者能若是乎？三代以上，帝者之佐，奇舉瑰行，猶一二見於逸書。如隗殆庶幾！蓋非戰國策士所能為也。」（《習學記言》，臺北：新文豐出版公司，1989）葉適認為郭隗的作為能超越個人私利，從勸諫國君任用賢才的角度，給予高度肯定。

[26] 參見西漢·劉向集錄：《戰國策》，卷二十九，頁1066。

二、樂毅伐齊

　　樂毅率五國之兵伐齊，是其功業的高峰，《戰國策》記載其事，《史記·〈樂毅列傳〉》承之，而內容較詳細。最主要是詳細記載田單的反間計，《戰國策》只敘明「惠王即位，用齊人反間，疑樂毅，而使齊人代之將。」[27] 〈〈樂毅列傳〉〉載：

> 會燕昭王死，子立爲燕惠王。惠王自爲太子時，嘗不快於樂毅，及即位，齊之田單聞之，乃縱反間於燕曰：「齊城不下者，兩城耳。然所以不早拔者，聞樂毅與燕新王有隙，欲連兵且留齊，南面而王齊。齊之所患，唯恐他將之來。」於是燕惠王固已疑樂毅，得齊反間，乃使騎劫代將。[28]

田單能把握燕國新君即位，君臣有隙的矛盾，以反間計離間燕惠王與樂毅，果然獲得成效，燕惠王召回樂毅，以騎劫取代之，樂毅投奔趙國，趙軍士氣受到極大的影響。這是燕攻齊國的轉捩點，自此之後，田單先以「有神人教我」穩定軍心，再以反間計讓燕軍割掉齊國降卒的鼻子、挖開城外齊人祖先的墳冢，激發齊軍的士氣。接著，將守城的士兵換成老弱婦孺；指使城中仕紳寫信給騎劫，釋出即墨投降的消息，以鬆懈燕軍的戒心。最後，再以火牛陣反擊，一舉擊潰燕軍，殺騎劫，收復失土。[29]

---

[27] 參見西漢·劉向集錄：《戰國策·燕策二》，卷三十，頁1102。

[28] 《史記·田單列傳》也有類似的記載：「燕昭王卒，惠王立，與樂毅有隙，田單聞之，乃縱反間於燕，宣言曰：『齊王已死，城之不拔者二耳，樂毅畏誅而不敢歸，以伐齊爲名，實欲連兵南面而王齊，齊人未附，故且緩攻即墨，以待其事。齊人所懼，唯恐他將之來，即墨殘矣。』」（頁997）這段記載不見於《戰國策》。

[29] 參見《史記·田單列傳》，頁998。〈田單列傳〉全篇以田單守即墨、敗燕軍，光復齊國的戰役為主，有非常豐富的兵學思想，史公在論贊中特別推舉田單用兵能以奇致勝。

三、報燕惠王書

至於樂毅〈遺燕惠王書〉，《戰國策》也有載錄，茲以表列比較《戰國策》與《史記》在文字上的異同，並說明如下：

編號	《戰國策‧燕策二》	《史記‧樂毅列傳》	比較	說明
1	燕王悔，懼趙用樂毅承燕之弊以伐燕。（頁1102）	燕惠王後悔使騎劫代樂毅，以故破軍亡將失齊，又怨樂毅之降趙，恐趙用樂毅而承燕之弊以伐燕。（頁986）	《史記》詳細	《史記》鋪陳燕惠王複雜的心情，為後來燕惠王「讓」與「謝」的心情張本。
2	燕王乃使人讓樂毅，且謝之曰：「先王舉國而委將軍，……而亦何以報先王之所以遇將軍之意乎？」（頁1103）	燕王乃使人讓樂毅，且謝之曰：「先王舉國而委將軍，……而亦何以報先王之所以遇將軍之意乎？」（頁986）	《史記》與《戰國策》相同	
3	望諸君乃使人獻書報燕王曰（頁1103）	樂毅報燕惠王書曰（頁986）	稱號不同、語氣也不一樣	《戰國策》以望諸君稱樂毅，表明其已被封於趙國。《戰國策》的敘述較舒緩，《史記》則較急切。
4	臣不佞，不能奉承先王之教，以順左右之心，恐抵斧質之罪，以傷先王之明，而又害於足下之義，故遁逃奔趙。自負以不肖之罪，故不敢為辭說。今王使使者數	臣不佞，不能奉承王命，以順左右之心，恐傷先王之明，有害於足下之義，故遁逃走趙。今足下使人數之以罪，臣恐侍御者不察先王之所以畜幸臣之理，又不白臣	《戰國策》較詳細	(1)《史記》刪裁贅字，文章更簡潔：例如，「而又不白於臣之所以事先王之心」改成「又不白臣之所以事先王

編號	《戰國策‧燕策二》	《史記‧樂毅列傳》	比較	說明
	臣之罪，臣恐侍御者**之**不察先王之所以畜幸臣之理，**而**又不白**於**臣之所以事先王之心，故敢以書對。（頁1103）	之所以事先王之心，故敢以書對。（頁986）		之「心」，省略「而」、「於」兩字，文字簡明，語氣果決。 (2)《戰國策》，敘述詳細，語氣緩和。
5	臣聞賢聖之君，不以祿私**其親**，功多者授之；**不以官隨其愛**，能當者處之。故察能而授官者，成功之君也；論行而結交者，立名之士也。臣**以所學者**觀之，先王之**舉錯**，有高世之心，故假節於魏**王**，**而**以身得察於燕。先王過舉，**擢**之**乎**賓客之中，而立之**乎**群臣之上，不謀**於**父兄，**而使臣**為亞卿，臣自以為奉令承教，可以幸無罪矣，故受命而不辭。（頁1104）	臣聞賢聖之君，不以祿私親，**其**功多者授之，**其**能當者處之。故察能而授官者，成功之君也；論行而結交者，立名之士也。臣**竊**觀先王之**舉也**，有高世**主**之心，故假節於魏，以身得察於燕。先王過舉，**廁**之賓客之中，立之群臣之上，不謀父兄，以為亞卿，臣**竊不自知**，自以為奉令承教，可以幸無罪矣，故受命而不辭。（頁986-987）	《史記》與《戰國策》互有詳略	(1)《戰國策》前九句有兩組對偶句，《史記》保留後一組，前一組對偶句（「不以祿私其親，功多者授之；不以官隨其愛，能當者處之。」）則改成排比句，增加句法的變化。 (2)《史記》省略《戰國策》之處：刪去介詞、轉折詞，文字較為簡潔。 (3)《史記》增加「竊不自知」四個字：語氣較客氣，文意較明晰。

編號	《戰國策·燕策二》	《史記·樂毅列傳》	比較	說明
6	先王命之曰：「我有積怨深怒於齊，不量輕弱，而欲以齊為事。」臣對曰：「夫齊霸國之餘**教也**，而驟勝之遺事也，**閑**於兵甲，習於戰攻。王若欲攻之，**則必舉**天下**而**圖。舉天下**而**圖之，莫**徑於結趙矣**。且又淮北、宋地，楚、魏之所**同願**也。趙若許，約**楚**、**魏**，**宋盡力**，四國攻之，齊可大破也。」先王曰：「**善。」臣乃口受令**，具符節，南使臣於趙。顧反命，起兵**隨而攻**齊。以天之道，先王之靈，河北之地，隨先王**舉而有之**濟上。濟上之軍，**奉**令擊齊，**大勝之**。輕卒銳兵，長驅至國。齊王**逃遁**走莒，僅以身免。珠玉財寶，車甲珍器，盡收入燕。大呂陳於元英，故鼎反於曆室，齊器設於寧臺。薊邱之植，植於汶皇。自五伯已來，功未有及先王者也。先	先王命之曰：「我有積怨深怒於齊，不量輕弱，而欲以齊為事。」臣對曰：「夫齊霸國之餘**業**，而最勝之遺事也，**練**於兵假，習於戰攻。王若欲攻之，**必與**天下圖之。舉天下圖之，**莫若結於**趙。且又淮北、宋地，楚、魏之所**欲**也。趙若許，**而**約四國攻之，齊可大破也。」先王以為然，具符節，南使臣於趙。顧反命，起兵**擊**齊。以天之道，先王之靈，河北之地，隨先王**而舉之**濟上。濟上之軍，**受令擊**齊，**大敗齊人**。輕卒銳兵，長驅至國。齊王**遁而**走莒，僅以身免。珠玉財寶，車甲珍器，盡收入**於**燕。**齊器設於寧臺**，大呂陳於元英，故鼎反於曆室。薊丘之植，植於汶皇。自五伯以來，功未有及先王者也。先王以為**愜**其志，故裂地而封之，使得比乎小國諸侯。	《史記》與《戰國策》互有詳略	(1)整體而言，《史記》文字精簡，文意明確。 (2)《史記》更動《戰國策》的文字，如「則必舉天下而圖之」改為「必與天下圖之」、「莫若徑結趙矣」改為「莫若結於趙」等，都改得很好。

編號	《戰國策‧燕策二》	《史記‧樂毅列傳》	比較	說明
	王以為愜其志，**以臣為不佞命**，故裂地而封之，使**之**得比乎小國諸侯。臣**不佞**，自以為奉令承教，可以幸無罪矣，故受命而弗辭。（頁1104-1105）	臣**竊不自知**，自以為奉令承教，可以幸無罪矣，故受命而弗辭。（頁987）		
7	臣聞賢明之君，功立而不廢，故著於春秋；蚤知之士，名成而不毀，故稱於後世。若先王之報怨雪恥，夷萬乘之強國，收八百歲之蓄積，及至棄群臣之日，**餘令詔後嗣之遺義**，執政任事之臣，**所以能循**法令，順庶孽者，施及萌隸，皆可以教**於**後世。（頁1107）	臣聞賢明之君，功立而不廢，故著於春秋；蚤知之士，名成而不毀，故稱於後世。若先王之報怨雪恥，夷萬乘之強國，收八百歲之蓄積，及至棄群臣之日，**餘教未衰**，執政任事之臣**脩**法令，**慎**庶孽者，施及**乎**萌隸，皆可以教後世。（頁987）	《史記》承《戰國策》而略有不同	《戰國策》：「餘令詔後嗣之遺義」語意不清楚，《史記》改成「餘教未衰」，簡明精確。
8	臣聞善作者，不必善成；善始者，不必善終。昔**者**伍子胥說聽乎闔閭，**故**吳王遠迹至**於**郢。夫差弗是也，賜之鴟夷而浮之江。**故**吳王夫差不悟先論之可以立功，故沈子胥而不悔；子胥不蚤見主之不同量，**故**入江而不改。夫冤身**全**功，以明先王之	臣聞之：善作者，不必善成；善始者，不必善終。昔伍子胥說聽乎闔閭，**而**吳王遠迹至郢。夫差弗是也，賜之鴟夷而浮之江。吳王夫差不悟先論之可以立功，故沈子胥而不悔；子胥不蚤見主之不同量，**是以至於**入江而不改。夫冤身**立**功，以明先	《史記》承《戰國策》而略有不同	《戰國策》連用三個「故」字，《史記》省略第一個，將第三個改成「是以至於」，比較有變化。

編號	《戰國策·燕策二》	《史記·樂毅列傳》	比較	說明
	迹**者**，臣之上計也；離毀入之非，噴先王之名**者**，臣之所大恐也。臨不測之罪，以幸為利**者**，義之所不敢出也。（頁1107-1108）	王之迹，臣之上計也；離毀入之非，噴先王之名，臣之所大恐也。臨不測之罪，以幸為利，義之所不敢出也。（頁987）		
9	臣聞古之君子，交絕不出惡**聲**，忠臣**之去**也，不潔其名。臣雖不佞，數奉教於君子矣。恐侍御者之親左右之說，而不察疏遠之行也。故敢**以書報**，唯君之留意焉。（頁1108）	臣聞古之君子，交絕不出惡**言**，忠臣去**國**也，不潔其名。臣雖不佞，數奉教於君子矣。恐侍御者之親左右之說，而不察疏遠之行也。故敢**獻書以聞**，唯君**王**之留意焉。（頁987-988）	《史記》承《戰國策》而略有不同	

　　從上述分析可知，《史記·樂毅列傳》確實有許多段落參考《戰國策》，甚至完全節錄，一字不改。不過，司馬遷也在許多地方加以增刪，讓文意更完整，或者使得文字更簡潔，有時是讓文字多一些變化。[30]這些地方，一方面可以看出司馬遷在文字的用心，一方面也保持了《史記》敘述文字的完整性與統一性。

第三節　武將的另一種典型——樂毅的評價

　　武將，率領士兵在戰場上衝殺，斬將搴旗，因此，本身必須擅長戰鬥技能，成為強悍的戰鬥體，例如，李廣擅長射箭，善射不僅是李廣身為武

---

[30] 史公未見今本《戰國策》，其撰作《史記》時，參據之戰國史料，劉向編《戰國策》時，或收入，或捨棄。參見趙生群：《史記編纂學導論》（南京市：鳳凰出版社，2006），頁114-122。

將的本領，也是制敵、全身的最佳憑藉。[31]此外，武將最重要的是統帥軍隊殺敵致勝，因此，他必須具備豐富的兵學知識，且能靈活運用。戰場上情勢隨時都在變化，如果只是紙上談兵，國家的安危交給這種將領，結果堪慮，例如只會紙上談兵的趙括，在秦、趙長平之戰折損了四十多萬。[32]而優秀的將領不僅具備豐厚的兵學涵養，面對情勢，又能靈活運用，才能在戰場上取得優勢時，攻城掠地；屈居劣勢時，全身而退，或者，即使屈居劣勢，也能置之死地而後生，反敗為勝。例如，項羽救趙，破釜甑，只攜三日糧，以激勵士氣，終能以多勝少，打敗秦軍；李廣遇匈奴大軍，敵我懸殊，就以先發制人的方式，壓制敵人，並在敵人尚未看清自己實力時，全身而退。[33]這些都是著名的例證。

　　然而，武將掌握軍權，關係國家盛衰興亡，對君王而言，是必須倚重，又要極力防範的臣子，因此，武將除了要有強悍的戰鬥能力、統帥軍隊的能力，其實，更需要政治智慧。只是，武將掌握軍權，帝王本來就不易放心，在客觀情勢上，武將率軍在外打仗，遠離政治中心，容易受到讒言波及；在主觀情性上，武將出身行伍，個性多直率剛毅，不諳政治算計與操作，因此，許多戰功彪炳的名將，缺乏政治智慧，而成為政治鬥爭的祭品。太史公曰：

　　鄙語曰：「『尺有所短，寸有所長。』白起料敵合變，出
　　奇無窮，聲震天下，然不能救患於應侯。」[34]

白起為秦國攻取七十餘座城池，立功無數，最有名的戰役是秦、趙長平之

---

[31]　〈李將軍列傳〉全篇以「射」貫串全篇。參見《史記》，頁1178-1183。

[32]　西漢・司馬遷著，日・瀧川龜太郎考證：《史記會注考證・廉頗藺相如列傳》，頁994。

[33]　參見《史記・項羽本紀》、〈李將軍列傳〉，頁145、1179。

[34]　西漢・司馬遷著，日・瀧川龜太郎考證：《史記會注考證・白起王翦列傳・贊》，頁941。

戰，徹底擊垮趙軍，因而被封為武安君。然而，宰相范雎卻不願意白起趁勢坐大，於是，在白起攻打趙國的關鍵時刻，從中掣肘，勸秦王接受趙、韓議和。之後，秦王又急躁地想直接攻打趙國首都邯鄲，白起因反對而稱病不帶兵，得罪秦王，再加上范雎從中作梗，白起遂落得被秦始皇賜死的下場。

　　項羽與劉邦爭逐天下，在鴻門宴上，親自說出密告者曹無傷的名字，也是完全沒有政治手腕的表現；[35]韓信誤判政治情勢，一心認定劉邦不會抹煞自己的貢獻，最後被呂后斬於鐘室。[36]周亞夫平定七國之亂，其父周勃滅呂氏，立文帝，對漢室貢獻極大，父子兩人亦前後官拜宰相，然而，周勃驚恐惶怖，持兵披甲見客，仍不免身陷囹圄；周亞夫則是在景帝廢立太子、竇太后封王信、景帝封匈奴王徐盧等事與皇后王氏相左，表現過於倨傲，[37]而終遭景帝疏遠，最後，因為購買的陪葬品為贓物，而被誣告坐牢，餓死獄中。[38]

　　武將位高權重，動見觀瞻，個性耿直，卻又長年在外，因此，境遇經常是大起大落。在《史記》記載的武將中，幾乎沒有善終者，樂毅則是少數例外之一。綜觀樂毅的一生，出身兵學世家，受到家庭的習染，練就一身本領，在燕昭王當政時找到發揮的舞臺，成就一生的功業。當燕惠王即位，不再受到信任與重用，他就毅然決然離開燕國，轉投趙國；當國君給予機會解釋，他也毫不隱瞞地訴說自己的心路歷程，獲得諒解。因此，樂毅能遊走於燕、趙之間，發揮影響力，最後，終老於趙國。

　　樂毅在幾次關鍵的選擇，值得細察：當他在魏國任職，主動爭取出

---

[35] 西漢・司馬遷著，日・瀧川龜太郎考證：《史記會注考證・項羽本紀》，頁147。

[36] 參見西漢・司馬遷著，日・瀧川龜太郎考證：《史記會注考證・淮陰侯列傳》，頁1071-1073。

[37] 《史記・酷吏列傳》：「丞相條侯至貴倨也，而都揖丞相。」（頁1294）以酷吏不拜丞相，來彰顯丞相的倨傲。司馬遷在《史記・絳侯周勃世家・贊》也指出周亞夫「守節不遜，終以窮困。」（頁824）

[38] 參見西漢・司馬遷著，日・瀧川龜太郎考證：《史記會注考證・絳侯周勃世家》，頁821-823。

使燕國的機會,再轉投燕王麾下,表現他亟欲尋訪明君,發揮長才的企圖
心。當燕惠王不再信任,就轉投趙國,則是為了全身保命。戰國士人周遊
列國,尋找機會,本無強烈的祖國觀念;國君也因重用客卿而富國強兵,
君臣各有所求,各取所需,實在不需要苛求以君臣大義。然而,樂毅看待
君臣關係,也絕非相互利用的利害結合而已,而是有情有義的相知相遇,
所以,他一方面追求個人的功成名就,以報答燕昭王的賞識拔擢;一方面
又強調「忠臣去國,不潔其名」,絕不會在燕國危難之際,聯合他國傷害
之,以免身陷難堪,也辜負昭王知遇的美名。在出處之際,有一種溫厚的
拿捏,圓融的處置,所以,原本瀕臨破裂的君臣關係,獲得適時的修補。
因此歷來對樂毅都有甚高的評價,例如宋代黃震:

> 報燕王書:「忠臣去國,不潔其名。」不效戰國反覆,復
> 為趙而仇燕,去就無愧,傳之子孫亦然,樂毅非戰國之士
> 也。[39]

日人瀧川龜太郎也獨標樂毅是戰國將相之中唯一有「儒生氣象」者。樂毅
不只獨標於戰國,在武將之中,也有其特出的政治智慧。

第四節　小結

　　綜上所述,《史記‧樂毅列傳》的內容、構成與主旨有下列幾點結
論:
1. 樂毅出身武學世家,為燕昭王伐齊復仇,報答昭王知遇之恩,也成就
　　自己的功業。
2. 《史記‧樂毅列傳》參據戰國史料(今收在《戰國策‧燕策》),然

---

[39] 參見氏著《黃氏日抄》,又清‧李景星也盛讚樂毅「在戰國中另是一流人物絕不染當時之習,史公
　　愛其品,重其人,是以慎言其事。」(長沙:岳麓書社,1986),頁75。

詳略之間頗有斟酌。整體而言，《史記》的省略除了郭隗兩段論述之外，其餘的省略，大致達到精簡而明確的效果。

3. 整篇傳記載錄樂毅的〈報燕惠王書〉，表現出其對燕國的忠心及出處進退的分際與斟酌。

4. 司馬遷筆下的樂毅是一位出色的武將，此外，也是一位極具政治智慧的人。這樣的政治智慧成就家族黃老之學的傳統。

第六章

《史記》之秦朝武將

　　《史記》130篇中，以武將爲篇名有23篇，武將人數超過30位，約占《史記》全書17%，是一群不可忽略的類型人物。武將在戰場上斬將搴旗，立下汗馬功勞，貢獻國家，影響時代。然而，武將功成名就之際，也經常功高震主，難以善終。本章以斷代爲觀察的重點，選擇司馬遷非常重視的秦朝，以王翦、白起與蒙恬爲例，選擇這三位，是因爲他們及其家族在秦朝一統六國的過程中居功厥偉，因此，司馬遷寫秦朝武將就以這三位爲代表，其中，白起與王翦合傳，蒙恬則以專傳呈現。本文試圖歸納秦朝武將的特點、貢獻、局限，並分析秦朝君臣之間的互動，希望藉此深化對武將的了解以及秦朝興衰的探討。

第一節　秦朝武將的功業

　　戰國時期，諸侯林立，七雄爭強，經歷百年混戰，最後秦朝一統天下。秦朝成功的原因是多方面的，包括國君勵精圖治，全民動員致力耕戰……等，[1]然而，攻城掠地最需要的是出色的武將，司馬遷寫秦朝的武將，特別標舉滅六國有功者。秦滅六國的過程，並不輕鬆，秦昭王十三年（B.C.294）以降，白起統帥大軍，攻打韓、魏、趙、楚等國，斬首數十萬，拔大小城池數十座，爲秦滅六國建立了高屋建瓴的優勢。[2]尤其，秦

---

[1] 參見西漢・司馬遷著，日・瀧川龜太郎考證：《史記會注考證・秦本紀》、〈秦始皇本紀〉，頁89-139。

[2] 例如：秦昭王十四年（B.C.293），攻韓、魏，斬首二十四萬。秦昭王十五年（B.C.292），攻魏，取

昭王四十七年（B.C.260），秦、趙長平之戰，堪稱白起一生最重要的戰役，《史記》載：

> 趙王既怒廉頗軍多失亡，軍數敗，又反堅壁不敢戰，而又
> 聞秦反間之言，因使趙括代廉頗將以擊秦。秦聞馬服子
> 將，乃陰使武安君白起為上將軍，而王齕為尉裨將，令軍
> 中有敢泄武安君將者斬。趙括至，則出兵擊秦軍。秦軍詳
> 敗而走，張二奇兵以劫之。趙軍逐勝，追造秦壁。壁堅拒
> 不得入，而秦奇兵二萬五千人絕趙軍後，又一軍五千騎絕
> 趙壁間，趙軍分而為二，糧道絕。而秦出輕兵擊之。趙戰
> 不利，因築壁堅守，以待救至。秦王聞趙食道絕，王自之
> 河內，賜民爵各一級，發年十五以上悉詣長平，遮絕趙救
> 及糧食。至九月，趙卒不得食四十六日，皆內陰相殺食，
> 來攻秦壘，欲出，為四隊，四五復之，不能出。其將軍趙
> 括出銳卒自搏戰，秦軍射殺趙括，括軍敗，卒四十萬人降
> 武安君。[3]

秦昭王四十五年（B.C.262），韓國野王被秦軍攻陷，韓國上黨陷入孤立，守將馮亭自願歸服趙國，平原君利令智昏，勸趙惠文王接受上黨郡，引起秦國不滿，派王齕帥軍攻打趙國，趙軍由廉頗迎戰，兩軍交戰初期，趙軍陷於劣勢，廉頗採取守勢，堅壁不出，沒想到趙惠文王聽信讒言，以趙括取代廉頗。趙括是名將趙奢之子，卻只會紙上談兵，輕忽戰場上瞬息

城小大六十一。秦昭王二十九年（B.C.278），攻楚國，拔郢都，劇平楚先王墳墓。秦昭王三十四年（B.C.273），攻魏，斬首十三萬；與趙將賈偃戰，沉殺其卒二萬人……等。參見西漢‧司馬遷著，日‧瀧川龜太郎考證：《史記會注考證‧白起王翦列傳》，頁937-938。

3 參見西漢‧司馬遷著，日‧瀧川龜太郎考證：《史記會注考證‧白起王翦列傳》，頁938-939。

萬變的情勢，不知謹慎應對。[4]秦軍秘密派白起前往統帥軍隊，[5]再以敗戰誘敵的方式，讓趙括的主力追擊秦軍，當趙軍傾巢而出之際，秦軍先阻斷其後路，再利用輕裝部隊，將趙軍一分爲二，阻絕趙括主力的糧草補給，趙軍陷入孤立，四十多天未獲補給的趙軍，發生了士兵相殺而食的慘劇，士兵皆想要自行突圍，當軍隊陷入混亂之際，趙括只好派出精銳突圍，卻被秦軍射殺，趙卒四十萬全部投降。白起重創趙國，贏得重要勝利。然而，如何處置趙國降卒？白起認爲山東各國的軍民都像上黨郡，不願成爲秦國子民，爲了避免節外生枝，白起坑殺了四十萬趙國已經投降的士兵，趙國國力受到重創，舉國震動。這一戰，建立了秦國攻打六國的信心，也爲日後秦伐六國的吹起號角。

秦始皇十七年（B.C.230），內史騰率軍滅韓；十九年（B.C.228），王翦率軍滅趙；二十一年（B.C.226），王翦率軍攻下燕國首都薊城；二十二年（B.C.225），王賁率軍滅魏；二十四年（B.C.223）王翦、蒙武率軍滅楚；二十五年（B.C.222），王賁率軍攻燕國遼東，虜獲燕王；二十六年（B.C.221），王賁率軍滅齊。綜觀秦滅六國的過程，除了內史騰滅韓之外，其餘五國，都是王翦、王賁父子居首功。因此，《史記·白起王翦列傳》曰：「秦始皇二十六年，盡并天下，王氏、蒙氏功最多，名施於後世。」（頁941）王翦父子對秦國的功勞，讓家族兩人被封爲列侯，刻在琅邪刻石上。[6]王翦從秦始皇十一年（B.C.236）攻趙閼與開始，

4　《史記·廉頗藺相如列傳》記載藺相如評趙括：「括徒能讀其父書傳，不知合變也。」其父趙奢則曰：「兵，死地也，而括易言之。使趙不將括即已，若必將之，破趙軍者必括也。」（頁994）

5　關於秦軍為何秘密派遣白起，又「令軍中，有敢泄武安君將者斬。」明·陳子龍曰：「敵將卻者，虛聲以下之；敵將輕者，藏鋒以誘之。趙括輕銳之士，故秦不泄武安君也。亦可見武安君名震于諸侯也。」（日·瀧川龜太郎考證：《史記會注考證》引，頁939）可見是針對趙括輕敵的弱點。

6　《史記·秦始皇本紀》載琅邪刻石曰：「維秦王兼有天下，立名為皇帝，乃撫東土，至於琅邪。列侯武城侯王離、列侯通武侯王賁、倫侯建成侯趙亥、倫侯昌武侯成、倫侯武信侯馮毋擇……從，與議於海上。」（頁120）倫侯類似後來的關內侯，有爵位而無封地，列侯的地位顯然在倫侯之上，而且，只有王賁、王離父子被封為列侯，其他文臣武將都未有如此高的封賞。

爲秦立功，《史記》在本傳中，集中寫滅楚的戰役，〈白起王翦列傳〉
載：

> 秦始皇既滅三晉，走燕王，而數破荊師。秦將李信者，年
> 少壯勇，嘗以兵數千逐燕太子丹至於衍水中，卒破得丹，
> 始皇以爲賢勇。於是始皇問李信：「吾欲攻取荊，於將軍
> 度用幾何人而足？」李信曰：「不過用二十萬人。」始皇
> 問王翦，王翦曰：「非六十萬人不可。」始皇曰：「王將
> 軍老矣，何怯也！李將軍果勢壯勇，其言是也。」遂使李
> 信及蒙恬將二十萬南伐荊。王翦言不用，因謝病，歸老於
> 頻陽。李信攻平與，蒙恬攻寢，大破荊軍。信又攻鄢郢，
> 破之，於是引兵而西，與蒙恬會城父。荊人因隨之，三日
> 三夜不頓舍，大破李信軍，入兩壁，殺七都尉，秦軍走。
> 始皇聞之，大怒，自馳如頻陽，見謝王翦曰：「寡人以不
> 用將軍計，李信果辱秦軍。今聞荊兵日進而西，將軍雖
> 病，獨忍棄寡人乎！」王翦謝曰：「老臣罷病悖亂，唯大
> 王更擇賢將。」始皇謝曰：「已矣，將軍勿復言！」王翦
> 曰：「大王必不得已用臣，非六十萬人不可。」始皇曰：
> 「爲聽將軍計耳。」於是王翦將兵六十萬人，始皇自送至
> 灞上。……王翦果代李信擊荊。荊聞王翦益軍而來，乃悉
> 國中兵以拒秦。王翦至，堅壁而守之，不肯戰。荊兵數出
> 挑戰，終不出。王翦日休士洗沐，而善飲食撫循之，親與
> 士卒同食。久之，王翦使人問軍中戲乎？對曰：「方投石
> 超距。」於是王翦曰：「士卒可用矣。」荊數挑戰而秦不
> 出，乃引而東。翦因舉兵追之，令壯士擊，大破荊軍。至
> 蘄南，殺其將軍項燕，荊兵遂敗走。秦因乘勝略定荊地城

邑。歲餘，虜荊王負芻，竟平荊地爲郡縣。因南征百越之
君。而王翦子王賁，與李信破定燕、齊地。[7]

秦始皇二十一年、二十二年，王翦父子率領秦國大軍攻入燕國首都薊城，
又滅了趙國與魏國。三晉陸續被吞併之後，燕國也已經命在旦夕，山東六
國僅剩齊、楚兩國。秦始皇二十三年（B.C.224），秦王志得意滿，想要
乘勝追擊，李信在追捕燕太子丹時立了首功，因此，始皇徵詢年輕將領李
信，滅楚需要多少兵力？李信認爲需要二十萬。徵詢王翦，王翦認爲至少
要六十萬，始皇嘲笑王翦年事已高，過於保守，遂派李信率兵攻打楚國，
王翦因爲不獲重用，憤而告老還鄉。李信伐楚，初期獲得勝利，卻輕敵而
輕縱其軍，被楚軍突襲，大敗。秦王親訪王翦，希望他統領伐楚大軍，王
翦推辭，經秦王力請，才答應復出，並提出要求：「大王必不得已用臣，
非六十萬人不可。」秦王馬上說：「爲聽將軍計耳。」王翦讓秦王對他言
聽計從，取得秦王的充分授權。[8]王翦接手軍隊之後，並不急著應戰，其
考慮的是，秦軍新敗，若再度會戰而敗，整體士氣難以提升；而王翦統領
軍隊之後，楚國「悉國中兵以拒秦」，可見秦軍整體實力勝過楚軍。再
者，秦軍遠鬥，貴在速戰速決；楚軍雖在祖國作戰，然秦軍滅三晉之聲勢
儡人，楚軍心理的壓力大於秦軍。基於上述考慮，王翦採取守勢，並犒賞
軍隊，與士兵一起飲食、生活，對於楚國的挑戰不動如山，養精蓄銳，一
直到士兵訓練之餘，投石爲戲，才全力追擊撤退的楚軍，大敗楚國，殺楚
將項燕。隔年，虜楚王負芻，滅楚。王翦在滅楚戰役中，展現其軍事長
才，面對新勝的楚軍，不輕易攖其鋒；清楚掌握敵我實力與心理，在養精

[7]　參見西漢・司馬遷著，日・瀧川龜太郎考證：《史記會注考證・白起王翦列傳》，頁940-941。

[8]　《孫子・謀攻》：「故知勝有五：知可以戰與不可以戰者勝，……以虞待不虞者勝，將能而君不御
者勝。」（《孫子集註》，臺北：東大圖書公司，2006），頁57-58。

蓄銳之後，以求戰心切的士兵，一舉擊潰楚國主力。[9]

　　蒙恬家族三代，從蒙恬的祖父蒙驁、父親蒙武到蒙恬三代，歷事秦昭王、孝文王、莊襄王及秦始皇四位秦王，參與攻打韓、趙、魏、楚、齊等國的戰役，立下無數戰功，對秦滅六國、一統天下貢獻卓著。更難能可貴的是，蒙恬與蒙毅兄弟在一統天下之後，都還被賦予重任，《史記・蒙恬列傳》：

> 秦已并天下，乃使蒙恬將三十萬眾北逐戎狄，收河南。築長城，因地形，用制險塞。……暴師在外十餘年，居上郡。是時蒙恬威震匈奴。始皇甚尊寵蒙氏，信任賢之。而親近蒙毅，位至上卿，出則參乘，入則御前。恬任外事而毅常為內謀，名為忠信，故雖諸將相莫敢與之爭焉。[10]

蒙恬在天下承平之際，統帥大軍防禦匈奴；蒙毅則在秦始皇身邊參贊樞機，兩人的才能、品格都受到肯定，故能獲得始皇的信任與重用。如果從蒙驁獲得秦昭王（在位五十六年，B.C.306-251）拔擢，官至上卿，這段君臣的知遇已經延續三代，超過百年。君臣深厚的情感與信任，加上精實

---

[9] 戰國時代，趙國名將李牧擊敗匈奴的兵法，與王翦滅楚極為相似。李牧在趙國北境鎮守，他厚饋軍隊，在物質上給予士兵最好的待遇，訓練也很扎實，並且充分掌握匈奴的動態。但是，面對匈奴的侵犯，卻是固守營壘，不輕啟戰端。甚至下令：「匈奴即入盜，急入收保，有敢捕虜者斬。」因此，被匈奴、漢廷與士兵譏為懦弱，也因此失去官職。取代李牧的將領改變戰略，直接與匈奴對戰，卻敗多勝少，損失慘重。趙王敦請李牧復出，李牧的條件就是要「如前」，在取得趙王充分授權之後，李牧經常賞賜戰士，讓他們「皆願一戰」，在士氣達到高點，再嚴選士兵、戰馬與弓箭手，積極訓練。準備妥當之後，李牧「大縱畜牧，人民滿野」，利誘匈奴，匈奴認定李牧是懦弱的將領，面對引誘，毫無防備，輕易深入，李牧假裝戰敗，並讓數千人被俘虜，匈奴嘗到甜頭，傾巢而出，李牧「多為奇兵，張左右為翼」，大敗匈奴，並且滅降了東胡、林胡等北方各國，獲得十多年的北方安定。詳參《史記・廉頗藺相如列傳》，頁995-996。

[10] 參見西漢・司馬遷著，日・瀧川龜太郎考證：《史記會注考證・蒙恬列傳》，頁1046。

忠信的才幹，蒙氏的地位根深固結，難以撼動。

第二節　秦朝武將的際遇和局限

　　秦朝武將爲國立功，甚至歷時三代百年而不墜，然而，政局詭譎，世事多變，其際遇起落甚大，繁華功高皆不可確保。

一、人生起落之無憑

　　蒙恬家族三代爲秦國貢獻百年，功業彪炳。到了蒙恬與蒙毅兩兄弟，一爲武將，一爲上卿，內外皆受到秦始皇的信任與肯定，權傾一時。然而，卻因得罪趙高而被殺；弔詭的是，得罪趙高的原因是盡忠職守，《史記・蒙恬列傳》：「高有大罪，秦王令蒙毅法治之。毅不敢阿法，當高罪死，除其宦籍。帝以高之敦於事也，赦之，復其官爵。」（頁1047）趙高犯了重罪，秦始皇命蒙毅審問，蒙毅依法判決趙高死罪，秦始皇卻因趙高平時辦事認眞努力而赦免他。蒙毅爲秦始皇扮黑臉，卻讓趙高記恨，種下日後殺機。[11] 蒙恬在北境與太子扶蘇共同治軍，蒙毅則隨侍始皇巡行各地，始皇三十七年（B.C.210），秦皇在琅邪附近病重，派蒙毅「還禱山川」，始皇卻在此時病逝沙丘，蒙毅與蒙恬都無法參與大局，[12] 趙高遂能隻手遮天，聯合李斯竄改秦始皇遺詔，改立胡亥爲二世。

　　趙高能成功遊說李斯的理由，就是扣緊李斯逐利自私的心態，〈李斯列傳〉載趙高之言曰：「君侯自料能孰與蒙恬？功高孰與蒙恬？謀遠不失，孰與蒙恬？無怨於天下，孰與蒙恬？長子舊而信之，孰與蒙恬？」、「長子剛毅而武勇，信人而奮士，即位必用蒙恬爲丞相，君侯終不懷通侯

---

[11] 明・凌稚隆曰：「此突然插入趙高起家，及其有罪一段，所以著蒙氏之禍，實本於此。」（明・凌稚隆輯校，清・李光縉增補：《史記評林》，第五冊（天津：天津古籍出版社，1998），頁681。

[12] 據〈李斯列傳〉載：「始皇帝至沙丘，病甚，令趙高爲書賜公子扶蘇曰：『以兵屬蒙恬，與喪會咸陽而葬。』」（頁1037）秦始皇將軍權交付蒙恬，可見其託孤的意思。秦始皇對蒙恬的信任與器重可見一斑。

之印歸鄉於里明矣。」這些話打動了李斯，也讓李斯與趙高一樣，必除蒙氏兄弟而後快，蒙氏兄弟的悲劇也就註定難逃了。其實，胡亥得知扶蘇已經自殺的消息，原本要釋放蒙恬，然而趙高記恨舊仇，加上擔心蒙氏兄弟若受重用，自己恐難自保。因此不惜編造蒙毅不贊成秦始皇立胡亥為太子謊言，[13]讓胡亥改變想法，不但不放蒙恬，還把蒙毅也抓起來。趙高不放過蒙恬兄弟，在二世繼承皇位之後，仍不斷毀謗兩人，欲置之死地而後快。公子子嬰以「蒙氏，秦之大臣謀士也。」勸諫二世如果剛當皇帝就殺能幹的舊臣，正顯示其思慮不周、獨斷獨行，對治理國家相當不利。然而，二世並未採納。後來，二世派御史曲宮傳旨賜死蒙毅，蒙毅為自己辯解說：

> 以臣不能得先主之意，則臣少宦，順幸沒世，可謂知意矣。以臣不知太子之能，則太子獨從，周旋天下，去諸公子絕遠，臣無所疑矣。夫先主之舉用太子，數年之積也，臣乃何言之敢諫，何慮之敢謀！非敢飾辭以避死也，為羞累先主之名，願大夫為慮焉，使臣得死情實。且夫順成全者，道之所貴也；刑殺者，道之所卒也。昔者秦穆公殺三良而死，罪百里奚而非其罪也，故立號曰「繆」。昭襄王殺武安君白起。楚平王殺伍奢。吳王夫差殺伍子胥。此四君者，皆為大失，而天下非之，以其君為不明，以是籍於諸侯。故曰「用道治者不殺無罪，而罰不加於無辜」。唯大夫留心！[14]

---

[13]　〈蒙恬列傳〉載趙高之言：「臣聞先帝欲舉賢立太子久矣。而毅諫曰：『不可！』若知賢而俞弗立，則是不忠而惑主也。以臣愚意，不若誅之。」（頁1047）趙高的陰狠歹毒，蒙氏兄弟猶如俎上肉，任人宰割。

[14]　參見西漢・司馬遷著，日・瀧川龜太郎考證：《史記會注考證・蒙恬列傳》，頁1047-1048。

秦二世以蒙毅阻撓秦始皇立自己爲太子之名，賜死蒙毅。蒙毅則提出辯解：二世受到秦始皇的喜愛，常隨行天下，他從未提出異議或不以爲然。況且，蒙毅跟隨始皇多年，了解其心意，對始皇與諸子的事，他也不敢妄加論斷。最後，蒙毅指出，自己無罪而受死，君主將受到後世的指責，這些歷史記載斑斑可考。然而，這些辯解都無助於他的死亡。接著，二世又以蒙毅犯法連坐的罪名，賜死蒙恬，蒙恬雖然以自己立功效忠，絕無二心，強調自己不忘始皇的知遇之恩；並且希望二世參照考校趙高對他的無端指控，就會發現蒙氏兄弟對秦朝的貢獻，就像周公輔佐成王一樣，無須懷疑。但是，二世受了趙高的影響，把前朝舊臣當成個人享樂的絆腳石，欲除盡而恣意所爲，[15]蒙恬仍難逃一死。

二、處世智慧不足

白起爲秦戰勝攻取七十餘座城池，卻在贏得長平之役、大勝趙國之後，爲了是否接受趙國和談與丞相應侯范雎有了嫌隙；[16]因此，秦國後來

---

[15] 〈李斯列傳〉載：「高曰：『……今陛下初立，此其屬意怏怏皆不服，恐爲變。且蒙恬已死，蒙毅將兵居外，臣戰戰栗栗，唯恐不終。且陛下安得爲此樂乎？』二世曰：『爲之奈何？』趙高曰：『嚴法而刻刑，令有罪者相坐誅，至收族，滅大臣而遠骨肉；貧者富之，賤者貴之。盡除去先帝之故臣，更置陛下之所親信者近之。此則陰德歸陛下，害除而奸謀塞，群臣莫不被潤澤，蒙厚德，陛下則高枕肆志寵樂矣。計莫出於此。』二世然高之言，乃更爲法律。於是群臣諸公子有罪，輒下高，令鞫治之。殺大臣蒙毅等，公子十二人僇死咸陽市，十公主矺死於杜，財物入於縣官，相連坐者不可勝數。」（頁1040）蒙毅、蒙恬的死，顯然是二世即位之後，一連串殺戮的一部分，二世要獨攬大權，趙高想剷除異己，兩人一拍即合，聯手主導了這場殺戮。

[16] 范雎主張接受趙國和解，其實是爲了自己的利益。〈白起王翦列傳〉記載長平之戰之後的情勢曰：「韓、趙恐，使蘇代厚幣說秦相應侯曰：『武安君禽馬服子乎？』曰：『然。』又曰：『即圍邯鄲乎？』曰：『然。』『趙亡則秦王王矣，武安君爲三公。武安君所爲秦戰勝攻取者七十餘城，南定鄢、郢、漢中，北禽趙括之軍，雖周、召、呂望之功不益於此矣。今趙亡，秦王王，則武安君必爲三公，君能爲之下乎？雖無欲爲之下，固不得已矣。秦嘗攻韓，圍邢丘，困上黨，上黨之民皆反爲趙，天下不樂爲秦民之日久矣。今亡趙，北地入燕，東地入齊，南地入韓、魏，則君之所得民亡幾何人。故不如因而割之，無以爲武安君功也。』於是應侯言於秦王曰：『秦兵勞，請許韓、趙之

又興兵攻打趙國，白起因病不能同行，待秦軍失利，秦昭王希望白起取代王陵攻趙，白起則認爲滅趙時機並未成熟，他說：

> 邯鄲實未易攻也。且諸侯救日至，彼諸侯怨秦之日久矣。今秦雖破長平軍，而秦卒死者過半，國內空。遠絕河山而爭人國都，趙應其內，諸侯攻其外，破秦軍必矣。不可。[17]

白起雖然對范雎基於個人利益與趙謀和不以爲然，尤其還牽涉到他會爭功的污蔑，更是心生不滿。不過，白起對於攻打趙國仍採取保留的態度，最主要的原因是，長平之戰中，趙國固然國力大傷，但並非毫無反抗能力；而秦國在長平戰役中，也付出相當的傷亡代價。[18]況且，六國雖不能團結一心，爲了避免趙國傾亡的連鎖效應，六國即可能在秦圍攻邯鄲之時出兵救趙援，如此，秦國陷入六國圍攻的困境而必敗。秦王親自下令請白起復出，再請丞相范雎催請，白起都不爲所動。秦國遂以王齕代替王陵帥軍攻趙，然而，一如白起的預測，以春申君與魏公子統領的多國軍隊趕到邯鄲救趙，[19]秦王多次下令白起復起就職，白起卻聲稱病重，接著，在應侯勸請無功之後，秦王憤而免去白起的所有軍職。昭王五十年（B.C.257），

割地以和，且休士卒。』王聽之，割韓垣雍、趙六城以和。正月，皆罷兵。武安君聞之，由是與應侯有隙。」（頁939）《戰國策·秦策三》亦記載蘇代勸諫范雎之言（臺北：里仁書局，1990，頁205），唯文字略有不同。

17　參見西漢·司馬遷著，日·瀧川龜太郎考證：《史記會注考證·白起王翦列傳》，頁939。

18　〈廉頗藺相如列傳〉載：「自邯鄲圍解五年，而燕用栗腹之謀，曰『趙壯者盡於長平，其孤未壯』，舉兵擊趙。趙使廉頗將擊，大破燕軍於鄗，殺栗腹，遂圍燕。燕割五城請和，乃聽之。趙以尉文封廉頗為信平君，為假相國。」（頁994）長平之戰後，燕國想趁人之危，攻打趙國，廉頗率領趙軍大敗燕國，可見趙國雖遭長平之戰，仍有相當實力。

19　秦軍圍攻邯鄲，列國救趙，擊敗秦國的過程，可參見〈魏公子列傳〉、〈春申君列傳〉、〈平原君列傳〉、〈趙世家〉等篇。

秦軍戰事不利，昭王驅逐白起離開咸陽，並與應侯等人議論曰：「白起之遷，其意尙怏怏不服，有餘言。」（〈白起王翦列傳〉，頁940）昭王對白起的嫌隙與怨怒，已經到了無法忍受的地步，因此，在白起到達杜郵時，賜死白起。[20]白起的死，當然與范雎有關，范雎在昭王身邊讒毀白起，甚至放出虛假不實的話陷害他，讓昭王對白起日益不滿。[21]不過，白起從國君最倚重的將領，在不到二年的時間，接連被免職、賜死，主要還是在攻打趙國一事，先與范雎有了嫌隙，又讓昭王覺得一時意氣，不願爲國盡力，可見其處世智慧不足。太史公論贊白起曰：

> 鄙語云「尺有所短，寸有所長」。白起料敵合變，出奇無窮，聲震天下，然不能救患於應侯。[22]

史公對照白起戰場上的優異表現與人事應對的意氣用事，彰顯其後者的不足。

白起死前，對自己有深刻的反省，《史記·白起王翦列傳》載：

> 武安君引劍將自剄，曰：「我何罪於天而至此哉？」良久，曰：「我固當死。長平之戰，趙卒降者數十萬人，我詐而盡坑之，是足以死。」遂自殺。武安君之死也，以秦

---

[20]　《戰國策·秦策五》引甘羅之言曰：「應侯欲伐趙，武安君難之，去咸陽七里，絞而殺之。」（臺北：里仁書局，1990，頁283）與《史記》不同。

[21]　〈范雎蔡澤列傳〉曰：「（范雎）與武安君白起有隙，言而殺之。」（頁2417）、〈白起王翦列傳〉載：「秦軍多失亡，武安君言曰：『秦不聽臣計，今何如矣！』」（頁2337）、徐孚遠曰：「武安君不宜有後言，疑應侯為之蜚語。」（日·瀧川龜太郎：《史記會注考證》引，臺北：萬卷樓圖書股份有限公司，1993，頁939）范雎造謠誹毀白起當是事實，但是白起的死，白起仍需負起最大的責任。

[22]　參見西漢·司馬遷著，日·瀧川龜太郎考證：《史記會注考證·白起王翦列傳》，頁941。

昭王五十年十一月。死而非其罪，秦人憐之，鄉邑皆祭祀
焉。[23]

白起對於自己被賜死，是相當不甘心的，就像秦國百姓認為白起「死而非
其罪。」然而，白起繼而想起長平之戰後，他坑殺了趙國降虜數十萬，有
損武將之德，自認死有餘辜。[24]

　　蒙恬冤死之前，也大歎「我何罪於天？無過而死乎！」最後，憬悟自
己：

　　「恬罪固當死矣。起臨洮屬之遼東，城壍萬餘里，此其中
　　不能無絕地脈哉？此乃恬之罪也。」乃吞藥自殺。[25]

蒙恬從呼天無罪，到自認絕地脈而自殺，找到歸死的理由。然而，「絕地
脈」仍是從開罪天地的角度立說，並未深刻反省自己的作為，因此，這段
看似罪己的反省，仍有標舉自己功勳的意味，[26]司馬遷在論贊中，對蒙恬

---

[23] 參見西漢・司馬遷著，日・瀧川龜太郎考證：《史記會注考證・白起王翦列傳》，頁940。

[24] 《史記》還在其他篇章運用類似的手法，如〈李將軍列傳〉寫李廣未能封侯的遺憾，在於其詐殺羌
之降卒八百餘人，並透過望氣者王朔曰：「禍莫大於殺已降，此乃將軍所以不得侯者也。」（頁
2874）彰顯了司馬遷對武將之德的強調，詐殺降虜，不符武將之德，也有損陰德，李廣在詐殺羌
卒的事件中，為自己不能封侯找到理由，一方面表示司馬遷對人事成敗的理性思維，一方面也彰顯
人事榮辱的不確定性。史公對人生的際遇起伏，一方面感慨命運之難以改變違逆，一方面又試著提
出種種合理的解釋。相關的討論可參見日・今鷹真著，尚永亮譯〈《史記》中所表現的司馬遷因
果報應思想和命運觀〉，收在《司馬遷與史記論文集》（西安：陝西人民出版社，1995），頁267-
290。

[25] 參見西漢・司馬遷著，日・瀧川龜太郎考證：《史記會注考證・蒙恬列傳》，頁1048。

[26] 明・凌約言：「白起之引劍自裁也，曰：『我何罪於天？而至此哉！』良久，曰：『我固當死！
長平之戰，趙卒降者數十萬人，我詐而盡坑之，是足以死。』與蒙恬之咎地脈同。然實以敘其功
耳！」（明・凌稚隆輯校，清・李光縉增補：《史記評林》㈤，天津：天津古籍出版社，1998，頁
688）魏・何晏對白起的戰功有獨特的評論：何晏曰：「白起之降趙卒，詐而坑其四十萬，豈徒酷

「絕地脈」的說法不以爲然，史公論人物成敗，絕少歸諸於天，而是從人事作爲中去尋找原因。

三、缺乏治國的高遠理想

　　武將爲國立功，深受國君信任重用，理當爲國家做出更卓越的貢獻。司馬遷對這些出色的將領也就有了更深的期待。[27]王翦父子三代爲將，深獲重用。王翦在攻打楚國之前，請求秦王賞賜大量的田宅，突兀的舉動，讓人不解。《史記·白起王翦列傳》載：

> 王翦行，請美田宅園池甚眾。始皇曰：「將軍行矣，何憂貧乎？」王翦曰：「爲大王將，有功終不得封侯，故及大王之嚮臣，臣亦及時以請園池爲子孫業耳。」始皇大笑。王翦既至關，使使還請善田者五輩。或曰：「將軍之乞貸，亦已甚矣。」王翦曰：「不然。夫秦王怛而不信人。

暴之謂乎！後亦難以重得志矣。向使眾人皆豫知降之必死，則張虛卷猶可畏也，況於四十萬被堅執銳哉！天下見降秦之將頭顱似山，歸秦之眾骸積成丘，則後日之戰，死當死耳，何眾肯服，何城肯下乎？是為雖能裁四十萬之命而適足以強天下之戰，欲以要一朝之功而乃更堅諸侯之守，故兵進而自伐其勢，軍勝而還喪其計。何者？設使趙眾復合，馬服更生，則後日之戰必非前日之對也，況今皆使天下為後日乎！其所以終不敢復加兵於邯鄲者，非但憂平原君之補袒，患諸侯之捄至也，徒諱之而不言耳。若不悟而不諱，則毋所以遠智也，可謂善戰而拙勝。長平之事，秦民之十五以上者皆荷戟而向趙矣，秦王又親自賜民爵於河內。夫以秦之強，而十五以上死傷過半者，此謂破趙之功小，傷秦之敗大，又何稱奇哉！若後之役成不豫其論者，則秦眾多矣，降者可致也；必不可致者，本自當戰殺，不當受降詐也。戰殺雖難，降殺雖易，然降殺之為害，禍大於劇戰也。」（清·嚴可均輯：《全上古三代秦漢三國六朝文》㈢，臺北：世界書局，1982，卷三十九）何晏指出，坑殺降卒必定造成民心盡失，與國為敵，增加日後作戰的困難，白起長平坑趙卒，對秦國日後攻打趙國或六國，都造成更不利的情勢，因此，白起雖然戰勝趙國，然而，其戰功之高下仍有可議之處。證諸後來項羽在新安坑殺秦卒，造成關中反楚的效應，何晏的看法有其獨到之處。

[27] 《孫子·謀攻》：「夫將者，國之輔也。輔周則國必強，輔隙則國必弱。」（頁53-54）將領的職責不只是在戰場上殺敵，獲取勝利，還要匡時補過，輔佐國君。

今空秦國甲士而專委於我，我不多請田宅爲子孫業以自
堅，顧令秦王坐而疑我邪？」[28]

王翦在率軍出發前，直接向秦王討賞，又在前往楚國途中，多次派專人往
返請求田宅，王翦對秦王粗暴多疑的性格知之甚詳，[29]多請田宅一方面爲
子孫留下產業營生，更重要的是，讓秦王更堅信自己效忠的心意。蓋大臣
將自己的利益完全寄託於國君，以表達效忠，也讓國君覺得這個大臣是可
以收買，易於掌握的。王翦的作爲完全出於自保，缺乏大將之風。而與王
翦合傳的白起，也因爲個人意氣而至國家利益於不顧，因而被范雎讒言所
害。史公在論贊中，指出兩人「各有所短」，司馬遷曰：

太史公曰：鄙語云「尺有所短，寸有所長」。白起料敵合
變，出奇無窮，聲震天下，然不能救患於應侯。王翦爲秦
將，夷六國，當是時，翦爲宿將，始皇師之，始皇師之，
然不能輔秦建德，固其根本。偷合取容，以至圽身，及孫
王離爲項羽所虜，不亦宜乎！彼各有所短也。[30]

白起是治身不足，遭讒言所害，被逼自殺。王翦則是不能藉由國君的重
用，輔佐國君安民立德，爲國家建立長治久安的基業，卻一心想著如何迎
合君王的心意，獲取個人長久的富貴。史公對位居重臣的武將，顯然有更
高的期許，王翦三代爲秦將，尤其是王翦受到秦王禮遇重用，應該有機會
勸諫國君征戰擴張之外，也應該多行仁義，畢竟，秦朝建立在慘酷殺戮之

28　參見西漢・司馬遷著，日・瀧川龜太郎考證：《史記會注考證・白起王翦列傳》，頁941。
29　〈秦始皇本紀〉記載尉繚對秦始皇的觀察：「繚曰：『秦王為人，蜂準，長目，摯鳥膺，豺聲，少
　　恩而虎狼心，居約易出人下，得志亦輕食人。我布衣，然見我常身自下我。誠使秦王得志於天下，
　　天下皆為虜矣。不可與久遊。』」（頁114）可證諸王翦的作為，是根源於對秦始皇個性的了解。
30　參見西漢・司馬遷著，日・瀧川龜太郎考證：《史記會注考證・白起王翦列傳》，頁941。

上的統一，就如沙灘造屋，難以長久。蒙恬三代立功，位居第三代的蒙恬，與弟弟蒙毅在朝廷內外掌握大權，理當比王翦有機會影響國君，然而，卻也讓人失望，太史公曰：

> 吾適北邊，自直道歸，行觀蒙恬所爲秦築長城亭障，塹山堙谷，通直道，固輕百姓力矣。夫秦之初滅諸侯，天下之心未定，痍傷者未瘳，而恬爲名將，不以此時彊諫，振百姓之急，養老存孤，務修眾庶之和，而阿意興功，此其兄弟遇誅，不亦宜乎！何乃罪地脈哉？[31]

蒙恬兄弟雖然在政務上戮力爲公，不像王翦只求自保私利，然而，史公認爲，在秦王一統六國之後，蒙恬兄弟受到秦始皇重用，理當以天下百姓爲念，在征戰連年之後，勸引執政者與民休息，調和君臣關係的矛盾，讓百姓能安居樂業。而不是順承君王意志廣修馳道、大興宮闕，輕用民力，「阿意興功」的結果，只是造成百姓更深的苦難，也醞釀了天下動盪、朝廷不安的因素，最後，蒙恬兄弟也就在動盪政局的爭鬥中被殺，這是缺乏高遠政治理想的結果，與絕地脈毫無關係。

　　太史公批判王翦不能「輔秦建德，固其根本」、蒙恬「阿意興功」，是針對掌握大權的武將或重臣的深切期待，也彰顯出史公對君臣關係的深刻思考。

第三節　小結

　　關於秦朝的武將，司馬遷以兩篇寫白起、王翦與蒙恬，三人（包括其家族）都對秦國有重大貢獻，或助秦滅六國，或在天下一統後，率領大軍

---

[31] 參見西漢・司馬遷著，日・瀧川龜太郎考證：《史記會注考證・蒙恬列傳》，頁1048。

鎮守北境，深受秦王信任。然而，白起與蒙恬都以自殺收場，白起因個人意氣，又遭范雎陷害，最後被秦昭王賜死；蒙恬則被趙高陷害，而以悲劇作結。王翦戰功彪炳，又全軀保身有道，免遭刑戮，卻三代而擒。可見武將因公居要職，卻也引發其他重臣的疑慮，而武將帥軍作戰，經年在外，與國君的關係不像文臣、閹宦親近，在爭鬥中容易處於劣勢。此外，武將既然位居高位，理應輔佐君王，為國家建立長治久安之計，依此而論，王翦求保自利，固不足論，蒙恬則曲承上意，也缺乏高遠的政治理想。整體而言，秦朝武將雖能在戰場上斬將搴旗，戰功彪炳，也因此而獲得重用，位居要津，然而，白起意氣用事，王翦自利全身，蒙恬阿意興功，其局限也非常顯著。三人都是名將，但非良將。因此，白起與蒙恬的死，王翦三代而絕，並非天亡我或絕地脈，而是其胸襟與作為導致的結果，武將功高不一定震主，然而，若沒有深刻的處世智慧與高遠的政治理想，立功之際，也是掘墓之時。

第七章

《史記》之漢初武將

　　《史記》寫武將的專篇有23篇，人數超過30位。其中，漢朝的將領占了12篇，除了〈李將軍列傳〉與〈衛將軍驃騎列傳〉兩篇武帝時期的將領之外，其餘十篇都是秦、漢之際與高祖馳騁沙場的將領，可見司馬遷對這批將領十分看重。本章從建立功業、善用兵法、智謀與君臣關係面向分析漢初十篇武將列傳，論述其功業、兵法、智謀、君臣關係以及結局，闡發司馬遷撰錄漢初武將的多重意義。

　　司馬遷的《史記》詳今略古，對於漢朝的記載特別詳細。在武將的書寫上也是如此，漢朝的將領就占了12篇。這12篇的武將列傳，其中〈李將軍列傳〉與〈衛將軍驃騎列傳〉是寫武帝時攻伐匈奴的名將，其餘十篇〈曹相國世家〉、〈絳侯周勃世家〉、〈張耳陳餘列傳〉、〈魏豹彭越列傳〉、〈黥布列傳〉、〈淮陰侯列傳〉、〈韓信盧綰列傳〉、〈田儋列傳〉、〈樊酈滕灌列傳〉、〈季布欒布列傳〉都是秦、漢之際與高祖馳騁沙場的將領，這十篇是本章究析《史記》漢初武將的主要文本。司馬遷以這麼多的篇幅寫漢初的將領，寓含何種深意？而這些將領都是身經百戰，司馬遷是否集中寫戰爭，標榜其戰功；還是著力在君臣關係，還是整體政治情勢？都是值得探討的問題。

　　近年來，《史記》的研究日益蓬勃，尤其是海峽對岸，研究成果輩出，令人目不暇給，然而，《史記》的研究仍有許多待開發的園地。筆者這幾年關注《史記》的類型人物，尤其是十篇類傳之外的類型人物，司馬遷以130篇，52萬多字寫黃帝到武帝的通史，必須很濃縮的選取典型的人物，以簡馭繁，透過這些類型人物開展歷史的豐富面貌。如果，這些類型

人物不多，例如刺客、商賈，就以一篇列傳書寫；如果類型人物數量大，又非常重要，那就要以一篇以上的篇幅記述，帝王、武將、宰相等類型人物就屬此類。而關於類型人物的研究，雖有部分成果，仍有許多待深入的園地。因此，筆者認為，《史記》的類型人物有值得再深入之處，然而限於時間心力，筆者先從武將入手。在武將的研究成果上，研究者多關注某些名篇，如〈淮陰侯列傳〉、〈李將軍列傳〉，關於這些篇章的研究論文極多，其他如〈彭越列傳〉、〈樊酈滕灌列傳〉則很少，[1]至於統合歸納、比較分析的論文就更是鳳毛麟角了。本章以漢初武將為焦點，考察其勳業、論述其兵法、指出其智謀，並探討其君臣關係，從整體觀照的角度把握漢初武將的核心內容，深化武將的研究。

第一節　善用兵法

　　武將的主要舞臺在戰場，率兵打仗是其主要任務，因此，武將需要驍勇善戰、身先士卒、能衝鋒陷陣，更重要的是善用兵法，在戰場上百戰不殆。

一、樹立軍威

　　彭越出身草莽，在鉅野一帶捕魚、當強盜。秦二世元年七月（B.C.209），陳涉起義，有人建議彭越趁機起義附和，彭越認為秦、楚兩強爭鬥，情勢未明，時機並未成熟。經過一年多，雖然陳涉失敗被殺，各地抗秦義軍蠭起，鉅野附近的少年百餘人請求彭越帶領他們，彭越一開始拒絕，後來，少年一再請求，彭越才勉強答應。

---

[1] 據筆者搜尋，關於彭越的研究論文只有郭秀琦、宋建華：〈論彭越在楚漢戰爭中的作用〉（《陰山學刊》，第十二卷，第1期，1999.03），頁37-40。樊噲則只有劉漢東：〈解讀《史記・樊酈滕灌列傳》透析劉邦用人之道〉（《廣州大學學報》（社會科學版），第二卷，第10期，2003.10），頁30-33。臺灣則無相關論文。關於韓信的論文，至少超過兩百篇，李廣的研究則更多。

　　彭越出身微寒，又要帶領血氣方剛的烏合之眾，因此，他必須先確立軍威。《史記》載：

> 與期旦日日出會，後期者斬。旦日日出，十餘人後，後者
> 至日中。於是越謝曰：「臣老，諸君彊以爲長。今期而多
> 後，不可盡誅，誅最後者一人。」令校長斬之。皆笑曰：
> 「何至是？請後不敢。」於是越乃引一人斬之，設壇祭，
> 乃令徒屬。徒屬皆大驚，畏越，莫敢仰視。[2]

彭越與這群少年都是強盜，平日一起廝混，並無特別威嚴。起義之後，彭越雖然被推爲領袖，這些少年仍不改平日習氣，輕忽彭越隔天早晨期會的約定，有十幾個人姍姍來遲，甚至到了中午才到達。彭越爲了樹立自己的領導權威，必須依法處置，然而，義軍初起，也不可能把遲到的人都依軍法處置，權宜之計，就是斬最後到的人。少年從「皆笑」到「皆大驚」的轉變，顯然彭越的作爲達到預期的效果。《孫子·計篇》：「將者，智、信、仁、勇、嚴也。」[3]將領之嚴表現在賞罰分明，唯有軍威軍紀建立之後，才會有後來戰場上的勝利。[4]可見，彭越是一位善用兵法的將領。

---

[2] 參見西漢·司馬遷著，日·瀧川龜太郎考證：《史記會注考證·魏豹彭越列傳》，頁1057。

[3] 參見《十一家注孫子校理》（北京：中華書局，2008），頁7。本章所引《孫子》皆據此版本，後再引述，僅標出篇名與頁碼。

[4] 類似的事蹟有司馬穰苴斬齊景公寵臣莊賈、孫武斬吳王闔閭寵姬等。司馬穰苴也是出身微賤，晏嬰舉薦給景公，對抗燕、晉大軍，穰苴請景公派其尊寵的大臣爲監軍，協助鎮撫軍務，景公派莊賈爲監軍，穰苴約莊賈隔日中午會於軍門，莊賈因宴飲耽擱，黃昏才到，穰苴指責莊賈身負重任，卻耽於宴樂，且違背軍法，將他處斬。參見〈司馬穰苴列傳〉，頁862。孫武則是應吳王闔閭的要求，試兵於婦人，孫武將一百八十位宮女分爲兩隊，請吳王兩位寵妾當隊長，申令約束，加以訓練，宮女卻嘻笑以對；孫武三令五申之後，宮女仍是大笑，不理睬命令，孫武依法處斬身爲隊長的吳王愛姬，結果「婦人左右、前後、跪起，皆中規矩繩墨，無敢出聲。」孫武派人向吳王報告：「兵既整齊，王可試下觀之，唯王所欲用。」（〈孫子吳起列傳〉，頁864-865）司馬穰苴、孫武的作爲與

二、以寡擊眾

　　武將在戰場上率兵殺敵，如果敵寡我眾，占據優勢，勝利本來就容易取得；然而，也經常有敵眾我寡的情況，如何在劣勢中取勝，才是優秀將領的挑戰。漢初將領輔佐劉邦滅秦、亡楚、安漢，經歷大小戰役無數，能夠以少勝多，才能脫穎而出。黥布就是很典型的代表，《史記·黥布列傳》：

> 楚兵常勝，功冠諸侯。諸侯兵皆以服屬楚者，以布數以少敗眾也。[5]

黥布起義初期跟隨在項羽身邊，立下不少汗馬功勞，最主要的原因，是他善於以寡擊眾。[6]

三、奇謀妙算

　　漢王二年（B.C.205），劉邦慘敗彭城，魏王豹以探望父病為藉口，他一渡過黃河，就截斷黃河西岸臨晉關的交通，叛漢降楚。此時，楚、漢在滎陽對峙，而魏王豹控制的地區，西進可以威脅關中，南下可以截斷漢軍糧道，對劉邦造成嚴重的威脅。因此，劉邦在酈食其遊說不成之後，派韓信、灌嬰與曹參為將，統兵攻魏。[7]魏軍以柏直為大將，憑藉黃河天

　　彭越類似，其用心也是在建立軍威，確立自己的領導威信。此類事件的深刻意涵，可參見宋嗣廉：《司馬遷兵學縱橫》（西安：陝西人民教育出版社，2006），頁274-276。

[5] 參見西漢·司馬遷著，日·瀧川龜太郎考證：《史記會注考證·黥布列傳》，頁1060。

[6] 韓信伐魏、趙、齊都是以少勝眾的戰役，相關論述詳見後文。

[7] 《漢書·高帝紀》記載，漢使酈食其遊說魏王豹，豹不聽。「漢王以韓信為左丞相，與曹參、灌嬰俱擊魏。食其還，漢王問：『魏大將誰也？』對曰：『柏直。』王曰：『是口尚乳臭，不能當韓信。』」（臺北：鼎文書局，1995），頁38-39。酈食其遊說不成，卻帶回來重要的情資，魏軍的將領無法與韓信抗衡，漢軍占有優勢。

險，固守臨晉、龍門等津渡，尤其在臨晉對岸的蒲阪設重兵，堵絕韓信從臨晉渡河。魏國採取守勢，持久作戰，因此，韓信制定速戰速決的策略，欲以奇襲一舉破魏軍。〈淮陰侯列傳〉載：

> 魏王盛兵蒲阪，塞臨晉，信乃益爲疑兵，陳船欲渡臨晉，而伏兵從夏陽以木罌瓿渡軍，襲安邑。魏王豹驚，引兵迎信，信遂虜豹，定魏爲河東郡。[8]

《孫子・虛實篇》：「夫兵形象水，水之行，避高而趨下，兵之勝，避實而擊虛。」（頁124）韓信就是採取聲東擊西、避實擊虛的戰術，他集結船隻佯裝由臨晉渡河，暗中派曹參率兵北上，選擇夏陽爲渡口，製作木桶作爲簡易的渡河工具，以迅雷不及掩耳之勢，南下攻擊臨晉關的側背，致使臨晉魏軍軍心大亂，韓信趁機渡河，攻打魏國的指揮中樞安邑，魏王回師不及，遭到重創；漢軍追擊魏軍，俘虜魏王，攻入魏都平陽，一舉拿下魏國，制爲河東郡。韓信善用欺敵的虛實戰術，「遠而示之近」（《孫子・計篇》，頁13）讓敵人無法捉摸，而主宰整場戰役。

漢王二年（B.C.205）八月，韓信攻下魏國之後，他向劉邦提出攻打趙、燕、齊，然後再與劉邦會師滎陽的計畫，[9]希望斷絕項羽的糧草供應，對楚軍形成包圍之勢。十月，韓信、張耳統帥五萬士兵攻打趙國，趙國守將陳餘以二十萬大軍屯駐井陘口，占據有利地形，準備與漢軍決戰。

陳餘的布陣極高明，他先占據有利位置，掌握戰場的主動權。[10]然

---

8 參見西漢・司馬遷著，日・瀧川龜太郎考證：《史記會注考證・淮陰侯列傳》，頁1066。

9 《漢書・高帝紀》記載，韓信定魏地之後，請兵三萬，並且提出：「北舉燕、趙，東擊齊，南絕楚糧道。」（頁39）再與劉邦會於滎陽的作戰策略，劉邦欣然同意。

10 《孫子》強調地形對於作戰的重要性，如「凡先處戰地而待敵者逸，後處戰地而趨戰者勞。故善戰者，致人而不致於人。」（〈虛實篇〉，頁105-106）、「隘形者，我先居之，必盈之以待敵。」（〈地形篇〉，頁220）

而，陳餘也有其迂腐處，廣武君李左車分析漢軍的優勢與弱點：其優勢在於「乘勝而去國遠鬥，其鋒不可當。」弱點在於後勤補給線過長，「千里饋糧，士有飢色，樵蘇後爨，師不宿飽。」（〈淮陰侯列傳〉，頁2615）因此，李左車請求陳餘撥三萬精兵，由他統領，從小路截斷韓信的補給，陳餘則固守營壘即可，如此，不到十日，斷糧又受到夾擊的韓信就可成擒。陳餘卻認為：

> 吾聞兵法十則圍之，倍則戰。今韓信兵號數萬，其實不過數千。能千里而襲我，亦已罷極，今如此避而不擊，後有大者，何以加之！則諸侯謂吾怯，而輕來伐我。[11]

陳餘是儒者，稱義兵，因此不願趁人之危。這完全背離「兵者，詭道也。」（〈計篇〉，頁12）的兵學思想。韓信得知陳餘不用李左車的計謀，喜出望外，於是帶兵前進，在距離井陘口三十里處紮營。他先派灌嬰率領二千名騎兵，帶著赤色的漢軍大旗，埋伏在趙軍側翼；又在綿蔓河邊布背水陣，引來趙軍訕笑。部屬妥當之後，韓信豎起帥旗，親自領軍攻打井陘口，雙方會戰，韓信佯敗，拋旗棄鼓，落荒而逃。趙軍傾巢而出，追擊敗北，韓信、張耳避入背水陣，漢軍士兵在無路可退的情況下都殊死戰鬥，戰局遂成僵持。這時，事先埋伏的騎兵衝入趙軍陣地，將趙國旗幟換成漢軍赤旗，待難以獲勝的趙軍看到營壘已經易幟，以為漢軍攻破大營，軍心潰散。韓信趁其潰亂，大破趙軍，殺陳餘，擒趙王歇，大獲全勝。

　　韓信利用陳餘用兵不以奇謀突襲的缺失，布置背水陣鬆懈趙軍心防，首戰佯敗，引誘趙軍傾全軍追擊，身處背水陣的漢軍「陷之死地而後生」（《孫子兵法‧九地》），人人奮勇殺敵。[12]戰局膠著之際，再以伏兵易

---

[11] 參見西漢‧司馬遷著，日‧瀧川龜太郎考證：《史記會注考證‧淮陰侯列傳》，頁1067。

[12] 《孫子兵法‧九地篇》一再強調「疾戰則存，不疾戰則亡者，為死地。……死地則戰。」（頁239-

熾擊垮趙軍士氣，戰局翻轉，終於能以寡敵眾，以最短時間拿下趙國。

　　漢王三年（B.C.204），韓信攻下趙國、降服燕國之後，劉邦命張耳守備趙地，拜韓信為相國，發兵攻齊。同時，劉邦也派出酈食其到齊國，遊說齊王歸降。韓信的軍隊還未發動攻擊，酈食其已經成功達成任務，韓信本來不打算進攻，蒯通勸韓信，漢王並未命令你停止前進，而酈食其以便捷的口才，輕易拿下齊國七十幾座城池，你奮戰許久，犧牲眾多，才攻下五十幾座城池，硬是被比下去了。[13]於是，韓信帥軍渡過黃河，由於齊軍邊防鬆懈，韓信破歷下齊軍，直逼臨淄，齊王田廣烹殺了酈食其，向楚國求救，項羽派龍且帥二十萬大軍救齊。

　　韓信的軍隊與齊、楚聯軍在高密附近對峙，有人建議龍且先採取守勢，並且號召齊地軍民隨齊王抗漢軍，韓信軍隊遠鬥窮戰，腹背受敵，可不戰而勝。龍且不從，認為韓信懦弱，容易對付，而救齊之役若不戰而勝，無法彰顯自己的功勞。兩軍在濰水對陣，韓信派人趁夜半製作一萬多個沙袋，堵住濰水上游之後，親帥軍隊渡河攻擊，交戰之後，假裝失敗，龍且見獵心喜，輕易帥軍追擊，齊楚聯軍渡河未半，韓信的部下掘破沙袋，大水湧至，齊楚聯軍死傷眾多，留在岸上的士兵軍心動搖，數量上又不如韓信，韓信趁機渡河攻擊，大獲全勝。漢王四年（B.C.203），平定齊國。「半渡而擊」是古代常用的戰術。吳、楚柏舉之戰，夫概趁楚軍半渡而擊，一舉擊潰囊瓦。[14]韓信的戰術則更加細膩，他先壅堵濰水，帥軍

243）這樣置之死地而後生的兵法，項羽在鉅鹿救趙也運用非常成功，參見《史記·項羽本紀》，頁145。

[13]　蒯通說信曰：「將軍受詔擊齊，而漢獨發間使下齊，寧有詔止將軍乎？何以得毋行也！且酈生一士，伏軾掉三寸之舌，下齊七十餘城，將軍將數萬眾，歲餘乃下趙五十餘，為將數歲，反不如一豎儒之功乎？」於是韓信從其計，遂渡河。（〈淮陰侯列傳〉，頁1069）高祖以韓信、酈食其兩人攻齊，韓信是「伐兵」，酈食其是「伐交」，本無不可。韓信意志不堅，聽信蒯通建言，可見其仍有私心。

[14]　參見參見西漢·司馬遷著，日·瀧川龜太郎考證：《史記會注考證·吳太伯世家》，頁544。

渡河攻擊，讓輕敵的龍且忽略了渡河攻擊危險，待敵軍渡河之際，決沙袋，再以旺盛的士氣、優勢的兵力，一舉殲滅齊、楚聯軍。這是「兵者，詭道也」的最佳運用。[15]宋嗣廉說：

> 韓信在空魏、破趙、下齊三次戰役中，可以說是極盡《孫子兵法》「兵因敵而制勝」之能事。這三次戰役均臨河而戰，能根據不同的情況靈活指揮，出奇制勝。充分體現了孫子「戰不復而應形於無窮」的原則。[16]

韓信用兵，以奇謀為主，常能出其不意，《漢書·藝文志·數術略》兵法權謀就以韓信為殿軍，並闡明其兵法在於「以正守國，以其用兵，先計而後戰，兼形勢，包陰陽，用技巧者也。」[17]明代茅坤推崇韓信為古今兵家之最，號為「兵仙」，[18]可謂實至名歸。

四、不戰而屈人之兵

戰爭是萬不得已的手段，因此，將領面對戰局，不是以殺戮為主，而是以全勝為最高原則。所謂的全勝，孫子曰：

> 凡用兵之法，全國為上，破國次之；全軍為上，破軍次之，……是故百戰百勝，非善之善者也；不戰而屈人之

---

[15] 參見《孫子兵法·計篇》，頁12。張預在注解中指出：「千牛俱奔，田單之權也；囊沙壅水，淮陰之詐也，此皆用詭道而致勝也。」

[16] 參見宋嗣廉：《司馬遷兵學縱橫》（西安：陝西人民教育出版社，2006），頁233。

[17] 東漢·班固：《漢書·藝文志》，頁1758。

[18] 茅坤曰：「予覽觀古今兵家者流，當以韓信為最，破魏以木罌，破趙以立漢幟，破齊以沙囊，彼皆從天而下，而未嘗與敵人血戰者。予故曰：『古今來，太史公，文仙也；……而韓信，兵仙也。然哉！』」（《史記抄》，卷五十九，臺北：莊嚴文化事業有限公司引印四庫全書存目叢書，1996，頁308）

兵，善之善者也。[19]

「不戰而屈人之兵」就是全勝的理論，也就是在戰爭中，以最小的代價獲取全面的勝利。這樣的勝利需要靠謀略，而非兵力，因此，孫子接著說：「上兵發謀，其次伐交，其次伐兵，其下攻城。」（同上，頁46-48）攻城是下下策，以謀略戰勝敵人才是上策。

漢王二年（B.C.205）十月，韓信攻下趙國之後，俘虜了廣武君李左車，以師待之，並向他請教攻打燕國的策略。《史記》載李左車的謀略：

「今將軍涉西河，虜魏王，禽夏說閼與，一舉而下井陘，不終朝破趙二十萬眾，誅成安君。名聞海內，威震天下。農夫莫不輟耕釋耒，褕衣甘食，傾耳以待命者。若此，將軍之所長也。然而眾勞卒罷，其實難用。今將軍欲舉倦罷之兵，頓之燕堅城之下，欲戰恐久力不能拔，情見勢屈，曠日糧竭，而弱燕不服，齊必距境以自彊也。燕、齊相持而不下，則劉、項之權未有所分也。若此者，將軍所短也。臣愚，竊以為亦過矣。故善用兵者不以短擊長，而以長擊短。」韓信曰：「然則何由？」廣武君對曰：「方今為將軍計，莫如案甲休兵，鎮趙撫其孤，百里之內，牛酒日至，以饗士大夫醳兵，北首燕路，而後遣辯士奉咫尺之書，暴其所長於燕，燕必不敢不聽從。燕已從，使諠言者東告齊，齊必從風而服，雖有智者，亦不知為齊計矣。如是，則天下事皆可圖也。兵固有先聲而後實者，此之謂也。」[20]

---

[19] 參見《孫子・謀攻篇》，頁44-45。

[20] 參見西漢・司馬遷著，日・瀧川龜太郎考證：《史記會注考證・淮陰侯列傳》，頁1068-1069。

李左車精確的分析了韓信的處境：優勢在於攻下趙國，聲勢銳不可擋；弱
點在於長期征戰，兵疲馬困，如果選擇與燕軍正面對壘，勝負難料。因
此，他反對韓信攻打燕、齊的計畫，而提出了「先聲後實」，也就是以長
擊短的戰略。他建議韓信先穩定趙國的情勢，並犒賞疲困的士兵，再作勢
向燕國挺進，以連勝魏、趙的氣勢力壓燕軍，然後，派出辯士招降燕國，
則燕王必定降服。韓信聽從李左軍的建議，燕國果然望風披靡，韓信不
費一兵一卒就拿下燕國。這正是《孫子》「不戰而屈人之兵」的最佳範
例。[21]

第二節　智慧謀略

武將是具有雄膽的傑出人才，他們除了膽力過人、擅長統兵作戰之
外，也必須有深刻的謀略。東漢・劉劭《人物志》論英雄曰：

> 聰明秀出謂之英，膽力過人謂之雄。……英以其聰謀始，
> 以其明見機，待雄之膽行之。雄以其力服眾，以其勇排
> 難，待英之智成之。然後乃能各濟其所長也。[22]

劉劭對英雄有明確的界定：「英」是超凡的聰明，具有一種卓異的對人、
事的洞燭能力；「雄」是個人的膽力，展現出一種英勇的行為與決斷的能
力。再者，「英」與「雄」並非截然兩端，而是相互濟成，「必聰能謀
始，明能見機，膽能決之，然後可以為英，張良是也。氣力過人，勇能行

---

[21] 春秋五霸之首齊桓公也是「不戰而屈人之兵」的典範。齊桓公在位四十三年，大部分的戰役都是憑
藉軍事行動的威嚇作用，達到預期的政治目的。齊桓公以強大的軍事實力為後盾，展現其運用軍力
的決心以威嚇敵人，達到不戰而屈的效果。參見《史記・齊太公世家》，頁554-556；宋嗣廉《司
馬遷兵學縱橫》（西安：陝西人民教育出版社，2006），頁73-78。

[22] 參見東漢・劉劭著，李崇智校箋：《人物志校箋・英雄》（成都：巴蜀書社，2001），頁144-
146。

之，智足斷事，乃可以爲雄，韓信是也。」（同上，頁147）張良是英智
的代表人物，他能運籌帷幄之中，決勝千里之外，然而，在鴻門宴中，他
單獨留下善後，具有雄膽。韓信善於用兵，在楚、漢爭霸中，率兵攻魏、
趙、燕、齊；然而，韓信絕非一介武夫，他對天下情勢深具洞察力。《史
記》載：

> 請言項王之爲人也。項王喑噁叱咤，千人皆廢，然不能任
> 屬賢將，此特匹夫之勇耳。項王見人恭敬慈愛，言語嘔
> 嘔，人有疾病，涕泣分飲食，至使人有功當封爵者，印刓
> 敝，忍不能予，此所謂婦人之仁也。項王雖霸天下而臣諸
> 侯，不居關中而都彭城，有背義帝之約，而以親愛王，諸
> 侯不平。……項王所過無不殘滅者，天下多怨，百姓不親
> 附，特劫於威彊耳。名雖爲霸，實失天下心。故曰：其彊
> 易弱。[23]

韓信拜爲大將軍，劉邦向他請益天下大勢，韓信分析劉邦最大的競爭對
手——項羽，韓信指出，項羽的性格雖勇猛，卻是匹夫之勇；帶兵雖能
體貼部屬，卻不能慷慨封賞，是婦人之仁。再加上項羽動輒屠城，不得
民心；分封不公，缺乏強而有力的盟友。因此，韓信斷定項羽「其彊易
弱」，不足爲懼。劉邦只要反其道而行，收攬人心、重用賢才、有功重
賞，必能得天下。韓信從項羽的個性、作爲，分析其弱點，並且指出劉邦
的策略，足見其英智非凡。

　　孝惠帝元年（B.C.194），曹參擔任齊國丞相，年輕的齊悼惠王召集
長老儒生，徵詢治國方略，卻人人言殊，不知所從。後來，曹參延請黃老
學者蓋公，蓋公建議天下初定之際，「治道貴清靜而民自定」。曹參採

---

23 參見西漢・司馬遷著，日・瀧川龜太郎考證：《史記會注考證・淮陰侯列傳》，頁1065。

用其言治國，「齊國安集，大稱賢相。」惠帝二年（B.C.193），蕭何過世，曹參接任相國，他因循舊法，選擇拙於言辭、忠厚篤實的官員，整天在相府後花園飲酒，官員要報告商量，曹參就把他灌醉。惠帝看到相國不積極治國，認為是輕視他，乃透過曹參之子、擔任中大夫的曹窋提醒曹參，沒想到曹參大發雷霆，鞭打曹窋。翌日，君臣有一段精彩的對話：

> 惠帝讓參曰：「與窋胡治乎？乃者我使諫君也。」參免冠謝曰：「陛下自察聖武孰與高帝？」上曰：「朕乃安敢望先帝乎？」曰：「陛下觀臣能孰與蕭合賢？」上曰：「君似不及也。」參曰：「陛下言之是也。且高帝與蕭何定天下，法令既明，今陛下垂拱，參等守職，遵而勿失，不亦可乎？」惠帝曰：「善。君休矣！」[24]

曹參能掌握時代趨勢，採取正確的治國方略，與民休息，不但成就了惠帝時代的平治，更為後來的文景之治打下非常好的基礎。他很有策略的實踐無為而治，面對惠帝的質疑，他也不急著說明，而是以鞭打兒子的方式，逼得惠帝當朝質問，他再以問答的方式完整陳述自己的想法，非常睿智，史公在論贊中盛讚其無為的智慧。[25]

在秦二世元年（B.C.209）劉邦在沛縣起義，隨後，灌嬰就在雍丘投靠劉邦。灌嬰跟隨劉邦，在戰場上「疾鬥」、「戰疾力」，奮勇殺敵，立功受封為潁陰侯。[26]呂后崩殂，長安情勢詭譎，呂祿、呂產掌控南、北

---

[24] 參見西漢・司馬遷著，日・瀧川龜太郎考證：《史記會注考證・曹相國世家》，頁802。

[25] 太史公曰：「曹相國參攻城野戰之功所以能多若此者，以與淮陰侯俱。及信已滅，而列侯成功，唯獨參擅其名。參為漢相國，清靜極言合道。然百姓離秦之酷後，參與休息無為，故天下俱稱其美矣。」（《史記・曹相國世家》，頁802）曹參的戰功多是跟隨韓信作戰而來，無為的治術則是其特出的智慧；前者造就了個人的功業，後者則讓功業能綿延久長，並帶來清平的治世。

[26] 《史記・樊酈滕灌列傳》載灌嬰之功勳曰：「凡從得二千石二人，別破軍十六，降城四十六，定國一，郡二，縣五十二，得將軍二人，柱國、相國各一人，二千石十人。」（頁1092）

軍,陳平、周勃等舊臣圖謀對抗,呂氏的勢力仍居上風。後來,齊哀王劉襄以勤王的名義出兵誅呂,大軍西進長安,使得整體情勢更加複雜。灌嬰在此關鍵時刻獲得呂氏重用,呂祿派他領兵攻打齊軍,灌嬰先連絡周勃等人,再屯兵滎陽,一方面讓呂祿等人有所顧忌,讓周勃、陳平有較充裕的時間謀劃;一方面也節制齊軍西進,避免齊王進入長安之後,情勢難以控制。灌嬰的處置發生關鍵性的影響,陳平透過酈寄哄騙呂祿交出北軍兵權,待周勃取得北軍軍權之後,長安的情勢才能逆轉;而齊楚聯軍也在呂氏等人被殺,長安底定之後撤軍。[27]以最少的社會成本,完成政權轉移,灌嬰立有大功,文帝順利即位,拜灌嬰為太尉。

第三節　建立勳業

　　漢初武將輔佐高祖、惠帝、文帝與景帝,立下汗馬功勞,也建立自己的功業。曹參出身沛縣獄吏,隨高祖起義,在滅楚戰爭中,跟隨韓信破趙拔齊,功業彪炳。《史記·曹相國世家》載:

　　參功:凡下二國,縣一百二十二,得王二人,相三人,將

---

[27] 清·王鳴盛就非常稱讚灌嬰的謀略:「諸呂之平,灌嬰有力焉。方高后病甚,令呂祿為上將軍,軍北軍,呂產居南軍。其計可謂密矣。卒使酈寄紿說呂祿歸將印,以兵屬太尉,而誅諸呂者,陳平、周勃之功也。……孰知當留屯滎陽,與齊連和之時,嬰之遠慮有過人者。齊王之殺其相而發兵,奪瑯琊王兵,并將而西也,此時呂祿獨使嬰擊之。嬰,高帝宿將,諸呂方忌故大臣,而危急之際,一旦假以重兵,此必嬰平日偽自結於呂氏,若樂為之用者,而始得此於祿;既得兵柄,遂留屯滎陽,待其變而共誅之。其時呂氏亂謀急矣,顧未敢猝發者,彼見大將握重兵在外,而與敵連和以觀變,恐促發而嬰倍之,反率諸侯西向,故猶豫未忍決,於是平、勃得從容計定,奪其兵權而誅之。然則平、勃之成功,嬰有以助之也。然嬰不以此時亟與齊合引兵而歸,共誅諸呂,乃案兵無動者,蓋太尉入北軍、呂祿歸將印,此其誅諸呂如振槁葉耳,若嬰合齊兵而歸,遽以討呂氏為名,則呂氏亂謀發之必驟,將印必不肯解,而太尉不得入北軍矣,彼必將脅平、勃而拒嬰與齊之兵,幸而勝之,喋血京師,不戕千萬之命不止,此又嬰計之得也。」(《十七史商榷》,南京:鳳凰出版社,2008,頁26-27)

軍六人，大莫傲、郡守、司馬、侯、御史各一人。[28]

這是《史記》總結武將戰功常用的手法。難得的是，漢朝建國之後，曹參擔任齊國相國，輔佐劉邦長子齊王劉肥，他採用黃老學者蓋公的建議，以清靜無為的原則治理齊國，政績斐然。蕭何去世，惠帝延攬曹參擔任相國，曹參仍秉持無為而治的原則，「舉事無所變更，一遵蕭何約束。」（〈曹相國世家〉，頁801）與民休息，厚積國力，為後續的文、景之治奠定良好基礎。

周勃也是高祖同鄉，出身更卑微，隨高祖起義之後，立戰功，[29]封為絳侯，食邑超過八千戶，後來更升任太尉，位列三公。呂后崩殂，周勃與陳平聯合，誅滅呂氏，迎立文帝，官拜右丞相，食邑萬戶。聲勢如日中天之後，有人提醒絳侯享尊位、受厚賞，威鎮天下，恐怕也禍將及身。周勃自感危懼，請辭右丞相，後來陳平過世，文帝復請周勃擔任右丞相，然而，不到一年，文帝卻提醒周勃：

前日吾詔列侯就國，或未能行。丞相吾所重，其率先之。[30]

文帝表面上要周勃作列侯表率，前往封邑絳縣，真正的目的是要周勃辭官，識趣的周勃再次辭去右丞相。周勃遷居絳縣，心裡卻惴惴不安，生活在恐懼之中，[31]甚至還被告謀反，逮捕下獄，質樸敦厚的周勃根本無力應

---

28 參見西漢・司馬遷著、日・瀧川龜太郎考證：《史記會注考證・曹相國世家》，頁801。

29 《史記・絳侯周勃世家》：「最從高帝得相國一人，丞相二人，將軍、二千石各三人；別破軍二，下城三，定郡五，縣七十九，得丞相、大將各一人。」（頁820）

30 參見西漢・司馬遷著、日・瀧川龜太郎考證：《史記會注考證・絳侯周勃世家》，頁821。

31 《史記・絳侯周勃世家》：「每河東守尉行縣至絳，絳侯勃自畏恐誅，常被甲，令家人持兵以見之。」（頁821）

對獄吏的審訊，後來，透過外戚薄昭的幫忙，才能全身而退。周勃出獄之際，慨嘆「吾嘗將百萬軍，然安知獄吏之貴乎！」（同上，頁821）最後，絳侯孤獨的死在封邑。

條侯周亞夫，是絳侯周勃的兒子，治軍嚴謹，深受文帝賞識，[32]景帝三年（B.C.154）周亞夫協助景帝平定吳、楚七國之亂，有功於漢室，從太尉被拔擢為丞相，深受景帝器重。然而，在平定七國之時，基於戰略考量，周亞夫以梁國為前線，委棄於吳、楚，得罪了竇太后。後來，周亞夫被控告謀反，加上他購買皇帝的葬器，被逮捕入獄。條侯沒有其父周勃的幸運，最後在獄中嘔血而死。

樊噲娶呂后的妹妹呂嬃，與高祖同鄉，又是連襟，在將領當中，與高祖的關係最為深厚。司馬遷敘述樊噲的戰功，經常提到「從」與「先登」，例如，「從攻城陽，先登。下戶牖。」（〈樊酈滕灌列傳〉，頁2651）可見樊噲經常跟隨在高祖身邊，表現英勇，立有戰功，深受信任與重用。[33]樊噲不只在戰場上表現奮勇殺敵的英勇，在鴻門宴中，撞開項王營帳衛士，引起項羽側目；拔劍切彘肩而食，卮酒不辭的豪邁氣度，讓項羽欣賞，而稱讚他是壯士。樊噲遂趁機指責項羽對劉邦的疑慮：

> 沛公先入定咸陽，暴師霸上，以待大王。大王今日至，聽
> 小人之言，與沛公有隙，臣恐天下解，心疑大王也。[34]

沛公進入咸陽搶奪財物，居秦王宮殿而不願離去，後來，經樊噲與張良勸

---

[32] 《史記·絳侯周勃世家》：「孝文且崩時，誠太子曰：『即有緩急，周亞夫真可任將兵。』」（頁822）

[33] 《史記·樊酈滕灌列傳》總結樊噲的戰功：「定食舞陽五千四百戶。從，斬首百七十六級，虜二百八十八人。別，破軍七，下城五，定郡六，縣五十二，得丞相一人，將軍十二人，二千石已下至三百石十一人。」（頁1086）

[34] 參見西漢·司馬遷著，日·瀧川龜太郎考證：《史記會注考證·樊酈滕灌列傳》，頁1085。

諫，才還軍霸上。樊噲明知所言不是事實，卻質疑的理直氣壯，可見其粗
中有細，具有謀略。就在樊噲理直氣壯的質疑之後，項羽默然良久，劉邦
才有機會離開，並在樊噲等人的保護下，回到霸上。因此，司馬遷盛讚樊
噲的表現：「項羽亦因遂已，無誅沛公之心矣。是日，微樊噲犇入營譙讓
項羽，沛公事幾殆。」（同上，頁1085）劉邦能從鴻門宴全身而退，樊噲
的英勇與智謀是關鍵因素。

　　武將立功非得官拜將軍，率兵攻城斬將，夏侯嬰以太僕為高祖駕車，
在「兵車趣攻戰疾」（《史記・樊酈滕灌列傳》，頁1089）的戰場上，讓
高祖屢獲勝利；在高祖罔顧子女之時，收載惠帝與魯元公主；在平城之圍
時，以徐行代替疾馳的方式達到欺敵的效果，安全護送高祖離開；在文帝
即位之際，協助劉興居清宮室、廢少帝，再以法駕迎立代王，不但封為汝
陰侯，食邑六千九百戶，更獲得呂后賞賜嬰縣北闕的殊榮。

第四節　君臣關係

　　君臣關係本在相知相得，君待臣以禮，臣事君以忠，傳為佳話。武將
殺敵立功，封侯拜相，受帝王重視，對於君王之過失，理當勸諫補過。另
一方面，武將手握兵權，君王開疆拓土、平亂定變之際，受到重用禮遇，
國家底定之後，卻常備受猜疑，國君與武將的關係複雜多變。

一、直諫君王

　　武將為君王攻城掠地，立功而封侯，身居要職，對君王有勸諫補過
之責。漢初武將隨高祖征戰天下，與高祖有革命情感，或能在高祖惑溺誤
謬之時，即時提出忠諫，補其過失。樊噲與高祖兼具君臣與連襟的關係，
受到高祖的信任與重用，樊噲在戰場上勇猛，也能直言勸諫高祖。漢王元
年（B.C.206），劉邦率先攻入咸陽，卻貪戀秦宮室的寶物美人，意欲留
之，樊噲勸劉邦離開宮室，劉邦不聽，後來，張良勸諫劉邦，他是以除

去殘虐人民的秦政權爲號召，必須簡樸爲民，如果貪圖享樂的話，讓人民覺得去了秦國，又來了一個新的秦國，則無異助紂爲虐。張良提醒劉邦：「忠言逆耳利於行，毒藥苦口利於病。願沛公聽樊噲。」（〈留侯世家〉，頁805）樊噲的勸諫內容雖然不見史傳，應該與留侯的勸說差不多，只是，沒有留侯的婉轉而深切，這也正顯示其直切忠誠，毫無虛矯。樊噲直諫劉邦，不只出咸陽城的勸諫，本傳載：

> 高祖嘗病甚，惡見人，臥禁中，詔戶者無得入群臣。群臣絳、灌莫敢入。十餘日，噲乃排闥直入，大臣隨之。上獨枕一宦者臥。噲等見上，流涕曰：「始陛下與臣等起豐、沛，定天下，何其壯也！今天下已定，又何憊也！且陛下病甚，大臣震恐，不見臣等計事，顧獨與一宦者絕乎？且陛下獨不見趙高之事乎？」[35]

樊噲義正詞嚴的質疑高祖罹患重病之後，杜門不見重臣，卻與宦官獨處，萬一有變故，宦官獨攬大權，國家安危難料！這樣急切的勸諫，正表現出樊噲忠義的氣節。[36] 可見武將立功不一定是在戰場上，身居要津之後，即時勸諫君王，以正其過失，輔君立德，也是臣子責無旁貸的責任。[37] 樊噲對於高祖，能爲其攻城平亂，解除危難，又能力諫高祖之過，足堪爲忠勇義直的典型。

---

[35] 參見西漢・司馬遷著，日・瀧川龜太郎考證：《史記會注考證・樊酈滕灌列傳》，頁1086-1087。

[36] 明・王維楨曰：「排闥一節，見噲直而勇，忠而義如此。」張文虎曰：「侃侃數言，深切簡括，得大臣體。」參見明・凌稚隆輯校：《史記評林》，第五冊（天津：天津古籍出版社，1998）頁833。

[37] 太史公曰：「王翦爲秦將，夷六國，當是時，翦爲宿將，始皇師之，然不能輔秦建德，固其根本，偷合取容，以至殞身。」（《史記・白起王翦列傳》，頁2342）對於受到帝王重用，而身居高位的武將，史公顯然有更深的期待。

　　季布是項羽手下勇將，在戰場上屢次困窘劉邦，劉邦一統天下之後，重金懸賞，捉拿季布，後來，靠著濮陽周氏、遊俠朱家的協助，不但逃過追捕，還獲得赦免拜爲郎中。文帝時，季布爲河東太守，有人舉薦其賢才，文帝欲召見，拜爲御史大夫，這時，又有人說季布酗酒，令人畏而遠之。被召進長安的季布在府邸待了將近一個月，終於見到文帝，卻也沒有任何結果，臨去前，季布進言：

> 臣無功竊寵，待罪河東。陛下無故召臣，此人必有以臣欺陛下者，今臣至，無所受事，罷去，此人必有以毀臣者。夫陛下以一人之譽而召臣，一人之毀而去臣，臣恐天下有識聞之，有以闚陛下也。[38]

季布並非在意自己的升遷，或者介意文帝的任意差遣，而是宏觀的以君主用臣的原則提醒文帝，用人舉才應有自己的判斷與主見，若隨人之毀譽而任免群臣，恐會被有識者背棄。季布論點切理，氣度宏大，難怪文帝慚愧的說：「河東吾肱股郡，故特召君耳。」爲自己找下臺階。

　　欒布本爲燕王臧荼之將領，燕王造反，欒布被捕，彭越出手營救，欒布轉任梁國大夫。後來，彭越謀反被殺，梟首洛陽，劉邦下令：「有敢收視者，輒捕之。」（〈季布欒布列傳〉，頁1119）欒布從齊國回來，到彭越屍首前報告公事，隨即遭到逮捕。劉邦大怒，認定欒布與彭越同黨謀反，要烹殺他。在被推向湯鑊之際，欒布進言曰：

> 方上之困於彭城，敗滎陽、成皋閒，項王所以遂不能西，徒以彭王居梁地，與漢合從苦楚也。當是之時，彭王一顧，與楚則漢破，與漢則楚破。且垓下之會，微彭王，項

38 參見西漢・司馬遷著，日・瀧川龜太郎考證：《史記會注考證・季布欒布列傳》，頁1118。

氏不亡。天下已定，彭王剖符受封，亦欲傳之萬世。今
陛下一徵兵於梁，彭王病不行，而陛下疑以爲反，反形
未見，以苛小案誅滅之，臣恐功臣人人自危也。今彭王已
死，臣生不如死，請就烹。[39]

彭越是被逼謀反，高祖、呂后明知彭越受冤，仍聯手殺了他。欒布直接在高祖面前爲彭越平反，其勇氣可嘉。欒布爲彭越平反的話亦入情入理，彭越立有大功，且忠懇如一，高祖卻羅織謀反，再夷誅三族，手段不光明，作爲也不正大。再者，欒布面對生死之際，爲有恩於己的彭越仗義執言，置個人死生於度外，展現的勇者風範，獲得史公「誠知所處，不自重其死」、「烈士」等極高的評價。

二、權詐陰謀

武將與君主之間的關係複雜而緊張，當君主倚重武將，兩人相得，君主需要武將斬將搴旗、攻城掠地，武將也在戰場上馳騁才氣，功成名就。然而，武將勞苦功高，帝王封賞常有不足；加上其才高權重，坐擁百萬雄師，常讓帝王席不安寢，欲除之而後快。因此，帝王與武將之間的關係，常因權力的糾葛產生矛盾，充斥權謀算計。[40]

楚漢相爭，彭越在魏國聚集三萬多兵力歸附劉邦，劉邦拜彭越爲魏相國，輔佐魏王豹。彭越在梁地打游擊戰，騷擾楚軍的糧草補給，又趁機攻下靠近彭城的睢陽、外黃等城池，迫使項羽親自率兵收復，爲劉邦立下不

---

[39] 參見西漢・司馬遷著，日・瀧川龜太郎考證：《史記會注考證・季布欒布列傳》，頁1119。

[40] 林聰舜稱這樣的矛盾為「體制的矛盾」或「結構性的矛盾」，林氏指出，「只要專制體制存在，此一帝王與有能力功臣間的猜忌就不可能消失，這種矛盾有必然性，不牽涉臣子的忠誠、恭順等問題，這種矛盾是結構性的。」參見〈遂令後世登壇者，每一尋思怕立功──韓信、彭越、黥布的悲劇〉，收在氏著《史記的人物世界》（臺北：三民書局，2003），頁137-155。本文在此基礎上論述，並將材料擴大為漢初的功臣，強化論證。

少功勞。[41]垓下之圍，彭越也率軍參與，協助劉邦殲滅項羽，一統天下。然而，漢王五年（B.C.202），鴻溝之約後，劉邦片面毀約，追擊項羽，戰事不利，他派彭越加入戰局，彭越以「魏地初定，尚畏楚，未可去。」（〈魏豹彭越列傳〉，頁1057）為由，不願參加，這顯然是以個人利益為優先的考量。留侯建議先行封賞韓信、彭越等重要將領，以爭取他們參戰的意願，張良說：

> 齊王信之立，非君王之意，信亦不自堅。彭越本定梁地，功多，始君王以魏豹故，拜彭越為魏相國。今豹死毋後，且越亦欲王，而君王不蚤定。與此兩國約：即勝楚，睢陽以北至穀城，皆以王彭相國；從陳以東傅海，與齊王信。……君王能出捐此地許二人，二人今可致；即不能，事未可知也。[42]

劉邦無法獨立對抗項羽，唯有獲得韓信與彭越的奧援，才能打敗項羽。留侯建議劉邦先與兩位將領約定，打敗項羽之後，將齊、梁分封韓信、彭越，遂其所願。劉邦果然能在關鍵時刻，與將領「共分天下」，讓他們「各自為戰」[43]，兩人果如留侯所料，立即率兵參戰。對劉邦而言，這當然會付出尾大不掉的代價，然而，項羽不滅，其他都免談，因此，劉邦的作法顯然是先予後取的權謀算計。

異姓諸侯中，最得劉邦寵信的燕王盧綰，對待劉邦也是充滿算計。

---

[41] 關於彭越在楚漢爭霸的重要性，參見郭秀琦、宋建華：〈論彭越在楚漢戰爭中的作用〉（《陰山學刊》，第十二卷，第1期，1999.03），頁37-40。

[42] 參見西漢·司馬遷著，日·瀧川龜太郎考證：《史記會注考證·魏豹彭越列傳》，頁1058。

[43] 〈項羽本紀〉也記載此事，留侯之言曰：「楚兵且破，信、越未有分地，其不至固宜。君王能與共分天下，今可立致也。即不能，事未可知也。君王能自陳以東傅海，盡與韓信；睢陽以北至穀城，以與彭越：使各自為戰，則楚易敗也。」（頁156）

高祖十一年（B.C.196），陳豨造反，高祖親征，陳豨戰事不利，派人前往匈奴求助，盧綰也派親信張勝前往塞外，諭知匈奴陳豨將敗亡的消息，希望匈奴不要出兵助拳。當時，故燕王臧荼的兒子臧衍亡命匈奴，拜見張勝，〈韓信盧綰列傳〉載其言曰：

> 「公所以重於燕者，以習胡事也。燕所以久存者，以諸侯數反，兵連不決也。今公為燕欲急滅豨等，豨等已盡，次亦至燕，公等亦且為虜矣。公何不令燕且緩陳豨而與胡和？事寬，得長王燕；即有漢急，可以安國。」張勝以為然，迺私令匈奴助豨等擊燕。燕王綰疑張勝與胡反，上書請族張勝。勝還，具道所以為者。燕王寤，迺詐論它人，脫勝家屬，使得為匈奴閒，而陰使范齊之陳豨所，欲令久亡，連兵勿決。[44]

君臣之間的權詐算計，無所不用其極。彭越與劉邦的交惡，最後謀反被殺，也是君臣權力矛盾的不得不然。漢王五年（B.C.202），劉邦一統天下之後，一直到高祖十二年（B.C.195）劉邦去世之前，劉邦都在平定異姓功臣的叛亂。燕王臧荼、楚王韓信、韓王信、趙相貫高、陳豨、梁王彭越、淮南王黥布等人，都陸續謀反被殺。謀反的原因不一而足，然而，誣告謀反與被逼謀反是主要的原因。韓信的謀反，雖有不同的論斷，學者多認為出於誣告；[45]黥布是高祖最後誅殺的武將，高祖十一年（B.C.196），淮陰侯韓信、梁王彭越謀反被殺，牽連宗族，尤其令人驚駭的是，彭越被殺之後，被剁成肉醬，分送諸侯。淮南王因而心生恐懼，一方面調集部

---

[44] 參見西漢‧司馬遷著，日‧瀧川龜太郎考證：《史記會注考證‧韓信盧綰列傳》，頁1078。

[45] 蔡信發：〈析論韓信不造反〉，收在氏著《話說史記》（臺北：萬卷樓圖書有限公司，1995），頁193-211。

隊，一方面打探消息。後來，因黥布懷疑愛姬與中大夫賁赫有染，賁赫到長安告發黥布謀反，高祖派人前往查驗，黥布認爲事情已無轉圜，遂起兵造反。前楚國令尹說得好：「往年殺彭越，前年殺韓信，此三人者，同功一體之人也。自疑禍及身，故反耳。」（〈黥布列傳〉，頁1062）令尹將韓信、彭越、黥布並論是正確的，他們三個人都是滅楚的大將，爲劉邦的帝業立下不少汗馬功勞，劉邦也裂土封王，對他們禮遇有加。因此，他們雖然不是劉氏宗親，都非常自信對於漢家的貢獻，可以讓自己高枕無憂。因此，韓信立爲齊王之後，蒯通建議他三分天下有其一，他不爲所動；蒯通以「天與弗取，反受其咎；時至不行，反受其殃」（〈淮陰侯列傳〉，頁1071）勸韓信把握時機，果斷行動，韓信則認爲高祖對他恩重如山，君臣情誼穩固，不可嚮利背義。彭越謀反被俘，在洛陽路上遇見呂后，向呂后泣訴自己無罪，然而，他信任呂后，將自己的身家性命託付，換來的卻是漢家「彭王壯士，今徙之蜀，此自遺患。不如遂誅之。」（〈魏豹彭越列傳〉，頁1058）的深切疑懼，招致再次的誣告謀反，夷族國除的悲慘下場。[46]

　　彭越等功臣與劉邦的交惡，最後謀反被殺，一方面是君臣權力矛盾的不得不然。蓋狡兔死，走狗烹，國家一統之後，這些擁兵重權的異姓功臣，對於統治集團猶如芒刺在背，必欲除之而後快。君臣之間以利合，缺乏深厚的情誼與高遠的理想，也是君臣快速翻臉的原因。漢王四年（B.C.203）劉邦正在榮陽與項羽周旋之際，平定齊地的韓信卻派特使，要求冊封假王，劉邦雖然迫於情勢，聽從張良等人勸告，封韓信爲齊王，不過，也種下日後的殺機。韓信雖然對於自己對漢王朝的貢獻與劉邦之間的君臣關係都充滿信心，但是，脆弱的君臣關係仍敵不過利益的衝突與糾葛，漢王十一年（B.C.196），高祖平定陳豨返回長安，得知韓信被夷三

---

[46] 燕王盧綰也指控：「非劉氏而王，獨我與長沙耳。往年春，漢族淮陰，夏，誅彭越，皆呂后計。今上病，屬任呂后。呂后婦人，專欲以事誅異姓王者及大功臣。」（〈韓信盧綰列傳〉，頁1078）

族，他「且喜且憐」的反應，正是最佳印證。《史記》寫高祖與功臣的互動，常著重在高祖的多疑，〈淮陰侯列傳〉以韓信的忠誠對照劉邦的疑懼，彭越、黥布的謀反也與高祖的多疑有關，其中，韓王信的謀反也是高祖多疑造成，《史記》載：

> 上以韓信材武，所王北近鞏、洛，南迫宛、葉，東有淮陽，皆天下勁兵處，迺詔徙韓王信王太原以北，備禦胡，都晉陽。信上書曰：「國被邊，匈奴數入，晉陽去塞遠，請治馬邑。」上許之，信乃徙治馬邑。秋，匈奴冒頓大圍信，信數使使胡求和解。漢發兵救之，疑信數間使，有二心，使人責讓信。信恐誅，因與匈奴約共攻漢，反，以馬邑降胡，擊太原。[47]

韓王信因協助劉邦滅項羽有功，漢王五年（B.C.202）被封為韓王，以潁川為王都。隔年，卻因其雄才武略，封地位居要津，被遷往太原，以晉陽為都，鎮守北境。這樣的調動固然有軍事的考量，也表現出劉邦表面重用，心裡疑懼的心態。韓信接受這樣的調度，並在到任後，建議將都城遷往更接近邊境的馬邑，以便在匈奴入侵之際，馳援邊塞，可見他積極任事，希望能有一番作為。[48]然而，韓信的兵力不足以抗衡匈奴鐵騎，多次戰役都敗北，他派員與匈奴和談，這引起高祖的不滿與疑慮，認定他與匈奴私約，準備投降，責備韓王信守邊不利，[49]韓王信怕被殺，於是投降匈

---

[47] 參見西漢・司馬遷著，日・瀧川龜太郎考證：《史記會注考證・韓信盧綰列傳》，頁1076。

[48] 清・郭嵩燾認為：「信徙王邊而去晉陽以都馬邑，預為亡歸匈奴地耳。」（《史記札記》，卷五上，臺北：世界書局，1974，頁317）韓王信身為前線主帥，卻派員主動與匈奴和解，固然有可議之處，若因此而認定其遷都馬邑是預備潛逃匈奴，似有厚誣古人之嫌。

[49] 《漢書・韓王信傳》：「上賜信書責讓之曰：『專死不勇，專生不任，寇攻馬邑，君王力不足以堅守乎？安危存亡之地，此二者，朕所以責於君王。』」（頁1854）劉邦對於韓王信不能抵禦匈奴的攻擊表達強烈的不滿。

奴。韓王信的忠誠雖不如淮陰侯，[50]但是，他最終投降匈奴，對抗漢軍的
謀反行動，與高祖的多疑有高度的相關性。因此，司馬遷在論贊中分析韓
信、盧綰的失敗原因在於「內見疑彊大，外倚蠻陌以爲援。」高祖的多疑
是決定性的因素。高祖不只懷疑武將，對忠心能幹的蕭何也一再質疑，
〈蕭相國世家〉曰：

> 漢三年，漢王與項羽相距京索之間，上數使使勞苦丞相。
> 鮑生謂丞相曰：「王暴衣露蓋，數使使勞苦君者，有疑君
> 心也。爲君計，莫若遣君子孫昆弟能勝兵者悉詣軍所，上
> 必益信君。」於是何從其計，漢王大說。[51]

蕭何與高祖都是出身沛縣豐邑，在高祖發跡前，蕭何就以沛縣主吏掾的職
位，給予高祖非常多的協助。劉邦起義之後，蕭何總管各項事務，漢王元
年（B.C.206），劉邦帥軍攻入咸陽，大家只知搶奪財寶美人，蕭何進入
三公府署，搶救各項資料，爲劉邦滅楚以及後續的治國大業，保留完整的
重要參考資訊。蕭何又無私的推薦韓信爲大將軍，而韓信是打敗項羽的最
重要將領。在劉邦與項羽周旋，或者一統天下之後，平定諸侯謀反的戰
役，蕭何都扮演鎮守關中、供應兵員、糧草的關鍵角色。總之，蕭何對劉
邦有同鄉深厚的情誼，對漢朝統一天下、安邦治國卓有貢獻，因此，劉邦
在封賞群臣或功臣排名上，都力挺蕭何第一。[52]但是，具同鄉情誼，又勞

---

[50] 《史記・韓信盧綰列傳》載韓信述說自己的罪行曰：「陛下擢僕起閭巷，南面稱孤，此僕之幸也。
滎陽之事，僕不能死，囚於項籍，此一罪也。及寇攻馬邑，僕不能堅守，以城降之，此二罪也。今
反爲寇將兵，與將軍爭一旦之命，此三罪也。」（頁1076-1077）

[51] 參見西漢・司馬遷著，日・瀧川龜太郎考證：《史記會注考證・蕭相國世家》，頁795。

[52] 漢王五年（B.C.202），高祖一統天下之後，分封群臣，高祖認爲蕭何功勞最大，封爲酇侯，食邑
八千戶。功臣普遍不服，尤其是攻城掠地的武將，他們認爲蕭何未有斬降搴旗之功，沙場汗馬之
勞，只是舞文弄墨，高發議論，怎能居其上？高祖以打獵爲喻，區分蕭何之功爲指揮全局的「功

苦功高的蕭相國仍不能讓高祖放心，漢初君臣的緊張關係可見一斑。

　　樊噲是高祖同鄉，又是連襟，「比諸將最親」，攻城掠地，立功無數。高祖十二年（B.C.195），盧綰謀反，病重的高祖派樊噲率兵平亂，宮中卻有人惡言中傷樊噲，《史記》載：

> 是時高祖病甚，人有惡噲黨於呂氏，即上一日宮車晏駕，則噲欲以兵盡誅滅戚氏、趙王如意之屬。高帝聞之，大怒，乃使陳平載絳侯代將，而即軍中斬噲。陳平畏呂后，執噲詣長安。至則高祖已崩，呂后釋噲，使復爵邑。[53]

樊噲娶呂后的妹妹，與呂氏關係密切，樊噲的忠義勇直，更無可懷疑。然而，劉邦竟然聽信謠言，認定樊噲會在其身後對戚夫人與趙王如意不利，於是，他派陳平與周勃取代樊噲，並立即斬殺樊氏。還好，陳平一方面顧忌呂后，也擔心自身的安危，謹慎處理，他捉拿樊噲，卻不立即處置，並打算將樊噲送回長安，讓高祖自己決定。[54]後來，樊噲獲釋，並且恢復爵邑，他在惠帝六年（B.C.189）壽終正寢。然而他的兒子樊伉在呂后崩殂之後，仍被歸爲呂氏一族而遭殺戮。[55]樊噲與劉邦的密切關係仍不能避免其絕後的命運，政治權力的轉移對君臣關係的影響超乎人們的想像與臆

　　人」，而前方作戰的武將則是撲殺獵物的「功狗」，兩者的功勞不能相提並論。參見〈蕭相國世家〉，頁795。

[53]　參見西漢・司馬遷著，日・瀧川龜太郎考證：《史記會注考證・樊酈滕灌列傳》，頁1087。

[54]　〈陳丞相世家〉曰：「二人（案：陳平與周勃）既受詔，馳傳未至軍，行計之曰：『樊噲，帝之故人也，功多，且又乃呂后弟呂嬃之夫，有親且貴，帝以忿怒故，欲斬之，則恐後悔。寧囚而致上，上自誅之。』」（頁815）陳平在高祖病危之際，接下這個棘手的任務，他為求自保，採取這樣兩全的作法。

[55]　日・瀧川龜太郎曰：「噲入關，諫沛公出舍；至鴻門說項羽，理直辭壯，足折羽之氣。此其人未必肯黨呂氏，以危劉氏者。以須比雉，幾與祿、產同論，冤哉！」參見氏著《史記會注考證》，頁1087。

測。

第五節　小結

　　武將以戰功獲得帝王重用，封土晉爵，位居要津。因此，其功業可歌，其兵法可頌，《史記》武將列傳也詳細紀錄其戰功與兵法之運用。

　　司馬遷以十篇的篇幅寫漢初的武將，他們跟隨劉邦起義，多數出身微寒，卻能把握機會，在秦漢之際的歷史舞臺上展現軍事才幹、高瞻謀略與處世智慧，故能封侯稱王。不論就客觀的歷史定位，或者主觀的愛好，這些功霸一方、不令己失時的倜儻特出之士都應該是漢初的重要人物，寫入史傳是理之當然。在兵法方面，史公以淮陰侯韓信爲漢初武將用兵之典型，韓信在楚漢爭霸的過程中，運用兵法，以少勝多，建立勳業，司馬遷也透由〈淮陰侯列傳〉寫武將之兵法運用。武將並非殺人機器，除了兵法之外，也深具智慧謀略，曹參出身微寒，除了跟隨劉邦，建立戰功之外，在漢朝建立之後，擔任齊國丞相，後來，任職漢朝宰相，權傾一時，他順應社會疲累的情勢，提出無爲而治的治國策略，安邦定國，也能全身而退，最是漢初武將智謀的代表。此外，武將出將入相，肩任輔佐君王的重責大任，也必須直諫不諱，匡君過失。而武將們手握兵權，位高權重，洞見觀瞻，讓帝王放心不下，如何處理君臣的關係，是武將智慧的最大考驗，司馬遷寫樊噲與欒布的直諫，彰顯他們不畏權勢，爲義而發，補君之過，最得史公讚賞。然而，在君臣權力矛盾難以索解、無法臆測的情況下，多數的漢初武將或戒愼戰慄以終，或死於不名譽的謀反罪名，再大的功業也不能保證得其善終，歷史的巨大諷刺與弔詭也令人不勝唏噓。

第八章

武帝時的武將

〈李將軍列傳〉與〈衛將軍驃騎列傳〉對讀

　　《史記》作為傳統最重要的經典之一，經歷時間的淘洗，也可以多角度的閱讀。而所謂的多角度，除了針對本傳的精讀之外，還可以參照《史記》相關的篇章，以及《戰國策》、《春秋》等典籍，作擴展式的閱讀。對讀，是一種研讀《史記》經常採用的方式，這樣的方式根源於司馬遷寫作《史記》常以「互見」的方式處理材料，所謂「互見」，就是同樣的事件在不同的人物傳記中採取繁簡輕重不同的記載方式，以精簡敘述，突出傳主的精神特質。[1]例如，鴻門宴在〈項羽本紀〉、〈高祖本紀〉與〈留侯世家〉中記載的繁簡輕重都不相同，項羽和劉邦是鴻門宴的關鍵人物，記載較為詳細，〈項羽本紀〉重在描寫項羽的英雄氣概與舉棋猶豫；〈高祖本紀〉則重載其脫困過程，包括迴護自己的說詞、宴會上的表現及脫困的經過，彰顯高祖的機智與劣勢。[2]〈留侯世家〉則彰顯留侯協助高祖脫困的忠義、深謀與勇敢。因此，當讀者在閱讀《史記》個別篇章時，都必須參閱相關篇章，有時，司馬遷會明顯標出「參見○○列傳」，有時則否。這樣的對讀不限於《史記》各篇之間，也可以是《史記》與相關古籍

---

[1]　關於《史記》的互見法，可參見張大可：〈論史記互見法〉，收在氏著《史記研究》（北京：華文出版社，2002），頁268-285。

[2]　關於〈項羽本紀〉與〈高祖本紀〉對讀的內涵掘發，可參見周先民：〈發人深省的成者與敗者——〈項羽本紀〉與〈高祖本紀〉對讀〉，收在氏著《司馬遷的史傳文學世界》（臺北：文津出版社，1985），頁109-145。

的對讀,例如,《史記》與《漢書》、《史記》與《戰國策》等。[3]對讀的運用在研讀《史記》上,可以補充相關文獻,擴大讀者視野,也讓傳主的人格風貌更加完整。

〈李將軍列傳〉與〈衛將軍驃騎列傳〉這兩篇是記載武帝主政時期重要武將——李廣、衛青與霍去病,他們三位都是攻伐匈奴的重要將領,也是武帝時的重要將領,因此,有其對讀的基礎。再者,在傳記的內容上,司馬遷寫武將包含幾個重點:出身、戰技、兵法、武德、處世與際遇等,這兩篇都包括的這些內容,因此,將兩篇對讀可以看出司馬遷寫武將的內容技巧,以及武將的際遇、武帝的用人原則等。讓我們可以更深透漢武帝時的武將,也對於漢代對外用兵的種種,有更深入的了解。

第一節　出身

李廣(B.C.183?-119)出身武將世家,司馬遷寫李廣,首先點出其輝煌的家族傳統,《史記》載:

> 李將軍廣者,……其先曰李信,秦時為將,逐得燕太子丹者也。……廣家世世受射。[4]

李信是秦始皇麾下的名將,曾參與滅六國的戰役,立下不少戰功。至李廣時已超過六十年,李廣家族以射箭技術精良聞名,也以此傳家。可見李廣出身名將之後,從小耳濡目染,學得一身技能,希望報效君王。

衛青(B.C.?-106)出身卑微,他是鄭季與衛媼的私生子,父親鄭季任職平陽侯家,擔任小吏,出生後從母姓,在平陽侯家為奴僕;在父親家

---

[3] 關於《史記》與《漢書》的對讀與比較其異同,在《史記》的研究史上論著眾多,臺大李偉泰教授對此著力甚深,成果豐碩。

[4] 參見西漢·司馬遷著,日·瀧川龜太郎考證:《史記會注考證·李將軍列傳》,頁1187。

中也受到異母兄弟的欺凌，備受困辱。《史記》記載一事：

> 青嘗從入至甘泉居室，有一鉗徒相青曰：「貴人也，官至
> 封侯。」青笑曰：「人奴之生，得毋笞罵即足矣，安得封
> 侯事乎！」[5]

衛青的出身讓他不敢有非分之想，即使有人預言他日後當富貴，他也自認
為能免於鞭笞禍患已經是萬幸了，何能封侯拜將。當時，他只是平陽侯家
中的隨從而已。然而，世事難料，武帝建元二年（B.C.139），在平陽公
主精心的安排之下，衛子夫被選入宮，衛家的命運從此不同。[6]隨著衛子
夫在宮中受寵，衛青也進入宮中，擔任侍中、中大夫的官職，逐漸嶄露頭
角。霍去病（B.C.140-117）是衛青的外甥，他的母親衛少兒是衛青的姐
姐，父親霍仲孺，衛子夫入宮，姐姐少兒也入宮，後來，嫁給了陳平的曾
孫陳掌，因此，霍去病比衛青幸運多了，出生之後，衛家已經不同，加上
擅長騎射，在戰場上又有舅舅衛青的照顧，十八歲就擔任驃騎校尉。

　　李廣出身世家，騎射、兵法皆有素養，難免自負其能，甚至倨傲自
我。李廣射技精湛，卻常太有把握而傷己誤事，此外，李廣殺霸陵衛之

---

[5] 參見西漢‧司馬遷著，日‧瀧川龜太郎考證：《史記會注考證‧衛將軍驃騎列傳》，頁1202-
　　1203。

[6] 《史記‧外戚世家》：「子夫為平陽主謳者。武帝初即位，數歲無子。平陽主求諸良家子女十餘
　　人，飾置家。武帝祓霸上還，因過平陽主。主見所侍美人，上弗說。既飲，謳者進，上望見，獨說
　　衛子夫。是日，武帝起更衣，子夫侍尚衣軒中，得幸。上還坐，驩甚，賜平陽主金千斤。主因奏
　　子夫奉送入宮。子夫上車，平陽主拊其背曰：『行矣，強飯，勉之！即貴，無相忘。』入宮歲餘，
　　竟不復幸。武帝擇宮人不中用者，斥出歸之。衛子夫得見，涕泣請出。上憐之，復幸，遂有身，尊
　　寵日隆。召其兄衛長君、弟青為侍中。而子夫後大幸，有寵，凡生三女一男。男名據。」（頁777-
　　778）平陽公主處心積慮向武帝進獻美人，當然是有個人榮華的私心，而衛子夫也非平陽公主自認
　　的王牌，然而，武帝卻中意子夫，平陽公主順水推舟，安排子夫伺候弟弟，獲得臨幸，並選入宮
　　中。子夫入宮之後，雖然沒有一帆風順，還是獲得武帝寵幸，並生下太子劉據。

事，可視為心胸狹隘，睚眥必報，也可以從其自尊受挫而產生的過度報復行為。[7]衛青出身微寒，在宮中經歷生死，[8]才獲得機會一展長才，因此，待人接物較為謹慎寬厚。至於霍去病則雖母親出身不佳，在躋身名門世家之後，對於家族的尊嚴極為看重。例如李廣之子李敢拳毆衛青，衛青並未聲張，霍去病得知，則藉機射殺李敢報復。（〈李將軍列傳〉，頁1182）由此可見，三人出身各異，也造成他們處世態度的差異。

第二節　治軍與兵法

　　李廣治軍以「簡易」為主，所謂「簡易」，並非放手不管，也不是粗疏簡略，而是治軍把握核心，讓士兵專注於習得優良的戰技，也願意與將士在戰場上衝鋒陷陣，殺敵立功。司馬遷曰：

> 廣行無部伍行陳，就善水草屯，舍止，人人自便，不擊刀斗以自衛，莫府省約文書籍事，然亦遠斥候，未嘗遇害。程不識正部曲行伍營陳，擊刀斗，士吏治軍簿至明，軍不得休息，然亦未嘗遇害。不識曰：「李廣軍極簡易，然虜卒犯之，無以禁也；而其士卒亦佚樂，咸樂為之死。我軍雖煩擾，然虜亦不得犯我。」是時漢邊郡李廣、程不識皆

---

[7]　〈李將軍列傳〉記載公孫渾邪論李廣「才氣天下無雙，自負其能。」（頁1178）、「其射，見敵急，非在數十步之內，度不中不發，發即應弦而倒。用此，其將兵數困辱，其射猛獸亦為所傷云。」（頁1180）

[8]　《史記・衛將軍驃騎列傳》：「建元二年春，青姐子夫得入宮幸上。皇后，堂邑大長公主女也，無子，妒。大長公主聞衛子夫幸，有身，妒之，乃使人捕青。青時給事建章，未知名。大長公主執囚青，欲殺之。其友騎郎公孫敖與壯士往篡取之，以故得不死。上聞，乃召青為建章監，侍中，及同母昆弟貴，賞賜數日間累千金。」（頁1203）漢武帝能即位，其姑母劉嫖出力甚多，因此，武帝即位之後，劉嫖之女阿嬌貴為皇后，然而，阿嬌生性驕縱，又無子，不得武帝寵愛。衛子夫入宮受寵而懷孕，阿嬌竟然因為嫉妒而逮捕衛青，幸賴公孫敖營救才免於一死。大難之後，武帝封賞衛家，並把衛青安排在身邊任職，以免再遭不測。

為名將，然匈奴畏李廣之略，士卒亦多樂從李廣而苦程不
識。[9]

治軍的目的是把軍隊訓練成戰無不勝、攻無不克的勁旅，並且能夠上下同
心，斬將搴旗，立功戰場。李廣與程不識都是漢初邊境名將，兩人曾回長
安宮中，分任未央宮、長樂宮衛尉，際遇類似，不過，兩人治軍的風格截
然不同。程不識謹嚴，凡事要求徹底，不論行軍行伍、軍中文書等都是一
板一眼，士兵訓練有素，能夠應付各種突發狀況，然而，軍士官兵卻疲累
不堪；李廣則是簡易，文書簡約，行伍也不嚴格要求，然訓練精良，士兵
佚樂卻驍勇善戰，更願意與李廣共赴死難，雖然面對緊急狀況的處理上較
難臻理想。讓士兵「樂為之死」是治軍最高的境界，李廣以簡易的方式達
到，非常不容易，這也可以看出李廣才氣、智略遠在程不識之上，匈奴也
敬畏他的謀略。此外，李廣為將廉潔，平時與士兵同甘共苦，戰時又能身
先士卒，獲得士兵由衷的尊敬。《史記》載：

> 廣廉，得賞賜輒分其麾下，飲食與士共之。終廣之身，為
> 二千石四十餘年，家無餘財，終不言家產事。……廣之將
> 兵，乏絕之處，見水，士卒不盡飲，廣不近水，士卒不盡
> 食，廣不嘗食。寬緩不苛，士以此愛樂為用。[10]

「簡易」的治軍原則落實在對待士兵上就是「寬緩不苛」。李廣體諒士兵
的辛勞、敬重他們的勇敢，因此，事事以他們的立場考慮。有賞，分給屬
下；飲食乏絕，則以士兵為優先，這樣的將領當然獲得士兵的敬重與追
隨。

---

[9] 參見西漢・司馬遷著，日・瀧川龜太郎考證：《史記會注考證・李將軍列傳》，頁1179。
[10] 參見西漢・司馬遷著，日・瀧川龜太郎考證：《史記會注考證・李將軍列傳》，頁1180。

衛青爲人「仁善謙讓」（〈衛將軍驃騎列傳〉，頁1209）[11]，對待士兵應該不會過於苛刻。然而，霍去病則不然，《史記》載：

> 少而侍中，貴，不省士。其從軍，天子爲遣太官齎數十乘，既還，重車餘棄粱肉，而士有饑者。其在塞外，卒乏糧，或不能自振，而驃騎尚穿域蹋鞠。事多此類。[12]

相較於李廣的體貼仁愛、衛青的仁善謙讓，年輕得志的霍去病在戰場上固然勇猛無敵，對待士兵卻是缺乏同理心的苛刻與踐踏，皇帝賞賜的粱肉，吃不完竟然在面有饑色的士兵面前倒掉，士兵已經餓得站不起來了，驃騎將軍還要勞動士兵開闢場地，只爲了個人蹋鞠的娛樂。這位漢朝名將的眼中只有自己的戰功，完全不顧士兵的感受。

李廣出身武將世家，熟習兵法，司馬遷在〈李將軍列傳〉中，以三次戰役寫其兵法。《史記》載：

> 匈奴大入上郡，天子使中貴人從廣勒習兵擊匈奴。中貴人將騎數十縱，見匈奴三人，與戰。三人還射，傷中貴人，殺其騎且盡。中貴人走廣。廣曰：「是必射雕者也。」廣乃遂從百騎往馳三人。三人亡馬步行，行數十里。廣令其騎張左右翼，而廣身自射彼三人者，殺其二人，生得一人，果匈奴射雕者也。已縛之上馬，望匈奴有千餘騎，見廣，以爲誘騎，皆驚，上山陳。廣之百騎皆大恐，欲馳還

---

[11] 例如，李廣之子李敢不滿衛青讓其父含恨而自殺，曾打傷衛青，衛青並未張揚報復。霍去病嶄露頭角，漢朝特置大司馬，讓衛青與霍去病同任大司馬，霍去病在戰場上逐漸凌駕衛青，衛青門客也都轉頭霍去病，衛青並沒有與霍去病決裂。參見〈李將軍列傳〉、〈衛將軍驃騎列傳〉。

[12] 參見西漢・司馬遷著，日・瀧川龜太郎考證：《史記會注考證・衛將軍驃騎列傳》，頁1209。

走，廣曰：「吾去大軍數十里，今如此以百騎走，匈奴
追射我立盡；今我留，匈奴必以我爲大軍之誘，必不敢擊
我。」廣令諸騎曰：「前！」前未到匈奴陳二里所，止，
令曰：「皆下馬解鞍。」其騎曰：「虜多且近，即有急，
奈何？」廣曰：「彼虜以我爲走，今皆解鞍以示不走，用
堅其意。」於是胡騎遂不敢擊。有白馬將出護其兵，李廣
上馬與十餘騎犇射殺胡白馬將，而復還至其騎中，解鞍，
令士皆縱馬臥。是時會暮，胡兵終怪之，不敢擊。夜半
時，胡兵亦以爲漢有伏軍於旁欲夜取之，胡皆引兵而去。
平旦，李廣乃歸其大軍。[13]

這是景帝年間的戰役，當時，李廣在邊境擔任太守，以「力戰」聞名。景
帝派宦官跟隨李廣學習攻打匈奴的兵法。有一次，這位朝中嬌客在縱馬馳
騁途中與三名匈奴士兵遭遇，數人被射殺，連宦官都受傷。他們向李廣求
救，李廣判定是匈奴射雕者，因爲不了解附近是否有匈奴軍隊，李廣帶了
百餘騎兵追趕，追上了之後，李廣並不以眾勝寡，而是單獨挑戰三人，他
射殺了兩人、射傷一人之後，本想回營，沒想到突然出現了數千名匈奴騎
兵，匈奴以爲李廣等人是誘敵者，也趕快退回山上布陣，李廣部下都嚇壞
了，想快馬逃走。李廣分析情勢，認爲逃亡只是暴露自己的弱點，不如從
容應對，加深對方的疑慮，讓匈奴眞的認爲他們是誘敵的部隊，這樣反而
安全，因此，他們不但向前推進到離開匈奴兩里處，還「下馬解鞍」，司
馬遷用很生動的對話描述士兵的不安與李廣的篤定。這是兵法「弱者強
之」的運用，讓敵軍不清楚自己的實力，以達到欺敵的效果。匈奴果然不
敢輕舉妄動。這時，匈奴陣中一位騎白馬的將領出來整頓軍陣，李廣見機
不可失，率領十幾位部屬，快馬射殺匈奴白馬將，給匈奴下馬威，一方面

---

[13] 參見西漢・司馬遷著，日・瀧川龜太郎考證：《史記會注考證・李將軍列傳》，頁1179。

提振漢軍士氣，穩定軍心，一方面更堅定匈奴漢軍有埋伏的猜測。後來，李廣軍隊趁著黑夜的掩護，全數安全撤回軍營。「兵者，詭道也。」[14]用兵在能靈活權變，以欺敵的方式，讓敵方無法了解我方的實力，掌握戰場的主動權，李廣充分運用此一原則，打了一場漂亮的撤退戰。

　　武帝元光六年（B.C.129），李廣在征戰中受傷被俘虜，後來，靠其機智與射箭技術脫困。[15]元狩二年（B.C.121），李廣與博望侯張騫分路進攻匈奴，率領四千騎兵的李廣遭遇匈奴左賢王的四萬大軍，敵眾我寡，士兵恐慌，不知所以。李廣鎮定自若，穩定士氣，再布陣對抗。《史記》載：

> 廣乃使其子敢往馳之。敢獨與數十騎馳，直貫胡騎，出其左右而還，告廣曰：「胡虜易與耳。」軍士乃安。廣為圓陳外向，胡急擊之，矢下如雨。漢兵死者過半，漢矢且盡。廣乃令士持滿毋發，而廣身自以大黃射其裨將，殺數人，胡虜益解。會日暮，吏士皆無人色，而廣意氣自如，益治軍。軍中自是服其勇也。明日，復力戰，而博望侯軍亦至，匈奴軍乃解去。[16]

14　《孫子集註·計篇》：「兵者，詭道也。故能而示之不能，用而示之不用，近而示之遠，遠而視之近。」（臺北：東大圖書公司，2006），頁14-15。

15　《史記·李將軍列傳》：「匈奴兵多，破敗廣軍，生得廣。單于素聞廣賢，令曰：『得李廣必生致之。』胡騎得廣，廣時傷病，置廣兩馬閑，絡而盛臥廣。行十餘里，廣詳死，睨其旁有一胡兒騎善馬，廣暫騰而上胡兒馬，因推墮兒，取其弓，鞭馬南馳數十里，復得其餘軍，因引而入塞。匈奴捕者騎數百追之，廣行取胡兒弓，射殺追騎，以故得脫。」（頁11801）李廣精良的射箭技術示其脫困與轉敗為勝的關鍵之一，前面提及的猝逢數千騎匈奴的遭遇戰與此次的隻身鬥敵的脫困戰都是。明代陳仁錫指出：「『廣家世世受射』句，乃一傳之綱領。廣所長在射，故傳中敘射事獨詳。」（瀧川龜太郎：《史記會注考證》，臺北：萬卷樓圖書股份有限公司，1993，頁1178）

16　參見西漢·司馬遷著，日·瀧川龜太郎考證：《史記會注考證·李將軍列傳》，頁1181。

李廣先派自己的兒子李敢領勇士馳入匈奴陣地，平安歸來，並且輕鬆地說，匈奴其實是容易對付的，以此穩定軍心；接著，李廣要士兵圍成圓陣，臉朝外，持滿弓，以利防守；[17]當漢軍受到激烈攻擊而死傷慘重之際，李廣以黃肩弩射殺匈奴裨將及數名士兵，讓情勢稍微緩解。經過一天慘烈的戰鬥，士兵疲憊、恐慌而面色如土之際，李廣意氣自如的巡視軍隊，展現大勇無畏的大將之風，也讓瀕臨瓦解的士氣再度凝聚，最於在隔天力戰之後等到援軍，避免全軍覆沒。

　　《孫子兵法》論為將之道在「智、信、仁、勇、嚴」（〈計篇〉，頁9），綜觀李廣、衛青、霍去病，三人皆具謀略，衛青、霍去病的謀略在於屢次戰勝匈奴，李廣則是用在全身而退，將領用兵，並非能求百戰百勝，而是百戰不殆，[18]因此，勝利固然可喜，處於劣勢而能處置得宜，減少傷亡，更是將領的莫大考驗。李廣體諒士兵的辛勞，與其同甘共苦，衛青「仁善謙讓」，皆有將領之仁，霍去病則自己吃山珍海味，吃不完寧願倒掉，也不願分給面有饑色的士兵，缺乏體諒、關愛士兵的仁德。李廣力戰、衛青多次深入匈奴、霍去病「有氣敢任」（〈衛將軍驃騎列傳〉，頁1209）都非常勇敢，然而，司馬遷特別稱讚李廣之勇，以其處劣勢而能以從容、殺敵表現其勇，帶動士氣。至於信與嚴，信是誠信，指將領治軍賞罰分明、統一號令；嚴則是將領具威嚴，能服強齊眾。衛青、霍去病能大敗匈奴，俘虜將領；李廣能立功邊境，獲得匈奴尊敬，三人治軍之嚴謹，信賞必罰，應無疑問。不同的是，李廣治軍以「簡易」為主，士兵逸樂，也能成為驍勇善戰的勁旅，他的權威建立在其謀略、仁愛、勇敢之上，因此，士兵樂為之死。衛青、霍去病的治軍，《史記》並未詳載，或許就如

---

17 《孫臏兵法校理・事備》：「凡兵之道四：曰陳，曰埶，曰變，曰權。」（北京：中華書局，1984，頁80）陣是用兵第一要務，因此，在〈十陣〉就舉出方陣、圓陣等十種常用陣式，可惜文獻散佚，對圓陣的說明文字已不復見。

18 《孫子集註・謀攻》：「是故百戰百勝，非善之善者也，不戰而屈人之兵，善之善者也。」（頁40）

程不識一樣，建立在繁重的文書、嚴謹的訓練之上，雖然也造就善戰的勁旅，卻少了一種從容與大器。綜合言之，李廣是不世出的軍事天才，其統帥軍隊的能力超過衛青、霍去病等人，而其治軍簡易的方式，更是不可學的才分。

第三節　戰功

　　李廣、衛青與霍去病同是漢武帝討伐匈奴的名將，然而，李廣一生未能封侯，戰功不是〈李將軍列傳〉的重點，司馬遷寫李廣的勇、仁愛與數奇，塑造了一位悲劇英雄。[19]衛青、霍去病兩人戰功彪炳，同時位居大司馬，權勢傾時，〈衛將軍驃騎列傳〉詳細寫了兩人的戰功。[20]衛青七次出擊匈奴，斬捕五萬餘人；衛青六次出擊匈奴，斬捕十一萬餘人。元光六年（B.C.129），衛青為車騎將軍，從雁門關出擊匈奴，斬首數百，賜爵關內侯。李廣也以驍騎將軍參與此次戰役，卻因被俘而無功。元朔元年（B.C.128），衛子夫被封為皇后，衛青奉命再次出擊匈奴，斬捕數千人。元朔二年（B.C.127）匈奴多次入侵邊境，殺遼西太守、敗漁陽太守，圍漢將軍韓安國，入雁門殺千餘人。武帝派衛青、李息出征，《史記》載：

> 衛青復出雲中以西至隴西，擊胡之樓煩、白羊王于河南，
> 得胡首虜數千，牛羊百餘萬。於是漢遂取河南地，築朔
> 方，復繕故秦時蒙恬所為塞，因河為固。[21]

---

[19] 〈太史公自序〉：「勇於當敵，仁愛士卒，號令不煩，師徒鄉之，作〈李將軍列傳〉。」（頁1378）

[20] 〈太史公自序〉：「直曲塞，廣河南，破祁連，通西國，靡北胡，作〈衛將軍驃騎列傳〉。」（頁1378）

[21] 參見西漢‧司馬遷著，日‧瀧川龜太郎考證：《史記會注考證‧匈奴列傳》，頁1195。

秦將蒙恬所取匈奴地在漢高祖初年被冒頓單于奪回，八十年後，又被西漢收復，對於漢朝來說，這次河西朔方的戰役，對漢朝是一次大勝利，衛青被封爲長平侯，其麾下將領，如蘇建、張次公等人也因功封侯。來年，軍臣單于去世，其弟谷蠡王伊稚斜自立爲單于，並擊敗太子于單，于單投降漢朝。元朔五年（B.C.124），衛青統帥三萬騎兵出朔方，攻打匈奴，右賢王輕敵，衛青出其意料，夜襲右賢王，匈奴反應不及，狼狽敗逃，漢軍俘虜了十多位右賢王的副將、一萬五千名匈奴人、百萬牲畜，大獲全勝。武帝派特使持大將軍印，拜衛青爲大將軍，甚至連襁褓中的兒子也封侯，公孫敖、韓說等將領們也受到封賞。這次戰役切斷匈奴左右部，將匈奴主力逼往漠北，根除匈奴對長安的威脅，對後續征討匈奴的戰役，影響甚巨。元朔六年（B.C.123），衛青以大將軍的身分率軍出征斬首虜萬餘人。年僅十八歲的霍去病擔任驃騎校尉，也在這場戰役中嶄露頭角，勇冠三軍，被封爲冠軍侯，《史記・衛將軍驃騎列傳》的重點也從衛青轉向霍去病。元狩二年（B.C.121）春天，驃騎將軍率軍與匈奴大戰六日，過焉支山，深入敵境，斬殺折蘭王、盧胡王，俘虜渾邪王，斬捕八千人；秋天，再次出擊，過居延，深入至祁連山，斬捕三萬餘人，虜獲單于閼氏；李廣也參與這次戰役，不過，卻遇到匈奴右賢王的主力部隊而損傷慘重。匈奴渾邪王表態降漢，武帝派霍去病前去接應，帶回渾邪王及其副將、民眾，合計數萬人，圓滿達成任務。渾邪王降漢，漢德河西之地，以其地爲武威、酒泉等郡，打開了通往西域的門戶，也分割了匈奴，意義重大。[22]驃騎將軍日以親貴，與大將軍平起平坐。元狩四年（B.C.119），武帝派衛青、霍去病統帥數十萬大軍，分別從定襄、代郡出擊，衛青遭遇單于，

---

[22]　《史記・匈奴列傳》：「漢已得渾邪王，則隴西、北地、河西益少胡寇，徙關東貧民處所奪匈奴河南、新秦中以實之，而減北地以西戍卒半。」（頁1196）；《漢書・地理志》：「自武威以西，本匈奴昆邪王、休屠王地，武帝時攘之，初置四郡，以通西域，隔絕南羌、匈奴。」（臺北市：鼎文書局，1995，頁1644-1645）也可參考陳序經：《匈奴史稿》（北京：中國人民大學出版社，2007），頁186-247。

《史記》詳寫其戰況：

> 大將軍令武剛車自環爲營，而縱五千騎往當匈奴。匈奴亦
> 縱可萬騎。會日且入，大風起，沙礫擊面，兩軍不相見，
> 漢益縱左右翼繞單于。單于視漢兵多，而士馬尚強，戰而
> 匈奴不利，薄暮，單于遂乘六羸，壯騎可數百，直冒漢圍
> 西北馳去。時已昏，漢匈奴相紛挐，殺傷大當。漢軍左校
> 捕虜言單于未昏而去，漢軍因發輕騎夜追之，大將軍軍因
> 隨其後。匈奴兵亦散走。遲明，行二百餘里，不得單于，
> 頗捕斬首虜萬餘級，遂至寘顏山趙信城，得匈奴積粟食
> 軍。軍留一日而還，悉燒其城餘粟以歸。[23]

伊稚斜單于聽從漢朝降將趙信的建議，將主力移往漠北，以逸待勞，漢軍以迅雷不及掩耳的方式，出塞千里，與單于遭遇。衛青先以武剛車鞏固營地，再縱兵探匈奴虛實，兩軍會戰之際，狂風大作、沙礫擊面，不利交戰；衛青趁機出兵，從左右翼包圍匈奴，單于見情勢不利，倉促逃離，漢軍追擊單于不得，斬捕萬餘人，深入至寘顏山，攻占匈奴糧倉。霍去病率三萬騎深入敵境千餘里，取糧於敵而糧不絕，虜獲屯頭王、韓王等將領、斬捕七萬餘人，並且在狼居胥山與姑衍兩地封禪，贏得勝利、宣揚大漢聲威。李廣參與這次戰役，卻因衛青的調度而喪失與單于對壘的機會，還因迷路耽誤軍機，受到指責，李廣不願面對官吏的責問，一肩挑起責任，遂自殺。

　　司馬遷寫衛青、霍去病的戰功，一方面著力於兩人攻打匈奴的功業，以及兩人受到重視程度的轉折。此外，李廣參與的戰役也會特別標出，以對照同功不同命的際遇。

---

23 參見西漢・司馬遷著，日・瀧川龜太郎考證：《史記會注考證・衛將軍驃騎列傳》，頁1208。

第四節　際遇

　　李廣出身世家，從文帝十四年（B.C.166）開始，從軍擊胡，投入對匈奴的戰爭四十餘年，經歷七十幾場大小戰役，立功卻未能封侯。文帝時期，朝中老臣如周勃、陳平，因擁立文帝有功，握有軍政大權；對外因國力尚未強大，對匈奴用兵的時機並未成熟。[24]因此，李廣雖然極力表現，獲得文帝的賞識，也只擔任八百石的「武騎常侍」，文帝說：「惜乎，子不遇時。子不遇時。如令子當高帝時，萬戶侯豈足道哉！」（〈李將軍列傳〉，頁1178）文帝為李廣感到可惜，以李廣的能力，如果他生在高祖逐鹿中原的時代，封侯拜將絕非難事，可是，文帝主政，內外皆不得強勢作為，身為勇猛的武將，註定不能成為舞臺的主角，然而，更不幸的是，「不遇時」就是貫串李廣一生際遇的寫照。景帝三年（B.C.154），吳楚七國之亂，李廣跟隨周亞夫平定叛亂，立下大功，卻因為接受梁王劉武的將軍印，未被景帝封賞。景帝與梁王親為兄弟，梁王是七國之亂之中對抗吳楚聯軍主力，居功厥偉，照理說，梁王授予李廣將軍印，可能只是稱賞其戰功，然而竇太后一心希望梁王繼承帝位，梁王又驕奢僭越，頗為景帝疑忌，因此，在景帝眼中，李廣接受梁王的將軍印卻是犯了大忌。李廣立功而無賞，實在冤枉。後來，李廣擔任邊郡太守，以「力戰聞名」，但是，漢朝還沒有足夠的能力討伐匈奴，李廣立功的客觀環境仍未成熟。

　　蓄積多年之後，漢朝實力強大，武帝十七歲即位，志向遠大，討伐匈奴是其重要的外交政策，李廣正值壯年，[25]亟欲報效君王，在邊境屢立戰功，獲得匈奴人敬畏，稱他為「漢之飛將軍」，李廣成為漢朝對戰匈奴

---

[24] 文帝三年（B.C.177），丞相灌嬰帥車騎八萬五千攻打匈奴，擊敗右賢王，後來因濟北王劉興居謀反而罷兵。文帝四年（B.C.176）朝議曾經討論對匈奴和與戰的策略，公卿皆曰：「單于新破月氏，乘勝，不可擊。且得匈奴地，澤鹵，非可居也，和親甚便。」（《史記·匈奴列傳》，頁1191）可見漢朝還無法與匈奴全面抗衡。

[25] 李廣卒於武帝元狩四年（B.C.119），年六十餘歲，因此，武帝即位之初（B.C.140），李廣四十多歲，正值壯年。

的名將之一。可是，李廣參與的幾場重要戰役，卻都沒有顯赫的功勳，武帝元光元年（B.C.134）漢朝在馬邑設下埋伏，誘捕單于失利，韓安國是主帥，李廣也隨之出征，無功而返。[26]元光六年（B.C.129）李廣出雁門擊匈奴，兵敗被縛，後來，雖然急智脫逃，仍因亡失士兵眾多，又被俘虜，被判處死刑，以錢贖爲庶人。元狩二年（B.C.121），李廣與博望侯張騫分路進擊匈奴，李廣率四千騎兵從右北平進攻，卻遭遇匈奴右賢王統帥的四萬主力，雖然勉強退兵，卻也是被判死刑，贖爲庶人。元狩四年（B.C.119），李廣跟隨大將軍衛青攻打匈奴，武帝對於李廣已經不再信任，這次的出征是李廣主動力爭而來的，他的職位是「前將軍」，也就是率領前鋒部隊，這是李廣可以發揮的位置。沒想到，當衛青發現單于行蹤之後，卻擅自調整李廣「前將軍」的位置，要求他立即向右將軍趙食其報到，李廣憤恨難平，以情理力爭，都沒有效果。衛青無預警的調整李廣的職務，原因有二：一是給公孫敖立功的機會，公孫敖在衛青初入宮，被大長公主劉嫖逮捕時，曾極大力營救，對衛青有救命之恩。（〈衛將軍驃騎列傳〉，頁1203）公孫敖因匈奴戰事不利，剛被免去侯爵的封號，這

26　《史記·韓長孺列傳》：「元光元年，雁門馬邑豪聶翁壹因大行王恢言上曰：『匈奴初和親，親信邊，可誘以利。』陰使聶翁壹爲間，亡入匈奴，謂單于曰：『吾能斬馬邑令丞吏，以城降，財物可盡得。』單于愛信之，以爲然，許聶翁壹。聶翁壹乃還，詐斬死罪囚，縣其頭馬邑城，示單于使者爲信。曰：『馬邑長吏已死，可急來。』於是單于穿塞將十餘萬騎，入武州塞。當是時，漢伏兵車騎材官二十餘萬，匿馬邑旁谷中。衛尉李廣爲驍騎將軍，太僕公孫賀爲輕車將軍，大行王恢爲將屯將軍，太中大夫李息爲材官將軍，御史大夫韓安國爲護軍將軍，諸將皆屬護軍。約單于入馬邑而漢兵縱發。王恢、李息、李廣別從代主擊其輜重。於是單于入漢長城武州塞。未至馬邑百餘里，行掠鹵，徒見畜牧於野，不見一人。單于怪之，攻烽燧，得武州尉史。欲刺問尉史。尉史曰：『漢兵數十萬伏馬邑下。』單于顧謂左右曰：『幾爲漢所賣！』乃引兵還。出塞，曰：『吾得尉史，乃天也。』命尉史爲『天王』。塞下傳言單于已引去。漢兵追至塞，度弗及，即罷。王恢等兵三萬，聞單于不與漢合，度往擊輜重，必與單于精兵戰，漢兵勢必敗，則以便宜罷兵，皆無功。」（頁1176）這是漢朝自高祖以來，對匈奴用兵規模最大的一次，卻一無所獲，是攻打匈奴的一大挫敗。後來，沒有積極追擊的王恢因此自殺。

時，在衛青麾下擔任中將軍，衛青將他調任前將軍，給予他立功的大好機會，這顯然是公器私用，李廣只能徒呼負負；一是武帝除了行前嫌棄李廣老邁，無力征戰之外，即使答應李廣出征，仍對衛青告誡：「李廣老，數奇。毋令當單于，恐不得所欲。」（〈李將軍列傳〉）「數奇」就是運氣不佳，武帝眼中的李廣，除了老邁不堪使用之外，還是個運氣不佳的將領。武帝的「數奇」和文帝的「不遇時」前後呼應，貫串了李廣一生的際遇。這樣的際遇讓李廣感到困惑，而求助於望氣者王朔，《史記》載：

> 廣嘗與望氣王朔燕語，曰：「自漢擊匈奴而廣未嘗不在其中，而諸部校尉以下，才能不及中人，然以擊胡軍功取侯者數十人，而廣不為後人，然無尺寸之功以得封邑者，何也？豈吾相不當侯邪？且固命也？」朔曰：「將軍自念，豈嘗有所恨乎？」廣曰：「吾嘗為隴西守，羌嘗反，吾誘而降，降者八百餘人，吾詐而同日殺之。至今大恨獨此耳。」朔曰：「禍莫大於殺已降，此乃將軍所以不得侯者也。」[27]

李廣對於自己際遇的不平與疑惑來自比較，聲名能力皆不如他的堂弟李蔡，在元朔五年（B.C.124）因戰功封為樂安侯；元狩二年（B.C.121），代公孫弘為丞相，位居三公；李廣的部下也有封侯者，然而，出身世家，自負其能的李廣只擔任未央宮衛尉。這讓李廣大惑不解，他只能歸諸於骨相與命運。[28]王朔則引導李廣反省是否有什麼違逆良心的憾事？李廣承認

---

[27] 參見西漢·司馬遷著，日·瀧川龜太郎考證：《史記會注考證·李將軍列傳》，頁1181。

[28] 李廣所說的「命」有命運、命定的意思，既然是命定，當然是不可改變的。關於《史記》的命論，可參考今鷹真：〈《史記》中所表現的司馬遷的因果報應思想和命運觀〉，收在陝西省司馬遷研究會編：《司馬遷與史記論集》（西安：陝西人民出版社，1995），頁267-290、林宗昱：〈《史記》命論之研究〉（嘉義大學中文系碩士論文，2010）。

誘殺羌人降卒，王朔就斷定這是李廣不能封侯的原因。誘殺已降是有損武德之事，王朔論斷的背後是因果報應的價值觀，這樣的價值觀當然有其莊嚴的道德意義，也讓疑惑的李廣獲得寬慰。[29]然而，李廣的不遇並非命運或損德等因素而已，君王，尤其是武帝的用人態度也是關鍵原因。武帝用將，固然不計流品，也不會斤斤計較將領一時的得失。然而，就李廣而言，老將不被肯定，外戚出身的將領受到較好的待遇，也都是事實。[30]

衛青固然有其軍事能力，然而，他能獲得重用與信任，主要是靠姐姐衛子夫受武帝寵愛之故，《史記》載：

　　王夫人方幸於上，甯乘說大將軍曰：「將軍所以功未甚

---

[29] 《史記・白起王翦列傳》：「武安君引劍將自剄，曰：『我何罪於天而至此哉？』良久，曰：『我固當死。長平之戰，趙卒降者數十萬人，我詐而盡阬之，是足以死。』遂自殺。」（頁2337）白起為秦朝立下無數汗馬功勞，最後卻被賜死，自殺前他也對自己的際遇滿懷疑惑，後來，想起自己在長平之戰阬殺四十多萬趙國降卒，終覺自己死有餘辜。

[30] 清・趙翼：《廿二史劄記・漢武用將》：「武帝長駕遠馭，所用皆趹弛，不計流品也。〈張騫傳〉，自騫開外國道致尊貴，吏士爭上書言外國利害，天子為其絕遠輒予節，募吏民無問所從來，為備人眾遣之。……此其鼓動人才之大略也。至其操縱賞罰，亦實有足以激勸者。如衛青、霍去病等，屢經出塞，為國宣力，固貴之寵之，封侯增邑不少靳。……如張騫與李廣俱出右北平擊匈奴，廣失亡多，騫後期，皆當斬，皆許贖為庶人，後皆重詔起用，使之立功。廣又全軍覆沒，身為匈奴所得，佯死，奪其馬奔歸，當斬，亦贖為庶人。……而於畏懦者，則誅無赦。如大司農張成、山州侯劉齒擊東越，畏賊不敢進，欲就便處，即立誅之。……賞罰嚴明如此，孰敢挾詐避險而不盡力哉！史稱雄才大略，固不虛也。」（臺北：仁愛書局，1984，頁49-50）趙翼對於武帝用人不計流品的氣度、賞罰分明以駕馭群臣的方式，都給予極大的肯定。此外，〈武帝三大將皆由女寵〉：「漢武帝三大將，皆從嬖寵擢用。……青以後同母弟見用為大將軍，征匈奴有功，封長平侯。……去病以皇后姐子見用為驃騎將軍，征匈奴有功，封冠軍侯。李廣利之進也，其女弟本倡，後得幸於帝，為李夫人。帝用廣為貳師將軍，伐大宛，得其王母寡頭以歸，封海西侯。三大將皆出自淫賤苟合，或為奴僕，或為倡優，徒以嬖寵進，後皆成大功為名將，此理之不可解也。」（頁51）趙翼也發現武帝時的名將都出身後宮，並對他們身分卑賤而能成大功，深覺不可思議。其實，衛青等人的成功，有個人的才氣、際遇，加上帝王的另眼愛護，尤其是帝王的愛護，這是其他臣子無法享有的。再者，這一則與前一則並列觀之，可以看出武帝用人有其雄才大略的眼光，也有其局限。

多，身食萬戶，三子皆爲侯者，徒以皇后故也。今王夫人
幸而宗族未富貴，願將軍奉所賜千金爲王夫人親壽。」大
將軍乃以五百金爲壽。天子聞之，問大將軍，大將軍以實
言，上乃拜寧乘爲東海都尉。[31]

元光六年（B.C.129），衛青以車騎將軍率兵攻打匈奴；元朔二年（B.C.127）在河西朔方戰役中立功，封爲長平侯；元朔五年（B.C.124），大敗右賢王，被封爲大將軍，甚至連襁褓中的兒子也受印封侯，衛氏一家，權傾天下。不過，衛青仍戒愼恐懼，不敢大意。寧乘說衛青一家人的富貴都是因爲皇后子夫的緣故，的確是事實。因此，當王夫人受到寵愛之時，寧乘建議衛青主動示好，致贈重金爲其祝壽，避免王夫人因嫉妒而爲難子夫。子夫地位穩固，衛青的地位當然沒問題。當武帝當面問衛青送錢祝壽的事，衛青也毫無隱諱，可見君臣之間的信任。直到元封五年（B.C.106）衛青去世，衛子夫仍居皇后，衛青和武帝的關係也沒有什麼變化。霍去病十八歲就嶄露頭角，在戰場上立功，被封爲冠軍侯，從此，舅甥二人聯手，出師頻傳大捷，尤其是霍去病，勇冠三軍，元狩二年（B.C.121），受到皇帝親貴的程度已經與衛青不相上下。直到元狩六年（B.C.117）霍去病二十四歲過世爲止，他都深受器重，也持續立功。作爲一個將軍，衛青、霍去病都能持續獲得君王重用、立功戰場，又死在戰場上，誠可謂死得其所。[32]

---

[31] 參見西漢・司馬遷著，日・瀧川龜太郎考證：《史記會注考證・衛將軍驃騎列傳》，頁1206。

[32] 《史記・衛將軍驃騎列傳》記載霍去病的去世曰：「元狩六年而卒。天子悼之，發屬國玄甲軍，陳自長安至茂陵，為塚像祁連山。諡之，並武與廣地曰景桓侯。子嬗代侯。嬗少，字子侯，上愛之，幸其壯而將之。居六歲，元封元年，嬗卒，諡哀侯。無子，絕，國除。自驃騎將軍死後，大將軍長子宜春侯伉坐法失侯。後五歲，伉弟二人，陰安侯不疑及發干侯登皆坐酎金失侯。失侯後二歲，冠軍侯國除。其後四年，大將軍青卒，諡為烈侯。子伉代為長平侯。」（頁1210）不論死後的哀榮或者遺族的照顧，都可以看出武帝對於霍去病、衛青的愛重。

第五節　論贊

李廣自殺而終，雖然沒有獲得君王平反，卻深受士人尊敬；衛青、霍去病生前享受尊榮，死後也受到君王肯定，卻得不到士人普遍的敬重。兩者的差別在於人格的高下。《史記》載：「大將軍爲人仁善謙讓，以和柔自媚於上，然天下未有稱者。」（〈衛將軍驃騎列傳〉，頁1209）衛青身爲大將軍，掌握軍事大權，深受武帝重用，加上其姐子夫領導後宮，本可以對國君順美匡過，也能舉薦賢才，爲國家做出更大的貢獻。[33]然而，衛青的勇敢與果斷，只有在戰場上，面對君王，他是戰戰兢兢，循守柔媚順服的妾婦之道，不敢稍有踰越。連在戰場上，也不敢依法處置戰事不利的將領，還得面報君王，請君王裁決。[34]衛青以這樣和悅懦弱的態度面對君王，只是爲了穩固自身的榮華富貴，因此，舉薦賢才的期待，也必然落空。司馬遷論贊曰：

> 蘇建語余曰：「吾嘗責大將軍至尊重，而天下之賢大夫毋稱焉，願將軍觀古名將所招選擇賢者，勉之哉。大將軍謝曰：『自魏其、武安之厚賓客，天子常切齒。彼親附士大夫，招賢絀不肖者，人主之柄也。人臣奉法遵職而已，何

---

[33] 《孫子集註·謀攻》：「夫將者，國之輔也。輔周則國必強，輔隙則國必弱。」（頁53-54）武將主要是在戰場上捍衛家園、開拓疆土。然而，將領也是君王器重之臣，因此，將領對君王就有輔佐的責任，這是社會的期待，也是將領應有的自我期許。

[34] 《史記·衛將軍驃騎列傳》：「右將軍蘇建盡亡其軍，獨以身得亡去，自歸大將軍。大將軍問其罪正閎、長史安、議郎周霸等：『建當云何？』霸曰：『自大將軍出，未嘗斬裨將。今建棄軍，可斬以明將軍之威。』閎、安曰：『不然。兵法「小敵之堅，大敵之禽也」。今建以數千當單于數萬，力戰一日餘，士盡，不敢有二心，自歸。自歸而斬之，是示後無反意也。不當斬。』大將軍曰：『青幸得以肺腑待罪行間，不患無威，而霸說我以明威，甚失臣意。且使臣職雖當斬將，以臣之尊寵而不敢自擅專誅於境外，而歸天子，天子自裁之，於是以見爲人臣不敢專權，不亦可乎？』軍吏皆曰『善』。遂囚建詣行在所。」衛青不敢擅殺的原因，不是他與蘇建私下有多深厚的私人交情，也不是有違法亂紀之虞，而是殺戮立威，則踰越了身爲臣子的分際，冒犯了君主。

與招士！』」驃騎亦放此意，其為將如此。[35]

魏其、武安侯殷鑒不遠，衛青深知武帝不喜歡臣下招賢養客，他擴大解釋為不能推薦賢士。其實，這是兩回事：一是為自己經營狡兔三窟；一是為國家舉才。衛青把兩者混為一談，不是學識不足，就是明哲保身。不只是衛青，霍去病也是如此，兩人並未善盡臣子匡時補過、舉薦賢才的職責。[36]

　　李廣雖然自殺身亡，卻獲得當時與後代的肯定。李廣引刀自剄，「廣軍士大夫一軍皆哭，百姓聞之，知與不知，無老壯，皆為垂涕。」可見李廣以其對國家的貢獻與高尚的人格，獲得普遍的尊敬。司馬遷在論贊中曰：

> 傳曰：「其身正，不令而行；其身不正，雖令不從」。其李將軍之謂也？余睹李將軍悛悛如鄙人，口不能道辭。及死之日，天下知與不知，皆為盡哀。彼其忠實心誠信于士大夫也？諺曰：「桃李不言，下自成蹊」。此言雖小，可以諭大也。[37]

史公引述經傳與諺語稱讚李廣治軍與為人，分別獲得士兵與士大夫的尊敬與激賞，因此，李廣雖非口才捷利之徒，也沒能封侯拜將，卻能以其誠信

---

[35] 參見西漢‧司馬遷著，日‧瀧川龜太郎考證：《史記會注考證‧衛將軍驃騎列傳》，頁1212。

[36] 《史記‧白起王翦列傳》之論贊，司馬遷指出：「王翦為秦將，夷六國，當是時，翦為宿將，始皇師之，然不能輔秦建德，固其根本，偷合取容，以至物身。及孫王離為項羽所虜，不亦宜乎！」（頁941）《史記‧蒙恬列傳》之論贊，司馬遷批評蒙恬：「夫秦之初滅諸侯，天下之心未定，痍傷者未瘳，而恬為名將，不以此時強諫，振百姓之急，養老存孤，務修眾庶之和，而阿意興功，此其兄弟遇誅，不亦宜乎！」（頁1048）史公對於位居重臣的武將都有深刻的期待。

[37] 參見西漢‧司馬遷著，日‧瀧川龜太郎考證：《史記會注考證‧李將軍列傳》，頁1183。

忠謹的行事贏得肯定。

第六節　小結

　　司馬遷在〈李將軍列傳〉寫李廣的勇猛、仁愛與失意，主要是要形塑一位悲劇英雄；〈衛將軍驃騎列傳〉則是記載衛青、霍去病的戰功，兩篇列傳對照合讀，會發現彼此的特色更加鮮明。綜合言之，論兵法與治軍，李廣超越衛青、霍去病；論戰功，李廣遠不如衛青、霍去病，此外，司馬遷對於衛、霍兩人的人格並不欣賞，雖然兩人戰功彪炳，貢獻卓著，然而，他們在君臣關係的經營上並沒有善盡人臣匡時補過的責任，霍去病對士兵也缺乏仁慈愛憐的同理心；李廣則以其高尚的節操獲得士人普遍的敬重。這樣的差別在三人死後的評價上充分展現，衛青、霍去病少人稱道，李廣則不論知與不知，皆爲其自剄而垂涕惋惜。李廣成爲漢代武將的典型，除了本身的才華、人格之外，司馬遷的生花妙筆也是關鍵之一，依此可見，司馬遷心目中的理想武將，並非戰技精良、熟知兵法而能斬將搴旗的將領而已，還要能體貼士兵、在戰場上身先士卒，在官場上必須善盡直諫補過、舉才薦賢的本分，武將之爲武將，實有其深刻的內涵。

第二編
史傳文學與史記學

第一章
《史記・刺客列傳》及其改編探究

一、前言

　　《史記》是中國第一部紀傳體的史書，司馬遷以其生花妙筆，敘寫歷史舞臺上的重要代表人物，留下許多知名的篇章，也塑造了許多典型的人物，例如悲劇英雄項羽、刺客荊軻……等，都是大家耳熟能詳的。這些站在歷史浪頭上，動見觀瞻的人物，其人生起伏也充滿戲劇性，讓人驚嘆感傷，也發人深思炯戒，總是吸引眾人的目光。因此，後繼的詩、文、小說等文學作品中，史傳的改寫與論評一直不衰，形成史傳文學的優良傳統。

　　正史的記載，受限於篇幅與史觀等因素，是綱要而片段的，因此，歷史人物與史事仍有再充實與詮釋的空間。所以，後人針對史傳的改寫與論評或充實歷史人物的血肉，或針對前人的評價加以翻案；作者透過歷史人物的改造或重新評價，寄寓個人的感懷或史觀。到了近代，對歷史人物的重新理解、詮釋一直持續著，而創作、書寫的方式更加多元，透過圖畫、影像的傳播也更即時和廣泛。

　　刺客，一群為知己賣命的悲劇人物，其性情、事蹟經由《史記・刺客列傳》而流傳下來，感動千萬讀者。本章欲探究《史記・刺客列傳》及其改寫，首先，從分析司馬遷的文字入手，再參照鄭問的漫畫、陳凱歌的電影、中央電視臺的電視劇，比較其中異同，並尋找新的歷史啟發與閱讀樂趣。

二、刺客的形象與價值觀──智深勇沉，為知己死

在《史記》之中，〈刺客列傳〉介於〈呂不韋列傳〉和〈李斯列傳〉之間，標示著春秋戰國的結束，而這樣的意義由荊軻刺秦一事彰顯。[1]

〈刺客列傳〉記載五位刺客，包括魯國曹沫、吳國專諸、晉國豫讓、聶政、衛國荊軻。時間從春秋到戰國晚期，地點涵括中原各地，司馬遷似乎有意敘寫一貫穿春秋戰國的精神。此一精神為何？太史公自序：

> 曹子匕首，魯獲其田，齊明其信；豫讓義不為二心，作刺
> 客列傳第二十六。[2]

史公以曹沫和豫讓說明寫刺客列傳的緣由，從兩人的事蹟中，應該可以找到司馬遷要傳達的精神。

據《史記》的記載，曹沫以「勇力」受到重用，其勇力的表現不在戰場上的常勝，而是在魯莊公十三年（B.C.681），魯、齊盟於柯地的時候，曹沫以匕首挾持齊桓公，迫使桓公盡數歸還先前掠奪的城池。《史記》載：

> 桓公與莊公既盟於壇上，曹沫執匕首劫齊桓公，桓公左右
> 莫敢動，而問曰：「子將何欲？」曹沫曰：「齊強魯弱，
> 而大國侵魯，亦以甚矣。今魯城壞，即壓齊境，君其圖
> 之。」桓公乃許盡歸魯之侵地。既已言，曹沫投其匕首下

---

[1] 瀧川龜太郎曰：「此傳敘五刺客，以理論之，宜次〈遊俠傳〉前，今置呂不韋、李斯間者，以荊軻刺秦，尤極壯烈慘毒，六國之事，亦結其局也。故論贊亦主言荊軻。」參氏著《史記會注考證・刺客列傳》，頁1023。

[2] 同上，頁1377。

壇，北面就群臣之位，顏色不變，辭令如故。[3]

這真是非常戲劇化的一幕。試想，在魯、齊正式的外交盟會上，曹沫身懷
匕首，登上社壇挾持齊桓公，要脅桓公歸還侵地，這樣的行徑不但失禮，
而且粗魯。當桓公答應他的請求之後，曹沫丟下匕首，下壇入列，在群臣
的位置之上，從容言談。曹沫的無禮顯然激怒了桓公，所以，危機解除之
後，桓公想毀約，還好管仲提醒桓公不可失信於人，否則將會因小失大，
桓公才依約歸還魯國的土地。然而，曹沫事後若無其事的舉動，卻透露了
不尋常的訊息，明代茅坤曰：

　　既許歸地，遂北面就群臣之位，此其不可及處。[4]

曹沫的目的是要討回失地，目的既然已經達到，應當見好就收，若再言行
不遜，使得齊、魯關係徹底破裂，在齊強魯弱的情勢下，魯國恐怕討不到
任何便宜。因此，曹沫挾持之舉固然無禮，後面的行為則顯然是為了顧全
大局。若然，曹沫的挾持行動事先必定經過縝密的規劃，而非臨時起意的
魯莽行為；再者，曹沫挾持桓公是一招險棋，所謂的險可從兩方面看：一
是局勢險；一是人身險。也就是只要稍有閃失，不僅曹沫當場身首異處，
整個情勢將無法收拾，甚至引發齊、魯兩國全面的衝突。曹沫之所以甘冒
風險，是基於魯莊公的賞識與重用，曹沫在齊、魯戰爭中，屢戰屢敗，致
使魯國割地求和，然而，魯莊公「猶復以為將」，對曹沫的能力信任不
疑，曹沫的冒險正為了報莊公知遇之恩。

---

[3]　參見西漢·司馬遷撰，日·瀧川龜太郎考證：《史記會注考證·刺客列傳》，頁1023-1024。

[4]　《史記評林》引，又閔如霖曰：「非投匕首數句，則沫直一麓勇人耳。」參見，明·凌稚隆輯校：
　　《史記評林·刺客列傳》，第五冊（天津古籍出版社，1998），頁584。以下徵引《史記評林》只
　　標出頁碼，不另行標註。

　　因此，司馬遷筆下的刺客是智勇雙全的，其價值觀則是士爲知己者死。

　　這樣的價值觀在豫讓身上，體現得更爲徹底。豫讓在晉國從政，曾在范氏、中行氏的手下做事，卻不被重用，轉而投靠智伯，智伯非常器重他，因此，當智伯被趙襄子等人滅了之後，豫讓決心襲殺趙襄子，爲智伯報仇。趙襄子曾當面質疑豫讓爲何獨厚智伯，豫讓說：「臣事范、中行氏，范、中行氏皆眾人遇我，我故眾人報之。至於智伯，國士遇我，我故國士報之。」（〈刺客列傳〉，頁1025）臣與君的關係是相對而平等的，「君之視臣如手足，則臣視君如腹心；君之視臣如犬馬，則臣視君如國人」（《孟子‧離婁下》），君主以國家棟樑之材禮遇士人而任用之，士人當捨身以報。所以，豫讓在智伯被殺，僥倖逃命之後，就對自己說：「士爲知己者死，女爲悅己者容。今智伯知我，我必爲報讎而死，以報智伯，則吾魂魄不愧矣。」（〈刺客列傳〉，頁1025）豫讓爲智伯報仇，雖是不可能的任務，卻是知己的相待、良心的呼喚，不如此則不能心安。因此，即使明知必死無疑，仍是勇往直前，無疑無悔。這是君臣之間的情義與道義。趙襄子釋放豫讓時曾說：「彼義人也。……智伯亡無後，而其臣欲爲報仇，此天下之賢人也。」趙襄子稱豫讓爲「義人」，即是讚佩他重情義、行道義。

　　豫讓道義之行還有另外一層深義，當他漆身吞炭，毀形害聲之後，在市集遇見朋友，豫讓的這位友人，史不載其姓名。不過，豫讓行乞途中，遇見妻子，妻子認不出來，這位友人卻能認出豫讓，豫讓也立即承認自己的身分，可見這位友人知豫讓甚深。豫讓和友人有一段精彩的對話，《史記》載：

　　豫讓又漆身爲厲，吞炭爲啞，使形狀不可知。行乞於市，
　　其妻不識也；行見其友，其友識之，曰：「汝非豫讓

邪？」曰：「我是也。」其友爲泣曰：「以子之才，委質
而臣事襄子，襄子必近幸子；近幸子，乃爲所欲，顧不易
邪？何乃殘身苦形，欲以求報襄子，不亦難乎？」豫讓
曰：「既已委質臣事人，而求殺之，是懷二心以事其君
也，且吾所爲者極難耳。然所以爲此者，將以愧天下後世
之爲人臣懷二心以事其君者也。」[5]

這段文字緊接在趙襄子釋放豫讓之後，司馬遷再仔細描寫豫讓的賢能、行
義。在友人眼中，豫讓只要委身趙襄子麾下，以其出色的才幹，必能受到
重用，並輕而易舉地接近趙襄子而襲殺之。豫讓不爲此謀，卻漆身吞炭，
毀形壞聲，行乞市集，仍想要報仇，這無異天方夜譚。豫讓之所以選擇了
一條艱難的路，是有其堂正的理由：豫讓以爲，君臣之間的相處，是理念
的結合、是相知相惜，主上知人愛才，臣子展現幹才，彼此坦誠以對，肝
膽相照，絲毫容不下虛僞與算計。因此，如果先虛假地投靠趙襄子，在取
得信任之後殺了他，就是「懷二心以事其君」，非君臣相處之道，也愧對
自己與世人。錢鍾書認爲，豫讓「蓋不肯詐降也。其嚴於名義，異於以屈
節從權復國者。」[6]刺客對於君臣名義、人臣之節是非常講究的，並非逞
兇鬥狠、違禮犯義而已。

　　刺客智勇兼備的形象與士爲知己者死的價值觀，在聶政身上也清楚
展現，司馬遷寫聶政，先透過齊人說他是一位「勇敢士」，接著，嚴仲子
稱讚他的「高義」。嚴仲子在聶政隱身屠者時，賞識並與之交往，雖然當
時聶政因爲母親尚在，不能爲嚴仲子報仇，但他已心有所許。因此，當聶
母過世，守喪期滿，聶政就認定自己「將爲知己者用」，而主動前往濮陽
找嚴仲子。仲子告訴聶政自己的仇人就是韓相俠累，同時也是韓國國君的

---

[5]　參見西漢・司馬遷撰，日・瀧川龜太郎考證：《史記會注考證・刺客列傳》，頁1025。

[6]　參見錢鍾書：《管錐篇》㈠（北京：三聯，2001補訂重排版），頁610。

叔父,行刺難度頗高,因此,嚴仲子建議增派多名助手,協助聶政刺殺俠累。聶政的想法則與嚴仲子不同,他說:

> 韓之與衛相去中間不甚遠,今殺人之相,相又國君之親,此其勢不可多人,多人不能無生得失,生得失則語洩,語洩,是韓舉國而與仲子為讎,豈不殆哉?[7]

從這段話,我們可以深知聶政的謀略。殺一國的宰相,是何等撼動國家的大事,如果宰相又是皇室貴族,簡直就是舉國為敵了。因此,聶政單獨前往韓國,完成嚴仲子多年難以完成的心願。這顯示聶政的深謀遠慮,也為其自殘毀容埋下伏筆。接著,司馬遷寫聶政刺殺俠累的過程:

> 聶政乃辭,獨行,杖劍至韓。韓相俠累方坐府上,持兵戟而侍衛者甚眾,聶政直入上階,刺殺俠累。左右大亂,聶政大呼,所擊殺者數十人。因自皮面決眼,自屠出腸,遂以死。[8]

嚴仲子口中戒備森嚴的宰相府,聶政卻如入無人之境;嚴仲子多年想殺俠累而不能,聶政卻「直入上階,刺殺俠累」,輕鬆達成,而且刀起刀落之間,擊殺數十名侍衛。史公以極簡練的文字,描述聶政的才幹與勇猛;更有進者,是聶政的死亡:他以一種近乎自殘方式,剝下自己的面皮、挖出自己的眼睛、然後切腹自殺,以免韓國人認出他的身分,危及嚴仲子。這樣的舉措比前面的殺戮更震撼人心,聶政的勇猛、智謀、高義也展露無遺。

---

[7] 參見西漢・司馬遷撰,日・瀧川龜太郎考證:《史記會注考證・刺客列傳》,頁1027。

[8] 同前註。

　　閱讀聶政的事蹟，讀者或許會產生疑惑，嚴仲子只是請聶政吃喝，並且以爲聶母祝壽的名義，送上黃金百溢，並未如智伯以國士待豫讓，或是魯莊公對曹沫的重用與信任，聶政卻將仲子引爲知己，並且爲之犧牲性命，是否過於草率？甚至被嚴仲子利用了？[9]仔細閱讀《史記》的文字，在嚴仲子與聶政的互動過程中，嚴仲子在齊國一聽聞當地人稱讚聶政「勇敢士」之後，立即登門拜訪，當時，聶政只是一名市集的屠戶。幾次往返之後，仲子才備辦酒席請聶政一家人，他也深知聶政的孝順，所以，才會以爲聶母祝壽的名義送上黃金。聶政以母親健在，未能許人而拒絕仲子，仲子除了盛讚聶政的高義，並未勉強，只是盡賓主之禮後離開。仲子在結交聶政時，充分展現了對賢者的理解、禮遇、誠意與尊重。難怪聶政認爲：

> 嗟乎！政乃市井之人，鼓刀以屠，而嚴仲子乃諸侯之卿相也。不遠千里，枉車騎而交臣，臣之所以待之至淺鮮矣，未有大功可以稱者。而嚴仲子奉百金爲親壽，我雖不受，然是者徒深知政也。夫賢者以感忿睚眦之意，而親信窮僻之人，而政獨安得嘿然而已乎？老母今以天年終，政將爲知己用。[10]

在聶政心中，嚴仲子枉駕結交，對自己的操守、價值都能理解與尊重，這就是知音，士人當然可以將性命交付給對方。不僅是聶政，聶榮也認爲「嚴仲子乃察舉吾弟困污之中而交之，澤厚矣，可奈何？士固爲知己者

9　南宋‧鮑彪：「人之居世不可不知人，亦不可妄爲人知矣。逐唯知政，故得行其志。惜乎，逐徧獧狷細人耳，政不幸謬爲所知，故死於是！使其受知明主賢將相，則其所成就豈不又萬萬於此乎？哀哉！」參見《戰國策‧韓策》（臺北：里仁書局，1990），頁1001。

10　參見西漢‧司馬遷撰，日‧瀧川龜太郎考證：《史記會注考證‧刺客列傳》，頁1026。

死。」（頁1027）她並不認為聶政的死毫無價值，反而是死得其所。可見，聶氏姐弟對知己的觀點一致，這樣的觀點也應是刺客普遍的價值觀。

聶榮的死為聶政的悲壯增添光彩。聶榮為了弟弟的身後名，站出來認屍，最後哭倒在弟弟身旁，哀傷而絕。聶榮的剛烈與聶政的悲壯前後呼應，[11]照耀史冊。

荊軻是〈刺客列傳〉記載的最後一位刺客，針對智深勇沉的人格特質與士為知己死的價值觀，司馬遷也有最詳細的描述。

荊軻好讀書擊劍，然而，其治國方略並未受到衛元君重用，與人論劍，也是落荒而逃。表面看來，荊軻只是一個平凡的士人。然而，司馬遷的抑筆暗藏玄機，衛元君不用荊軻之後，馬上接著寫元君的子孫親屬被遷移到野王，這樣的寫法與〈魏公子列傳〉一樣，[12]將荊軻與國家的前途繫屬在一起，這是對荊軻能力與影響力的雙重肯定。《史記》常見對傳主先抑後揚的筆法，除了〈刺客列傳〉之外，也見於〈淮陰侯列傳〉，都是先寫其懦弱，再寫其勇敢。因此，前面的懦弱並非真的懦弱，而是忍辱的大勇。韓信忍受胯下之辱、荊軻與蓋聶、魯句踐論劍都落荒而逃等記載皆是相似筆法。日人瀧川龜太郎在荊軻論劍之後註曰：「舉二事以證荊軻之沉深非庸人。」（頁1028）乃深得史公筆法妙處。

〈刺客列傳〉的主角都會遇到值得獻身的知己，荊軻的知己是田光、高漸離，而非燕太子丹。田光、高漸離看到荊軻智深勇沉的一面，知道他

11　據《史記·刺客列傳》，聶榮認定聶政毀容是怕連累姐姐，因此，她勇敢站出來認屍。然而，聶政最主要的目的是要保護嚴仲子，聶榮讓聶政的身分曝光，嚴仲子將受到傷害，大損聶政的原始美意。日人中井積德說：「政之自刑也，以護仲子也，姐已誤認矣。又顯仲子之蹤，是大失政之意。」認為聶榮的行為過於衝動魯莽。明·陳子龍則持不同的看法：「政重在報嚴之德，而姐重在揚弟之名，不能兼顧也。」（《史記會注考證》引，頁1027）陳氏的分析較中肯。

12　〈魏公子列傳〉寫公子的賢能下士，都是繫屬與魏國的安危。如「諸侯以公子賢、多客，不敢加兵謀魏十餘年。」（《史記會注考證》，頁961）、「秦聞公子死，使蒙驁攻魏，拔二十城，初置東郡。其後稍蠶食魏，十八歲而虜魏王，屠大梁。」（頁964-965）

絕非凡俗之輩。燕太子丹只想到自己在秦國當人質時，秦王對他的種種羞辱，一心想要復仇，然而，「計淺而怨深」，又不耐鞠武聯合山東六國抗秦的建議。[13]

　　田光，一位智深勇沉的節俠，具有刺客典型的人格特質。明人王世貞曰：

> 太史公稱其為人智深而勇沉，有味乎言之也。凡智不深則非智，勇不沉則非勇。深所以藏智，而出之使不測；沉所以養勇，而發之使必遂。[14]

田光在〈刺客列傳〉中，如流星般稍縱即逝，卻扮演要角。如前所述，刺客的人格典型——智深勇沉，就是司馬遷用來形容田光的，而田光向燕太子丹推薦荊軻，是荊軻的知己。《史記》記載：

> （田光）僂行見荊卿曰：「光與子相善，燕國莫不知。今太子聞光壯盛之時，不知吾形已不逮也。幸而教之曰：『燕、秦不兩立，願先生留意也。』光竊不自外，言足下於太子也。願足下過太子於宮。」荊軻曰：「謹奉

---

[13] 太子太傅鞠武對於太子丹的心思掌握清楚，說太子丹「以見陵之怨，欲批其逆鱗」、「造禍而求福，計淺而怨深。」他對太子丹只知個人私怨，枉顧國家安危的心態憂心忡忡。然而，他提出的建議：「疾遣樊將軍入匈奴以滅口，請西約三晉，南連齊、楚，北購於單于。」一方面把秦國叛將樊於期送到匈奴，一方面聯合山東六國的作為，燕太子丹認為緩不濟急。其實，鞠武的建議不只緩不濟急，恐怕也太軟弱而不切實際。韓兆琦曰：「鞠武之言貌似有理，其實是自欺欺人的空話。十年前東方六國尚強時，蘇秦倡合縱尚不能抵抗秦國的遠交近攻，更何況現時六國已經如殘燈搖曳之時哉？對比荊軻諸人，鞠武是一個迂腐屢懦的形象。」（《史記選注匯評》，臺北：文津出版社，1993，頁313）韓氏對當時局勢的評析相當精當，鞠武與荊軻對比之下，確實顯得懦弱迂腐。不過，鞠武不斷提醒太子，並推薦田光，可見也非庸俗之輩，不可一概否定。

[14] 參見明‧凌稚隆輯校：《史記評林》，第五冊，頁604。

教。」[15]

田光與荊軻這段對話，真是知音的相契相知。田光並未事先徵求荊軻的同意，逕自向太子推薦荊軻，希望他能完成太子的託付。荊軻聞言，毫無遲疑地說了「謹奉教」，完全接受朋友的舉薦。然後，田光以長者遭疑爲由而自殺，荊軻也尊重他的決定。田光的自殺，司馬遷說是「欲自殺以激荊卿」，也就是說田光的死表面的理由是人格受辱，真正的原因是爲了激發荊軻赴死的決心。[16]這與〈魏公子列傳〉中侯生自殺一段有異曲同工之妙。[17]

　　太子丹對荊軻說明他刺秦的計策，上策是仿效曹沫挾持秦王，迫使他歸還六國的土地；下策則是刺殺秦王，使得秦國因無主、爭權而內亂，爲六國聯合攻打秦國創造有利的情勢。荊軻聽了太子的計謀之後，沒有立即答應，而是思慮良久，並加以拒絕。太子「頓首」、「固請」之後，荊軻才答應。荊軻的拒絕是深思良久的決定，並非惺惺作態，然而，荊軻拒絕的理由是什麼？荊軻與高漸離等人在市中慷慨高歌、相泣，不正是壯士無用於世的悲懷，加上田光臨死的託付，於自己，於田光，荊軻都沒有理由拒絕太子丹的邀請。然而，燕太子挾持秦王的上策根本是空話，曹沫挾持齊桓公要回失土，是在正式的外交盟會，兩國共同見證的場合。後來，桓

---

[15] 參見西漢・司馬遷撰，日・瀧川龜太郎考證：《史記會注考證・刺客列傳》，頁1029。

[16] 明・高儀曰：「其死非爲『勿洩』，實欲勉軻使死之耳。」（《史記評林》引，第五冊，頁609）田光的死固然是爲了激發荊軻，而田光說自己老而遭疑，有損節俠之名，也可看出太子丹非眞能禮賢下士者。

[17] 〈魏公子列傳〉中，侯生出計讓如姬盜兵符、安排朱亥椎殺老將晉鄙。當魏公子辭別侯生，北上救趙時，侯生對信陵君說：「臣宜從，老不能。請數公子行日，以至晉鄙軍之日，北鄉自剄以送公子。」（頁963）公子並沒有阻止侯生自殺，也沒有爲他的死哭泣，卻爲晉鄙的死而泣。可見，侯生的死，在當時的價值觀念，是死得其所，這可從兩方面來說：一是爲晉鄙的死負責，在整個奪軍救趙的計謀中，晉鄙無辜而冤死，侯生自殺以示負責；一是堅定魏公子矯奪晉鄙軍的決心，避免一念之仁，誤了救趙大事。

公還反悔欲毀約，幸好管仲適時勸導，桓公才如約。荊軻單騎入秦廷，即使挾持秦王，迫使其歸還侵地，何人見證？又怎麼離開秦國，全身而退？這些都沒有周詳的安排，挾持的上策只是空話。[18]太子真正的計謀就是刺殺秦王，匕首淬上劇毒就是明證。然而，即使是刺殺秦王，太子也沒有詳細縝密的規劃；再者，燕太子並非如魏公子能禮賢下士者，他對田光洩密的懷疑只是一端，證諸後來他禮遇荊軻的方式，無非世俗的山珍海味、美女寶物，當荊軻因故延遲出發的時間，太子表現的不耐與粗暴，都在說明荊軻的顧慮是必要的。然而，面對太子的懇求、想起田光的付託，荊軻還是接下了刺秦的任務——這是他一生最重要的使命。[19]

　　荊軻的謀略與大勇，在刺秦過程中展露無遺。燕太子怨深計淺，在秦國陸續滅韓（秦王政十七年，B.C.230）、破趙（秦王政十九年，B.C.228）後，更顯恐慌。因此，刺秦大計中最關鍵的信物——樊於期將軍的頭，荊軻自己打點。史公花了相當的筆墨寫這一段：

> 荊軻知太子不忍，乃私見樊於期曰：「秦之遇將軍可謂深矣，父母宗族皆為戮沒。今聞購將軍首金千斤、邑萬家，將奈何？」於期仰天太息流涕，曰：「於期每念之，常痛於骨髓，顧計不知所出耳？」荊軻曰：「今有一言，可以解燕國之患，報將軍之仇者，何如？」於期乃前曰：「為之奈何？」荊軻曰：「願得將軍之首以獻秦王，秦王必喜而見臣，臣左手把其袖、右手揕其胸。然則將軍之仇報

---

18 清‧張弘敏詠史：「劍術莫論疏，荊卿一何愚！生劫萬乘主，此事大難圖。誑楚絕齊交，終不致商於；焉能反侵地，信義申匹夫？」太子丹與荊軻如果還認為春秋時期人君重然諾能延續到戰國末年，顯然是不切實際的。參見賴漢屏：〈市中無處訪荊卿——刺客列傳‧荊軻傳評賞〉，《史記評賞》（臺北：三民書局，1998），頁168-169。

19 賴漢屏主張荊軻刺秦，並非報答燕太子丹的知遇之恩，而是出於心繫國家安危、生靈塗炭的正義，出於反抗暴政，存亡續絕的公心。同前註，頁167。

而燕見陵之愧除矣。將軍豈有意乎？」樊於期偏袒搤捥
而進曰：「此臣之日夜切齒腐心也，乃今得聞教。」遂自
剄。[20]

這段文字寫得有聲有色。荊軻見樊將軍，並不直接說明來意，即使要說
明，恐怕也難以啓齒。所以，荊軻採取迂迴的說法，先體諒樊將軍因家破
人亡而復仇心切，待樊將軍求計於他，荊軻再提出請求，就顯得順理成
章。荊軻並非冷酷無情，然而，面對強大的秦國、多疑的秦王，要獲取信
任，非得借樊於期的人頭不可，樊於期的死若能成就刺秦大業，不但報了
滅族深仇，也回報太子丹收留的高義，可謂死得其所。荊軻的深謀、樊於
期的悲壯果敢，都是形象鮮明。

　　燕太子丹的急躁與粗暴則在最後關頭顯露無遺。首先，太子丹安排
秦舞陽作為荊軻的副手，秦舞陽，雖是燕將秦開之孫，系出名門，然而，
只是匹夫之勇。此外，荊軻還在等另一位友人，所以，延遲了出發的時
間，[21]太子的表現令人大失所望：

太子遲之，疑其改悔。乃復請曰：「日已盡矣，荊卿豈
有意哉？丹請得先遣秦舞陽。」荊軻怒叱太子曰：「何
太子之遣，往而不返者，豎子也。且提一匕首，入不測
之強秦，僕所以留者，待吾客與俱。今太子遲之，請辭決
矣。」遂發。[22]

---

[20] 參見西漢・司馬遷撰，日・瀧川龜太郎考證：《史記會注考證・刺客列傳》，頁1030。

[21] 〈刺客列傳〉：「荊軻有所待，欲與俱。其人居遠未來，而為治行。」這段文字讓人有無限的想像
空間，荊軻等待的友人是誰，史書還無記載，但是，可以確定的是，他一定也是位智勇兼具的壯
士，或許，劍術還比荊軻高明，能助成大事。所以，荊軻為他打點好行李，等他一同入秦。可惜，
荊軻這位友人是始終沒有出現。

[22] 參見西漢・司馬遷撰，日・瀧川龜太郎考證：《史記會注考證・刺客列傳》，頁1031。

荊軻的靜重與太子的輕躁，最後以荊軻怒斥太子收場，太子雖然理虧，並未讓步，荊軻遂和秦舞陽踏上刺秦的不歸路。

易水送別是〈刺客列傳〉非常精彩的一段。易水邊，送行的人不多，大家都穿戴白色衣帽，整體的色澤是蒼白的，氣氛也顯得悲悽。上路前，高漸離擊筑，荊軻唱著：「風蕭蕭兮易水寒，壯士一去兮不復還。」聲調從悲婉淒清轉為激昂慷慨，送行的人由悲痛哭泣轉為激動悲壯，此時，荊軻頭也不回地上車入秦。司馬遷寫悲壯的情緒，不是濫情的道別，而是言語道斷之後，繼之以聲色，技巧非常高明。[23]而荊軻的壯士形象也因不回顧的背影而更加偉岸。

到了咸陽，荊軻透過秦王寵臣蒙嘉的引薦，順利拜見秦始皇，一切都如先前的安排，荊軻捧著裝有樊於期人頭的盒子，秦武陽捧著暗藏匕首的督亢地圖，兩人依次進入咸陽宮，然而，大殿的排場與氣氛震懾了秦舞陽，跟在荊軻後面的秦舞陽「色變振恐」，秦廷的君臣感到奇怪，荊軻的反應則非常沉著，史載：

> 荊軻顧笑舞陽，前謝曰：「北蕃蠻夷之鄙人，未嘗見天子，故振慴。願大王少假借之，使得畢使於前。」秦王謂軻曰：「取舞陽所持地圖。」軻既取圖奏之。[24]

荊軻迎合秦國君臣高傲自恃的心態，自我貶抑，稍稍解除了秦王的疑慮。秦王要荊軻取圖觀覽，一方面是秦舞陽發抖震恐，已無法履行使者的任務；一方面也可以看出秦王並未全然釋懷。或許，荊軻的計畫是自己呈獻樊於期的頭，鬆懈秦王的心防，取得信任，接著，秦舞陽獻上督亢地圖，讓秦王高興，並於圖窮匕見之時，兩人合力刺殺秦王。如今，荊軻只能獨

23　參見賴漢屏：《史記評賞》，頁170-171。

24　參見西漢‧司馬遷撰，日‧瀧川龜太郎考證：《史記會注考證‧刺客列傳》，頁1031。

立完成使命。最重要的一刻終於來臨，《史記》曰：

> 秦王發圖，圖窮而匕首見。因左手把秦王之袖，而右手持
> 匕首揕之，未至身，秦王驚，自引而起，袖絕。拔劍，劍
> 長，操其室，時惶急，劍堅，故不可立拔。荊軻逐秦王，
> 秦王環柱而走，群臣皆愕，卒起不意，盡失其度。而秦
> 法，群臣侍殿上者，不得持尺寸之兵，諸郎中執兵皆陳殿
> 下，非有召，不得上。方急時，不及召下兵，以故荊軻乃
> 逐秦王。[25]

讀這一段文字是非常過癮的事。從「因左手把秦王之袖」到「袖絕」，要一口氣讀完，因為這是一瞬間發生的事。接著「拔劍，劍長……劍堅，不可立拔。」史公以短句來舖寫緊湊而緊張的畫面。在秦廷上演了一幕詭異的畫面，荊軻手拿匕首，追著環柱而跑的秦王，事起突然，大殿的臣子、殿下的侍衛都慌張失措。在緊張的情節中，突然插敘一段說明秦朝律法，一方面解釋殿上群臣慌亂、殿下侍衛未能上殿的原因；一方面也讓讀者喘口氣。[26]而在群臣徒手對抗荊軻的時候，情況也發生了變化，《史記》曰：

> 而卒惶急，無以擊軻，而以手共搏之，是時侍醫夏無且以

---

[25] 同前註。

[26] 《史記》中還有類似的寫法，例如〈齊悼惠王世家〉中，在敘述灌嬰放走股戰而不能言的魏勃之後，插入一段魏勃出仕發跡、逐漸受到重用的過程：「魏勃父以善鼓琴劍秦皇帝。及魏勃少時，欲求見齊相曹參。家貧無以自通，乃常獨早夜埽齊相舍人門外。相舍人怪之，以為物而伺之，得勃。勃曰：『願見相君，無因，故為子埽，欲以求見。』於是舍人見勃。曹參因以為舍人。一為參御，言事，參以為賢，言之齊悼惠王，悼惠王召見，則拜為內史。始悼惠王得自置二千石，及悼惠王卒，而哀王立，勃用事，重於齊相。」也是相同手法，參見《史記會注考證》，頁790。

其所奉藥囊提荊軻也。秦王方環柱走，卒惶急，不知所
爲，左右乃曰：「王負劍！」負劍，遂拔以擊荊軻，斷其
左股。荊軻廢，乃引其匕首以擿秦王，不中，中銅柱。秦
王復擊軻，軻被八創。軻自知事不就，倚柱而笑，箕踞以
罵曰：「事所以不成者，以欲生劫之，必得契約，以報太
子也。」於是左右既前殺荊軻。[27]

夏無且一擲，讓秦王有喘息的時間，也使得群臣清醒過來。有人提醒秦王
負劍，秦王終於順利拔出劍，一劍就砍斷荊軻的左腿，荊軻受傷之後，把
匕首奮力一擲，也未能射中秦王，最後慘死秦廷。

　　關於荊軻死前所說，本要效法曹沫挾持齊桓公，劫持秦王，逼迫他
歸還六國的土地，是真的要執行太子丹所說的上策，還是爲自己失敗找藉
口？筆者在前面討論刺秦之計時曾指出，太子丹的上策恐怕是空話，無法
落實，以荊軻的深謀遠慮，應該可以想得到。再者，如果要生劫，荊軻就
不會把淬有劇毒的匕首刺向秦王的胸膛。因此，荊軻說他要生劫秦王，恐
怕是史公的迴護之言。[28]顧炎武曰：

荊軻「生劫」一語乃解嘲之辭，其實荊軻劍術疏耳，錯處
只在「未至身」三字之間。蓋匕首藏於圖中，是極短小之
物，持短兵而與人角逐於殿堂之上，其不勝必矣。所以反
被八創，非秦王之用劍賢于軻，勢使然也。人心一動則神
色必異，荊軻所以爲神勇者，全在臨事時一毫不動，此孟
賁輩所不及也。[29]

---

[27] 同前註，頁1031-1032。
[28] 日人中井積德曰：「欲生劫云者，是迴護之言，非事實。」（《史記會注考證》引，頁1032）
[29] 參見《菰中隨筆》（臺北：藝文印書館，百部叢書集成影印清光緒海山仙館叢書），頁48。

顧氏以爲「生劫」的說法只是荊軻自我解嘲，並且讚賞荊軻的神勇，[30]超越古代的勇士孟賁。至於荊軻失敗的原因，司馬遷透過魯句踐的評論：「嗟乎！惜哉！其不講於刺劍之術也。」（〈刺客列傳〉，頁1032）劍術不精才是荊軻失敗的原因。[31]所以，荊軻不能一劍把秦王刺死，終於身死秦廷。不過，後繼有人，高漸離藉機接近秦王，雖然眼睛被薰瞎了，仍然在筑中放置鉛塊，奮力擲向秦王，雖然不中，但讓刺客的精神有了承傳，全文也更有餘韻。[32]

　　刺客一生只爲一件事，總有一個知音，他爲了知音英勇赴死。刺客的能力超群，最重要的是謀略深沉、臨難勇敢。司馬遷以「義」總結刺客的一生。史公曰：

　　　　自曹沫至荊軻五人，此其義或成、或不成，然其立意較
　　　　然，不欺其志。名垂後世，豈妄也哉！[33]

刺客爲所當爲，磊落慷慨，爲知己赴難，視死如歸，其作爲令人激賞，其人格使人景仰。

30　關於荊軻神勇的評價，唐・張守節：《史記正義》引田光之言曰：「竊觀太子客，無可用者。夏扶，血勇之人，怒而面赤；宋意，脈勇之人，怒而面青；武陽，骨勇之人，怒而面白。光所知，荊軻神勇之人，怒而面不變。」同註24，頁1029。

31　後人評價荊軻的失敗多承此說法，如東晉・陶淵明詠荊軻：「惜哉劍術疏，其功遂不成。」；明・董份：「以句踐之言結傳末，見軻之劍術未盡。不然，當遶柱之時不能一決，待既廢而擲之，何其疏也。」（《史記評林》引，第五冊，頁622）前引顧炎武的評論亦是。

32　明・茅坤曰：「末復附高漸離一著，以為曲終之奏。」明・董份：「軻傳有離，即政傳有姐，皆天下絕奇也。」（《史記評林》引，第五冊，頁620）明・夏完淳曰：「荊軻磊落殊不倫，漸離慷慨得其真。長安無限屠刀肆，猶有吹簫擊筑人。」（〈易水歌〉）

33　參見西漢・司馬遷撰，日・瀧川龜太郎考證：《史記會注考證・刺客列傳》，頁1033。

三、鄭問編繪《刺客列傳》

鄭問（1958-2017），本名鄭進文，是臺灣著名的漫畫家。《刺客列傳》以水墨的技法重新詮釋《史記》五個刺客的故事，於1986年由時報出版，深獲讀者喜愛，是鄭問二十多歲的代表作品。

連環漫畫是一種結合文學戲劇與繪畫的綜合藝術，以文字敘述的《史記‧刺客列傳》，到了漫畫家鄭問的手上，當然會有不一樣的面貌。然而，歷史的人物有其固定的形象，鄭問在重新創造時，選擇在忠於原著的基礎上，增添血肉。在該書的編排上，有一個特殊的設計，就是在每個故事之後，都會附上《史記》原文，一方面讓讀者可以自行參照，一方面也可看出作者的創作原則。

在新創的部分，曹沫的出場方式相當特殊，作者由「魯莊公好力」延伸想像，虛構了一場莊公親自主持的武魁大賽，經過一番激烈競爭，最後剩下兩位勇士，一高大壯碩、一矮小瘦弱，形成強烈對比。比賽的項目是舉鐘，壯碩者雙手奮力舉起鑄鐘後，輪到瘦小者，沒想到他單手就舉起了千斤鑄鐘，勝負已判，武魁呼之欲出。不料，突然傳來山崩，莊公身陷危境，這時，出現一位樵夫，拔起巨木，擋住山石，救了莊公一命，也成了新的武魁，他就是曹沫。鄭問說：「曹沫出場時的山崩地裂，則是虛構來加強戲劇效果。」[34] 不過，這樣的虛構似乎太戲劇化了，巨木擋巨石的劇情實在不合常理，整段的設計雖有些戲劇效果，卻像是肥皂劇的劇情，缺乏張力。

專諸在水中練劍也是鄭問的創造，這段設計前後呼應，劍氣劈開溪石、魚腸劍變成飛刀，頗有武俠的創意。然而，專諸刺殺吳王僚一段，《史記》：「使專諸置匕首魚炙之腹中而進之。既至王前，專諸擘魚，因以匕首刺王僚，王僚立死。左右亦殺專諸。」文字明快，情節緊湊。鄭問

---

[34] 鄭問：《刺客列傳‧自序──從黑豹戰士到刺客列傳》，氏著《刺客列傳》（臺北：時報，1989），頁5。

則安排了一個曲折，專諸撕開魚腹取匕首的時候，被侍衛發現，遭到圍攻，最後，專諸以匕首飛刀成功刺殺吳王僚，自己也當場被殺。這樣的處理固然增加了曲折性，不過，整個情節卻顯得拖沓，匕首透過湯汁而轉彎的設計也有些勉強，與前面的劍氣劈石的連繫並非緊密。

豫讓的造型，鄭問刻意設計成中性面孔，而非肥胖的屠夫。其用意有二：一是以武生形象引出他隱身市販的無奈；一是爲了襯托出豫讓毀容後的犧牲與勇氣。[35]造型設計可見作者的用心，也有突出的效果。不過，就後者而言，效果並不好，在書中，豫讓漆身吞炭毀形壞聲之後的形貌與之前差別不大，俊挺依舊，不知是否作者捨不得讓主角醜化。另外，豫讓的朋友幫忙攔下趙襄子的座車一節，似乎也是多餘。

聶政一段則相當精彩。一開始，鄭問以嚴仲子車夫的角度，冷眼而不解嚴仲子的禮遇和聶政的拒絕，襯托出刺客的超凡脫俗。聶政、聶榮等人物的造型都相當符合其性情，難能可貴的是，幾個特寫都畫得相當出色，尤其是眼神與表情，都掌握得很好。例如，聶政的母親過世後，聶政在墳前祭拜娘親，接著想到嚴仲子的禮遇，進而決定找嚴仲子報知遇之恩。鄭問以三張特寫處理，聶政的表情從傷心、省思、堅定，各有不同，[36]將情緒的轉換處理得相當細膩而精確，令人讚賞。此外，聶政刺殺韓相一節，是全篇的高潮，從單身殺入宰相府的氣勢、刺殺韓相的過程、擊殺數十名侍衛的勇猛，到最後決眼屠腸的悲壯，鄭問畫面的處理都是有條不紊、氣勢不凡，使得刺客的精神躍然紙上。

荊軻一段的裁剪頗見用心。鄭問直接從易水送別切入，配合「風蕭蕭兮易水寒，壯士一去兮不復還。」的歌聲，荊軻既歌且舞，壯士的形象鮮明突出。接下來是刺秦王一節，荊軻獻上樊於期的頭與秦王的反應，《史記》省略，鄭問補上；秦舞陽震恐，群臣的狐疑，也透過畫面一覽無疑。

---

[35] 同前註。

[36] 同前註，頁66-67。

秦舞陽伏地發抖，荊軻獻上督亢地圖，獨力刺秦，與原先的計畫不同，然而，原先的計畫是什麼？《史記》並未言明，鄭問推測是兩人合力挾持秦王政。荊軻刺秦時，秦舞陽在哪裡、做什麼？《史記》也未詳載，鄭問推測秦舞陽在混亂中被踩死，[37]值得參考。至於荊軻順勢躍上大樑，再斷樑衝向群臣，[38]也是合理的想像。然而，荊軻的肩胛骨被人打裂，又被數十人拋向空中的設計，則近乎武俠劇，似不必要。荊軻的故事，鄭問擷取易水送別與刺秦兩段，又補充了《史記》略筆之處，形象的塑造、畫面的處理，都讓整個故事充滿張力。

　　《史記》精彩的文字，歷來自有定評。文字的精彩，富有形象是其中一端。然而，史傳人物的形象端賴讀者的想像，總是間接而隔閡，也並不是每一位讀者在閱讀《史記》之際，都會在心中圖繪形象鮮明的歷史人物。鄭問的《刺客列傳》，以連環漫畫的形式，重新創造了五位行事磊落、為知己死的刺客，將原來平面的文字，變成的圖畫，採用水墨的畫法，整個畫面充滿古意，與春秋戰國的時代背景一致，人物的造型方面，鄭問將人物畫成俠客，也符合刺客的生命特質。[39]情節的處理上，繁簡剪裁、補充增添，也都有相當的水準。畫面的處理，不避忌血腥與武力，善用特寫的技法，使得整體的作品更有張力。不過，有些情節的補充或流於武俠劇，或流於枝節。就個別故事而言，聶政、荊軻兩個故事處理得相當精彩，曹沫、專諸、豫讓等部分則有些瑕疵。

　　整體而言，鄭問的《刺客列傳》是相當精彩的，若能與《史記》相互參照，觀察文字與圖畫之間的轉換與新創，是相當有趣的閱讀經驗。[40]

---

[37] 瀧川龜太郎推測秦舞陽已被拘執。參見《史記會注考證》，頁1032。

[38] 鄭問：《刺客列傳‧自序——從黑豹戰士到刺客列傳》，氏著《刺客列傳》，頁104-108。

[39] 1997年，臺、日、韓公共電視臺合資拍攝動畫「孔子傳」，鄭問負責人物造型、場景設計，這樣的水墨筆法與俠客造型，被延續下來，也做了更充分的發揮。

[40] 鄭問也提醒讀者，在閱讀他的作品時，除了注意創作之外，也「可進一步欣賞司馬遷的《史記》原文，當會另有一番情趣。」同註34，頁5。

四、中央電視臺《春秋》、《戰國》之刺客

　　中國大陸中央電視臺於1997年製作完成《春秋五霸》、《戰國七雄》電視劇,《春秋五霸》起於驪山烽火,終於句踐滅吳,共三十集;《戰國七雄》起於死士豫讓,終於荊軻刺秦,共三十二集。這兩套影集將春秋戰國五百多年的歷史,以一些重點事件加以貫穿,使得原本平面的歷史記載,以聲色俱佳的方式,立體地展演出來。

　　這兩套共六十二集的電視劇,相當真實地呈現中國歷史中的精彩段落,當然,也加入了編劇與導演的創意。關於刺客的部分,有專諸刺僚(《春秋五霸》,第二十六集)、死士豫讓(《戰國七雄》,第三十一至三十四集)、荊軻刺秦(《戰國七雄》,第六十集至六十二集),共計三人七集,占了全部的九分之一,內容相當豐富,以下就針對這三個故事加以評析。

(一)專諸刺僚

　　專諸在《史記》的形象並不突出,伍子胥從楚國逃到吳國,認識了專諸,然而,伍子胥認識專諸的過程、禮遇專諸的細節,司馬遷都未詳載,只是簡單地用「伍子胥之亡楚而如吳也,知專諸之能。」(頁1024)一句話交代。這給後人很大的想像空間。在電視劇中,伍子胥和專諸的認識是很偶然的,伍子胥在橋上乞食,在吳王僚遇刺時救了吳王一命,當太子慶忌懷疑伍子胥是刺客同黨時,專諸挺身替伍員解圍,兩人因此認識。至於兩人相知相惜的過程,電視劇也省略了。而編導為了強化專諸刺殺吳王僚的動機,電視劇中虛構了專諸的母親,專諸的母親同情伍子胥的遭遇,希望專諸能幫助伍子胥復仇。

　　專諸刺吳王僚一段,是〈刺客列傳〉精彩的段落,從公子光事先的安排、吳王僚的布置,形成緊張的氣氛;專諸在酒酣耳熱之際,端出藏有魚腸劍的魚,在吳王近前,撕開魚肚,拿出魚腸劍,把吳王僚刺死於座位上,自己也遭衛士亂刀砍死。電視劇這一段的處理大致上依據史實,不過

有幾個關鍵處的呈現，似可再商榷。首先，《史記》記載專諸刺吳王僚之前，公子光以足疾爲藉口離開，電視劇讓公子光留在席間。最可議的是，魚腸劍竟被吳王僚吃魚的時候發現，吳王僚先是錯愕，因爲身上有軟甲，自信不會被刺殺，不過，專諸仍趕上去，奪刀刺殺了吳王。還有，專諸在刺殺前才向母親稟告辭行，甚至在宴會開始時，仍在家裡煮魚孝敬母親，使得伍子胥專程前往探察，這實在不合常理，刺殺吳王是何等大事，既然專諸已經應允，怎會因個人親情而耽擱？所以，刺吳王這一段的渲染似乎多是畫蛇添足。

伍子胥在吳王僚與公子光的爭鬥間，到底扮演什麼角色？據《史記》的記載，伍子胥的目的就是要藉助吳國的力量報仇，因此，伍子胥見到吳王僚就說服他攻打楚國，吳王原本答應，後來因公子光的勸阻而作罷。伍子胥洞察公子光的心思——想要殺吳王而自立，因而不想對外用兵而壯大吳王氣勢，因此，伍子胥推薦專諸給公子光，自己耕隱於山野。伍子胥這樣做，是富有深意的，明代茅坤曰：

> 子胥入吳且久，不事吳王僚而退耕於野，以僚不足與也。
> 然方公子之未弒吳王也，何不引身爲公子副臣，而特進專諸？蓋其國內方亂，事未可知也。[41]

伍氏一方面押公子光勝利，一方面又不讓自己立場鮮明，保持模糊地帶，以防事情出乎意外的迴旋空間，因此，他既推薦專諸，又退耕於野。電視劇的編導顯然不察伍氏的用心，因此，劇中的伍子胥毫不避忌地主導謀刺吳王的大事，並在謀刺現場出現。

專諸刺僚是五集伍子胥故事的第三集，伍子胥才是主角，因此，在劇中，專諸的形象其實是相當模糊的，渲染的部分也不是相當成功，改編後

---

[41] 《史記評林‧伍子胥列傳》引，第五冊，頁23。

的劇情也缺少張力。

(二)死士豫讓

　　電視劇死士豫讓共有三集，是戰國初年刺客豫讓的故事。整齣戲以豫讓對道義的堅持爲主軸，其所追求的道義，是「但求心之所安，成敗利鈍不放在心上。」豫讓的堅忍性格也相當鮮明，而對豫讓「死士」、「義士」、「隔世英雄」的評價都非常貼切。豫讓與趙襄子在沙漠論劍一段，相當有深度，趙襄子說他的劍是王者之劍——以山河大地爲劍體、以國人民心爲劍刃、以順應天意爲劍道，因此能所向無敵。豫讓則說自己的死士之劍，只求信義兩字。王者之劍可以令百姓溫飽、山河變色；死士之劍也可以讓你流血五步，天下縞素。

　　不過，也有一些可商榷處。據《史記》，豫讓在范氏、中行氏麾下時，並未受到重用，後來受到智伯賞識，因此認定智伯爲知己，在智伯被趙襄子殺害之後，豫讓不惜漆身吞炭爲他報仇，故事簡單而有張力。不知爲何，改編者修改成范氏重用豫讓，智伯滅范氏時，豫讓救出范氏遺孤仲娥與仲平姐弟，爲了保護范氏遺孤，豫讓與智伯正面衝突不斷，智伯雖然殘忍貪婪，卻欣賞豫讓，由此兩人從仇視敵對轉爲相知相惜。當智伯被韓趙魏圍殺時，豫讓及時出現，爲免智伯受辱，他親手殺了智伯，並誓言殺趙襄子爲智伯復仇。安排這樣的轉折，不但與史書記載不一致，也顯得多餘。再者，仲娥與豫讓之間的情感是否必要？仲娥出現在豫讓刺殺趙襄子的舞宴上，實在非常突兀，安排豫讓誤殺仲娥，豫讓因而頹喪而求死，不但無法表現其俠骨柔情，反而使劇情落入俗套。而豫讓多次刺殺趙襄子的過程，也有違史實、不合常理。電視劇中，豫讓殺了智伯之後，有機會殺趙襄子，卻是先削髮代首，再約定一決生死。而趙襄子一再放走豫讓，竟使得豫讓被天下人排擠、不齒，在一次的行刺中，失敗的原因是眾人護衛趙襄子，豫讓功敗垂成，甚至落荒而逃，再加上誤殺仲娥，豫讓將寶劍與美人同埋，扮成乞丐，手無寸鐵的擊殺趙襄子，以求一死。史書載錄的漆

身吞炭被省略了，添加的情節太多，轉折處又交代得不合情理，使得原本的悲壯減分不少。

(三)荊軻刺秦

電視劇荊軻刺秦共有三集，是戰國末年荊軻刺秦的故事。荊軻的神勇深智，是整齣戲的重點，這是延續《史記》的內容。然而，部分細節也有些更動，例如，《史記》寫荊軻是先抑後揚，與蓋聶、魯句踐論劍時，荊軻臨陣脫逃，像個懦夫。然而，在電視劇中，荊軻一出現就是高明的劍客俠士，把蓋聶、魯句踐只求勝負的劍客比了下去。此外，荊軻刺秦時等待的夥伴也是這兩個人，荊軻還派人親自邀請，但是只說要辦大事，並未明言何事，兩人因而拒絕。這些更動並未背離刺客的精神。

電視劇希望形塑荊軻胸懷大志的理想與不拘小節的個性，所以，荊軻一直念著「沒有一件值得做的」、「沒有頂好的事做，不如什麼都不做」、「我是頂好的人，要做頂好的事。」點出了荊軻的大志胸襟。然而，荊軻想「殺一人而天下驚，此乃一舉成功，而名流萬古的事。」，甚至以「殺他個秦王，如何？」遊說衛元君，就顯得窄隘而魯莽了。刺客的智勇不是表現在以殺人為業的，而是為知己死。而以白吃白喝表現荊軻的不拘小節，恐怕也是有爭議的。

易水送別一段，電視劇的處理，不見悲壯，不但賓客沒有穿上白色衣服，荊軻竟然為了怕故人哭泣，而裝成醉得不醒人事，得由人攙扶才能上馬車。荊軻還是唱了易水歌，但是，聲色俱佳的場面不見了、荊軻英雄的氣概消失了，悲壯慷慨的情境也就不復存在了。荊軻像是一個極富孩子氣的無賴。

刺秦一段是關鍵處，編導在這一段相當用心。與《史記》不同，劇中，荊軻成功脅持秦王，正在得意時，被夏無且的藥囊擊中，秦王藉機逃脫。後來，秦王拔出寶劍，荊軻竟然驚惶地掉下匕首，毫無反抗地被秦王制伏，令人不解。

斯妤是電視劇虛構的人物，她是燕趙邊境酒館老闆的女兒，任性率眞，荊軻和她彼此愛戀，甚至在刺秦前，還到酒店與她相會，並且有了愛的結晶。然而，這樣重要的人物的性格卻是扁平的，口中總是掛著「我不高興」，率眞到近乎嬌蠻，她的出現並未烘托出整體的悲壯感，對劇情似乎可有可無。

田光參與燕太子丹刺秦大計的程度，《史記》和電視劇深淺不同，據《史記》，鞠武推薦田光，太子召見，田光表示自己已經年老力衰，難效犬馬，他又推薦荊軻，並且以自殺表達自己的清白，也激勵荊軻。整段敘述簡明俐落。電視劇中，田光深受太子信任，也曾周遊他國，遍訪賢才死士，終於尋得荊軻，待荊軻答應爲太子丹刺秦之後，馬上自殺。這樣的安排雖然使田光出現的時間變長，加重他的份量，卻讓他的自殺缺少撼動人心的力量，整體而言，反不如《史記》精彩。而劇中，荊軻對田光、樊於期的死，也表現得太冷血。

樊於期的懦弱與《史記》的勇決不同。劇中的樊於期，是秦王派來照料燕太子的（不知何據），後來，與太子逃回燕國，被秦王滅族，樊於期從此懷憂喪志，認爲弒秦無望。《史記》並沒有說樊於期和燕太子的淵源，只說樊將軍投靠燕國。刺客列傳中，荊軻向樊於期借人頭一段，是相當悲壯的。電視劇中，樊將軍卻是怕死的，最後逼得荊軻自己動手，原來精彩的對話與英雄相惜的情節都不見了。

荊軻刺秦是六國抗秦的最後一擊，電視劇也循此歷史事實，將三集荊軻刺秦王的故事放在最後。編導一方面遵循歷史的事實，一方面大加更動渲染，用心值得肯定，然而，歷史人物的性格不鮮明，轉折也比較生硬，荊軻的智勇也掌握得不夠全面，刺客的精神並未彰顯。

五、陳凱歌的《荊軻刺秦王》（The Emperor And The Assassin）

陳凱歌（1952-）是大陸著名的導演，拍過《黃土地》（1984）、《大閱兵》（1985）、《孩子王》（1987）、《邊走邊唱》（1991）、《霸王別姬》（1993）、《風月》（1996）、《溫柔地殺死我》（2002）、《和你在一起》（2003）等片，屢獲國際影展的肯定，尤其是《霸王別姬》一片，爲華人奪得第一座坎城影展「金棕櫚獎」（1993），也獲得金球獎最佳外語片（1994）的殊榮。

〈刺客列傳〉的故事以荊軻最受矚目，改編也最多，陳凱歌編導的電影《荊軻刺秦王》是1998年出品的一部史詩般的作品，場面浩大、氣勢磅礡，陳凱歌除了擔任編、導的重任之外，也親自演出呂不韋的角色，荊軻由張豐毅擔任、鞏俐演出虛構的人物——趙姬，編、導、演都是一時之選，也展現相當強的企圖心，無異是令人期待的。

本片以「荊軻刺秦」爲主，共分五章：第一章秦王，敘述秦王與趙姬共謀縱放燕太子丹回國，並慫恿燕太子派刺客刺秦王，以便找到滅燕的藉口；第二章刺客，形塑荊軻的性情及其與趙姬相識、相知的過程；第三章孩子們，以穢亂後宮嫪毐爲引子，秦王知道自己是呂不韋兒子之後，深受打擊，性情大變；第四章趙夫人，描寫趙姬親臨趙國都城邯鄲，希望救助祖國的子民，卻失望而歸，也看清了嬴政殘暴的面目；第五章秦王與刺客，描寫荊軻刺秦王的過程。

《荊軻刺秦王》有值得肯定之處，首先，電影的編導對秦王個性的形塑不落俗套而相當成功，秦王政在趙國當人質時，是一位體貼孝順的孩子，初登王位，懷抱著解民倒懸的理想，對一統天下的歷史趨勢了然於心，希望完成一統天下的大業。[42]然而，權力與人性的衝突難以避免，曖

---

[42] 整部電影從頭到尾，一直有人問：「秦王嬴政，你忘記了一統天下的志向了嗎？」秦王回答：「不敢忘。」這樣精心設計的問答，正點出了嬴政形象的基調。劉麗文指出，電影賦予嬴政的形象有

昧的身世讓秦王沒有安全感，最後親眼看著父親呂不韋[43]在祖廟自縊；[44]而母后的穢亂，甚至和嫪毒生下二子，對孝順的秦王也是一大打擊；嫪毒圖謀不軌更使得秦王不得不殺了兩個幼弟；再加上戰爭殺戮又是難以避免，在坑殺趙國兒童之後，趙女對秦王完全失望而離去。在實現一統天下的大願理想過程中，嬴政在做王與做人的衝突中，逐漸異化，就像電影中，趙女說的：「做了王，就沒意思了。」太后說嬴政是隻「狼」，在死前唾其面，原本欽敬而期待嬴政的趙女，罵他是「天殺的嬴政」。陳凱歌認為，電影應該對所有人性的東西做研究，[45]嬴政的性情與前後不同的轉變，在影片中表現相當傑出而深刻。秦王雖然成就偉大功業，也是一位有血有肉的凡人；他是一位公認的暴君，卻非與生俱來的殘暴，陳凱歌試圖給秦王

三個特點：(1)對一統天下的歷史規律準確把握的宏偉抱負。電影中，嬴政對燕太子丹說：「你殺了我，這件事（按：指統一天下）也會有人做的，不是我，也許就是你。……五百五十年戰爭不停止，百姓好像活在水火中，只要六國還在，天下就永不得安寧。六國是一定要滅的，不能改了，誰也不能改了。」(2)這一抱負不是為了個人私利，而是出於救民於水火的美好願望和動機。電影中，嬴政不只一次地強調：「我要建立一個更大的、大得多的國家，天下的人都是這個國家的百姓，這個國家只有一個王，一個好的君王。這個君王在六國滅亡的時候，要救護那裡的百姓、人民；到處都建立郡縣，讓清廉的官吏來管理；讓遍地都長滿了禾麥，百姓可以安居樂業；把馳道修到邊疆，把長城築到遠方，匈奴和四夷進犯時，擋住他們的馬蹄；再把石碑立在泰山上，把石碣樹在大海邊，紀念天下的統一。」(3)性格極其殘忍、乖戾，視人民如草芥，在血腥屠殺中建立自己的功業。電影中，嬴政滅呂不韋九族、活活摔死兩個幼弟、射殺已經投降的嫪毒門客、屠城滅村……等都非常殘忍。參見氏著〈論電影《荊軻刺秦王》對歷史的哲學反思〉（《中國文化研究》，2003秋之卷），頁166-167。

[43] 呂不韋是嬴政生父的說法見《史記·呂不韋列傳》，參見瀧川龜太郎：《史記會注考證》，頁1020。

[44] 據《史記·呂不韋列傳》、〈秦始皇本紀〉所載，秦始皇十年，呂不韋因受嫪毒叛變牽連而免相，十二年，秦王下詔欲貶呂不韋至蜀地，呂氏「自度稍侵，恐誅，乃飲鴆而死。」因此，嬴政沒有殺呂不韋，更未誅呂氏九族。同前註，113-114、1022。電影改動了史實，這樣的改動深化了嬴政弒父的掙扎。如影片中強調的，嬴政若承認自己是呂不韋的兒子，就不能保有王位，殺了呂不韋，就能向天下宣示他不是呂氏之後，但是，兒子怎能殺父親呢？影片安排呂不韋為了成就嬴政，自縊於祖廟一幕，表現秦王的掙扎，相當成功。

[45] 參見張會軍、齊虹：〈陳凱歌答問錄〉，《電影藝術》（2000年第1期），頁45。

更人性化的形象，並對其殘暴的作爲給予貼近人情的詮釋。所以，電影中
秦王的性情是逐漸轉變的，轉變的原因，劉麗文認爲是王權的追求與鞏固
使嬴政的人性逐漸異化，[46]陳凱歌曾經說明電影的主題：

> 《荊軻刺秦王》是一部有關道義的電影，講述的是一個帝
> 王如何成爲暴君，一個平民怎樣成爲英雄的故事。[47]

他自覺要注意秦王的轉變，並透過這樣的轉變，提出高遠的理想的實踐必
須用正當手段的歷史省思，[48]也就是目的與手段要有同一性，不可能用同
卑鄙的手段去實現一個高遠的理想。

　　其次，演員表現稱職，尤其是李雪健飾演秦王、鞏俐飾演趙女、陳凱
歌飾演呂不韋……等，都使整部電影增色不少。

　　然而，也有可商榷之處。

　　首先，是改編史實的問題，陳凱歌對史實與藝術創作上有其深刻的思
考：

> 史實是不能違背的，另外也要有所創造，在尊重史實的前
> 提下一定要對人物有所豐富。[49]

歷史影片除了重現史實，還要有所創造，在史實的前提下增添血肉、豐富

---

[46] 參見劉麗文、謝筠：〈至上的王權對正常人性的異化——電影《荊軻刺秦王》中秦王嬴政形象意
　　義〉，《現代傳播》（2001年第6期，總第113期），頁65-69。此文從嬴政與呂不韋、嬴政與嫪
　　毒、嬴政與趙女三個面向，剖析王權對父子親情戕害、對兄弟之情的絞殺、對純潔善良天性的毀
　　滅，頗具參考價值。

[47] 參見朱國梁：〈揮別「劍影」，再談「刺秦」〉，《江海僑聲》（1999年第1期），頁44。

[48] 同前註，頁47。

[49] 參見馮湄：〈陳凱歌心中的荊軻刺秦王〉（《大眾電影》，1998年第4期），頁28。

人物，《荊軻刺秦王》的秦王就是成功的例子。然而，改動史實是要在尊重史實的前提下，生動情節、豐富人物，因此，如果不能把握史實的精彩，在更動之後，反而讓情節單調、人物扁平，就是失敗的改編。《荊軻刺秦王》也有失敗的改編，例如荊軻並非由田光引介給燕太子丹，而是趙姬巧遇於市；荊軻刺秦的理由是為了救燕國的孩子，理由固然堂正，卻少了悲壯的俠義精神；荊軻刺秦王，竟可帶劍上殿……。這些都與史實出入，而改編之後，也未能達到預期的效果。

再者，荊軻與趙姬的形塑並無特色。

陳凱歌對荊軻有其特殊的理解：

歷史上的荊軻是不足取的，他不具備我們今天拍一部作品所必須的東西。荊軻要去刺秦延遲了三年，最後去的時候雖然高唱「風蕭蕭兮易水寒」，但某種意義上講是被動的。我不想延續這樣的說法：荊軻是一個被統治者利用的角色。在我們的影片中，荊軻是一個以殺人為生的職業刺客，他必須泯滅天良、不動感情地去做這件事。所以我和張豐毅說，最初荊軻是沒有任何廉恥感的，這個人的心靈處在被自己封鎖的狀態。後來一個盲女的尊嚴的力量讓他有了覺悟，他開始反觀自己過去的生活，殺人的生涯帶給他的影響和所造下的罪孽，他覺得不採取一種極端的方式就永遠無法洗刷自己，而從困境中解脫出來，最大限度地超越自己。他在刺秦這件事上看到了以死的方式重新恢復生命的可能性，他主動去刺秦是以一種自毀的形式來完成自己。因此，從通俗的意義上講，荊軻身上有改惡從善的意義。[50]

---

[50] 同前註。

司馬遷寫荊軻好讀書、習劍，以術說衛元君，並沒有說荊軻精於劍術、以殺人為業。他只是希望欣遇知己，能一展長才。刺秦是際遇安排，卻是荊軻心甘的選擇，並非被動，也談不上利用。陳凱歌顯然把刺客當成遊俠了，〈刺客列傳〉中沒有以殺人為生的冷血殺手，所以，荊軻不是自我封閉，也不必改惡從善，透過死亡來救贖。理解既然差失，鋪展就失去其精神，所以電影中，荊軻一出現，就是落魄失魂，毫無氣勢；為救小孩而忍受胯下之辱只讓人覺得窩囊；在秦廷宮殿上，為了化解秦舞陽的失態，竟然像小丑一樣裝傻。[51]從頭到尾看不到刺客智深勇沉的形象，荊軻刺秦的主要動機是不再讓秦王濫殺孺子，理由固然堂正，卻少了刺客「士為知己者死」的核心價值，因此，引薦荊軻的是趙女，田光不見了，燕太子與趙女以威脅的口氣要荊軻刺殺秦王，好像幫派首領要殺手暗殺敵人一樣，世俗不堪，易水送別也處理得相當草率，刺客的形象模糊，非常可惜。

　　趙女是陳凱歌虛構的人物，她與嬴政青梅竹馬，是嬴政幼少生活與性情的見證。從她口中，觀眾得知幼少的嬴政是天真無邪的，他會體貼而勉力地把喝醉的趙父背回家；趙女與嬴政的純潔愛情是秦王生命的重要支柱，趙女也是秦王施政重要的諮詢對象。後來，趙女隨燕太子丹回燕國，

---

[51] 陳凱歌曾在一次訪談中提到這個安排：「在拍攝時，我們要面對許多具體的問題，比如……秦王怎麼可能讓他這麼近來刺殺呢？古書上有幾句話，很簡單。但作為電影，就必須非常具體地、充滿細節地告訴觀眾，荊軻是怎麼介入的。燕國的國士殺秦王行不行？不行，因為喜怒形於色。……他一定要找到一個方式。正義凜然地進秦王的大殿，說我今天就到你這裡來刺你，決不可，他一定是有一個策略，我怎麼能夠麻痺秦王。……所以荊軻在刺秦這件事上，表現了很大的智慧。你說他是傻笑，他不是傻笑，他是想清楚了應該怎麼做。」同註37。陳凱歌這段話說出了拍歷史劇的難處——要把史書簡單的記載合理而鉅細靡遺的展演，然而，這也是編導發揮創造力的地方。荊軻要殺秦王必須考慮幾個步驟：取信秦王、接近秦王、鬆懈心防、趁機刺殺。據史書記載，樊於期的頭、督亢地圖是為了取信秦王，賄賂蒙嘉就是要確定能獲得秦王召見。先獻上樊於期的頭就是要鬆懈秦王的防備，等待友人就是要確定刺殺成功。荊軻在刺秦一事，的確表現相當高的智慧，這樣的智慧貫穿事前謀劃到秦廷行刺，這就是史書上說的「智深勇沉」。因此，國士與否不重要，也不必以裝傻為策略，更不必先說自己要來刺殺秦王以鬆懈其心防。

遇到荊軻，最後愛上荊軻，並且參與刺秦大計。趙女是整部電影非常關鍵的角色，鞏俐的演出也相當精彩，然而，這個角色的創造有幾項缺點，首先，秦王聽從趙女建議，派趙女去燕國物色刺客來刺殺自己，以作為日後秦國攻打燕國的藉口，這樣的安排實在笨拙。[52]在影片中，嬴政要一統天下，解民倒懸，就是消滅六國的堂正理由，況且滅韓與趙也不用任何藉口，何須滅燕要如此慎重？令人不解。編導或許想透過趙女這個角色，表述秦王人性化的一面，然而，作為嬴政兒時的見證者，秦王的母后也相當適合，趙女在嬴政變得暴虐之後，對嬴政不再愛戀是合情理的，但是，她轉而愛上荊軻則鋪敘簡略而缺乏說服力。田光份量的弱化也是要遷就趙女的出現，整部電影的情節似乎都是為了趙姬而背離史實與情理，虛構的人物不但沒有為故事增色，反而變成負擔。[53]

最後，主題並不凸顯，〈刺客列傳〉以「義」貫串全文，寫刺客為知己死的人生觀，透過司馬遷的妙筆，刺客偉岸、悲壯的形象躍然紙上。《荊軻刺秦王》雖然把握了這個主題，但是企圖太大，處理的支線太複雜，使得整部電影華麗有餘，但缺乏感人的力量。

《荊軻刺秦王》的重點似乎在秦王而非荊軻，費力創造的趙姬，性情鮮明卻不見得必要。因此，160分鐘的觀賞過程，沒有太多感動與震撼，雖然場面壯闊，征戰殺戮也很寫實，劇中人也經常陷入歇斯底里，卻難以感動觀眾。

---

[52] 同註43，頁68。

[53] 高陽的歷史小說《荊軻》（臺北：皇冠，1968）也虛構了一位關鍵的女性——燕太子丹的妹妹——夷姞。她和荊軻有一段堅貞的愛情，為了怕柔情消磨了荊軻刺秦的壯志，夷姞在荊軻前往秦國時服毒自殺，以堅定其志。在高陽筆下，夷姞精通音律，是一位聰明靈慧的奇女子，她的出現，讓刺秦的壯舉多了柔情的浪漫，也使得荊軻的形貌更豐富、心裡的曲折掙扎更動人。關乎此，筆者當另撰文討論。

六、結語

　　《史記·刺客列傳》寫了五名刺客，形貌不同、氣韻各異，在人物刻畫上相當成功。五人共同的價值觀是「士爲知己而死。」表現在挾持行刺上，是智勇雙全。刺客的悲劇性與悲壯的的行爲，在司馬遷的妙筆烘托下，產生巨大的感染力量，所以，後來的詩文有許多歌詠刺客的作品，現代的連環漫畫、電影以及電視劇，有相當多是取材自刺客列傳。

　　筆者從兩個角度省視改編自《史記》的作品：一是重現；一是創造。所謂重現，就是改編者能否掌握史傳人物的精神，以新的表現方式，透過精彩的段落，重現歷史人物。 至於創新，則是改編者能否加入新的創意，讓原本以文字描述的歷史人物，能更立體的、更具血肉的呈現出來。但是，創新與虛構必須在史實的基礎上進行，否則只是改編者自己的想像與創造，與歷史人物關涉不大。因此，必須先掌握《史記·刺客列傳》的主要精神與精彩段落，並且在觀覽改編作品時，與《史記》相關篇章參照比對。

　　本文針對鄭問的連環漫畫《刺客列傳》、中國中央電視臺製作的《春秋》、《戰國》電視劇以及陳凱歌編導的電影《荊軻刺秦王》中，關於刺客的部分做考察，發現改編者都能在重現歷史與虛構創新兩方面有所成績，並表現自己的特色。例如，鄭問的人物造型、故事的剪裁與舖敘，有其獨到之處；電視劇對人物事件背景的清楚交代，補充了史傳敘述的不足；陳凱歌畫面的經營、場面的調度，營造出史詩般的氣勢。改編者都能運用新的媒體，以新的方式，再創歷史人物的風貌。但是，仍有一些待商權處：首先，更動史實，以遷就改編者，例如電視劇死士豫讓中，豫讓知遇於范氏，殺智伯爲范家復仇、荊軻刺秦的電影中，荊軻刺秦王時，竟然可以帶劍上殿。其次，創造虛構的人物與情節，應當是爲故事加分，爲歷史人物增添氣韻的。然而，在這幾部改編的作品中，卻少有成功，例如陳凱歌《荊軻刺秦王》中的趙姬、電視劇死士豫讓中的仲娥、鄭問《刺客列

傳》中曹沫以巨木擋住崩落的土石、專諸以魚腸劍當飛刀刺殺吳王，都無法產生正面的效果，反而成了負擔。還有，整體悲劇性的營造，也無法達到《史記》的精彩。因此，當我們再欣賞這些改編作品時，可以參照《史記》的記載，相互比較對照，必定可以獲得更多的閱讀樂趣。

第二章
王安石史傳散文之翻案手法
以《史記》相關篇章爲考察

一、前言

　　宋代受理學影響，喜歡思維，古典散文多有翻案文章，王安石是其中
佼佼者之一。王安石（1021-1086）在中國歷史上是一位全才型的人物，
他在神宗的器重下推行新政，改革時弊；他的散文和同時代的三蘇、曾
鞏、歐陽修並稱，爲唐宋古文八大家之一；他也是宋詩的重要作家，詩文
影響後世深遠。綜觀歷史上，在政治上能一展抱負、文學上又能有崇高地
位者並不多見，王安石又是其中的佼佼者。然而，他也是中國歷史上備受
爭議的人物之一，新政的推行以失敗告終，更增添了許多批評，然而，即
使是政治敵對陣營，對於荊公的人品都是一致的肯定。[1]

　　王安石詩文傳世極多，筆者在多年前曾撰寫〈王安石詠史詩析論〉，
針對王安石六十多首詠史詩做了初步的考察。當時即注意到王安石也有爲

---

[1]　茲以陸九淵爲例：「蓋世之英，絕俗之操，山川炳靈，殆不世有。英特邁往，不屑於流俗，生色利
達之習，介然無毫毛得以入於其心，潔白之操，寒於冰霜，公之質也。掃俗學之凡陋，振弊法之
因循，道術必爲孔孟，勳績必爲伊周，公之志也。不薪人之知，而聲光燁變，一時巨公名賢爲之
左次，公之得此，豈偶然哉？用逢其時，君不世出，學焉而後臣之，無愧成湯高宗。君或致疑，謝
病求去，君爲責躬，始復視事，公之得君，可謂專矣」。參見陸九淵集，卷九，〈荊國王文公祠堂
記〉。陸九淵對於安石的新政有諸多批評，尤其是政策以法治政令爲主，用人不當等，都相當不以
爲然，然而，對於安石的高潔的人格、救世的理想，以及君臣之際的相知相遇、進退出處，都給予
最高的評價。關於後世對於王安石的兩極評價，可參考張祥浩、魏福明：《王安石評傳》，第八章
〈後世對王安石的評價〉（南京市：南京大學出版社，2006），頁413-458。

數不少的史傳散文。[2]本文僅就其史傳散文的翻案手法做初步的分析，限於篇幅，主要集中在《史記》相關的篇章，包括〈讀孟嘗君傳〉、〈伍子胥廟銘〉、〈孔子世家議〉、〈書刺客傳後〉、〈子貢〉、〈伯夷〉等篇章，加以歸納分析，指出其翻案手法有兩個層次：商榷世俗的看法、質疑《史記》的眞確。

二、商榷世俗的評價

　　王安石的翻案文章，最著名的當屬〈讀孟嘗君傳〉，茲錄其文：

> 世皆稱孟嘗君能得士，士以故歸之，而卒賴其力以脫於虎豹之秦。嗟乎！孟嘗君特雞鳴狗盜之雄耳，豈足以言得士？不然，擅齊之強，得一士焉，宜可以南面而制秦，尚何取雞鳴狗盜之力哉？夫雞鳴狗盜之出其門，此士之所以不至也。[3]

孟嘗君，姓田名文，其父田嬰曾任齊國宰相，封于薛。田嬰死後，孟嘗君繼承父親爵位封地，任齊國宰相，成爲薛公。孟嘗君與魏國信陵君、趙國平原君、楚國春申君並稱爲戰國四公子，《史記》四人皆有傳。戰國四公子以禮賢下士聞名於世，也透過禮賢下士，創造個人功業。王安石〈讀孟嘗君傳〉對於孟嘗君的禮賢下士提出質疑。全文分四小節：首節三句，總結世人對於孟嘗君的印象：能得士、士歸之、賴其力以脫秦。第二小節也

---

[2] 王安石的史傳體散文，據筆者檢索，至少有〈伯夷〉、〈伍子胥廟銘〉、〈祿隱〉、〈周公〉、〈子貢〉、〈楊孟〉、〈夫子賢于堯舜〉、〈鯀說〉、〈季子〉、〈荀卿〉、〈老子〉、〈莊周〉、〈讀孟嘗君傳〉、〈讀柳宗元傳〉、〈書刺客傳後傳〉、〈孔子世家議〉、〈中述〉、〈夔說〉、〈三聖人〉等十九篇。

[3] 北宋・王安石撰，李之亮箋注：《王荊公文集箋注》，巴蜀書社2005年版，頁1182-1183。本文引述王安石之作品皆據此版本，後再引述，僅標出頁碼。

是三句，王安石質疑孟嘗君之得士，並提出他對孟嘗君的評價：雞鳴狗盜之雄。第三小節五句，主要從反面申論，認為齊國是東方強權，卻無力對抗秦國、一統天下，可見齊國沒有一流人才，而齊國的人才庫就是孟嘗君的三千食客，由此可知，孟嘗君的門下缺乏真正的人才。最後一節雞鳴狗盜出其門，所以真正之士不至。由於人才排擠效應，孟嘗君不僅不得士，甚至於是失士了。從能得士到士不至，觀點是一百八十度的轉變，王安石只用不到九十個字的篇幅，言簡意賅，發人深省。[4]

　　考察《史記・孟嘗君列傳》等戰國四公子相關列傳與《戰國策》之相關記載，史公書寫四公子，對於其養士事蹟，也都有著墨，並集中在一位最關鍵的食客身上，例如，孟嘗君有馮驩、信陵君有侯嬴、平原君有毛遂等，這樣的寫法正是傳達了傳主禮遇賢士的方式，四公子之中，司馬遷最肯定魏公子，他對侯嬴的衷心禮遇，換來侯嬴的誠心獻策，魏公子也能欣然接受，成就了一段佳話。[5]孟嘗君禮遇賢士的方式是「無貴賤一與文等」的一體對待，以及「孟嘗君待客坐語，而屏風後常有侍史，主記君所與客語，問親戚居處。客去，孟嘗君已使使存問，獻遺其親戚」，體貼入微。不過，孟嘗君的代表性食客馮驩，他受到矚目的原因是主動要求非常理的賞賜，而非孟嘗君的主動發掘；再者，馮驩為孟嘗君經營狡兔三窟，也只是鞏固了孟嘗君個人的權位與利益，這與魏公子為國家儲備人才，以個人的才能、影響力救趙、抗秦，成就了個人功業，也幫助國家的穩定與發展，是有相當差距。司馬遷寫戰國四公子的重點有二：一是禮賢下士；

---

[4]　王安石散文簡約的特點，前人早有指出，例如清・劉熙載：「半山文字瘦硬通神，善用揭過法，只下一二語，便可掃卻他人數大段，是何簡貴。」、「荊公文是能以品格勝者，看其人棄我取，人取我棄，自處地位盡高。」《藝概》（臺北市：華正書局，1988）。劉氏指出荊公文字的簡約，以及以品格為主的翻案手法，別具隻眼。

[5]　《史記・太史公自序》：「能以富貴下貧賤，賢能詘於不肖，唯信陵君為能行之。作魏公子列傳第十七。」唯字表達司馬遷對於魏公子禮賢下士的高度肯定。參見西漢・司馬遷著，日・瀧川龜太郎：《史記會注考證》，頁1377。

一是成就功業。典型人物是魏公子，孟嘗君在禮賢下士方面，未能主動發掘，一視同仁的方式，也是「諸侯賓客與亡人有罪」一併網羅；在成就功業方面，則偏重個人功業的成就，甚至在個人事業與國家利益之間，孟嘗君的抉擇是個人利益，他在齊國罷相之後，受秦昭王之邀，到秦國任相，後來處境危險，倉皇逃離秦國，雞鳴狗盜之徒才派上用場。兩人的對比，可從太史公的論贊明顯看出，「吾過大梁之墟，求問其所謂夷門。夷門者，城之東門也。天下諸公子亦有喜士者矣，然信陵君之接巖穴隱者，不恥下交，有以也。名冠諸侯，不虛耳。高祖每過之而令民奉祠不絕也。」（〈魏公子列傳〉，頁965）對於魏公子無限景仰。至於孟嘗君，「吾嘗過薛，其俗閭里率多暴桀子弟，與鄒、魯殊。問其故，曰：『孟嘗君招致天下任俠，奸人入薛中蓋六萬餘家矣。』世之傳孟嘗君好客自喜，名不虛矣。」（〈孟嘗君列傳〉，頁960）司馬遷到薛地考察，發現多缺乏教養暴戾子弟，而好客自喜一詞，也是褒貶兼具。[6]

仔細對比魏公子與孟嘗君的記載與評價，王安石對於孟嘗君得士與失士的討論，其實是根源於《史記》。司馬遷提醒後代讀者「好學深思，心知其意。」（《史記‧五帝本紀》太史公曰，頁67），希望讀者善體語言之外的深意，然而，我們經常流於望文生義，在文字的表面擷取旨意，並自以為是。王安石顯然深透司馬遷對於孟嘗君的評價，在薛地多暴桀子弟，以及好客自喜的認知基礎上，更進一步提出孟嘗君未得士的意見。此所謂的未得士，王安石並非說孟嘗君未能獲得士人青睞，而是指出，孟嘗君未能真正得士，或者得一真正利益國家的國士，門下充斥著雞鳴狗盜之徒，具才幹的能士，如馮驩，也非國之幹才，他們最大的貢獻就是幫孟嘗君脫困，或者營取個人長久的利益。

王安石〈讀孟嘗君傳〉的翻案，是挑戰世俗的見解，對於孟嘗君能得士，以及戰國四公子無別的俗見，而這樣獨到的看法，其實遠紹司馬遷的

---

[6]　明‧董份的見解，參見明‧凌稚隆輯校：《史記評林‧孟嘗君列傳》，第五冊，第323頁。

《史記》。[7]

　　王安石評論伍子胥的文章，也可以印證他善讀《史記》，深體司馬遷心意。荊公曰：

> 予觀子胥出死亡逋竄之中，以客寄之一身，卒以說吳，折
> 不測之楚，仇執恥雪，名震天下，豈不壯哉！及其危疑之
> 際，自能慷慨不顧萬死，畢諫於所事，此其志與夫自恕以
> 偷一時之利者異也。孔子論古之士大夫，若管夷吾、臧武
> 仲之屬，苟志於善而有補於當世者，鹹不廢也。然則子胥
> 之義又何可少耶？

這篇文章中，王安石對伍子胥忍辱復仇，名震天下，以及不顧萬死，勸諫夫差的偉壯事蹟，大加讚揚。《史記》寫伍子胥分兩大段，前半寫復仇，後半寫輔佐闔閭、夫差兩任吳王。最後，太史公以烈丈夫評論伍子胥。王安石也順此脈絡，肯定伍子胥復仇之孝與輔君之忠，並引述孔子的評價，以管仲之仁、臧武仲之智比擬伍子胥，認爲子胥忠孝之節足以感動後世。

　　王安石對於刺客的意見，則部分繼承了司馬遷的見解，也提出了自己的質疑。荊公曰：

> 曹沫將而亡人之城，又劫天下盟主，管仲因勿背以市信一
> 時可也。予獨怪智伯國士豫讓，豈顧不用其策耶？讓誠國
> 士也，曾不能逆策三晉，救智伯之亡，一死區區，尚足校
> 哉？其亦不欺其意者也。轟政售於嚴仲子，荊軻豢於燕太
> 子丹。此兩人者，污隱困約之時，自貴其身，不妄願知，

7　關於王安石散文與《史記》的關係，方元珍從句法、布局等方面，有了初步的探討，參見氏著：
　《王荊公散文研究》（臺北市：文史哲出版社，1993），頁101-104。

　　亦曰有待焉。彼挾道德以待世者，何如哉？[8]

　　司馬遷寫刺客，標舉一個義字。義者，宜也，重點在於價值的抉擇。刺客委命他人，挾持或刺殺帝王或權臣，是一種相當激烈的人生抉擇，這樣的抉擇植基於士為知己者死的價值觀，曹沫之于魯莊公，專諸之于伍子胥、公子光，豫讓之于智伯、聶政之于嚴仲子、荊軻之于田光、太子丹，都是這樣的知己關係。王安石也肯定刺客困約汙隱之時，不輕易許人，待獲知賞之際，則全然奉獻的價值，以聶政、荊軻為例，認為他們不妄願知，亦曰有待焉，這是非常深切的體認。然而，以「售」論聶政與嚴仲子，「豢」論荊軻與燕太子丹，則有待商榷。[9]嚴仲子重金贈予聶母養老之資，聶政並未接受。聶政為嚴遂復仇而犧牲生命，也沒有收取報酬，因此，聶政並未把自身的性命販賣給嚴遂，而是珍惜嚴遂在他困汙于市屠之時，對他的看重。就聶政而言，這就是知己。聶政曰：「嗟乎！政乃市井之人，鼓刀以屠；而嚴仲子乃諸侯之卿相也，不遠千里，枉車騎而交臣。臣之所以待之，至淺鮮矣，未有大功可以稱者，而嚴仲子奉百金為親壽，我雖不受，然是者徒深知政也。夫賢者以感忿睚眥之意，而親信窮僻之人，而政獨安得嘿然而已乎！且前日要政，政徒以老母；老母今以天年終，政將為知己者用。」聶榮曰：「嚴仲子乃察舉吾弟困汙之中而交之，澤厚矣，可奈何！士固為知己者死。」（〈刺客列傳〉，頁1027）荊軻投身燕太子丹門下，完全是因為田光的推薦，燕太子丹只是庸駑之才，加上復仇心切，對於荊軻的關顧，僅是美食、美人與珍寶；荊軻尚在準備刺殺大計之時，太子丹兩次催促，終壞大事，嚴格說來，太子丹實非荊軻

---

[8]　北宋・王安石撰，李之亮箋注：《王荊公文集箋注》，頁12。

[9]　南宋・鮑彪曰：「人之居世，不可不知人，亦不可妄為人知也。遂唯知政，故得行其志。惜乎，遂褊獧狷細人耳，政不幸謬為所知，故死於是！使其受知名主與賢相，則其所成就，豈不有萬萬於此者乎？」肯定嚴遂知遇聶政，卻也為聶政抱不平。見劉向編：《戰國策》（臺北市：里仁書局，1990），頁1000。

的知己。因此，豢字，從燕太子丹的角度而言，是貼切的；從荊軻的立場
來說，則是不相應的。王安石對豫讓的評論分兩部分，一方面肯定豫讓國
士的才幹，一方面則認為，豫讓應該憑藉智伯對自己的欣賞與信任，扭轉
智伯的跋扈囂張，把他從死路拉回，而非在其死於非命之後，再以生命復
仇，反而沒有多大的價值。豫讓能否扭轉智伯的命運，關乎當時的政治現
實，可能有機會，豫讓或許也努力過了，只是無法實現。因此，豫讓在智
伯死後，才會以入宮塗廁、漆身吞炭等拙劣的刺殺手法，行刺趙襄子，最
後也送上性命。刺客的抉擇，在其回報知遇之恩的真切誠摯，而知遇的認
知，只要他人能賞識我的才幹，就是知己，即使他要我去殺人復仇，刺客
也是全力以赴。這樣的知己認定，就後代讀者而言，或許有些輕易，然
而，就這些刺客來說，一生得一知我者，就已足夠。這就是司馬遷「自曹
沫至荊軻五人，此其義或成或不成，然其立意較然，不欺其志，名垂後
世，豈妄也哉！」（〈刺客列傳〉之太史公曰，頁1033）司馬遷不以成敗
論英雄，也不會批判刺客對知己的認定，而是非常肯定其堅持為知己戮力
的抉擇。

三、商榷司馬遷的書寫

　　王安石史傳散文的翻案手法，除了針對世俗的見解之外，也有直接針
對司馬遷《史記》的商榷。例如，王安石對於司馬遷把孔子列入世家，就
不以為然，他說：

> 太史公敘帝王則曰本紀，公侯傳國則曰世家，公卿特起則
> 曰列傳，此其例也。其列孔子為世家，奚其進退無所據
> 耶？孔子，旅人也，棲棲衰季之世，無尺土之柄，此列之
> 以傳宜矣，曷為世家哉？豈以仲尼躬將聖之資，其教化之
> 盛，為奕萬世，故為之世家以抗之？又非極摯之論也。夫
> 仲尼之才，帝王可也，何特公侯哉？仲尼之道，世天下可

也，何特世其家哉？處之世家，仲尼之道不從而大；置之
列傳，仲尼之道不從而小。而遷也尊亂其例，所謂多所抵
牾者也。[10]

王安石認爲，司馬遷把孔子列入世家是自亂體例。王安石指出，司馬遷創
立五體，本紀以帝王爲主，世家則是輔弼帝王的皇室子弟、文武功臣。孔
子列入世家，顯然自亂體例。司馬遷對於五體的體例有其明確的界定：關
於本紀，「上記軒轅，下至於茲，著十二本紀，既科條之矣。」（〈太史
公自序〉，頁1380）主要是從黃帝到漢武帝，二千五百年間的統治者，
多數是帝王，可是不一定是帝王，例如，項羽、呂太后。科條，是科分條
列，本紀作爲《史記》全書的綱要，以編年體爲主。關於世家，「二十八
宿環北辰，三十輻共一轂，運行無窮，輔拂股肱之臣配焉，忠信行道，以
奉主上，作三十世家。」（〈太史公自序〉，頁1380）司馬遷指出列入世
家的兩個條件：一是輔弼皇室的大臣；一是能勵行忠信。例如，漢初三功
臣中，蕭何、張良列入世家，因謀反被斬首的韓信，因不符忠信，則放入
列傳。司馬遷把孔子列入世家，誠如王安石所言，是尊崇其至聖的地位，
司馬遷在〈孔子世家〉太史公曰，從文化傳承與影響的角度，推崇孔子爲
至聖，文化超越政治，影響力更勝政治，司馬遷對孔子的評價有其合理性
與超越性。司馬遷既然高度推崇孔子，把他放在世家，而非列傳，爲何不
直接放入本紀呢？如前所言，本紀的傳主都是掌握實權的統治者，孔子放
入本紀，眞的就是自亂體例，並不合適。再者，孔子的地位不會因爲《史
記》置於五體何處而有所升降，不過，我們仍可注意，孔子聖者的評價，
司馬遷的〈孔子世家〉仍是重要的里程碑。孔子列入世家，是推崇其在文
化上的巨大貢獻與尊崇地位，也符合世家輔弼之臣與忠信行道的兩個原
則，司馬遷並未自亂體例，王安石的評論，顯然還有商榷的餘地。

---

[10] 北宋・王安石撰，李之亮箋注：《王荊公文集箋注》，頁12。

　　王安石對於〈伯夷列傳〉中伯夷事蹟的記載，提出質疑。王安石質疑的重點在於伯夷、叔齊對於武王伐紂的不以爲然，而有叩馬而諫，進而指責武王不仁不孝。《史記‧伯夷列傳》載：

> 伯夷、叔齊，孤竹君之二子也。父欲立叔齊，及父卒，叔齊讓伯夷。伯夷曰：「父命也。」遂逃去。叔齊亦不肯立而逃之。國人立其中子。於是伯夷、叔齊聞西伯昌善養老，盍往歸焉。及至，西伯卒，武王載木主，號爲文王，東伐紂。伯夷、叔齊叩馬而諫曰：「父死不葬，爰及干戈，可謂孝乎？以臣弒君，可謂仁乎？」左右欲兵之。太公曰：「此義人也。」扶而去之。武王已平殷亂，天下宗周，而伯夷、叔齊恥之，義不食周粟，隱於首陽山，采薇而食之。及餓且死，作歌。其辭曰：「登彼西山兮，采其薇矣。以暴易暴兮，不知其非矣。神農、虞、夏忽焉沒兮，我安適歸矣？于嗟徂兮，命之衰矣！」遂餓死於首陽山。[11]

《史記‧伯夷列傳》作爲列傳的首篇，有幾個重要的內涵：一是崇尚讓國；二是列傳起始於商末周初的伯夷，是根據孔子的評價；三是文獻取捨以六經爲主。王安石的質疑，就從聖賢之論入手，王氏曰：

> 事有出於千世之前，聖賢辯之甚詳而明，然後世不深考之，因以偏見獨識，遂以爲說，既失其本，而學士大夫共守之不爲變者，蓋有之矣，伯夷是也。[12]

---

[11] 西漢‧司馬遷著，日‧瀧川龜太郎：《史記會注考證‧伯夷列傳》，頁847。

[12] 北宋‧王安石撰，李之亮箋注：《王荊公文集箋注》，頁964。

王安石認為，伯夷叔齊的事蹟，聖賢已經清楚描述、評論了，原本應該是
很清楚的，可是後來的學者卻偏離聖賢旨意，斷以己意，然而，這樣的偏
見卻積非成是，無人破除。關於伯夷的事蹟，王安石爬梳了孔子與孟子的
相關意見，孔子對伯夷無怨的評價：「不念舊惡，怨是用希。」、「求仁
得仁，又何怨。」以及「不降其志，不辱其身。」[13]的逸民。孟子的部分
則是聖之清者、百世之師的評價，具體事蹟包括避居北海之濱，廉潔的處
世原則等。接著，王安石批評司馬遷與韓愈，未能深細考察聖賢心意，而
將伯夷的事蹟誤導，尤其是司馬遷。王安石曰：

> 司馬遷以武王伐紂，伯夷叩馬而諫，天下宗周而恥之，義
> 不食周粟，而為〈采薇之歌〉。韓子因之，亦為之頌，以
> 為微二子，亂臣賊子接跡於後世。[14]

司馬遷寫伯夷、叔齊想要歸養西伯，無奈到達時，文王已死，武王正統帥
大軍，西進伐紂。伯夷叩馬而諫，批評武王不仁不孝。在武王一統天下之
後，選擇恥不食周粟，因而餓死首陽山。韓愈接續司馬遷的記載，寫〈伯
夷頌〉歌詠伯夷有自知之明，堅持理想。[15]王安石則深不以為然，他駁斥
說：

13　語見《論語・公冶長》、〈述而〉、〈微子〉，參見南宋・朱熹：《四書章句集注》（臺北市：大
　　安出版社，1994），頁110、129、260。

14　《王荊公文集箋注・伯夷》，頁965。

15　韓愈：〈伯夷頌〉：「士之特立獨行，適於義而已。不顧人之是非，皆豪傑之士，通道篤而自知明
　　也。……當殷之亡，周之興，微子賢也，抱祭器而去之。武王，周公，聖也，從天下之賢士，與天
　　下之諸侯，而往攻之，未嘗有非之者也。彼伯夷、叔齊者，乃獨以為不可。殷既滅矣，天下宗周，
　　彼二子乃獨恥食其粟，餓死而不顧。由是而言，夫豈有求而為哉？通道篤而自知明也。……夫聖
　　人，乃萬世之標準也，余故曰：若伯夷者，特立獨行，窮天地亙萬世不顧者也。雖然，非二子，亂
　　臣賊子接跡於後世矣。」韓愈特別推崇伯夷、叔齊的特立獨行，以及對於信念理想的堅持，這樣的
　　品格讓後人景仰、效學。

夫商衰，而紂以不仁殘天下，天下孰不病紂？而尤者，伯
夷也。嘗與太公聞西伯善養老，欲夷紂者，二人之心，豈
有異邪？及武王一奮，太公相之，遂出元元於塗炭中，伯
夷乃不與，何哉？蓋二老所謂天下之大老，行年八十餘，
而春秋固已高矣。自海濱而趨文王之都，計亦數千里之
遠，文王之興以至於武王之世，歲亦不下十數，豈伯夷欲
歸西伯而志不遂，乃死于北海邪？抑來而死于道路邪？抑
其至於文王之都而不足以集武王之世而死邪？如是而言
伯夷，其亦理有不存者也。且武王倡大義于天下，太公相
而成之，而獨以爲非，豈伯夷乎？天下之道二，仁與不仁
也。紂之爲君，不仁也；武王之爲君，仁也。伯夷固不事
不仁之紂，以待仁而後出。武王之人焉，又不事之，則伯
夷何處乎？……嗚呼，使伯夷之不死，以及武王之時，其
烈豈減太公哉！[16]

王安石的意見是在《孟子》的經典基礎上開展出來。孟子認爲桀紂等暴君
是殘賊人民的獨夫，人人得而誅之。[17]而伯夷在處世的原則是非其人、其
處則不同處，對於污濁的人、事皆避而遠之。他選擇隱居北海之濱，就是
要避開商紂的暴政。王安石提出幾個面向的思考，首先，伯夷與太公都選
擇隱於海濱，表達對於商紂的鄙棄，當太公輔佐武王伐紂，就在實現伯夷
的理想，伯夷如果反對，就是立場前後不一。再者，或許是伯夷年長力
衰，無法負擔北海之濱到西伯之都的遙遠路程，雖然想歸老西伯，最後，
可能沒有前往，或者死於路上，或者抵達了，卻等不到武王伐紂。最重要

---

[16] 《王荊公文集箋注・伯夷》，頁965。

[17] 《孟子・梁惠王下》：「賊仁者謂之賊，賊義者謂之殘，殘賊之人謂之一夫。聞誅一夫紂矣，末聞
弑君也。」見《四書章句集注》，頁306。

的是，仁與不仁的界線分明，不容模糊。伯夷既然鄙棄暴君商紂，武王興
仁義之師討伐商紂，與伯夷立場一致，價值相同。因此，伯夷不會，也不
能反對武王伐紂；不但不會反對，而且還會戮力協助伐紂的仁義之舉。王
安石的批評有其正當性，其推論與印證，雖有部分揣度之處，整體而言，
有經典根據，在文獻上也比較站得住腳。清代梁玉繩舉出十個理由駁斥司
馬遷關於〈伯夷列傳〉的真實性。包括伯夷抵達周都的時間，根據《孟
子》，是在文王為西伯之時，而非文王逝世之際。[18]武王伐紂是在繼位後
十一年，伯夷「父死不葬」毫無根據。武王伐紂之時，伯夷已經待在周
地，不在武王謀略伐紂之際勸諫，卻選在出兵多時叩馬而諫，時間也不
合理。[19]因此，梁玉繩認為《史記》的〈伯夷列傳〉關於伯夷、叔齊的事
蹟，是沒有充分文獻根據的臆測。

　　關於子貢遊說齊國等，以保全魯國的事蹟。[20]王安石也不同意《史

---

[18] 《孟子‧離婁上》：「伯夷辟紂，居北海之濱，聞文王作，興曰：盍歸乎來！吾聞西伯善養老者。
太公辟紂，居東海之濱，聞文王作，興曰：盍歸乎來！吾聞西伯善養老者。二老者，天下之大老
也，而歸之，是天下之父歸之也。」參見《四書章句集注》，頁395。

[19] 參見清‧梁玉繩：《史記志疑》，卷二十七（北京：中華書局，1981），頁1182-1184。

[20] 《史記‧仲尼弟子列傳》：「田常欲作亂於齊，憚高、國、鮑、晏，故移其兵欲以伐魯。孔子聞
之，謂門弟子曰：『夫魯，墳墓所處，父母之國，國危如此，二三子何為莫出？』子路請出，孔子
止之。子張、子石請行，孔子弗許。子貢請行，孔子許之。遂行，至齊，說田常曰：『君之伐魯
過矣。夫魯，難伐之國，其城薄以卑，其地狹以泄，其君愚而不仁，大臣偽而無用，其士民又惡甲
兵之事，此不可與戰。君不如伐吳。夫吳，城高以厚，地廣以深，甲堅以新，士選以飽，重器精兵
盡在其中，又使明大夫守之，此易伐也。』田常忿然作色曰：『子之所難，人之所易；子之所易，
人之所難：而以教常，何也？』子貢曰：『臣聞之，憂在內者攻強，憂在外者攻弱。今君憂在內。
吾聞君三封而三不成者，大臣有不聽者也。今君破魯以廣齊，戰勝以驕主，破國以尊臣，而君之功
不與焉，則交日疏於主。是君上驕主心，下恣群臣，求以成大事，難矣。夫上驕則恣，臣驕則爭，
是君上與主有郤，下與大臣交爭也。如此，則君之立於齊危矣。故曰不如伐吳。伐吳不勝，民人外
死，大臣內空，是君上無彊臣之敵，下無民人之過，孤主制齊者唯君也。』田常曰：『善。雖然，
吾兵業已加魯矣，去而之吳，大臣疑我，奈何？』子貢曰：『君按兵無伐，臣請往使吳王，令之救
魯而伐齊，君因以兵迎之。』田常許之，使子貢南見吳王。……故子貢一出，存魯，亂齊，破吳，
強晉而霸越。子貢一使，使勢相破，十年之中，五國各有變。」文長，僅摘錄一段，仍可看出孔子
對於祖國蒙難的憂心，以及子貢由說之辭。參見瀧川龜太郎：《史記會注考證》，頁881-882。

記》的內容，荊公曰：

> 《史記》曰：齊伐魯，孔子聞之，曰：「魯，墳墓之國，
> 國危如此，二三子何爲莫出？」子貢因行，說齊以伐吳，
> 說吳以救魯，復說越，復說晉，五國由是交兵，或強，或
> 破，或亂，或霸，卒以存魯。觀其言，跡其事，乃與夫
> 儀、秦、軫、代無以異也。嗟乎！孔子曰：「己所不欲，
> 勿施於人。」己以墳墓之國而欲全之，則齊、吳之人，豈
> 無是心哉，奈何使之亂歟？吾所以知傳者之妄，一也。于
> 史考之，當是時，孔子、子貢窮爲匹夫，非有卿相之位，
> 萬鐘之祿也，何以憂患爲哉？然則異于顏回之道矣。吾所
> 以知其傳者之妄，二也。墳墓之國，雖君子之所重，然豈有
> 憂患而謀爲不義哉？借使有憂患爲謀之義，則豈可以變詐之
> 說亡人之國而求自存哉？吾所以知其傳者之妄，三也。[21]

王安石從價值抉擇的角度，質疑子貢在孔子支持下，前往齊、吳等國遊
說，保全了魯國，卻造成齊國動盪、吳國滅亡等國際混亂的局面，這明顯
違背了孔子的恕道。此外，孔子、子貢並非魯國公卿，也沒有獲得魯君的
授權，如何從事這麼大規模的外交斡旋。最後，即使保全祖國的目的具正
當性，巧詐的手段仍是不合道義的。子貢遊說充滿縱橫家的習氣，與儒者
顯然不同。所以，王安石總結說：「苟不義而能釋君之憂，除民之患，賢
者亦不爲矣。」目的與手段的正當性必須同時關顧。更關鍵的是，子貢用
權詐之言，不顧他國的做法，全然背離了儒者的精神。王安石對於儒者的
抉擇，有清楚的辨析，他說：「夫所謂儒者，用於君則憂君之憂，食於
民則患民之患，在下而不用，則修身而已。」（《王荊公文集箋注・子

---

[21] 《王荊公文集箋注・子貢》，巴蜀書社2005年版，頁975。

貢》，頁975）儒者的抉擇，誠如孟子所言，得志，澤加於民；不得志，修身見於世。窮則獨善其身，達則兼善天下。進退出處，不外乎自身心靈的提升，以及分國君之憂、解百姓之患。得志、不得志，並非我能決定；學與不學，學什麼，則是我可以完全自主。王安石在此文中舉大禹、顏回為例，大禹治水是為堯分憂，為民除患；顏回的時代，禮壞樂崩，民無措足之處，然而，其處民間，獨居陋巷，不改其樂。兩者都是體現仁道，符順道義的正確抉擇。反觀《史記·仲尼弟子列傳》的這段記載，孔子與子貢的抉擇完全不符合儒家的抉擇，遊說又充滿縱橫家的辭氣，王安石的質疑相當有力。與王安石同時代的蘇轍，則從文獻的角度，提出質疑，蘇轍曰：

> 齊之伐魯，本於悼公之怒季姬，而非陳恒。吳之伐齊，本怒悼公之反復，而非子貢。吳、齊之戰，陳乞猶在，而恒未任事。所記皆非，蓋戰國說客設為子貢之辭以自托於孔氏，而太史公信之耳。[22]

蘇轍從文獻的真實性提出質疑。齊伐魯，其實是齊悼公不滿季姬私通季魴侯，而吳、齊之戰，齊國的主政大臣並非陳恒。司馬遷此段記載所參考的史料，勉強牽合處甚多，蘇轍認為，是縱橫家假託子貢之辭，而司馬遷誤信而採用。清代梁玉繩對於此段記載有更詳細的辯證，梁氏曰：

> 子貢使齊在哀十五年魯與齊平之後，為成叛故，何得強相牽引。……黃池之會距戰艾陵二年，何言吳王不歸以兵臨晉？……會黃池歸與越平，在哀十三年，越滅吳在哀二十二年，何云會黃池歸與越戰不勝見殺？越滅吳稱

---

22 北宋·蘇轍：《古史》，卷三十二，頁17。

霸，在孔子卒後七年，何云子貢之出孔子使之？五國之事
會，與子貢無干，何云子貢存魯、亂齊、破吳、強晉、霸
越？……傾人之邦，以存宗國，何以爲孔子？縱橫捭闔，
不顧義理，何以爲子貢？即其所言，了無一實，而津津道
之。……其爲六國時之妄談可見。[23]

梁玉繩總結了文獻真實與價值抉擇兩個角度，細膩的指出，子貢使齊的記
載，在文獻方面，不論從事件背景、年代精確等都錯謬百出；在價值抉擇
上，孔子與子貢的形象背離了儒家的根本精神。

四、結語

　　宋人好翻案，王安石亦然。本章考察王安石史傳散文中，《史記》
相關篇章的翻案手法，包括商榷世俗看法以及商榷司馬遷的書寫。〈讀孟
嘗君傳〉中，荊公順承太史公的見解，對孟嘗君得士與否，提出與世俗相
反的見解。可見王安石對於《史記》深入有得，這在〈伍子胥廟銘〉也可
以得到印證。王安石〈孔子世家議〉，認爲司馬遷把孔子放在世家，是自
亂體例。然而，就司馬遷對五體的界定，列入世家要具備輔弼王室與忠信
行道兩個條件，孔子以文化傳世，對於政局的長治久安貢獻良多，聖者當
然篤行忠信，堅持理想。兩個條件都具足了，孔子理當可以列入世家。此
外，王安石對〈伯夷列傳〉中伯夷、叔齊叩馬而諫的相關記載，以及〈仲
尼弟子列傳〉中子貢使齊的書寫，都提出質疑，其批評聚焦在價值的抉
擇，如果再輔以清朝梁玉繩《史記志疑》的文獻考核，可以看到王安石聚
焦價值抉擇的特出觀點，以及真知灼見。

---

[23] 清‧梁玉繩：《史記志疑》，卷二十八，頁1214。

第三章
《史記》之新城人物探析
兼及王漁洋的相關詩篇

一、前言

　　歷史上的傑出人物各有不同的成就、功業，然而，其心靈中高貴的特質，如仁慈、利他、剛直等，卻有相通之處。司馬遷的《史記》，首創紀傳體的通史，以人物爲歷史的中心，刻畫了許多典型人物，影響後代士人。清代康熙朝的代表性文人王漁洋，在仕途、文學上都有非常高的成就，號稱一代文宗，他出身山東新城文學世家，對《史記》相當熟悉，曾寫詩歌詠《史記》中的故里前賢，包括魯仲連、轅固生，本章透過漁洋的詩與《史記》、《戰國策》對讀互證，希望勾勒出山東省新城地區傳之久遠的剛直、睿智與瀟灑的士風。

　　王士禛（1634-1711），字貽上，號阮亭，別號漁洋山人，人稱王漁洋，山東新城（今山東桓臺）人，生於明思宗崇禎七年，卒於清聖祖康熙五十年，享年七十七歲。漁洋進士出身，康熙年間官至刑部尚書，是清代著名文人，工詩文，勤著述，著作有《漁洋精華錄》、《池北偶談》等。

　　筆者岳父畢雁平先生出身山東桓臺，1949年，十八歲的他隨國民黨軍隊來到臺灣，1993年返鄉探親，重返家鄉。岳父晚年，每年都在山東桓臺居住半年以上，對於山東桓臺，我有一種近乎家鄉的熟悉感。2009年，王漁洋紀念館魏館長拜訪岳父，希望岳父能幫忙查詢臺灣研究王漁洋的資料，在魏館長多次的邀約之下，岳父應允，並且囑咐我協助魏館長蒐集資料，當年，我陪內人返鄉探望岳父，也和魏館長見了面。後來，我和研究

生邱建榮完成了〈王漁洋研究成果概覽——臺灣篇〉，並發表在《王漁洋文化》2010年第3期。今年，欣聞王漁洋國際研討會在桓臺召開，魏館長希望我能寫一篇文章。對於這位桓臺鄉賢，我有初步的認識，更懷著深深的敬重，然而，詩學並非我的學術專長，深怕率爾操觚，唐突古人。後來，仔細拜讀《漁洋精華錄》，發現漁洋山人的詩，有一些歌詠鄉賢的作品。因此，我就以這幾年專注的《史記》研究中，找到漁洋歌詠的幾位新城的人物，或者在新城有遺跡的前賢，包括魯仲連、顏斶、轅固生等人，這些戰國至漢代的鄉賢，在《史記》、《戰國策》有相關列傳或記載，現在的桓臺還有相關的遺址。基於上述，本章的材料主要是從漁洋〈冬日偶然作〉、〈懷古詩〉等組詩入手，再參照相關史籍的內容，一方面看到歷代新城人才輩出，彰顯新城學風鼎盛；一方面從漁洋的詩歌中，可見到漁洋對這些同鄉賢達的敬重與嚮往，從史傳與詩作的參照閱讀，我們也可以隱約看到新城承傳千年的士人人格。

二、魯仲連

魯仲連（B.C.305-245？），[1]戰國時期的特出人士，齊國人，著有《魯連子》十四篇，《漢書·藝文志》著錄在儒家，已亡佚，清朝馬國翰有輯本。今山東省荏平縣馮官屯鎮望魯村有魯仲連故宅、魯仲連祠、魯仲連墓。[2]在新城的錦秋湖（今馬踏湖）邊，也有魯仲連陂，相傳是魯仲連故居。[3]司馬遷特別激賞其能排難解紛，解除圍城攻伐的禍害，又不在乎名位的超然瀟灑。《史記·太史公自序》：「能設詭說，解患於圍城，輕

---

[1]　魯仲連的生卒年不詳，此根據錢穆的說法。參見氏著：《先秦諸子繫年·魯仲連考》（臺北：聯經出版社，1998），頁545-549。

[2]　參見牛占誠、周之楨修纂：《荏（案：當作茌）平縣誌》，1935年鉛印本。

[3]　王漁洋：「新城東北錦秋湖上，有魯仲連陂，傳為魯仲連所居。」《池北偶談·談獻六之五·魯仲連》，收在《山東文獻集成》，第三輯（濟南：山東大學出版社影印清康熙三十九年王廷掄汀州府署刻本），卷九，頁1。錦秋湖即是今日馬踏湖，2014年，馬踏湖正在整治，筆者無法現場踏查，不知魯仲連陂是否仍在。

爵祿，樂肆志，作〈魯仲連鄒陽列傳〉。」[4]司馬遷將戰國的魯仲連與漢代的鄒陽以合傳的方式呈現，不過，從〈太史公自序〉只說魯仲連，篇後論贊又曰：「鄒陽，……可謂抗直不撓矣，吾是以附之列傳焉。」可見全篇列傳仍是以魯仲連爲主，鄒陽爲輔。[5]

史公以兩件事寫魯仲連：「義不帝秦」、「與燕將書」。

趙孝成王六年（B.C.260），秦將白起在長平大敗趙軍，坑殺四十多萬，趙國元氣大傷，六國震動。秦國大軍逐趁勢圍攻邯鄲，趙國危亡之際，向各國求援。魏安釐王雖然派晉鄙帥十萬大軍救趙，卻在蕩陰停駐不前，兩邊觀望。[6]此外，魏王還派了客卿新垣衍遊說趙王讓秦稱帝，認爲這樣就能解邯鄲之圍。當時，魯仲連正在趙國，就透由平原君與新垣衍直接對話。然而，魯仲連見到新垣衍卻不說話，新垣衍以魯仲連既然無求於平原君（趙國），爲何不趕快離開圍城邯鄲？新垣衍以半威脅半挑釁的口氣，勸魯仲連不要多管閒事，保命才是上策。魯仲連的回應非常有力量，他先以言行高潔、鄙薄世俗的鮑焦[7]自比，認爲鮑焦不是想不開自裁，而

4　《史記‧魯仲連鄒陽列傳》之太史公論贊也強調：「余多其在布衣之位，蕩然肆志，不詘於諸侯，談說於當世，折卿相之權。」參見日‧瀧川龜太郎：《史記會注考證》（臺北：萬卷樓圖書出版有限公司，1993），頁1008。

5　關於魯仲連與鄒陽合傳，清代李景星說：「魯仲連、鄒陽，中間相距百歲，時異代隔，絕無連絡，而太史公合爲一傳，以其性情同也。觀贊語，於魯仲連則曰：『不詘於諸侯』；於鄒陽則曰：『亦可謂亢直不撓矣』。不詘不撓，乃能獨行其是，而爲天地間不易多、不可少之人，雖所處之地位不同，要騎不磨之志氣俱在也。」李氏指出，魯仲連、鄒陽合傳的主要原因，在於兩人剛直不屈的性情。參見氏著：《史記評議》（長沙市：岳麓書社，1986），頁76-77。

6　關於晉鄙率領的魏國軍隊在何處停駐不前，〈魯仲連鄒陽列傳〉說在「蕩陰」；〈魏公子列傳〉說在「鄴」，不知何者爲是。

7　鮑焦的事蹟見《韓詩外傳》、《莊子‧盜跖》。鮑焦，周朝隱士，飾行非世，廉潔自守。子貢遇之，謂之曰：「吾聞之：非其世者，不生其利；汙其君者，不履其土。非其世而持其蔬……，其誰有之哉？」鮑焦曰：『於戲！吾聞賢者重進而輕退，廉者易愧而輕死。』於是棄其蔬而立槁於洛水之上。」參見賴炎元：《韓詩外傳今註今譯》（臺北：臺灣商務印書館，1981），卷一，頁32-33。可見鮑焦是一位高潔之士，對於濁惡的世俗不堪忍受，爲了維護自身的高潔，不惜犧牲性命。這正是魯仲連的人格特質，也是他的處事原則。

是以高潔的靈魂，不願在濁世苟活。這是魯仲連的自我生命宣告：生命中獨特的價值不容惡劣的環境摧毀，如果需要捍衛生命的獨特性，離群索居或者犧牲生命都在所不惜。因此，面對「棄禮義尙首功」、「權使其士，虜使其民」的虎狼政權，魯仲連個人不願意受其統治，而有「蹈東海而死」之志。在外交策略上，魯仲連主張面對貪婪無厭的強秦，不可姑息示弱，尊秦爲帝無異助紂爲虐，無助於解邯鄲之圍。魯仲連批判新垣衍「帝秦」的策略之餘，仍善巧的肯定其幫助趙國的善意，這一點也是兩人的共識。因此，新垣衍在魯仲連堅定而友善的言詞之後，請問魯仲連要如何幫助趙國解圍，兩人從對立變成同一立場，對話也變得不一樣。魯仲連從國際情勢分析，齊、楚兩大強權不希望秦國壯大，當然會站在趙國這邊。燕國與秦國也素不友善，勸說助趙不成問題。魏國助趙的利弊得失如何，魏安釐王、新垣衍的考量顯然與魯仲連不同。魯仲連先以齊威王對周烈王先朝後罵爲例，周烈王雖然已經式微，還是有天子的排場與脾氣；齊威王前尊後罵則自失立場，徒留笑柄。齊威王之所以如此，是認爲周朝抨擊齊國在烈王崩殂時後至的責求太嚴苛。魯仲連舉齊威王爲例，是暗喻魏國若尊秦爲帝，面對秦國無止盡的需求，魏國將陷入類似齊威王進退兩難的處境，最後自失立場，貽笑大方。新垣衍則以主僕爲例，十幾個僕人跟隨一個主人是畏於主人的威勢，不得不然。魯仲連則駁斥其以主、僕關係比喻秦、魏兩國的關係是自我矮化，畢竟秦、魏都是萬乘之國，理當平起平坐，與主僕的上下關係截然不同。接著，魯仲連預言支持秦國稱帝，魏王將被秦王烹殺。魯仲連以商紂烹囚三公：鄂侯、九侯與文王爲例，稱王仍難逃被殺，究其原因，在於權勢落入帝王手中，如果生殺由人，王侯也難逃被宰制的命運。因此，魯仲連再舉齊湣王出逃，要求魯國以天子的規格接待他，魯國閉門拒絕；經過鄒國，要求以天子規格弔唁鄒國國君，鄒國拒絕其過境。鄒、魯小國，面對齊國這樣的大國踰越禮數的要求，都能義正辭嚴的拒絕，保有國家的尊嚴，難道魏國看到同爲萬乘之國的秦國強大之後，就卑躬屈膝的甘爲奴僕嗎？這是從主觀心態上，批評魏國支持秦國

稱帝，無疑在兩國互動中，交出主動權，甘居下流，讓對方予取予求。接著，貪得無厭的秦國當然可以任意變置臣子之位，再安插秦國的女子在梁國宮中，爲梁國的嬪妃，到時，不但魏國國君的處境危如累卵，新垣衍的得寵也將灰飛煙滅。魯仲連如理如情的說法，讓新垣衍恍然大悟，不但稱讚魯仲連爲天下名士，並說再也不敢主張尊秦爲帝了。

魯仲連一番言詞，擋下魏國帝秦的想法，趙國獲得東方各國的奧援則成定局，秦軍因此退兵五十里。後來，魏公子奪晉鄙十萬大軍救趙，聯合各國援軍，解救了邯鄲之圍。

平原君提議要封魯仲連、以千金祝壽，都被魯仲連拒絕，他說：

> 所貴於天下之士者，爲人排患釋難解紛亂而無取也，即有
> 取者，是商賈之事也，而連不忍爲也。[8]

魯仲連志在爲人排難解紛，如果收取任何回報的話，無異於商人的買賣。因此，他不但拒絕了平原君的封賞，還終身不願再見到平原君，充分顯示其不謀利祿的高尚情操。[9]

燕王喜五年（齊王建十五年，B.C.250）[10]，燕國攻下齊國聊城，燕將受讒言不敢回國，遂堅守聊城，齊軍久攻不下，一年多了都無法收復失土，雙方傷亡慘重，這是一個兩難的局面。魯仲連積極謀求解套之道，他寫了一封信，綁在箭上射入聊城，勸降燕國將領。首先，魯仲連指出，燕國將領死守聊城，是不忠、不勇、不智的行爲。所謂的不忠，是將領只從

---

[8] 《史記·魯仲連鄒陽列傳》，頁1002。

[9] 爲人排難解紛，而拒絕利祿封賞的高潔之士，還有〈魏公子列傳〉中的侯生，魏公子以厚禮邀請侯生入其門下，侯生卻以「臣修身絜行數十年，終不以監門困故而受公子財。」拒絕，顯然也不願被財貨收買。參見〈魏公子列傳〉，頁962。

[10] 《史記·魯仲連鄒陽列傳》載：「其後二十餘年」，本文據楊寬《戰國史》訂爲西元前250年，距秦趙長平之戰十年。

自身利害考量，燕國國君命令不能下達貫徹；至於不勇、不智，則是燕將明知勝利無望，卻堅守聊城，終究城破身亡，不但無法成就個人功業，更連累無辜的士兵百姓。因此，燕將困守聊城是不智之舉。再者，就整個國際局勢而言，齊、秦和解，齊國雖然受到楚國威脅，卻以保住濟北的聊城為上，因此，聊城燕軍雖然已經堅守一年多了，然而，接下來的是將面臨齊國舉國的軍隊，而無任何國際奧援的孤立處境。燕國境內，燕王喜四年（B.C.251），燕將栗腹統帥十萬大軍，原本想在新敗的趙國身上討點便宜，沒想到在趙國遭受重大的挫敗，成為國際笑話，舉國憂懼不安。因此，魯仲連一方面肯定燕國將領能守住聊城一年多，兼具防守能力與用兵才華，也中肯的提出建議：上策是能全身而退，回到燕國，必定受到燕國君民的歡迎，後繼以身居重位，輔助國君，建立功業；或者留在齊國，也能獲得封賞，與強大的齊國共享尊位、財富。最後，魯仲連以齊相管仲、魯將曹沫為例，指出為了成就大事業，不可拘於小節，期勉站在生命抉擇關鍵點的燕國守將，能擺脫一時意氣，為自己的千秋功業作出正確的抉擇。燕將看了魯仲連的信，感動莫名，然而卻猶豫不決，他們雖然認同魯仲連的建議，應該再回燕、留齊之間作一抉擇，不過他們也擔心，回到燕國，會不會因為之前的嫌隙而被殺；留在齊國，戰場上一年多來的殺戮，這筆恩怨如何了卻，最後，在勝利無望，抉擇兩難的情況下，燕將選擇自殺。這當然不是最佳的選擇，不過，比起燕、齊兩軍繼續對峙、殺伐，這樣的結果也是把傷害降到最低。[11]最後，齊國軍隊收復了聊城。[12]田單感謝

---

11 在聊城東門外原有一座磚石築成的高臺，臺下拱門仕進城必經之地。臺的兩側各有石刻，東書「魯仲連臺」，西寫「曠古高風」，可惜毀於1937年的洪水。參見聊城文化部落〈魯仲連排難解紛——發生在聊城的美德故事之六〉，http://fjthk.now.cn:7751/blog.sina.com.cn/s/blog_4af2df930100jkvp.html，檢索日期：2014.06.10

12 《史記‧魯仲連鄒陽列傳》載：「聊城亂，田單遂屠聊城。」關於燕將是否自殺，田單是否屠城，今本《戰國策‧齊策六》有不同的記載：「燕曰：『敬聞命矣。』因罷兵到讀而去。故解齊國之圍，救百姓之死，仲連之說也。」參見諸祖耿編撰：《戰國策集注匯考》，南京：鳳凰出版社，2008，頁669。清朝梁玉繩認為《戰國策》的記載比較符合史實，魯仲連的初衷在於罷兵，保全

魯仲連，想邀請他當官，魯仲連表明：「吾與富貴而詘於人，寧貧賤而輕世肆志焉。」（《史記‧魯仲連鄒陽列傳》，頁1004）並且逃隱海上。

關於魯仲連的事蹟，受到歷代士人的歌頌，晉朝左思以「成功不受賞，高潔卓不群」讚美魯仲連，唐代李白〈古風〉：

> 齊有倜儻生，魯連特高妙。明月出海底，一朝開光曜。
> 卻秦振英聲，後世仰末照。意輕千金贈，顧向平原笑。
> 吾亦淡蕩人，拂衣可同調。[13]

詩仙李白在這首詩中表達了對魯仲連人格的崇敬與嚮往，詩的開頭就以「倜儻生」、「特高妙」稱頌魯仲連，接著，以「明月」象徵他的人格，以「卻秦」表彰他的功績，更難得的是，魯仲連不願與世俗同流，不受爵祿。李白以「淡蕩」總結魯仲連，也是他自我生命的祈向與寫照。[14]宋代蘇軾、蘇轍、文天祥也都傾慕魯仲連的人格。蘇轍標舉魯仲連特出獨絕，是戰國士人第一。[15]文天祥：「初學蘇子卿，終慕魯仲連」、「千古皆有

燕、齊軍民的生命，如果最後的結果是田單屠城，不但違背了魯仲連的初衷，這件事也就不值得頌揚了。此外，田單身為齊將，也沒有屠聊城的動機。參見氏著《史記志疑》（北京：中華書局，1981），頁1299。

[13] 參見李白：〈古風〉五十九首其十，收在《李太白全集》（臺北：世界書局，1997），卷二，頁94。

[14] 李白的其他詩作中也有類似的讚佩，例如：「終然不受賞，羞與時人同。」（〈五月東魯行答汶翁〉）、「所冀旄頭滅，功成追魯連。」（〈在水軍宴贈幕府諸侍御〉）可參看。

[15] 蘇軾〈安期生〉一詩的引言：「故意戰國之士，如魯連、虞卿，皆得道者歟？」其詩曰：「應如魯仲連，抵掌吐長虹。」（《蘇軾全集》，卷二十四）在戰國是人中獨標魯仲連。蘇轍《古史》：「戰國游談之士，非縱即橫，說行交合，寵祿附之。故事不厭詭詐，爭走於利。魯仲連辯過儀、秦，氣凌髡、衍，而縱橫之利不入於口。因事放言，切中機會，不終日而成功，逃避爵賞，脫屣而去。戰國中一人而已。」蘇轍把魯連與趙國縱橫之士比較，縱橫家以順為正，沒有宗旨、缺乏高遠的價值追求，只著眼個人的名利祿位。魯仲連則能力過之，又有崇高的志向、高潔的人格，為人排難解紛，不圖謀祿位，是戰國特出之士。

死，義不汙腥膻」（〈高沙道中〉）對魯連充滿景仰之情。清朝王漁洋則有兩首關於魯仲連的詩，第一首是〈魯仲連陂〉：

> 七雄既龍鬬，陳寶歸嬴秦。師出函谷關，六國咸逡巡。
> 邯鄲日夜急，咄嗟誰解紛？蕩陰師既頓，新衍謀豈倫。
> 先生畫奇策，長揖平原君。僕妾愧萬乘，大義明君臣。
> 縱橫數千言，顧卻虎狼軍。功成不受賞，飄然歸海垠。
> 蹈海既高義，肆志寧辱身？至今齊趙士，倜儻希清塵。
> 我來古陂上，遺祠蔓荒榛。覽道竄倉鼠，天風吹白蘋。
> 緬懷田巴語，景行跂千春。[16]

這是創作於順治十五年（1658）組詩的其中一首，包括〈魯仲連陂〉、〈顏斶墓〉、〈轅固里〉三首詩，都是王漁洋家鄉新城的先賢，二十四歲的漁洋遊賞遺跡，發而為詩。〈魯仲連陂〉表彰魯仲連的智慧、義行，尤其對魯連義不帝秦、不受爵祿的事蹟大加褒揚，並且指出，這樣的義舉嘉行，深深影響齊魯之士，對形塑齊魯地區士風有絕大的作用。其次，漁洋遊覽舊地，卻荒煙蔓草，令人唏噓。詩的最後，表達其景仰之意。另外一首是〈魯仲連〉：

> 經過射書處，猶識魯連村。桑柘靈祠裡，空瞻玉貌存。[17]

這首詩出自漁洋《南海集》，寫於康熙二十三年（1684），漁洋五十歲。這首組詩歌詠了茌平縣四位先賢：戰國時期的魯仲連、淳于髡，唐朝的馬

---

16 清·王士禛：《漁洋精華錄集釋》，卷一，〈懷古詩三篇〉之一（上海：上海古籍出版社，1999），頁73。本文所引漁洋的詩皆據此版本，後再引述，僅標出卷數、頁碼。

17 參見《漁洋精華錄集釋》，卷十，〈茌平懷古四首〉之一，頁1585。

周、張鎬。〈魯仲連〉是第一首，魯連村，就是魯仲連的故居，位於荏平縣，魯連祠也在此。魯仲連射書燕將則在聊城，有魯連臺，荏平、聊城兩地相距不遠。與前一首〈魯仲連陂〉不同，這首詩以聊城射書處起筆，再把場景轉到魯連村，最後聚焦魯連祠。在魯連祠中瞻仰魯仲連的雕像，遙想其相貌、神采，對照祠堂外的桑木與柘木，引發思古之幽情。王漁洋在其他詩作也會提及魯仲連及相關景物，例如〈再送念東五首之三〉：「錦湖秋色漾漣漪，湖里遊人歌竹枝。斜日泊船鴻蓼岸，神鴉飛過魯連祠。」（《漁洋精華錄集釋》，卷九，頁1440）以不戀爵祿的魯連比擬高念東。再者，如〈理寒石〉：「魯連蹈東海，其志恥帝秦。」（《漁洋精華錄集釋》，卷八，〈蘇門三賢詩〉之二，頁1241）王漁洋自注此詩曰：「本李姓也，名罢和，西華人。恥與李闖同姓，改曰理。孫徵君〈與西華左令書〉，稱爲魯仲連後一人。」李罢和恥與闖王李自成同姓，改姓「理」，這樣的人格受到當時士人與王漁洋的推崇，大家以「魯仲連後一人」高標他的超世與高潔。整體而言，王漁洋非常推崇魯仲連的人格，再加上新城有魯仲連陂、聊城有魯仲連祠，王漁洋特別注意到魯連對於齊魯士風的影響。

　　另外一位活躍於戰國時期的新城人物是顏斶，顏斶的事蹟並未載入《史記》，在今本《戰國策》則中有一則齊宣王見顏斶的記載：

齊宣王見顏斶，曰：「斶前！」斶亦曰：「王前！」宣王不悅。左右曰：「王，人君也。斶，人臣也。王曰『斶前』，亦曰『王前』，可乎？」斶對曰：「夫斶前爲慕勢，王前爲趨士。與使斶爲趨勢，不如使王爲趨士。」王忿然作色曰：「王者貴乎？士貴乎？」對曰：「士貴耳，王者不貴。」王曰：「有說乎？」斶曰：「有。昔者秦攻齊，令曰：『有敢去柳下季壟五十步而樵采者，死

不赦。』令曰：『有能得齊王頭者，封萬戶侯，賜金千
鎰。』由是觀之，生王之頭，曾不若死士之壟也。」宣王
默然不悅。[18]

這眞是一段精彩的對話。顏斶面對齊宣王的傲慢，不但沒有屈服其權勢，
反而在行爲、思路兩方面，教誡國君，士人的尊貴高於國君。顏斶應機教
導齊宣王，士人受國君差遣，是貪慕權勢；國君離座，主動來到士人跟
前，則是禮遇賢士。在齊宣王反問君主、士人誰尊貴的問題時，顏斶舉出
史例，證明魯國賢士展禽的地位高於齊王。讓齊宣王內心雖然不悅，卻無
法反駁。《戰國策》接著記載齊宣王的左右近臣指出齊宣王擁有政治權
勢、豐厚財寶，吸引天下士人前來投靠，希求受到重用。從側面論述君尊
士卑的現實，試圖爲齊宣王扳回一城。顏斶則先從歷史的經驗切入，細數
從大禹、商湯到現今，諸侯國從萬餘國銳減爲二十四國的事實。接著，他
從反面、正面兩個角度立論，主張君主「貴士」，才能名實相符，有德有
位，國家也才能長治久安。顏斶引述《易傳》：「居上位未得其實，以喜
其爲名者，必以驕奢爲行。倨慢驕奢，則凶從之。是故無其實而喜其名者
削，無德而忘其福者約，無功而受其祿者辱禍必至。」相對的，堯、舜、
禹、湯等歷代聖君能「無羞亟問，不媿下學」，因此，都得良士諫友的輔
佐，才能顯揚道德、功名於後世。接著，顏斶再引述《老子》：「無形
者，形之君也；無端者，事之本也。」、「雖貴，必以賤爲本；雖高，必
以下爲基。」並從君王自稱孤寡不穀，在在表達了君主謙下貴士的內涵，
而這也是歷代聖明君王的不傳之密。

　　齊宣王聽了顏斶的說法之後，大爲折服，開出優渥條件，希望顏斶能
留在身邊，讓他以弟子的身分時時請益。顏斶則說：

---

[18] 諸祖耿編撰：《戰國策集注匯考・齊策四》（南京：鳳凰出版社，2008），頁607。本章所引《戰
　　國策》皆據此版本，後再引述，僅標出卷數、頁碼。

夫玉生於山，制則破焉，非弗寶貴矣，然夫璞不完。士生
乎鄙野，推選則祿焉，非不得尊遂也，然而形神不全。屬
願得歸，晚食以當肉，安步以當車，無罪以當貴，清靜貞
正以自虞。制言者王也，盡忠直言者屬也。言要道已備
矣，願得賜歸，安行而反臣之邑屋。[19]

顏斶在面對權勢者時，順應時機，盡忠直言。對於權勢者進一步仕宦的邀
約，則選擇了清淨貞正、保全形神，試圖在貢獻才學與全生養眞之間，兩
全其美。王漁洋歌詠顏斶曰：

末世寡尚志，薄俗希乘軒。豈不貴纁帛，行役神不全。
吾高顏夫子，抗節藐齊宣。鍾簴寧足論，殿上呼王前。
晚食與安步，詎以榮利遷。監門良自賤，趨士理亦賢。
俯仰二千載，弔古悲荒阡。墟墓絕樵採，清風激頹頑。
古道邈難作，悲哉東逝川。[20]

王漁洋曾總結其懷古詩篇在於向古人致敬。[21]生活在不同時空的古今人
物，卻能有相同的理念、價值，作者在心有戚戚焉的感受中，突破時空的
局限，尚友古人，應是懷古詩最動人的地方。如果這些古人曾經留下足
跡，後人能夠親臨現場，在歷史的場景中，更能發思古之幽情。這些古
人如果是同鄉先賢，情分自是更深切，禮敬之心也自是不同。根據王漁
洋《古夫于亭雜錄》，顏斶墓、魯仲連陂都在新城錦秋湖（今馬踏湖）

---

[19]　《戰國策集注匯考・齊策四》，頁609。

[20]　參見《漁洋精華錄集釋》，卷一，〈懷古詩三篇〉之二〈顏斶墓〉，頁76。

[21]　王漁洋曰：「懷古，思古人也。生不同時，曠世相感，千里而外，百代之下，猶同一室，矧生其里
閈者乎？《詩》曰：「維桑與梓，必恭敬止。」予為是詩，猶雅人恭敬之意。」（《漁洋山人集・
序》）

邊。[22]這首〈顏斶墓〉與〈魯仲連陂〉是同一組詩,都是創作於順治十五年的作品。詩的前兩句就標舉了顏斶不同於戰國士人營求富貴的高尚節操,而這種追求是根基於生命的完整性,因此,生命不受權勢誘惑,也不會自我迷失。王漁洋徘徊於同鄉賢士顏斶的墓前,一方面悲今傷時,嘆古風不再;一方面弔古憶往,更有期勉自己的意味。

三、轅固生

轅固生,漢初齊國酇水(今山東省桓臺縣田莊鎮轅固村)人,官至詩經博士、清河王太傅,生卒年不詳。[23]《漢書‧藝文志》著錄其著作有《齊后氏故》20卷,《齊孫氏故》20卷,《齊雜記》18卷。轅固生的事蹟主要見於《史記‧儒林列傳》,〈儒林列傳〉主要是記載儒家經學的發展,以及漢朝經學的現況,因此,關於這些儒者的記載都偏重在其專精的典籍、經學的成就與傳承。然而,非常有趣的是,關於《史記》轅固生,僅簡單的說:「齊人也,以治《詩》,孝景時為博士。……自是之後,齊言詩,皆本轅固生也。」(〈儒林列傳〉,頁1288-1289)其餘的篇幅則記載轅固生三件事:在景帝前,與黃生爭論湯武受命、批評《老子書》是家人言,以及訓誡以儒術求取功名的公孫弘。

漢高祖經歷滅秦、亡楚的漫長過程,在逐鹿中原脫穎而出,建立漢朝。經過多年爭戰,人口減半,民不聊生,官員甚至只有牛車可坐。[24]漢

---

[22] 王漁洋《古夫于亭雜錄》:「東坡戰國之士,獨取魯仲連、顏斶,而皆惜其未聞道。……今吾邑錦秋湖上,有魯仲連陂、有顏斶墓。」收在《山東文獻集成》第三輯(濟南:山東大學出版社影印清康熙廣陵刻本),卷一,頁7;《新城縣志》:「清涼臺在會城湖中,一名青塚。有清涼寺,相傳高士顏斶故居,與水上下。」

[23] 王漁洋曰:「新城有地名牛固,相傳轅固故里也,未知其所據。」《池北偶談‧談獻六之五‧轅固生》,收在《山東文獻集成》第三輯,卷九,頁1。

[24] 關於漢初經歷戰禍,人口散亡,《漢書‧陳平傳》載:「高帝南過曲逆,上其城,望室屋甚大,曰:『壯哉縣!吾行天下,獨見洛陽與是耳。』顧問御史:『曲逆戶口幾何?』對曰:『始秦時三萬餘戶,間者兵數起,多亡匿,今見五千餘戶。』」曲逆城的戶數從秦朝的三萬餘戶,到漢朝初

初帝王面對這樣殘破的社會景況，都採取「約法省禁」、薄賦斂、輕繇役的措施，如高祖入咸陽，與父老「約法三章」、「什五而稅一」（《史記‧高祖本紀》）；文帝「即位二十三年，皇室苑囿、車騎服御無所增益，有不便，輒弛以利民。」、「身衣弋綈，所幸慎夫人，衣不曳地，帷帳無紋繡」、「三十而稅一」（《漢書‧文帝紀》）。對外族也採取容忍的態度，[25]為了讓人民休養生息，蓄積社會活力，以備日後積極有為。

在這樣的現實背景之下，主張虛無因循、與民休息的黃老思想獲得了皇室的青睞。高祖在位十二年（B.C.206-195），前有漢、楚爭霸，後有平定謀反，主要都是軍事的作為，姑且不論。呂太后主政十五年，勵行無為而治，政績受到史策的肯定。[26]文、景主政時期，竇太后長期主掌後宮，《史記‧外戚世家》：

> 竇太后好黃帝、老子之言，帝及太子諸竇不得不讀黃帝、
> 老子，尊其術。[27]

年銳減為五千多戶，幅度相當驚人。至於朝廷財政的窘境，《漢書‧食貨志》曰：「漢興，接秦之敝，諸侯並起，民失作業而大饑饉，凡米石五千，人相食，死者過半。高祖乃令民得賣子，就食蜀漢。天下既定，民之蓋無藏，天子不能具醇駟，將相或乘牛車。」經濟殘破，在饑荒中，發生人吃人的慘劇，國家財政窘迫，天子、官員們連像樣的交通工具都無法具足。參見東漢‧班固著：《漢書》，卷三十、卷二十四（臺北：鼎文書局，1987）。本文所引《漢書》皆據此版本，後有引述，僅標出卷數。

[25] 如南越在高祖、文帝時兩次稱帝，漢朝都只派陸賈前往說服，並未出兵討伐。對北方的匈奴，自從高祖平城之圍之後，更是採低姿態的和親政策。詳參《史記‧西南夷列傳》，卷一百一十六、〈匈奴列傳〉，卷一百一十。

[26] 太史公曰：「孝惠皇帝、高后之時，黎民得離戰國之苦，君臣俱欲休息乎無為。故惠帝垂拱，高后女主稱制，政不出房戶，天下晏然，刑罰罕用，罪人是希，民務稼穡，衣食滋殖。」詳參《史記‧呂太后本紀》，頁192。

[27] 《史記‧外戚世家》，頁776。

現實需求在加上皇室推動，黃老學說在他強力的推崇下，成爲當時顯學。上行下效的結果，黃老思想籠罩朝野，當時許多重要的人物，多好黃老。[28]經過君臣數十年的努力，文、景之治也開創出漢初黃老思想的最高峰。

　　在黃老主導當代思潮的背景之下，轅固生從儒家的立場，與黃生辯論湯武受命、批評《老子》是家人言等作爲就相當有意義。轅固生作爲儒家齊地《詩》學的傳承者，也是儒學的堅守者。《史記》記載，在黃老學者黃生提出「湯武弒君」的主張時，轅固生反駁說：

> 夫桀紂虐亂，天下之心皆歸湯武，湯武與天下之心而誅桀紂，桀紂之民不爲之使而歸湯武，湯武不得已而立，非受命爲何？[29]

儒家認爲，商湯伐夏桀、武王伐商紂都是弔民伐罪的仁義之師，是順天應人的救民水火，給予非常高的評價。在儒家仁政王道、君貴民輕的思維之下，國君的價值是爲了造福百姓，暴君欺凌百姓，滿足一己之私，賊仁害義，是人人皆可誅伐的獨夫。[30]因此，湯、武討伐桀、紂，是順應天命的

28　除了蓋公、曹參、竇太后之外，還有汲黯、鄭當時（《史記・汲鄭列傳》，卷一百二十）、王生（《史記・張釋之列傳》，卷一百〇二）、黃生（《史記・儒林列傳》，卷一百二十一）、司馬談（《史記・太史公自序》，卷一百三十一）、田叔（《史記・田叔傳》，卷一百〇四）、劉德（《漢書・楚元王傳》，卷三十六）、楊王孫（《漢書・楊王孫傳》）。相關論述，可參見戴君仁〈漢初的政治與先秦學術思想的關係〉，收在氏著《梅園論學集》（臺北市：開明書店，1970），頁239-242。

29　《史記・儒林列傳》，卷一百二十一，頁1289。

30　《孟子・梁惠王下》：「齊宣王問曰：『湯放桀，武王伐紂，有諸？』孟子對曰：『於傳有之。』曰：『臣弒其君，可乎？』曰：『賊仁者謂之賊，賊義者謂之殘；殘賊之人，謂之一夫。聞誅一夫紂矣，未聞弒君也。』」參見南宋・朱熹：《四書章句集注》（臺北市：大安出版社，1994），頁306。

義行壯舉。黃生則提出「湯武弒君」的理由：

> 冠雖敝，必加於首；履雖新，必關於足。何者，上下之分
> 也。今桀紂雖失道，然君上也；湯武雖聖，臣下也。夫主
> 有失行，臣下不能正言匡過以尊天子，反因過而誅之，代
> 立踐南面，非弒而何也？[31]

黃老思想標舉黃帝、老子，其思想內涵承繼先秦諸家，以《老子》為核
心，融攝法家、儒家、墨家等各家思想，是先秦道家，尤其是《老子》思
想在政治思想的發展。[32]黃老主張虛無、因循，作為治國的最高原則，並
引入法家「刑名」的觀念，君王統帥百官，透過循名責實，督責績效，予
以賞罰，一方面促進政府效能，一方面強化尊君卑臣的關係。[33]如此，不
論是轅固生的「湯武受命說」，或者黃生的「湯武弒君說」，分別有儒
學、黃老的思想根據，在論辯上難分高下，轅固生轉而質問黃生，按照他
尊君卑臣的邏輯，漢高祖滅秦立漢，是弒君，還是受命呢？論辯至此，轅
固生占了上風。然而，耐人尋味的是，景帝出來打了圓場，景帝曰：「食
肉不食馬肝，不為不知味；言學者無言湯武受命，不為愚。」（《史記會
注考證》，頁1289）景帝針對這個議題提出看法：學者不需討論。因為，

---

[31] 《史記・儒林列傳》，卷一百二十一，頁1289。

[32] 關於黃老的思想，可參見《史記・太史公自序》有關司馬談的〈論六家要旨〉，以及《黃帝四
經》。今人專著部分，可參見陳麗桂：《秦漢時期的黃老思想》（臺北：文津出版社，1997）。

[33] 司馬談〈論六家要旨〉：「因者，君之綱也。群臣並至，使各自明也。其實中其聲者謂之端，實不
中其聲謂之窾。窾言不聽，奸乃不生，賢不肖自分，白黑乃形，在所欲用耳。」；《黃帝四經・
稱》：「主陽臣陰，上陽下陰，男陽女陰，父陽子陰，兄陽弟陰，長陽少陰，貴陽賤陰，制人者
陽，制於人者陰。」；「為人主，南面而立，臣肅敬，不敢蔽其主，下比順，不敢蔽其上，萬民和
輯而樂為主上用，地廣人眾兵強，而下無適。」（〈六分〉）可見黃老結合道家的因循與法家的刑
名，強化尊君卑臣的思想。參見《史記會注考證》，頁1368。陳鼓應《黃帝四經今註今譯》（臺北
市：臺灣商務印書館，1995）頁464、140。

對於漢朝而言，這樣的討論沒有意義。如果接受湯武受命，等於肯認臣民推翻暴君的合理性；如果主張湯武弒君，那麼高祖建立漢朝就缺乏合理性。因此，最好的策略就是束之高閣，存而不論。後來，也真的如景帝期待的，「學者莫敢明受命放殺者。」（同上）儒學的主張並沒有因為這次辯論的勝利而真的占了上風。

　　另一次是轅固生與竇太后的針鋒相對。竇太后召見轅固生，詢問他對《老子》的評價，竇太后對《老子》的肯定眾人皆知，因此，討好的答案很明顯。然而轅固生沒有選擇取媚太后，而是直接說出自己的看法：《老子》只是「家人言」，道理平淺，不堪用於治國。[34]竇太后聞言勃然大怒，想要把轅固生判刑定罪，後來命令他去豬圈刺殺野豬，景帝聞訊，暗中給他一把利刃，轅固生才能刺死野豬，逃過一劫。經歷此事，景帝非常欣賞轅固生的廉直，拜他為清河王劉乘的太傅。

　　「廉直」，是轅固生最重要的，也是最值得敬賞的特質。武帝即位之後，推行儒術，拔擢許多儒生，其中，以公孫弘最著名。公孫弘六十歲才以賢良被拔擢為博士，雖然博學多聞，辯才無礙，卻也不敢廷爭、緣飾儒術，可謂有才無德，儒術成為妝點君王的門面，藉此獲取個人利祿名位。史公以「遇時」（〈平津侯主父列傳〉，頁1221）總結公孫弘的際遇，譏諷之意不言可喻。因此，當高齡九十多歲的轅固生面對後輩儒生公孫弘，他看到儒門的後起之秀獲得重用，心裡當然歡喜，可是，如果只是阿諛君上，他則無法認同。「務正學以言，無曲學以阿世。」不只是轅固生對公孫弘的勸誡，也是儒學前輩對後進的諄諄教誨，發聾啓聵，今日聞之，尤令人動容。由此，轅固生的人格高度也獲得更高的提升，齊地言《詩》者皆尊轅固生。

---

[34] 日・中井積德曰：「家人謂庶人。言庶人理身家之術耳，不可施之邦國也。」轉引自日・瀧川龜太郎：《史記會注考證》，頁1289。

王漁洋到了相傳是轅固生故里的新城縣牛固村，寫下〈轅固里〉一詩：

> 漢初尚黃老，儒術闇不彰。齊魯誕諸儒，五經如載陽。
> 遒哉清河傅，卓為群論倡。抵掌論湯武，大義非荒唐。
> 曲學誠孫弘，微言詘后蒼。訓詞列學官，星日同琅琅。
> 我生晚千載，桑梓寧異鄉。寤寐思哲人，流風一何長！
> 生慚齊魯學，私淑附師匡。[35]

全詩表彰轅固生在漢初弘揚儒學，一方面與敵論黃老學者黃生論辯湯武受命、弒君的問題，一方面也告誡公孫弘不可曲學阿世。轅固生不但人格廉直高潔，經學成就也非常高。王漁洋景仰這樣的鄉里前賢，思慕其流風，也警惕自己要能承繼優良的齊魯學風。

四、結語

山東新城人才輩出，《史記》記載的新城賢者，主要是魯仲連、轅固生，他們留下的士風人格，仍受到清初王漁洋的景仰與歌詠。本文依《史記》魯仲連、轅固生的列傳，再加上《戰國策》的顏斶，配合王漁洋歌詠鄉賢的詩文，相互對讀參照。王漁洋有兩個組詩歌詠這些前賢，分別寫於二十四、五十歲，可見漁洋對這些人的崇仰並未隨著時間而減退。這幾位鄉賢所彰顯的人格特質，包括正直敢言、瀟灑不羈，形成新城的學風，也影響王漁洋的出處進退，這樣的鄉風典範代代相傳，足讓後學瞻仰效學。

---

[35] 《漁洋精華錄集釋》卷一〈懷古詩三篇〉之三，頁77。

第四章

臺灣中學國語文教材選用《史記》之考論

　　《史記》是中國最具代表性的經典之一，司馬遷以質樸的文字傳達幽微的情意與深刻的思想，並塑造了許多典型的人物。《史記》的影響深遠，不只是傳統士人，現代的文藝創作者也從《史記》擷取資糧。因此，現代的教育體制中，大學中文系與歷史系有專業的《史記》課程，在中學課本也都選錄了《史記》的文章。本章擬以臺灣現行的中學國文教科書中的《史記》選文爲範圍，主要是就其教材內容，比較各版本教材的編撰及內容的異同，一方面考察各版本的殊勝處；一方面也指出其謬誤與不足。在版本的選擇上，國中國文以南一書局（莊萬壽主編，2010.08）、翰林出版事業股份有限公司（宋隆發、蕭水順主編，2010.08）、康軒出版事業（董金裕主編，2010.02）的教科書爲主；高中國文課本則以龍騰文化事業股份有限公司（何寄澎主編，2010.06）、翰林出版事業股份有限公司（宋隆發、蕭水順主編，2010.02）、南一書局（王新華主編，2010.01）三個版本爲主。筆者會選擇這些版本作爲比較分析的文本，主要是這些版本在教科書市場的市占率最高。[1]也就是說，這幾個版本在教

---

[1]　九十九學年度北北基國中選書已於99年5月24日確定，國文、自然與生活科技由南一書局獲選，數學、社會與英語則由翰林出版事業勝出，去年拿下兩科的康軒出版事業則在今年全軍覆沒。參見臺北市政府教育局網站http://ppk.tp.edu.tw/elect/99elect/990524final.pdf，搜尋日期：2010年12月24日。教科書編纂與銷售成本非常高，每年選書的不確定因素，更讓許多財力不足的廠商紛紛退出。在中學的教科書市場上，南一書局、翰林出版事業在國中與高中的教科書市場都投注相當的心力，康軒出版事業、龍騰文化事業股份有限公司則分別投入國中與高中的教科書編撰。

學現場被普遍採用,其內容的正誤良窳影響深遠,值得深入探討。本章以現今臺灣中學課本中選錄的〈張釋之執法〉、〈鴻門宴〉兩篇教材,分別比較三個版本的異同,由於這兩篇文章長期被選入課本,相關的注釋、賞析都已經相當完整,因此,各家版本的內容差異不大。然而,在競爭激烈的教科書市場,各版本的編者仍試圖建立自己的特色,例如延伸閱讀的內容、圖片的安排,都可看出其用心。再者,若仔細檢視各版本選錄的《史記》教材,仍有少數的謬誤。

一、國中國文課本選錄《史記》之內容分析——〈張釋之執法〉

臺灣國中國文教科書只有選錄一篇《史記》的文章,而且,不論南一書局、翰林出版事業、康軒出版事業的版本(以下簡稱南一版、翰林版、康軒版)都選〈張釋之執法〉,南一版與翰林版都放在第三冊,康軒版則在第四冊,雖然冊數有些不同,卻都是國二的教材。南一版的學習單元為「實事求是」,包括〈《呂氏春秋》選〉、〈張釋之執法〉;翰林版的學習單元為「守法守紀」,包括〈運動家的風度〉、〈張釋之執法〉;康軒版的學習單元為「信守規範」,包括〈運動家風度〉、〈張釋之執法〉,整體而言,各版本的選文與單元安排有高度的一致性。其實,從早期的國編本,〈張釋之執法〉就一直被選入國中國文課本,各版本則延續這樣的傳統。[2]

(一)版本、分段與標點

關於選文的版本,南一版採用藝文印書館影印清朝武英殿本,康軒版

---

[2] 國立編譯館的國中國文教科書中,1974年,由張亨與戴璉璋等人編撰的版本,〈張釋之執法〉放在第二冊;1985年,由陳品卿與董金裕等人編撰的版本,〈張釋之執法〉則放在第三冊,此後雖編撰者歷經更迭,卻未再改動。參見國立編譯館教科書資料中心之教科書數位文庫,網址:http://dat.nict.gov.tw/cgi-bin/eb/browse.cgi,搜尋日期:2010年12月24日。

採取瀧川龜太郎《史記會注考證》（臺北：大安出版社，2000），翰林版則未標出版本。筆者比對三個版本之後，發現文字都一樣，並沒有根據不同版本而有差異。不過，就教科書而言，筆者建議仍必須在題解或教師手冊中標示依據的版本，讓選文更嚴謹。

　　在選文的分段上，南一版、康軒版都是一段，翰林版則分為三段：第一段從「釋之為廷尉」到「一人犯蹕，當罰金。」寫一人犯蹕，以及張釋之的判決。第二段從「文帝怒曰」到「而廷尉乃當之罰金！」寫憤怒的文帝質疑張釋之輕判。第三段從「釋之曰」到「廷尉當是也。」寫張釋之的勸說與文帝的納諫。古文之分段固然見仁見智，教師在解說文章的時候，也可以就一段分成若干小節說明，因此，分一段或三段並無絕對的對錯，其間的實質差別也不大。本課範文篇幅不長，《史記》選文或標點本也多是一段，[3] 然而，筆者認為，分成三段之後，課文層次更加分明，其間的起承轉折、全文結構都更容易講解，有助於學生的理解。

　　在選文的標點方面，南一版與翰林版完全相同，康軒版則有兩處與南一版不一樣。「上行，出中渭橋，」康軒版作「上行出中渭橋，」兩者雖然標點不一，文意並無不同。不過，就文氣而言，「上行」與「出中渭橋」中間以逗點分開，文氣舒緩，與該句皇帝出巡的文意相符；再者，就國中生的理解而言，逗點分開，文意清晰，有助於理解。「廷尉奏當：一人犯蹕，當罰金。」南一版與翰林版相同，康軒版作「廷尉奏當，一人犯蹕，當罰金。」在「廷尉奏當」之後的標點有冒號與逗號的不同。根據教育部《重訂標點符號手冊》，逗號主要是用在隔開複句內各分句，或標示句子內語氣的停頓；冒號則用於總起下文，或舉例說明上文。「廷尉奏當：一人犯蹕，當罰金。」的「一人犯蹕，當罰金。」是廷尉判決的內容，因此，「廷尉奏當」之後，理當用冒號提起下文關於判決的內容。

3　例如張大可：《史記新注》（北京：華文出版社，2000），頁1759-1760；韓兆琦：《新譯史記》（臺北：三民書局，2008），頁4049，都是一段成文。

㈡注釋

在注釋方面，各版本差異不大，南一版28個注解最多，其次是翰林版25個，康軒版則24個。整體而言，注釋釋義清楚，文字精簡明晰，確實能幫助同學了解課文。不過，各版本都有一些小錯誤，例如，翰林版注解第3則解釋「中渭橋」：「古橋名，在今陝西省咸陽縣東南。」康軒版未針對「中渭橋」作注解，南一版則與翰林版相同，但是「咸陽縣」作「咸陽市」。今中國陝西省有咸陽市，不稱咸陽縣，南一版的注解才是正確的。[4]「乘輿」專指君王乘坐的車子，[5]南一版第5則注解：「指國君、諸侯所乘坐的車子。」加上「諸侯」，並不正確。「使騎捕」的「騎」是名詞，指騎兵，因此讀音當作「ㄐㄧ丶」，康軒版注解第5則解釋「使騎捕」：「派遣騎兵逮捕。」讀音卻作「ㄑㄧ丶」，顯然有誤。「立誅之」的「誅」，翰林版與康軒版都解釋為「殺」，南一版第20則注解：誅，處罰。與其他版本不同。「誅」字兼有殺戮與懲罰的意義，[6]在今日使用的語詞中，「誅」多數是殺戮的意義，懲罰、譴責的意義也有，例如「口誅筆伐」。就〈張釋之執法〉而言，誅殺與懲罰的解釋也都可以，考其字義的來源，誅殺與懲罰的意義在漢代以前都已經出現，就上下文而言，「且方其時，上使立誅之則已。」是張釋之回答文帝輕判的話，張釋之說，假使犯蹕者被逮捕之時，文帝馬上親自下令殺了他（或懲罰他）也就算了。「誅」的兩種解釋都無疑滯。然而，如果將「誅」解釋為「懲罰」，一方面顯現不出文帝的憤怒；另一方面，「懲罰」的內容是什麼？罰金是否為選擇之一？如果懲罰的內容是罰金，那麼，文帝輕判的質疑、張釋之維護

---

[4]　參見譚其驤主編：《中國歷史地圖集》第二冊（上海：地圖出版社，1982），頁5-6。

[5]　東漢‧班固：〈東都賦〉：「歷騶虞覽，駟鐵嘉車，攻采吉日，禮官整儀，乘輿乃出。」參見南朝梁‧昭明太子：《文選》（臺北：藝文印書館影印宋淳熙本重雕鄱陽胡氏藏版，1983），頁32。其中「乘輿」就是「天子乘坐的車子。」

[6]　《韓非子‧姦劫弒臣》：「聖人之治國也，賞不加於無功，而誅必行於有罪者也。」誅，即是懲罰之意。參見陳奇猷：《韓非子集釋》（高雄：復文出版社，1991），頁249。

法律公平性的堅持都將缺乏立基點。如果解釋為「殺戮」，則不會產生上述的問題，因此，從文意的豐富性與情節的合理性，「殺戮」是較好的解釋。還有一個小問題，就是注釋的用語應力求簡潔，例如翰林版注釋第24則「唯」，翰林的注釋：「這裡是表示希望的語氣」、南一版則是：「表示希望的語氣詞」、康軒版則是：「表示希望的語氣」。其中，「這裡是」、「表示」都可以斟酌省略。

(三)學習重點與課前預習

國文教材除了選文與注釋之外，還有其他輔助教學的內容，包括：學習重點、課文導讀、作者介紹、課文賞析、問題與討論、應用練習等單元。就整體而言，南一等三個版本在單元的規劃上差異不大，加上課文與注釋，總共九至十一個單元，各版本間，單元名稱也多數一致。然而，也有值得注意的差別，首先，「學習重點」其實也就是教學目標，三個版本都能從認知、技能與情意三方面論述，相當完整。尤其是康軒版臚列了五個學習重點，且具體可行，最為完備。[7]

南一版沒有「課前預習」，翰林版與康軒版都是以三個問題呈現，「課前預習」雖然不見得每位老師都會運用，就教學活動而言，課前預習仍是重要的一環，不宜逕行省略，而問答是一簡明的方式，方便教師運用，可考慮採用。

(四)題解、作者與課文賞析

「題解」（南一版作「課文導讀」）的內容三個版本並無明顯差異，包括說明選文出處，介紹全文內容與寫作技巧。在選文出處方面，南一版與翰林版都指出「本文節選自《史記・張釋之馮唐列傳》」，康軒版則只

---

[7] 康軒版的學習重點包括：(1)認識司馬遷及其成就；(2)認識《史記》敘事的特質；(3)能夠運用對話寫作，使作品更加生動；(4)培養尊重司法的態度；(5)培養擇善固執的氣魄。尤其是強調對話寫作之運用，較翰林版「學習敬稱詞、謙稱詞的使用。」更能彰顯《史記》的特色。參見董金裕主編：《國文》第四冊（臺北：康軒文教事業股份有限公司，2010），頁42。

是說明「本文節選自《史記》」，就資料的完整精確而言，應該詳細標註出處。在寫作技巧方面，三個版本都強調本文以簡潔的故事，生動的對話，刻化人物形象栩栩如生。南一版特別強調順敘法，筆者以爲這一點相當重要，《史記》是一本以人物爲主的紀傳體史書，其敘述人物依時間先後，以順敘法爲主，再搭配插敘、補敘的敘事方式，[8]因此，如果能標舉順敘法，不但能引導學生透過〈張釋之執法〉認識順敘法，也可以透過順敘法講解全文情節的推展，深化文章的賞析。

「作者」（南一版作「作者介紹」，康軒版作「認識作者」）的內容，各版本也大致相同，最詳細的是翰林版，除了司馬遷的生平、創作即成就之外，特別強調壯遊與發憤著書兩件事。至於司馬遷的生卒年，都主張生於景帝中五年（B.C.145），約卒於昭帝始元元年（B.C.86）。關於司馬遷的卒年，學界至今未有定論，生年則有兩種說法：一是景帝中五年（B.C.145）；一是武帝建元六年（B.C.135），兩者都有充分的論據，卻也無法說服另一方，因此，司馬遷的生年也無法確定。[9]基於此，三個版本的作者簡介部分，一致的把司馬遷的生年定在西元前一四五，是否確當，就有商榷的餘地。翰林版強調的壯遊與發憤著書，「發憤著書」關乎《史記》的創作，也是中國文學創作觀重要的內容；「壯遊」則是與司馬遷的生命氣度、胸襟養成息息相關，對《史記》的創作更是不可或缺，尤其今日教育強調國際化，「壯遊」更是生命成長的重要課題，教師在介紹司馬遷的時候，應該詳細講述這兩部分的內容，讓學生更貼近司馬遷的生命。

---

[8]　插敘如〈陳涉世家〉敘述秦二世二年（B.C.209）十一月，章邯大破周文之後，插入秦二世元年八月武臣到邯鄲自立為王一事。補敘如〈魏公子列傳〉中，在敘述魏公子救趙卻秦，受到趙王與平原君的禮遇之後，再補敘「公子與侯生決，至軍，侯生果北鄉自剄。」參見西漢・司馬遷：《史記會注考證》，頁768-769、963。

[9]　關於司馬遷生年的爭議，可參見張大可：〈司馬遷生卒年考辨〉，收在氏著《史記研究》（北京：華文出版社，2002），頁67-98。

　　「課文賞析」的內容，三個版本都指出本文揭示「法者，天子所與天下公共也。」的主題，發人深省，也讓這篇文章深具現代意義。此外，就文章的寫作技巧方面，三個版本都提及本文以精簡的筆墨、生動的對話，刻畫人物形象，其中，康軒版的說明最詳細：

> 作者巧妙運用對話的內容呈現不同的觀點：以文帝「固不
> 敗傷我乎」、「而廷尉乃當之罰金」，顯示文帝的自我中
> 心思考與不滿之情；釋之則以冷靜的語氣提出「法者，天
> 子所與天下公共也。」、「廷尉，天下之平也」等語，表
> 現釋之的剛正不阿與嚴守法紀。（頁46）

編者詳細詮釋文章中的對話，舉證說明其中所呈現出的文帝的心態與情緒、張釋之說話的語氣與態度，有助於學生深入了解文意與運用對話的寫作技巧。此外，南一版與康軒版都提到本文運用順敘法，按照事件發展過程，依序寫出，條理清楚，層次分明。翰林版則將文章分成三段，雖沒有強調順敘法，卻透過分析文章結構，指出全文的層次與敘事的方式。[10]

(五)問題與討論、延伸閱讀

　　「問題與討論」的部分，三個版本都有三個題目，其中都有一題討論文章論「法」的現代價值，顯然這是〈張釋之執法〉被選入教材的重要因素，因此，三個版本的編者希望透過問題的討論，讓學生了解本文的現代價值。[11]其次，文章中張釋之「且方其時，上使立誅之則已。」這句話在

---

[10] 編者曰：「文章共分三段：首段敘述縣人犯案被捕，及張釋之的判決。次段敘寫文帝對張釋之的判決不以為然。末段是最精彩的部分，敘述張釋之不怕皇帝生氣而據理力爭，依法判案；最後，文帝經過良久的思索，終於認同張釋之的判決。」（頁32）

[11] 〈張釋之執法〉的現代意義有二：一是法律之前人人平等，強調法律的客觀與公正性；一是執法人員，尤其是法官判案必須依法，排除外來的干擾，堅守法律的超然地位。南一版與翰林版的教師手冊都有論及這兩點。（頁288、頁97）

文意上可能產生誤解，認爲張釋之認同文帝自行誅殺犯蹕的百姓，與後來的法律之前人人平等的主張不同，因此，南一版與翰林版都放在問題與討論。南一版教師手冊的參考答案曰：

> 張釋之說：「且方其時，上使立誅之則已。」這句話的確不太妥當。張釋之處在君主專制時代，那時候的帝王常常可以不守法，只憑自己的喜怒好惡去賞罰，所以張釋之才會如此說。但張釋之是以退爲進，「寬一句借作說詞」，而司馬遷所以如寫，也正如前人指出的「欲文勢抑揚，以盡其意。」因爲這樣說，才能凸顯「今既下廷尉」，而「既下廷尉」，就得尊重廷尉，也就是尊重法律。（頁288）

單獨看「且方其時，上使立誅之則已。」這句話的確有不妥之處，張釋之這樣說，一方面是受限於專制時代的觀念，[12]最主要的是要提起下文「今既下廷尉」，形成文氣的起伏與變化。因此，就整體文意而言，張釋之的這段話並無不妥。《史記》的精彩處在於人物的描寫，南一版與翰林版在問題討論中都設計一個問題，要學生思考司馬遷如何塑造人物形象，相對的，康軒版則關注在文意的釐清，包括漢文帝要加重處罰犯蹕者的動機，以及張釋之說服漢文帝的理由。

　　「應用練習」的部分，有一字多義、成語故事（成語填空）、敬詞謙稱詞辨識以及閱讀測驗，在題目數量上，翰林版最豐富，在題目的靈活度方面，則是南一版與康軒版較多變化。

---

[12] 翰林版教師手冊：「張釋之處在君主專制時代，很自然地覺得皇帝可以有『立誅之』的權力。但是他既認為『法者，天子所與天下公共也』，不經審判就『立誅之』，畢竟是不合理的。」（頁97）翰林版只有指出其不合理處，未能從文章的寫作方面指出其用意，顯然有所不足。

　　「延伸閱讀」的部分，在標題上，三個版本雖有不同，內容都是延伸閱讀的建議書單。南一版的單元名稱爲「閱讀光廊」，頗有創意，書目有三本：鄭樑生編《司馬遷的世界》（臺北：志文出版社，1977）、楊鍾賢等譯注《史記》（臺北：建宏書局，1995）、張曼娟主編《人間風月如塵土──公案訟獄》（臺北：麥田出版股份有限公司，2000）。鄭先生的著作主要是介紹司馬遷與《史記》，也節選了幾篇《史記》的文章，鄭先生的文筆簡練，選文也具代表性，是一本很好的入門書。張曼娟主編的《人間風月如塵土──公案訟獄》是改寫中國古典小說中的公案獄訟，古典小說的故事本來就生動有趣，雖然本書不是以《史記》爲內容，作爲相同主題的延伸教材，是非常恰當的。至於楊鍾賢等譯注的《史記》，注譯者並非長期研究《史記》的學者，建議可以改爲韓兆琦《新譯史記》（臺北：三民書局，2008）韓先生是大陸研究《史記》名家，長期致力於《史記》的研究，成果斐然，此書注解清楚，評析精當，又取得方便，很適合對《史記》有興趣者進一步閱讀。翰林版的名稱爲「課外學習指引」，列了五本書，其中，鄭樑生《司馬遷的世界》、楊鍾賢《白話全譯史記》與南一版相同，另有龍宇純等《白話史記》（臺北：聯經出版事業有限公司，1985）、霍必烈《司馬遷傳》（臺北：國際文化公司，1988）、李長之《司馬遷之人格與風格》（臺北：里仁書局，1997）。龍宇純等人合譯之《白話史記》，是由臺大與師大等校教授合寫的著作，文筆簡練，內容精實，是非常值得推薦的課外閱讀。李長之《司馬遷之人格與風格》對司馬遷與《史記》有精彩的見解，值得一讀。霍必烈《司馬遷傳》雖寫得不錯，然而，較缺乏學術的嚴謹，張大可《司馬遷評傳》（南京：南京大學出版社，1994）可以參考。康軒版的「延伸閱讀」則不同與其他版本，其延伸閱讀之書目有三：司馬遷〈張釋之斷案〉（瀧川龜太郎《史記會注考證》，臺北：大安出版社，1988）、蔡志忠《歷史的長城：《史記》》（臺北：時報文化公司，2001），毛利甚八著，魚戶修繪，陳育君譯《家栽之人》（臺北：時報文化公司，1997）。其中有兩本是漫畫，一本是

臺灣蔡志忠的作品《歷史的長城：《史記》》，蔡志忠的古籍漫畫有一定的嚴謹性，又兼具漫畫的娛樂性，數量眾多，翻譯成多國語言出版，影響深遠。[13]《歷史的長城：《史記》》是蔡志忠古籍漫畫系列作品之一，可以讓學生以輕鬆的方式進入《史記》的人物畫廊，是本書的優勢，然而，受限於漫畫的表現形式，而蔡志忠先生畢竟不是國學專家，內容仍有失真之處，這也是讀者必須留意的。日本漫畫《家栽之人》是講一位處理青少年、家庭糾紛的判事（相當於法官）桑田義雄的故事，他工作之餘最大的興趣就是栽種植物。在審判過程中，他不輕易定罪，反而是了解案主背後的故事，透過判決幫助他們，全書充滿人文的關懷；桑田義雄經常以植物為例，說明裁判的根據，以及他對於人的觀察，極富智慧。這一套漫畫能帶領學生思考法律的人文精神，又附帶豐富的知識，值得推薦。〈張釋之斷案〉則是選自《史記‧張釋之馮唐列傳》，由於課本教材〈張釋之執法〉是節選自《史記‧張釋之馮唐列傳》，張釋之在文帝、景帝朝為官，官至廷尉，其著名的判案，除了課本選錄的故事之外，〈張釋之馮唐列傳〉也記載了另一個案子：

> 其後有人盜高廟坐前玉環，捕得，文帝怒，下廷尉治。釋之案律盜宗廟服御物者為奏，奏當棄市。上大怒曰：「人之無道，乃盜先帝廟器，吾屬廷尉者，欲致之族，而君以法奏之，非吾所以共承宗廟意也。」釋之免冠頓首謝曰：「法如是足也。且罪等，然以逆順為差。今盜宗廟器而族之，有如萬分之一，假令愚民取長陵一抔土，陛下何以加

---

[13] 自1985年，蔡志忠出版了《莊子說》等古籍漫畫，至1999年，他的作品已經翻譯成三十六國文字出版，在臺灣、大陸都造成風潮，連日本高中教科書有收錄其《菜根譚》的作品。參見洪德麟：《臺灣漫畫閱覽》（臺北：玉山社出版公司，2003），頁58；許銘賢：〈蔡志忠《漫畫四書》研究〉（嘉義大學中文系碩士在職專班論文，2008）。

其法乎？」久之，文帝與太后言之，乃許廷尉當。

這段緊接在中渭橋犯蹕之後，有人偷了高廟中的玉環而被捕，這是重罪，文帝交給張釋之審理，張釋之依法判處竊犯死刑，斬首棄市。文帝怒斥張釋之輕判，應當是滅族的大罪，只判處死刑，違背了他恭敬奉承宗廟的心意。文帝欲以主觀的意志干預判決，張釋之仍據理力爭，他首先說明死罪的判決於法有據，若不理會法律的規定而任意重判，他日若有滅族的重罪，例如竊取長陵的土，將不知如何判決。後來，文帝仍接受張釋之的判決。這一個判案與中渭橋的案子相似，然而，在故事的曲折精彩、文字的篇幅等方面，都不如前段，因此，可以作為課本的補充，康軒版將它放在延伸閱讀是相當合理的。

二、高中國文課本選錄《史記》之內容分析──〈鴻門宴〉

〈鴻門宴〉是教育部「普通高級中學課程暫行綱要」建議的四十篇文言文之一，[14]因此，高中階段的國文課本，不論任何版本都選錄《史記・項羽本紀》之〈鴻門宴〉。本文分析的材料有三個版本：龍騰版（何寄澎主編，龍騰文化事業股份有限公司出版，2010.06）、翰林版（宋隆發、蕭水順主編，翰林出版事業股份有限公司，2010.02）、南一版（王新華主編，南一書局企業股份有限公司，2010.01）。這三個版本的高中國文，是國文教科書市占率的前三名，可以說是最具代表性的高中國文教材。

---

[14] 教育部九十五學年度「普通高級中學課程暫行綱要」（簡稱95課綱）有40篇文言文參考選文，98課綱調整部分篇章，總數依舊維持40篇，99年10月公布適用於一百零一年度的修訂課綱（簡稱101課綱），文言文參考選文降為30篇。不過，從95課綱到101課綱，〈鴻門宴〉一直被選入文言文參考選文，相信各版本教科書也會持續選錄該文。有關課綱的內容，參見教育部中等教育司資訊網：http://www.edu.tw/high-school/，查詢日期2011年1月30日。

　　〈鴻門宴〉在三個版本中都放在第六冊，龍騰版、翰林版都在第七
課，南一版則在第五課。在教材內容方面，都包括題解、作者、課文與注
釋、問題與討論等單元。關於各單元的重點，龍騰版在「編輯大意」中說
明如下：

> 「題解」揭舉文章出處、範文旨趣，並扼要陳述範文之相
> 關背景知識、作者之寫作旨趣及風格特色，同時提示學習
> 應注意的重點。「作者」部分，詳實介紹作家之生平事
> 蹟、文學風格、文學成就，及其在文學史的地位與影響。
> 「注釋」單元，以簡明清晰之語體文解釋字詞意義，若遇
> 典故，則儘量不直接引用原文，改以淺顯文字說明。「問
> 題與討論」，針對範文提出不同層面之問題，引導學生進
> 一步思考、探索、切磋。[15]

各單元的設定是教育部「普通高級中學課程暫行綱要」的規定，「題解」
是針對選文的介紹與說明，「作者」是介紹作者，「注釋」則針對選文生
難字詞的解釋，「問題與討論」則透過問題設計，引領學生思考課文的內
涵及其延伸的課題。這樣的單元設計讓範文教學有次第的進行，也獲得師
生的認同。課本的編撰只能在這樣的單元設計的前提下呈現，難免受到限
制，再加上〈鴻門宴〉是「普通高級中學課程暫行綱要」建議的四十篇文
言文之一，是古典名篇，長期累積了相當多的教學材料與經驗，因此，各
版本的內容有時不免有高度的一致性。龍騰版的編者很扼要的說明了各單
元的內容，筆者相信這也是各版本編撰者的共同意見。

　　以下就各單元的內容，比較各版本分析之。

---

15 參見何寄澎主編：《國文》第六冊，臺北：龍騰文化事業股份有限公司，2010.06，頁3。

㈠題解

　　各版本題解的內容都指出本文節選自《史記‧項羽本紀》，並介紹鴻門宴的背景：秦二世元年七月（B.C.209），陳涉率先起義抗秦。同年九月，項羽、劉邦也分別起兵，擁立楚懷王之孫為王，仍號楚懷王，號召楚人抗秦。秦二世二年九月（B.C.208），秦將章邯圍趙，楚懷王派宋義、項羽率兵救趙，命劉邦西進攻秦，並約定先進關中者為王。秦二世三年（B.C.207）項羽在鉅鹿和秦軍主力決戰後，轉戰各地，十月，劉邦則在拿下武關、嶢關後，攻入咸陽。劉邦進入咸陽，與民約法三章，派兵鎮守函谷關。項羽領兵西進，見關門緊閉，得知劉邦已經進入咸陽的消息，大怒，攻破函谷關，駐軍新豐鴻門，兩軍對峙，戰爭一觸即發。劉邦得知消息，非常驚恐，隔天親自到鴻門解釋與謝罪。本文就是寫這一段歷史，世稱「鴻門宴」，是《史記‧項羽本紀》最精彩的段落，不論情節之高潮迭起，人物刻畫的技巧、鮮明的人物形象等，都生動傳神，十分精彩。

　　至於各版本的詳略處，翰林版指出「鴻門宴」的標題為後人所加，由於本文是節選自《史記》，這一點提醒是有必要的。然而，翰林版編者將楚懷王命宋義、項羽出兵救趙的時間誤植為秦二世三年（B.C.207）九月，因此，劉邦進入咸陽的時間，即漢王元年十月，就提前為西元前二○六年。根據《史記‧秦楚之際月表》，楚懷王命宋義、項羽出兵救趙的時間在秦二世二年九月（B.C.208），由於秦朝至漢初都以十月為歲首，因此，項羽和章邯的決戰在秦二世三年，而劉邦進咸陽在翌年十月，也就是B.C.207年。[16]龍騰版則指出鴻門宴是〈項羽本紀〉的關鍵情節，在此之前，項羽雄姿英發，所向披靡，例如，鉅鹿救趙展現的霸王氣勢；在此之後，項羽優柔寡斷，終至敗亡，例如，他與范增的決裂。此外，龍騰版的題解很貼心的提醒學生本文學習的重點：了解《史記》的內容與敘事特

---

[16] 參見西漢‧司馬遷：《史記‧秦楚之際月表》（北京：中華書局，1982），頁772-773。

色、本文刻畫人物的技巧以及思索性格與命運的關係。[17]這樣的提醒可以幫助學生掌握學習的重點，當然，老師的授課並不一定要受限於這些重點。

㈡作者

　　「作者」的內容包括司馬遷的生平以及《史記》的成就。三個版本的「作者」都分成三段，首段介紹史公的名字、籍貫、生卒年。在生年的考訂上，雖然有兩種說法，三個版本也很一致的採取景帝中四年（B.C.146），也都以武帝末昭帝初爲其卒年，年約六十。第二段介紹史公的家世、父親司馬談，事蹟則集中在二十歲（元朔三年，B.C.126）以後的出遊，三十八歲（元封三年，B.C.108）繼任爲太史令，天漢三年（B.C.98，四十八歲），因李陵事件入獄被宮刑，以及發憤著書，完成《史記》。最後一段則簡述《史記》的史學與文學成就。

　　三個版本的「作者」內容大同小異，然也有些不同。《史記》舊稱《太史公書》，後來，《史記》才成爲司馬遷著作的專名。[18]是關於司馬遷寫作《史記》的過程，南一版說：「出獄後，發憤著書，終於完成《史記》。」[19]翰林版則說：「出獄後，更發憤著書，終於在征和初（B.C.92左右），完成《史記》。」[20]龍騰版則最詳細：

---

[17] 參見何寄澎主編：《國文》第六冊，臺北：龍騰文化事業股份有限公司，2010.06，頁91。

[18] 司馬遷〈太史公自序〉：「史記放絕」、「作《太史公書》」，可見在漢初，史記是史書的通稱，史公的著作是《太史公書》。到了魏晉，如陳壽《三國志》才以《史記》爲司馬遷的專著，後來，《隋書‧經籍志》分經史子集四部，史部題其書目曰：「《史記》一百三十卷。」遂沿用至今。關於《史記》名稱的沿革，參見游國恩：〈史記講錄〉，收在張高評主編：《史記研究粹編㈠》（高雄：復文圖書出版社，1992），頁1-4。

[19] 參見王新華主編：《國文》第六冊（臺南：南一書局企業股份有限公司，2010.01），頁49。

[20] 參見宋隆發、蕭水順主編：《國文》第六冊（臺北：翰林書局企業股份有限公司，2010.01），頁79。

元封三年，繼父職爲太史令，得以盡讀皇室藏書。四十二
歲（太初元年，西元前一〇四）開始撰寫《史記》。……
出獄後任職中書令，忍辱含垢，繼續著書，終於在五十五
歲（征和二年，西元前九一）時完成震古爍今的曠世鉅
作。[21]

關於司馬遷寫作《史記》的起迄時間，學界尚未有定論，主要是直接證據
不足。翰林版與龍騰版訂在征和初年，主要的文獻根據是司馬遷的〈報任
安書〉，據今人考證，該文完成於武帝征和二年。[22]其中提及：

僕竊不遜，近自託於無能之辭，網羅天下放失舊聞，考之
行事，綜其終始，稽其成敗興壞之理，上計軒轅，下至於
茲，爲十表，本紀十二，書八章，世家三十，列傳七十，
凡百三十篇。……僕誠已著此書，藏之名山，傳之其人通
邑大都，則僕償前辱之責，雖被萬戮，豈有悔哉！[23]

在征和二年時，司馬遷說他「已著此書」，而且五體具備，一百三十篇齊
全了，因此，征和二年之前，《太史公書》已經完成，至於是否就能確
定是征和二年，仍有商榷的餘地。再者，〈報任安書〉中五體的順序以
「表」爲首，與〈太史公自序〉以「本紀爲首」（也是現存《史記》的面
貌）不同，可見在征和年間完成的只是《史記》的初稿，從征和到司馬遷
去世之前，史公對《史記》做了某種程度的修改，包括「表」與「本紀」

[21] 參見何寄澎主編：《國文》第六冊（臺北：龍騰文化事業股份有限公司，2010.06），頁91-92。
[22] 參見阮芝生：〈司馬遷之心 —— 〈報任少卿書〉析論〉（《臺大歷史學報》，第26期，2000.12），頁164-174。
[23] 〈報任少卿書〉見於班固：《漢書・司馬遷傳》，昭明太子蕭統：《昭明文選》選錄，兩者文字有些許差異，本文根據阮芝生的校訂，同前註，頁154。

順序的對調。[24]至於司馬遷開始寫作《史記》的時間，則是眾說紛紜，莫衷一是。元封元年（B.C.110），司馬談臨終叮囑司馬遷完成《史記》，這是司馬遷撰寫《史記》的開始，還是史公從此專心準備撰寫《史記》，就有不同的見解，不過，把撰寫《史記》的時間延遲至太初元年，是否忽略了史公的家學，十歲就跟隨董仲舒、孔安國學習經典，以及二十歲壯遊之後的多方學習與考察。至於〈太史公自序〉提到與壺遂討論作史義例，修正《太史公書》的斷限，上起黃帝，下至太初元年，並不能證明《史記》從太初元年開始撰寫。[25]畢竟，《史記》體例龐大而複雜，史公是否會確定斷限才開始寫作，是很有疑義的。[26]因此，對於《史記》的撰寫過程，尤其是寫作與完成的時間，既然尚未有確切的看法，筆者以為，模糊應該比明確好。

(三)課文與注釋

　　課文是範文教學的核心，〈鴻門宴〉是文言文四十篇選文之一，各版本皆選入教材，課文的內容從「楚軍夜擊，阬秦卒二十餘萬人新安城南。」到「沛公至軍，立誅曹無傷。」接續鉅鹿救趙之後，劉邦先入咸陽，項羽震怒，劉邦親自鴻門謝罪的過程。三個版本內容一致，本無問題。然而，仔細比對不同出版社的教材，在分段、文字與標點等仍有些出入。首先，在分段上，龍騰版、南一版都分成四段：第一段從「楚軍夜擊」到「此天子氣也，急擊勿失！」寫鴻門宴的緣起。第二段從「楚左尹項伯者」到「項王許諾。」寫鴻門宴的序幕。第三段從「沛公旦日從百餘騎來見項王」到「樊噲從良坐。」是鴻門宴的主要情節。第四段從「坐須

24　張大可認為司馬遷晚年修訂了《史記》。參見氏著《司馬遷評傳》（南京：南京大學出版社，1994），頁495-496。

25　〈太史公自序〉：「余述歷黃帝以來至太初而訖，百三十篇。」（《史記會注考證》，頁1381）明確說明《太史公書》的起迄年代。

26　張大可認為《太史公書》定稿於此年，參見氏著《司馬遷評傳》，頁494。

與」到「沛公至軍，立誅曹無傷。」則是鴻門宴的結束。翰林版則分六
段，前兩段與其他版本一樣，第三段從「沛公旦日從百餘騎來見項王」到
「常以身翼蔽沛公，莊不得擊。」第四段從「於是張良至軍門」到「坐須
臾，沛公起如廁，因招樊噲出。」第五段從「沛公已出」到「度我至軍
中，公乃入。」第六段從「沛公已去」到「立誅曹無傷。」分段在於引導
讀者分階段，從不同層次閱讀文本，只要眉目清晰，層次分明，本無絕對
的優劣可言。翰林版的三、四兩段就是其他版本的第二段，第五、六段則
是其他版本的第四段。翰林版的第四段「於是張良至軍門」到「坐須臾，
沛公起如廁，因招樊噲出。」主要是寫樊噲英勇護主的故事，獨立一段本
無不可，而且，也更能彰顯樊噲的形象。不過，段末三句「坐須臾，沛公
起如廁，因招樊噲出。」其他版本則歸入第五段，筆者以為，第五段寫沛
公伺機逃脫的經過，而這三句寫沛公如廁離開軍帳，應歸入第五段才是。
至於翰林版的第六段從「沛公已去」到「立誅曹無傷。」主要是寫劉邦離
開回營之後，張良的危機處理。這部分獨立也很好，與第四段一樣，也能
凸顯留侯機制英勇的形象。

　　在文字上，「楚軍夜擊，阬秦卒二十餘萬人新安城南。」龍騰版作
「阬」（頁93），翰林版與南一版作「坑」。「阬」通「坑」，活埋之
意。再者，「吾入關，秋豪不敢有所近。」龍騰版作「豪」，翰林版與南
一版作「毫」，兩字亦相通。翰林版根據百衲本，而龍騰版與南一版則根
據瀧川龜太郎的版本，就文本而言，百衲本較瀧川龜太郎的會注考證本
好，然而，這兩處文本的差異只是通假字的不同，只要注解清楚，並不影
響文意與學生的學習。再者，龍騰版與南一版雖然根據同一個版本，文本
卻有不同，龍騰版忠於原文，以注解說明通假字，南一則逕行改字沒有注
解。

　　此外，「行略定秦地：至函谷關，有兵守關，不得入。」龍騰版、
南一版皆同，翰林版作「行略定秦地，函谷關有兵守關，不得入。」翰林
版根據百衲本，而龍騰版與南一版則根據瀧川龜太郎的版本，在「函谷

關」上增「至」字，《漢書》作「至函谷關，有兵守，不得入。」[27]也有
「至」字。兩個版本的文意相同，不過，在「函谷關」上增加了「至」
字，並分為兩句，前後文意較清晰而有層次，與後一句「又聞沛公已破咸
陽，項羽大怒。」的情緒急轉也能有所區隔。

在注釋方面，龍騰版七十六則最多，其次翰林版六十九則，南一版
六十五則最少。不過，注釋數量的落差只有九則，與優劣無關。然而，注
解主要是幫助學生了解課文內容，因此，生難字詞、關鍵句或古代職官
等都必須斟酌放入注釋，因此，「咸陽」的注釋就可以有仁智互見的選
擇，[28]因為，教師可以在課堂上簡單補充。而「項羽」的注釋就有必要，
因為他是鴻門宴的主角之一，尤其，「沛公」已注解在前，「項羽」更必
須注解。[29]而項伯提醒劉邦「旦日不可不蚤自來謝項王」的「謝」，其意
義不是常用的「感謝」、「辭謝」，而是較少用的「謝罪」，也應該注
解。[30]因此，各版本在注釋的選擇上大致相同，也各有其細心精確處。

在注釋內容方面，各版本也互有詳略，例如「阬秦卒二十餘萬人新安
城南」，龍騰版曰：

> 時項羽擊敗秦軍，秦將章邯率眾投降，諸侯吏卒或折辱秦
> 吏卒，項羽恐士卒不服，發生變故，遂坑殺秦軍二十餘萬
> 人於新安城南。（頁93）

不但解釋句意，也詳細說明了項羽坑殺秦卒的原因。翰林版只提到「羽恐

---

[27] 東漢・班固：《漢書・陳勝項籍傳》（臺北：鼎文書局，1995），頁1808。

[28] 關於「咸陽」，只有龍騰版有注釋：「秦國首都，在今陝西咸陽。」（頁93）翰林版與南一版則沒有注釋。

[29] 關於「項羽」，只有翰林版有注釋：「名籍，字羽，楚軍主帥，滅秦之後，自稱西楚霸王。」（頁80）龍騰版與南一版則沒有注釋。

[30] 關於「謝」字，只有南一版有注釋（頁55），龍騰版與翰林版則沒有注釋。

士卒不服」（頁80），南一版則只解釋意義，無任何背景說明。（頁51）
項羽坑殺秦卒一事，固然反應他的殘忍，如果學生能了解其背景，則對於
秦與六國，尤其秦與楚國的世仇更能掌握，而項羽的處置也深刻表現其情
感用事的淺薄。[31]

　　再者，關於「紀信」的注釋，南一版曰：

> 劉邦的將軍，後於滎陽之圍，假扮劉邦出城投降，被項羽
> 燒死。（頁59）

紀信是鴻門宴後護送劉邦返回霸上的將領之一，注釋補充他在滎陽之圍
時（漢王三年，B.C.204）犧牲自己拯救劉邦的英勇事蹟，讓讀者對紀信
有了更深刻的認識。[32]龍騰版的內容與南一版相近，不過，其用語太過文
言。[33]翰林版只是說「時為沛公的部將」（頁90），過於簡單。關於「與
之同命」的注釋，翰林版曰：

> 與沛公同生死。此為雙關語，意謂與項羽等人拼命。（頁
> 86）

此句話是樊噲得知軍帳中項莊舞劍，常意在沛公的危急處境之後，脫口

---

[31] 其他龍騰版較詳明的注釋，如「舉所佩玉玦以示之者三」，龍騰版曰：「謂范增多次舉起他所配帶
的玉玦對項羽示意。玦，有缺口的玉環，諧音『決』，用以暗示應當機立斷，下定決心。三，虛
數，非實指，指多次。」（頁99）解釋詳明。南一版的注釋與龍騰版相近，不過，「三」解釋為
「三次」，顯然有誤。翰林版則只說明「玦」的決斷義，並沒有指出兩者諧音，最為簡要。

[32] 其他南一版注釋詳明者，如「臣為韓王送沛公」，南一版曰：「我為韓王護送沛公入關。這是張良
自述往事，說明他和劉邦的關係。張良曾擁立韓公子橫陽君為韓王，收復韓國失土；後韓王命良隨
劉邦入武關，擊破秦軍。」（頁53）翰林版只是簡單說明句意（頁82）。

[33] 龍騰版的「紀信」注釋曰：「事劉邦，為將軍。項羽急圍滎陽，紀信偽裝為劉邦以誆騙項羽，助邦
脫困，為項羽燒殺。」（頁103）

而出的話：「此迫矣！臣請入，與之同命！」「與之同命」一語雙關，有兩層意思：一是和項羽、項莊等人拼命；一是與劉邦共生死。[34]南一版只解釋與劉邦共生死一層意思（頁57），龍騰版雖解釋了兩層意思（頁101），卻沒有指出此句為雙關語。

在範文注釋方面，三個版本除了大同小異的內容之外，還有明顯的矛盾之處。例如，在地理名詞的解釋上，酈山，是在陝西省西安市（翰林版90），還是陝西省臨潼區東南？（南一版60、龍騰版72）；戲水，或曰：「北流入渭，在今陝西省西安市。」（翰林版80-81），或曰：「源出酈山，西流入渭，在今陝西臨潼。」（南一版60、龍騰版72）關於酈山與戲水的解釋，兩者的所在地都有西安市與臨潼區的不同，其實，臨潼區屬今日西安市管轄，因此，西安市或臨潼區的說法都沒有錯，如果要力求精確的話，應該說：「在今陝西省西安市臨潼區」。至於戲水，發源於酈山，應是「北」流入渭水，而非「西」流。因此，翰林版是正確的。「行略定秦地」的「行」，翰林版解釋為「前進」（頁80），意思是項羽在新安城南坑殺秦卒之後，繼續進軍平定秦地。南一版作「將要」（頁51），意思是羽在新安城南坑殺秦卒之後，將要進軍攻下秦國領土。其實，兩個解釋都有根據，與前後文意也都通順無礙，因此，龍騰版將兩個意思都納入：「將要；或解作前進」（頁93）。「大禮不辭小讓」的「讓」是「謙讓」（龍騰版，頁103）、「禮節」（翰林版，頁89），還是「缺失」（南一版，頁59）？在《史記‧李斯列傳》、〈酈生陸賈列傳〉也引述「大行不小謹，盛德不辭讓。」、「舉大事不細謹，盛德不辭讓。」[35]可見這是當時的常用語。這句話與「大行不辭細謹」並列，「細謹」就是「細小的

---

[34] 其他翰林版注釋詳明者，如「今人有大功而擊之，不義也，不如因善遇之。」的「遇」，翰林版曰：「對待」（頁84）。此處的「遇」，非一般意義的「相遇」，而是「對待」，應該出注，其他兩個版本則未有注釋。

[35] 西漢‧司馬遷：《史記會注考證》，〈李斯列傳〉，頁1038、〈酈生陸賈列傳〉，頁1102。

謹愼」，也是就枝微末節。因此，「讓」可解釋爲「謙讓」。「讓」並無「禮節」的意義，「缺失」則從「責罵」[36]的意義引申而來，解釋又太過曲折。

㈣問題與討論

　　關於「問題與討論」單元，三個版本都有三題。龍騰版：最喜歡誰、討厭誰，爲什麼？項羽或劉邦個性的比較。張良與范增的言行與行事風格，及其成敗的因素。（頁105）南一版：項羽從攻打劉邦到不殺害劉邦，其中的轉變？劉邦在鴻門宴中爲何不發一語？比較張良與范增的人格特質。（頁61）翰林版：鴻門宴座位安排的深意？張良范增的比較。本文的名句及其意義。（頁91）

　　三個版本都有張良與范增兩人的比較，或重在言行與行事風格，或比較兩人的人格特質。可見在本文中，張良與范增，兩個集團的首要智囊的影響力與鮮明形象。《史記》是人物的畫廊，刻畫人物本是其特色，因此，龍騰版也要學生比較項羽和劉邦的性格。南一版則要學生思考項羽對劉邦的態度爲何從敵對到和緩的轉變，以及劉邦爲何在鴻門宴不發一語，這些問題都可以引領學生進一步思考文字之外的意義，立意頗佳。至於龍騰版問學生「最喜歡誰、最討厭誰？爲什麼？」筆者以爲這樣的開放性問題，仁智互見，討論不易聚焦。而翰林版要學生找出文中的名句及其意義，屬於成語和典故的探尋，固然有其價值，放在高三課本是否太簡易？也是可以再斟酌。翰林版還設計了一個有趣的問題：鴻門宴的座位安排有何深刻的用意？鴻門宴的邀約者是項羽，座位的安排主動權在他手上，因此，在座次的安排上，項羽、項伯坐西朝東，居尊位；[37]范增坐北向南，次之；劉邦坐南向北，又次之；張良坐東朝西，位於門口旁，處下之位。

---

[36]　參照韓兆琦編著：《史記箋證》（南昌：江西人民出版社，2004），頁596。

[37]　中井積德曰：「堂上之位，對堂下者，南向爲貴，不對堂者，唯東嚮爲尊。」參見日·瀧川龜太郎《史記會注考證》（臺北：萬卷樓圖書有限公司，1993），頁147。

由座位的安排，劉邦尚且居范增之下，可以看出項羽陣營貶抑劉邦之意，而劉邦也安於卑位，以求一時苟全。

三、結語

　　整體而言，在臺灣中學國文教科書選錄《史記》文章有高度的一致性，教材編寫的內容也差異不大，造成這種現象，除了中小學教科書的編撰有其限制之外，選錄在國中課文的〈張釋之執法〉自國編版已經選錄，是國中國文課本長期固定的選文之一，教材的內容經歷多年的補充刪修，已經大致確定，因此，開放教科書之後，各家出版社仍有志一同的選錄該文，也呈現出大致相似的教材內容。高中國文的〈鴻門宴〉是《史記》的名篇，也是教育部「普通高級中學課程暫行綱要」四十篇文言文選文之一，各版本也都會選錄，教材內容與編撰的體例也沒有根本的差異。

　　然而，這並不代表各版本之間的教材毫無分別，相反的，在文本、注釋、問題與討論、延伸閱讀……等方面，各版本都有或多或少的歧異，有些歧異是仁智互見，並無絕對的是非，例如課文的分段；有的則是正誤鮮明，不可不辨，例如地名的注釋。綜合本文之比較分析，筆者有幾項建議：

㈠範文應注意版本，宜用善本或精校本。

㈡注釋的內容應力求精確，文字則要簡明達意。

㈢國中國文應保留「課前預習」。

㈣「問題與討論」應設計兼具思辨性與歧異度的問題，避免固定標準答案的知識性問題。

㈤學界仍未達共識的問題，例如司馬遷的生卒年，課文的說明不宜斬釘截鐵，不同的論點也可以在教師手冊呈現。

㈥「延伸閱讀」的專書，除了專業性、普及性，還要注意最新的著述，適時調整補充。

　　本文透過比較各版本的內容，分析臺灣中學國文教科書中的《史記》選文，主要的目的在檢視各版本教材編纂的內容，提供教科書之編者與讀者參考，而不在評定版本之間的優劣，況且本文分析的文本，只有國、高中各一課，也沒有足夠的樣本作為各版本優劣的論據。

第五章

黃震《史記》學

　　黃震（1213-1281），字東發，南宋慶元府（今浙江寧波）慈溪人，生於南宋寧宗嘉定六年，卒於元世祖至元十八年，著有《黃氏日鈔》、《古今紀要》、《戊辰修史傳》和《古今紀要逸編》等書。他對《史記》的評論，主要見於《黃氏日鈔》卷四十六（讀史一・史記）、卷四十七（讀史二・漢書）、卷五十一（讀雜史一・蘇子古史）等。僅就《黃氏日鈔》卷四十六、卷四十七對《史記》的評點，包括本紀七篇、書三篇、世家二十三篇、列傳五十篇，共八十七篇一百多則，評論的篇章占《史記》63%。五體之中，沒有針對表作評點。[1]是兩宋評點《史記》篇幅最多者，其論評意見以人物評論與義理為主，是宋代評點《史記》的代表人物，對於後代研讀《史記》有相當啓發與影響。就筆者搜尋，學界並未有關於黃震史記學的專著或單篇論文，許淑華教授《兩宋史記評點研究》曾就黃震之《史記》評點資料詳加校訂、補闕，並歸納其內容有義理、考據、辭章與史識四大類，然而，並未就其內容意涵深入分析，本章在許教授的基礎上，以黃震史記學為題，掘發其意涵，指出其貢獻與限制。其主要內容包括史料的考訂、人物史事的評論等，內容非常豐富。

一、史料的取捨

　　蘇轍認為司馬遷《史記》記載堯、舜、三代的史事不符合聖人之意，遂據《史記》，參考他書，作《古史》六十卷。黃震《黃氏日抄》卷

---

[1]　參見許淑華：《兩宋史記評點研究》（臺北：花木蘭文化出版社，2009），頁580-601。

五十一〈讀雜史‧讀古史〉就針對蘇轍的修正，對照《史記》的記載，提出評論。首先，黃震不太認同蘇轍隨意更動《史記》的記載，黃氏曰：

> 《古史》之駁《史記》多以《左傳》爲據，然去古既遠，安知《左傳》者必爲是，而《史記》者必爲非耶？……大率《古史》之作，實祖《索隱》，《索隱》不敢輕議史遷，而特以異同者隨事疏其下，俟來者擇。使蘇子亦如之，則盡善矣。[2]

黃震對於蘇轍只以《左傳》爲據，修正《史記》的內容，有不同意見。蓋司馬遷寫《史記》，參考過《左傳》，卻不採用其記載，一定有其考量。黃震以吳太伯讓位季歷爲例，《史記‧吳太伯世家》記載，「太伯、仲雍二人乃犇荆蠻，文身斷髮，示不可用，以避季歷。」（《史記會注考證》，頁537），《左傳‧哀公七年》：「太伯端委以治周禮，仲雍嗣之，斷髮文身，臝以爲飾。」兩者對於太伯奔吳之後，是否斷髮紋身有不同記載，蘇轍《古史》直接以《左傳》的記載取代《史記》，顯然不妥。黃震再引《論衡》以及孔子對太伯三讓天下的稱頌，認爲司馬遷的記載比較符合《論語》及其他史料。[3]因此，黃震進一步指出，蘇轍仿效司馬貞《史記索隱》，希望補充《史記》在史料抉擇的可能罅漏，不過，司馬貞是把不同的史料羅列於《史記》相關記載之上，供後人參酌檢擇，黃震比較肯定這樣嚴謹謙遜的治史態度。例如，在他的另一本史學大作《古今紀要》卷七，討論到歐陽修《新唐書‧裴矩傳》中記載：「虞世基用事，官

---

[2]　南宋‧黃震：《黃氏日抄‧讀雜史一‧蘇子古史‧吳世家》，卷五十一（臺北市：臺灣商務印書館影印文淵閣四庫全書，2005），頁7-8。

[3]　黃震曰：「《史記》載雍林人殺無知，《古史》改為雍廩，此亦據左氏以改《史記》，實則當兩存以考異耳，餘多類此。」（《黃氏日抄‧讀雜史一‧蘇子古史‧齊太公世家》，卷五十一，頁9）。

以賄遷，惟矩挺書無賄聲，世頗稱之。」（卷一百），同卷〈楊恭仁傳〉卻說裴矩等人受賄不法。對於這樣的矛盾，黃震付之闕疑，以待後人。這就是實踐了實事求是，不厚誣古人的嚴謹學風。

　　然而，黃震並非一味的肯定司馬遷，貶抑蘇轍在史料的增刪修訂，例如：「《史記》以考烈王六年爲遣景陽救趙，而《古史》改稱春申君，則〈春申〉、〈平原傳〉與〈年表〉皆言春申也，此可改之而無疑。」（《黃氏日抄‧讀雜史一‧蘇子古史‧楚世家》，卷五十一，頁14）這是《史記》前後不一致的矛盾，蘇轍的修正無誤。此外，蘇轍把范蠡、文種的事蹟獨立出來，另立〈范蠡大夫種傳〉，黃震也加以肯定：

> 太史公屈范蠡於〈貨殖傳〉，而功名則附之〈越世家〉。蘇子摘之世家，參之《吳越春秋》，作〈種蠡傳〉，補史遷之不及矣。[4]

司馬遷把文種、范蠡放在〈句踐越王世家〉與〈貨殖列傳〉，固然有其考量，然而，范蠡、文種的事蹟確實可以單獨傳世，蘇轍標舉兩人合傳的作法，確實有其值得肯定之處。[5]

　　由此可見，黃震本著史書實錄、鑑戒的觀念，強調史料的取捨必須有本有源，不能憑個人喜好，任意去取。然而，史書對於人格高潔，足爲典範的人，也應盡量單獨立傳，以表彰典型，供後人效法。

---

[4]　南宋‧黃震：《黃氏日抄‧讀雜史一‧蘇子古史‧范蠡大夫種傳》，卷五十一，頁25。

[5]　蘇轍也把楚國的葉公、鄭國的子產、吳國的季札等人單獨立傳，黃震評之曰：「葉公，《史記》無傳，蘇子采《左傳》而增立之。葉公有存國之功，而不享存國之利，是不可以不傳。」（《黃氏日抄‧讀雜史一‧蘇子古史‧葉公傳》，卷五十一，頁25）、「柳下惠、曹子臧、吳季札、范文子、叔向、子產諸傳，於《史記》無之，皆蘇子據《左氏傳》增立，始末具備，不以年隔，殆左氏類書之要者也。」（《黃氏日抄‧讀雜史一‧蘇子古史‧葉公傳》，卷五十一，頁20）黃氏肯定蘇轍為葉公等品格高潔的人立傳，是承繼了左傳的精神。

二、文學的鑑賞

　　《史記》是一本史學巨著,也是文學大作,影響後世文學甚鉅,黃震
對於《史記》的文學內涵,也多有闡發。

㈠對讀

　　史公以一百三十篇寫二千多年的歷史,必須有以簡馭繁的體例。其
中,「互見」是一種兼顧個別傳記特色宗旨與人物多元描寫的方便善巧。
所謂互見,就是詳此略彼,每一篇列傳都有其宗旨,因此,無法全面書寫
傳主的多面性,史公便以詳此略彼的方式,兼顧列傳的主旨與人物的複雜
面貌。[6]因此,當我們希望透由《史記》全面了解歷史人物,就不能局限
在單一篇章,而是必須把相關的篇章都納入閱讀的範圍,才不會遺漏重要
的細節。此外,相關人物的對讀也是必須注意的閱讀方式,黃震指出:

> 看〈衛、霍傳〉,須合〈李廣傳〉。衛、霍深入二千里,
> 聲震夷夏,今看其傳,不直一錢。李廣每戰輒北,困躓終
> 身,今看其傳,英風如在。史氏抑揚予奪之妙,豈常手
> (闕文)。[7]

〈李將軍列傳〉與〈衛將軍驃騎列傳〉這兩篇是記載武帝主政時期重要武
將──李廣、衛青與霍去病,他們三位都是攻伐匈奴的重要將領,也是武
帝時的重要將領,因此,有其對讀的基礎。再者,在傳記的內容上,司馬
遷寫武將包含幾個重點:出身、戰技、兵法、武德、處世與際遇等,這兩
篇都包括這些內容,因此,將兩篇對讀可以看出司馬遷寫武將的內容技

---

[6]　關於《史記》的互見,可參見張大可〈論史記互見法〉,收在氏著《史記研究》(北京:華文出
　　版社,2002),頁268-285。

[7]　南宋・黃震:《黃氏日抄・讀史二・漢書・衛青霍去病》,卷四十七,頁8。

巧，以及武將的際遇、武帝的用人原則等。讓我們可以更深透漢武帝時的武將，也對於漢代對外用兵的種種，有更深入的了解。[8]黃震透過這樣的對讀，點出李廣是「邊將材」（同上），武帝若志在止息民力，重用李廣就夠了。然而，武帝用人夾雜了討好後宮，武帝窮兵黷武又是滿足個人私慾，因此，武帝之兵只是「從欲之兵」（同上）。黃震在《黃氏日抄》中多次表露對武帝用兵匈奴的不以為然，除了上述重用衛青、霍去病、李廣利等後宮親眷，而不信任飛將軍李廣之外，還與文帝、景帝的政策參照，凸顯武帝的失策。黃震曰：

> 帝平生窮兵黷武，使海內蕭然。觀其所由，往往為榮宮妾地爾！而曰《春秋》大復讎之義，其欺誰？欺天乎？且受圍與嫚書，未可以讎言也。文、景和親，相安已久，否而嚴守備，則置一李將軍，匈奴不敢入塞矣！何紛紛為？[9]

漢朝對匈奴的政策，從高祖平城之圍之後，轉趨保守，劉敬的和親政策成為主軸。文帝、景帝依循這樣的政策，兩國相安無事。武帝即位之後，打破這樣的慣例，開始對匈奴用兵，兵戰連年，造成國庫空虛，民眾流離，邊患也沒有解決。黃震對於武帝用兵匈奴相當不以為然，他從幾個面向加以批判，首先，重用後宮的親眷，滿足個人私慾；再者，以高祖白登之圍與呂后被輕薄的理由，認為出兵匈奴符合《春秋》大復仇之義（詳後），也是自欺欺人的藉口；最後，文、景二帝的匈奴政策符合民眾期待與國家利益，即使不願積極和親，嚴守邊境免於匈奴侵擾，重用李廣也就夠

8　參見拙著：〈悲劇英雄與立功將領——〈李將軍列傳〉與〈衛將軍驃騎列傳〉對讀〉，收錄在安平秋主編：《古文獻與嶺南文化研究》（北京：華文出版社，2010），頁187-199。本書第一篇第八章，頁155-176。

9　南宋・黃震：《黃氏日抄・讀史一・史記・衛將軍驃騎列傳》，卷四十六，頁61。

了。[10]

(二)敘寫結構之妙

　　黃震在評述蘇轍《古史》，最主要的方法是把《史記》與《古史》對讀，他發現，蘇轍雖然對《史記》有許多不滿意，增刪其內容，不過，也有相當的多的篇幅完全不加更動，這些篇章多是《史記》精彩的篇章。例如：「〈管仲傳〉先敘管鮑之交，語精意婉，讀之令人三嘆。蘇子全祖史遷而不敢易，是矣。」（《黃氏日抄‧讀雜史一‧蘇子古史‧管晏傳》，卷五十一，頁19）[11]此外，黃震又曰：

---

[10] 黃震評點〈匈奴列傳〉對此多所著墨，他說：「傳之敘匈奴詳矣。大抵以其視中國為強弱，……秦并天下，築長城，冒頓復興，雖高帝不免白登之圍。非其視中國為強弱哉？然嘗論之，秦漢之待夷狄，不可復以三代比也。三代以天下為公，諸侯各自為守，設不幸有警，方伯連帥以諸侯兵驅之而矣。然不常有也。秦漢以天下為私，自京師去匈奴塞上，皆天子所自制。邊塵稍驚，勞民萬里，雖鞭之長不及馬腹，故秦之備邊，不得不出於長城，然此毒民之事，悖謬之舉，適以自斃，不可為也。故漢之求安不得不出於結約，雖婁敬遣公主之說不可用。若孝文皇帝賜之書有曰：天下頗覆，帝不偏載，使兩國之民若一家，下及魚鱉，上及飛鳥，跂行喙息蠕動之類，莫不就安利而辟危殆。嗚呼，大哉言乎!文帝之心，天地之心也。持之堅，行之久，至孝景世，終無大寇。武帝即位之初，匈奴信漢，自單于以下，往來長城下無忌矣。乃一旦無故自為狙詐於匈奴，兵禍連結，使天下生靈肝腦塗地，然匈奴益驕，亦終不服我。回視文、景之世，得失何如哉！」（《黃氏日抄‧讀史一‧史記‧匈奴列傳》，卷四十六，頁59-60）又說：「漢世綏御之方，惟文帝為得，而仲舒之論，末可謂其迂闊也。帝初即位，使告諸侯、四夷從告來意，量時度宜，與匈奴和親，尉佗自帝，亦溫辭以感服之，匈奴或背約入寇，逐之出塞即止。使終漢之世，待四夷皆如帝，何不可者？武帝一信聶翁狙詐之說，兵連禍結，海內蕭然，董生之論，似過於弱，而實足以藥武帝之膏肓。」（《黃氏日抄‧讀史二‧漢書‧匈奴列傳》，卷四十六，頁59-60）黃震點出匈奴與中國邊境的戰爭與和平取決於兩個主要因素：一是兩國勢力的消長；一是國君的政策。中國勢力衰弱，匈奴就成為邊境大患。然而，對於匈奴的政策，黃震認為，只須被動防守，不可輕啟戰端，秦朝建長城、備邊防，不輕易出關求戰；文帝以天下蒼生為念，延續和親政策，和匈奴建立信任的關係，邊界和靖。而武帝先以險詐之兵破壞兩國誠信，用兵之後，造成人民傷亡無數，國庫因而空虛，漢朝由盛轉衰的關鍵正在於此。不過，黃震以天下為公、私分別三代與秦漢，又極力肯定和親是長治久安之策，仍有商榷的餘地。

[11] 黃震曰：「《古史》多因《史記》，蓋其紀攻戰之事工矣。」（《黃氏日抄‧讀雜史一‧蘇子古

> 太史公略敘孟子游說不遇，退而著書，及開說當時餘子之
> 紛紛然，然後結以荀卿之尊孔氏、明王道，及其名傳獨以
> 孟荀而於子不及焉。其布置之高，旨意之深，文辭之潔，
> 卓乎不可尚矣。[12]

黃震對於《史記・孟荀列傳》結構之安排，以孟子的事蹟開篇，之後概略
介紹戰國諸子，例如慎到、淳于髡、墨子等，最後以荀子總結。全篇安排
恰切，以儒學爲主軸，充分彰顯對孔子的尊崇；文字簡潔有致，主旨深
切，既反映了戰國的學術實況，也表達了作者的學術評價。又如：

> 太史公作〈廉頗藺相如傳〉，而附之趙奢、李牧，趙之興
> 亡著焉。一時烈丈夫英風偉概，令人千載興起。而史筆之
> 妙，開合變化，又足以曲盡形容，眞奇事哉。《古史》因
> 之不敢易一字，亦宜矣。[13]

〈廉頗藺相如列傳〉透過完璧歸趙、澠池之會與將相和等事件，生動的描
寫藺相如的大智大勇，也映襯出廉頗知錯能改的氣度。再加上幾名重要武
將，如趙奢、李牧等人的事蹟，也寫的精彩有致。整篇列傳讓讀者清楚地
了解，當趙國面臨強秦威脅時，幾位名臣將相輔佐國君撐起大片江山，主
旨也非常清晰，是《史記》非常著名的篇章。

史・白起王翦列傳〉，卷五十一，頁26）、「《古史》於〈范雎蔡澤傳〉不敢易《史記》之舊。」
（《黃氏日抄・讀雜史一・蘇子古史・范雎蔡澤列傳》，卷五十一，頁27）這樣的評論俯拾即是。

[12] 南宋・黃震：《黃氏日抄・讀雜史一・蘇子古史・孟子荀卿傳》，卷五十一，頁24。

[13] 同前註，頁29。

三、學術史內涵

黃震是朱子理學的傳人，[14]除了史料與文學的角度之外，他也注意《史記》列傳安排隱含的學術史內涵，黃氏曰：

> 太史公作〈老莊傳〉，辭簡意足，曲盡老莊之本旨，而又
> 即以申韓之傳附之，若曰清靜無爲，其勢必不足以治；及
> 其不治，其勢必不得不以法繩之。而老子之無爲常欲自
> 利，其藏於心者已有陰術；莊子之寓言破壞尋常，其矢
> 於口者，已無忌憚，以陰術之心，行肆無忌憚之説，而處
> 不得不以法繩之之勢，慘苛不道，尚復何疑？此申韓之
> 出於老莊，而惟太史公能窮極源委而言之，嗚呼可謂卓識
> 已。[15]

黃震肯定《史記‧老子韓非列傳》，以簡明的文字、濃縮的篇幅，精準的把握老莊思想。至於司馬遷把老莊與申韓合傳，黃震則是從治國的角度說明其學術淵源，他認爲老莊的無爲而治不足以長治久安，必須假借法勢的威權，如此，無爲的理想終究淪落爲苛慘的統治。黃震透由治術綰合老莊與法家，有其獨到的眼光，漢代的黃老之治，確實是道家無爲與法家重法的結合，有其歷史的合理性。不過，黃震將老子的無爲解讀爲自利、權謀；莊子的寓言是破壞尋常、肆無忌憚，則對道家思想相當的隔閡。

四、人物與史事的評論

史書除了記載史事之外，史家也會對史事、人物表達意見與評論，除

---

[14] 黃震學承朱子，至於是朱子的第幾代傳人，則有再傳、三傳、四傳的歧異。筆者認同全祖望四傳的說法，詳參張偉：《黃震與東發學派》（北京：人民出版社，2003），頁42-45。

[15] 南宋‧黃震：《黃氏日抄‧讀雜史一‧蘇子古史‧老莊申韓列傳》，卷五十一，頁22-23。

了傳達史家個人的觀點之外，也強化鑑戒的效果。中國史書論贊的特殊傳統，給予史官表達觀點的體制方便，後人讀史，也可以仿效史官，評論歷史事件與人物。黃震的理學素養深厚，研閱《史記》，提出許多見解，引人深思。

(一)樂毅非戰國之士

　　樂毅是戰國時期的武將，為燕昭王伐齊復仇，展現其軍事才能，除此之外，樂毅也擅長謀略，極富處世智慧。因此，司馬遷將樂毅單獨成篇，並置放於〈范雎蔡澤列傳〉與〈廉頗藺相如列傳〉之間，以彰顯其在戰國時代的重要地位。黃震也給予樂毅相當高的評價，黃氏曰：

> 毅以讒去適趙，趙，父母國也。〈報燕惠王書〉稱：忠臣去國，不潔其名。不効戰國反覆，復為趙而讎燕，去就無歉，傳之子樂閒亦然。故高帝過趙，復封其孫樂叔者於樂鄉，信義之入於人深矣，然則樂毅非戰國之士也。[16]

樂毅出身武將世家，家居趙國，到魏國任職，在出使燕國之時，投效重用賢士的燕昭王，後來，率軍伐齊，讓燕國躋身強國之林。然而，燕惠王即位之後，聽信讒言，以騎劫代樂毅，樂毅離開燕國，返回趙國。燕惠王對返回趙國的樂毅仍有很深的疑忌，質疑樂毅離開燕國，辜負了燕昭王的知遇與拔擢。樂毅寫了〈報燕惠王書〉，一方面表明自己受知於燕王，為燕國貢獻心力的事實；一方面保證自己不會傷害燕國的立場。不但正面回應燕惠王的質疑與擔憂，也彰顯其在君臣相處之際，能隨順情勢的成就彼此，表現出高度的士族教養與黃老智慧。三國魏夏侯玄曰：「觀樂生〈遺燕惠王書〉，其殆庶乎知機合道，以禮始終者與。」[17]可謂知人之論。樂

16　南宋・黃震：《黃氏日抄・讀史一・樂毅》，卷四十六，頁43-44。
17　魏・夏侯玄：〈樂毅論〉，參見清・嚴可均輯：《全三國文》（臺北：世界書局，1982）。日・瀧

毅雖然沒有再回到燕國任官,而終老於趙國。不過,他以客卿的身分,往來於燕、趙兩國。其子樂間則仍被燕惠王封為昌國君。顯然,〈報燕惠王書〉緩和君臣兩人的矛盾,恢復了彼此的信任。黃震強調樂毅的信義,與一般戰國士人的反覆不同。筆者曾為文論述樂毅的黃老智慧,認為這是樂毅能出入權力有全身而退的關鍵。[18]夏侯玄「知機合道,以禮始終」的詮解,可謂知人之論。

㈡刺客多以愚殺身

史公寫〈刺客列傳〉,標舉其立義較然,不惜以生命回報知己,黃震則不以為然。他說:

> 太史公傳曹沫、專諸、豫讓、聶政、荊軻五人,謂:介然不欺其志。愚謂惟豫讓為君報仇之志,為可悲,餘皆在愚殺身,非人情也。荊軻所交田光、高漸離之流,多慷慨輕生,至今讀易水之歌,使人悲惋,軻視諸子材氣殆優焉,雖然,果何哉?其所謂志而足稱道哉?[19]

川龜太郎曰:「六國將相有儒生氣象者,惟望諸君一人。其〈答燕王書〉,理義明正,當是第一文字。諸葛孔明以管、樂自比,而其〈出師表〉,實得力於此文尤多。樂書曰:『恐抵斧質之罪,以傷先王之明,而又害於足下之義。』諸葛則云:『受命以來,夙夜憂歎,恐付託不效,以傷先帝之明。』樂書曰:『先王過舉,擢之乎賓客之中,而立之乎群臣之上,而使臣為亞卿。臣自以為奉令承教,可以幸無罪矣,故受命而不辭。』諸葛則云:『先帝不以臣卑鄙,猥自枉屈,三顧臣於草廬之中,由是感激,許先帝以驅馳。』樂書曰:『免身立功,以明先王之迹,臣之上計也』諸葛則云:『庶竭駑鈍,攘奸兇,興復漢室,還於舊都。此臣所以報先帝而忠陛下之職分也。』彼此對看,必知其風貌氣骨有相通者。」(〈樂毅列傳〉,頁988)夏侯玄對比樂毅的〈報燕惠王書〉與諸葛亮的〈出師表〉,指出諸葛亮受樂毅之影響。

[18] 參見拙著:〈《史記·樂毅列傳》析論〉,收在張高評主編:《人文與創意學術研討會論文集》(臺北:里仁書局,2008),頁33-58。

[19] 南宋·黃震:《黃氏日抄·讀史一·刺客》,卷四十六,頁47。

〈刺客列傳〉是《史記》非常特殊的一篇，記載了五位刺殺君王、重臣的刺客，歷來對此篇有許多的討論與質疑，南宋鮑彪對於聶政的作爲就不表認同，認爲他被嚴仲子這樣的小人知遇，幫他復仇，平白送命。[20]黃震則對太史公論贊「自曹沫至荊軻五人，此其義或成或不成，然其立義較然，不欺其志，名垂後世，豈妄也哉？」（《史記·刺客列傳》，頁1033）同時肯定五位刺客不以爲然，他認爲，五位刺客之中，只有豫讓爲智伯復仇之志，是爲君臣公義，值得肯定。其餘四人都是爲了私仇殺人，顯然個人情義凌駕一切，不但不值得肯定，也因此而犧牲性命，黃震謂此「在愚殺身」，刺客們錯誤的知見，輕送了性命。他舉荊軻爲例，荊軻才情器度出色，卻與田光、高漸離等慷慨輕生之士交往，最後，爲了糾葛私仇的燕太子丹犧牲，不足肯定。

刺客之中，荊軻的事蹟傳頌最廣，儼然成爲刺客的代表。其實，〈太史公自序〉特別肯定「豫讓義不爲二心」，而不及荊軻。黃震的說法有其根據。不過，〈刺客列傳〉放在〈呂不韋列傳〉與〈李斯列傳〉之間，似乎將荊軻刺殺秦王界定爲戰國時期六國抗秦的最後一舉，如此，荊軻刺秦就不是單純的私人復仇行動，而是具有深切的歷史意義的事件。此外，史公爲刺客立傳，〈自序〉說其「義」，論贊強調其「志」，不以成敗論英雄，肯定刺客「士爲知己者死」的理想，及其爲理想獻身的精神。「士爲知己者死」是閱讀〈刺客列傳〉的關鍵。豫讓：「士爲知己者死，女爲悅己者容。今智伯知我，我必爲報讎而死，以報智伯，則吾魂魄不愧矣。」（〈刺客列傳〉，頁1025）聶政：「政將爲知己者用。」聶榮：「嚴仲子乃察舉吾弟困污之中而交之，澤厚矣，可奈何。士固爲知己者

---

[20] 參見南宋·鮑彪曰：「獨以謂人之居世，不可不知人，亦不渴妄爲人知也。遂唯知政，故得行其志。惜乎，遂褊狷細之人耳，政不幸謬爲所知，故死於是。使其受知明主與賢相，則其所成就，豈不有萬萬於此者乎？」（《戰國策注》，卷二十七，臺北：里仁書局，1990，頁1001）聶政若未被嚴遂所知，則在狗屠中平淡一生，這是聶榮、政姐弟都引嚴遂爲知己的主因。聖君賢相的賞識是多麼難得際遇？若有志之士都希求聖君賢相，何來知遇？鮑彪顯然未能深入戰國士人的價值觀。

死。」（〈刺客列傳〉，頁1027）都是刺客最莊重的宣言，也是其「義」
與「志」的所在。其他刺客雖未宣言，魯莊公在曹沫與其三戰皆敗北之
後，仍信賴他，「復以爲將」（〈刺客列傳〉，頁1023）；伍子胥「知專
諸之能」（〈刺客列傳〉，頁1024）；田光對荊軻，「知其非庸人也。」
（〈刺客列傳〉，頁1028）也因爲有了這樣的知己關係，才會有後續的刺
殺，也就是說，刺客列傳的刺客都不是職業刺客，也不是爲了任何個人利
益而殺人，而是服膺「士爲知己者死」的價值，爲知己赴湯蹈火。如果忽
略了這一層，對史公撰寫〈刺客列傳〉的深意恐無法理解，而徑以君臣倫
理非議其愚，並非相應的理解與批評。

(三)君臣之疑與必殺之勢

　　黃震在評點《史記》時，對於君臣之間的關係多所關注，尤其是高祖
劉邦對於臣子之疑，黃震再三申論，他說：

> 高帝起布衣，得天下，非有分義素服人心，故所與同起
> 者，帝無不疑之至。[21]

史公在〈蕭相國世家〉中，除了寫蕭何輔助劉邦亡秦滅楚的功業之外，也
寫他自處儉約的智慧。然而，篇幅最大卻是寫高祖對蕭何的疑懼以及相國
的應對，包括漢王三年（B.C.204），劉邦與項羽在京、索之間對峙的時
候，屢屢派專人慰勞鎮守關中的蕭何，鮑生提醒蕭何，在前方軍情緊急的
關鍵時刻，漢王還屢屢慰問你，這不是體恤，而是疑懼。爲了解除劉邦
的疑慮，鮑生建議：「遣君子孫能勝兵者，悉詣軍所。」（〈蕭相國世
家〉，頁795）蕭何聽從鮑生建議，結果，「漢王大說」蕭何逃過一劫。
同樣的情況又發生在高祖十一年（B.C.196），陳豨謀反，劉邦率軍前往

---

[21] 南宋‧黃震：《黃氏日抄‧讀史一‧史記‧蕭相國世家》，卷四十六，頁27。

邯鄲平亂，同時，淮陰侯韓信因謀反關中，被呂后斬首。[22]蕭何出計擒殺韓信有功，拜爲相國，加封五千戶，增加專門侍衛至五百人。召平提醒蕭何，這是淮陰侯新反於關中，劉邦對蕭何的疑慮，蕭何沒有接受封賞，並把家產捐助軍需，「高帝乃大喜。」（〈蕭相國世家〉，頁796）高祖十二年（B.C.195），黥布謀反，蕭何盡心在關中打理事務，支援前線，劉邦屢次詢問蕭何的情況，蕭何還得故意賤價收購民田，造成民怨，以解劉邦「傾動關中」（〈蕭相國世家〉，頁796）的疑懼。[23]

　　蕭何從劉邦起義的時候就追隨他，從無二心，劉邦的疑慮似乎不盡人情。黃震從高祖布衣得天下的角度，指出劉邦沒有素服人心的家世，在權力基礎上缺乏足夠的自信。綜觀秦、楚之際起義反秦者，除了布衣之徒，更多是六國之後，這些貴族後裔多世代爲官，對祖國百姓素有號召力，例如，項羽對楚國百姓就有巨大的影響，楚國百姓對他也相當期待，如此，掌權之後，對於自己權力的基礎較有自信。劉邦的權力主要來自武力的勝利，不論是爭霸天下，或者漢朝初立之際，劉氏家族缺乏強固的民心，劉邦對大臣的疑慮是普遍而深切的。因此，黃震在評點韓王信、盧綰、陳豨也指出這一點：

> 信以韓王庶孽從漢，復封韓，繼而漢疑之，徙王太原。……盧綰與帝居同里、生同日、學同師，平生至相

---

[22] 關於淮陰侯謀反、蕭何計擒韓信的記載，詳見《史記·淮陰侯列傳》，卷九十二，頁1073。蕭何建議呂后，發布高祖已經殺死陳豨的消息，傳令眾臣入朝恭賀，蕭何並親自勸生病的韓信入宮，呂后順勢逮捕韓信。

[23] 蕭何此舉效法秦將王翦，王翦率六十萬大軍伐楚之際，屢次派人向秦始皇請田宅，他的理由是「秦王粗而不信人，今空秦國甲士而專委於我，我不多請田宅為子孫業以自堅，顧令秦王坐而疑我邪？」（〈白起王翦列傳〉，頁941）蕭何低價強購民宅，也是出於同樣的考量。黃震指出：「王翦為始皇伐楚，面請美田宅；既行，使使請美田者五輩。後有勸蕭何田宅自汙者，其計無乃出於此歟！」（《黃氏日抄·讀史·韓信盧綰列傳》，卷四十六，頁32）可見得君主疑懼賢臣的現象並非特例，而是普遍的現象，因此，有時重臣反而要自汙以求自保。

得，非有大功而王之燕，帝之於綰厚矣！亦以貳心自成疑懼而走匈奴，……二人者皆非有大惡，而踈遠取疑，失身至此，不亦悲夫！……陳豨慕魏公子之為人，監趙代邊兵，而賓客千餘乘，卒於見疑，而以反誅，此尤庸妄可為戒矣。[24]

韓王信在戰場立功而被封為韓王，都潁川，卻因位居要衝，加上統帥天下精兵而遭疑忌，後來，遷往太原，在邊境防禦匈奴。盧綰則是與高祖同鄉，又一起成長，情同手足，在諸侯中最受寵幸，雖無大功，仍以他姓而封燕王。兩人都在北邊邊境，一方面遠離王都，親幸日漸疏離，訊息的傳達又不及時，君臣之間時有誤解；加上匈奴的威脅侵擾，漢朝無法提供有力而及時的救援，兩人既要顧及自己的權位，又得抵禦匈奴，常顯得左支右絀。高祖六年（B.C.201），韓王信因劉邦疑其通敵匈奴，率先謀反，並與匈奴聯合攻打漢朝，雖然被擊潰，卻也間接造成隔年冬天，劉邦誤判情勢，在平城白登山被圍，幾乎不得脫困。盧綰則自謀無方，一方面協助漢朝平定陳豨，一方面又私下幫助陳豨逃脫，並且派密使往返匈奴。高祖十二年（B.C.195），燕王盧綰謀反失敗，逃歸匈奴。陳豨在韓王信逃往匈奴之後，被高祖賦予駐守代郡，鞏固邊防的重責大任，卻因禮賢下士，賓客眾多，遭到趙相周昌參奏：「賓客盛甚，擅兵於外數歲，恐有變。」（〈韓信盧綰列傳〉，頁1078）高祖十一年（B.C.196），陳豨謀反被殺。

　　綜觀三人的謀反，黃震拈出「疑」這個關鍵字。韓王信、陳豨都是被高祖疑而謀反，韓王信從受封就「疑」雲罩頂，陳豨則因賓客眾多而受到周昌參奏。盧綰則是在連續幾個重要的功臣，如淮陰侯韓信、梁王彭越因反被誅的氛圍之下，加上自己庸駑，處理漢朝、匈奴關係不當，落實了

---

[24] 南宋·黃震：《黃氏日抄·讀史一·韓信盧綰列傳》，卷四十六，頁50-51。

君王的疑慮。韓、陳、盧受君王疑慮雖有主動、被動的差別，時間或長或短，然而，在受君王疑慮，進而謀反這件事情上，則是無分無別的。這更證成了黃震所說的「故所與同起者，帝無不疑之至。」高祖對同起功臣的疑懼，是既普遍，又深切。

如果君王對功臣的疑懼普遍又深切，充滿了權力的焦慮，那麼，在君王自認權力受到威脅之際，就會採取極端的手段，甚至殺戮。就臣子而言，君王殺戮無端，為求保命，既無可逃，即使機會渺茫，多會選擇造反。不論如何，功臣被殺成了必然之勢。例如淮陰侯韓信，黃震曰：

> 武涉、蒯通說信背漢，而信終不忍，自以功多，漢終不奪我齊也。不知功之多者罪之尤。今日破楚，明日襲奪齊王軍，方信為漢取天下，漢之心未嘗一日不再取信也。高帝生平親信無過蕭何者矣，而且疑之，況信耶？信有必誅之勢，而無人教以蕭何避禍之策。[25]

韓信文武兼具，在楚、漢爭霸之際，替劉邦打下半壁江山。然而，他對於自身的處境缺乏清晰的認知，又停留在戰國時期群雄分封的世界觀，完全無視於劉邦對自己的疑懼，以及處境的危險。[26]劉邦面對自己手下第一號戰將韓信，當需要斬將搴旗的時候，對其言聽計從；待敵人收拾之後，就如坐針氈，必除之而後快。因此，楚漢、爭霸勝負未定之時，韓信要求「假齊王」，劉邦直接封為齊王。項羽被滅之後，齊王馬上變成楚王。接下來就是一連串的汙衊、逮捕、軟禁……，直到斬於長樂宮鐘室，劉邦與呂雉用了六年收拾韓信，韓信一步步走入死途，無力抗拒。這就是黃震所

---

[25] 南宋・黃震：《黃氏日抄・讀史一・淮陰侯列傳》，卷四十六，頁50。
[26] 林聰舜從狹隘的世界觀，指出韓信敗亡的原因。參見氏著《《史記》的世界：人性與理念的競逐》（臺北：國立編譯館，2009），頁149-164。

說的「必誅之勢」。這樣的必誅之勢，也同樣適用於梁王彭越、淮南王黥布滅楚有功，有裂地封侯的大將。彭越被殺，是標準的被逼謀反，劉邦先突襲逮捕彭越，呂雉又假意慈悲，誣告謀反，族戮彭氏；殺戮之後，還致送諸侯，以昭效尤。黃震對彭越的遭遇表達哀憫。黃震評黥布則同樣強調其勢必遭戮，他說：

> 及信、越誅，而布大恐，幸姬起釁，竟以反誅。愚謂：
> 布非反漢，漢非少恩，勢使然耳。夫越（筆者按：當作
> 「布」）於漢，非蕭、曹素臣服者比也。群起逐鹿，成者
> 帝、敗者族。方雌雄未決，不得已資之，以濟吾事；事濟
> 矣，同起事者猶在，則此心不能一日安，故其勢不盡族之
> 不止也。故夫乘時徼危者，未有不滅其身，惟嬰母之賢，
> 為不可及也已。」[27]

黃震把君臣之間的利用、矛盾關係一語道破，重臣在劉邦帳下，裂地治國與其分享權力，若想保全性命，或者常保富貴，只能效法蕭何戒慎、自污的智慧，或者學習陳嬰的母親，退居二線，為將來處境留下餘裕。[28]然而，這些乘勢而起的豪傑之士，如何甘居二線，一旦站上歷史浪頭，又怎能說退就退呢？「必誅之勢」真的勢不可免了。

　　黃震在理宗寶祐四年（1256）登第，待闕三年後，理宗開慶元年（1259），四十七歲，出任平江府吳縣衛，開始了仕宦生涯，歷任史館檢閱、紹興府通判、江西常平茶鹽等職務，至度宗德祐二年（1276），

---

[27] 南宋・黃震：《黃氏日抄・讀史一・淮陰侯列傳》，卷四十六，頁49。

[28] 陳嬰原本在東陽任官，有長者之風。秦、楚之際群雄蜂起，東陽少年殺縣令起義，強力推舉陳嬰為領袖，號召義軍二萬人，想請陳嬰自立為王。陳嬰的母親說：「自我為汝家婦，未嘗聞汝先古之有貴者。今暴得大名，不祥。不如有所屬，事成猶得封侯，事敗易以亡，非世所指名也。」陳嬰遂不敢稱王，並歸於項梁帳下，後來，官拜楚上柱國。詳見《史記・項羽本紀》。

六十四歲退隱為止，共歷九任，凡十七年。黃震在中央與地方任官，參與編修史書，管理茶、鹽等民生物資，或者主管訴訟判案，都能體會民情，戮力從公，獲得百姓的讚揚，然而，他的仕途並非一路順遂，例如，度宗淳咸四年（1268），他以〈戊辰輪對札子〉，直陳當時四大弊病，並批評理宗即位之後「居則惟見湖山歌舞之已久，官居服食之便安，……出則惟見儀衛法物之塞途，帘幃粉飾之夾道」，「而凡驅逐出巷之啼號，窮閻在野之愁嘆，皆不接於見聞也。」（《黃氏日抄・戊辰輪對札子》，卷六十九，頁3-4），因而獲罪當道，從史館檢閱貶為通判德廣軍。黃震在官場的歷練，以及他對於理想的堅持與事務的幹練，在閱讀《史記》，看到高祖對功臣們的狐疑，以及韓信的「必殺之勢」，應當有深刻的體認。

㈣批判武帝

黃震論漢初君王，對於武帝批判甚深。他常舉文帝的仁民愛物為對照，彰顯武帝的好大喜功。黃震曰：「〈文紀〉所載皆恭儉愛民之事，一制詔必具，以其皆有惻怛之言也。〈景帝〉特載其政事之常、災異之變，制詔不錄矣。至〈武帝〉，則始終備具著方士之欺謾，他不及焉。」黃震把文、景、武三位帝王的本紀對照並讀，是非常深刻的讀法。史公對文帝非常推崇，推舉他「恩德並施」（〈太史公自序〉）、「德至盛」（〈孝文本紀〉，頁204），本紀內容主要是摘錄文帝的詔告，直接記錄文帝仁心仁政的第一手資料。景帝則是承接文帝承平之局，雖然缺乏文帝的仁德，卻能透過武力平亂與推恩政策，解決了同姓功臣壯大的棘手問題，奠定漢朝長治久安的重要基礎，本紀以政事作為與災異變常交錯記載，一方面凸顯其貢獻，一方面也暗示其不足。〈孝武本紀〉的內容則充滿了祭祀封禪、方士欺瞞等內容，黃震認為這是史公暗諷武帝的手法。

　　黃震順著《史記》相關篇章的記載，例如〈封禪書〉[29]、〈河渠書〉[30]等批判武帝，並在〈酷吏列傳〉總結，黃氏曰：

　　太史公於武帝征伐事，先之以文、景和親，匈奴信漢，然
　　後論兩將軍連年出塞，又必隨之以匈奴入塞，殺略若干。
　　於今〈酷吏傳〉，先之以吏治烝烝，民樸畏罪，然後論十
　　酷吏更迭用事，又必隨之以民益犯法，盜賊滋起，然則匈
　　奴到賊之變，皆帝窮兵酷罰致之，威刑豈徒無益而已哉！
　　至於禱祠百出，則各隨之以若有應符之言；求仙無方，則
　　各隨之以終不可得之言。遷之微文見意，往往如此，而武
　　帝之無道昭昭矣。[31]

黃震總攝司馬遷對武帝相關篇章的描寫，都是透過具體事件的記載，一方面贊賞武帝的作為，然而，看似有效益的政策，卻帶來更多的後遺症，最終是「民益犯法，盜賊滋起」社會擾動，國事日下，歸根究柢則是武帝的無道。司馬遷以文現意的褒貶方式，是繼承孔子直書其事而善惡自見的書法。[32]黃震也認為史書必須是實錄，才能產生鑑戒作用，強調史家不該任

---

[29] 黃震曰：「方士之說，惟以黃帝乘龍上天為誇，武帝巡行，親行黃帝冢而祭之，方士尚何辭？而從者復遁其說，為葬衣冠，主暗臣諛一至此，甚悲夫！」（《黃氏日抄‧讀史一‧史記‧封禪書》，卷四十六，頁9）黃氏批判武帝的封禪是滿腦子長生不死的神仙思想，因此不斷被方士愚弄，君主昏昧，臣子阿諛，令人唏噓。

[30] 黃震曰：「武帝五十年間，因兵革而財用耗，因財用而刑法酷，沸四海而為鼎，生民無所措手足。迨至末年，平準之置，則海內蕭然，戶口減半，陰奪于民之禍，於斯為極，遷備著始終相因之變，特以平準名書，而終之曰：烹弘羊，天乃雨。嗚呼旨哉！」（《黃氏日抄‧讀史一‧史記‧封禪書》，卷四十六，頁10）黃震指出，武帝用兵過甚而國庫空虛，遂以平準之名掠奪百姓，與民爭利，竭盡人民之力，只為君主一人之私，非常不可取。

[31] 南宋‧黃震：《黃氏日抄‧讀史一‧史記‧酷吏列傳》，卷四十六，頁68。

[32] 司馬遷〈太史公自序〉引孔子之言：「我欲載之空言，不如見之於行事之深切著明也。」（頁

意去取史料、擅加褒貶歷史人物。[33]

　　國君身繫國家重任，對於國家的興衰關係甚鉅，黃震懷抱憂樂天下的士人情懷，處於南宋末年國勢日衰之際，顯得憂心忡忡，任官經歷理宗、度宗兩朝，兩位君王前後信任權臣史彌遠、賈似道，沉湎酒色，北方金朝、元朝相繼入侵，國事益不可為，尤其是理宗，在位四十年（1224-1264），是南宋轉衰的重要關鍵，漢武帝是西漢的盛世，也是由盛轉衰的關鍵，黃震批判武帝，實有以古鑑今的深意。

五、商榷史公

　　宋代士人受理學影響，疑古之風盛行，在人物評論上能屢出新意，對於古聖賢也並非無條件的非理性崇拜。黃震對於司馬遷撰寫《史記》，以及人物評論也有不同的意見。黃震曰：

> 堯舜三代之事是可為萬事法者，孔子於定《書》備矣；東遷而後之事可為萬世戒者，久約之而作《春秋》矣。太史公取孔子已棄而不載者復為《史記》，殆不過傳聞，於義理似無責。然太史公生長於黃老荒唐謾語中，乃能推尊孔子，絀黃帝，乘龍上天之事不載，而及老莊流弊，與申韓同傳，可不謂豪傑之士哉！[34]

1370）。黃震曰：「方是時王綱解紐，篡奪相尋，孔子不得其位，以行其權。於是約史記而修《春秋》，隨事直書，亂臣賊子無所逃其罪，而一王之法以明，所謂撥亂反之正，此其為志。」（《黃氏日抄・讀春秋一》，卷七，頁1）司馬遷與黃震對於孔子撰作《春秋》的心志與書法的體會非常一致。

[33] 黃震重信史實錄的史學思想。參見張偉：《黃震與東發學派》（北京：人民出版社，2003），頁290-292。

[34] 南宋・黃震：《黃氏日抄・讀雜史一・蘇子古史・跋》，卷五十一，頁33。

黃震肯定司馬遷能擺脫漢代推尊黃老的時代風氣，尊崇孔子，對於黃帝、老子等人，都能以史學實錄的態度，還原其真實面貌及其影響，讚譽史遷為「豪傑之士」。然而，黃震認為，在史料的選擇、人物的評論以及義理的闡發等方面，史遷則略有不足。[35]例如：

> 封禪之書起于求神仙狂侈之心，遷作〈封禪書〉，反復纖悉，皆以著求神仙之妄，善矣！而猶牽合郊祀、巡狩，古帝王行事之常以證封禪，何耶？[36]

黃震對於武帝的封禪行為深深不以為然，認為封禪只是滿足帝王個人的好大喜功，對於人民、國家都無裨益。因此，他認同司馬遷在《史記・封禪書》，透由記載秦始皇、漢武帝聽任方士擺弄，藉封禪求神仙，諷諫帝王的妄舉幻想。然而，黃震對《史記・封禪書》肯定封禪符合帝王巡狩、郊祀，有其歷史正當性，則不以為然。封禪有其弊端，固不待論；然而，真的一無是處，毫無存在價值嗎？司馬遷論〈封禪書〉之作曰：「受命而王，封禪之符罕用，用則萬靈罔不禋祀，追本諸神明山大川禮，作封禪書第六。」（〈太史公自序〉）司馬遷寫〈封禪書〉，強調君王受命而王，舉行封禪以答天，對於國家政權的建立、國君權威的確立，人民力量的凝聚，都有重大的意義。然而，國君舉行封禪，必須符合多重的條件，包括受命、功業、德洽、符瑞以及暇時，因此，不容易承辦，也造成相關的禮

---

[35] 黃震曰：「遷以邁往不群之氣無辜受辱，激為文章，雄視千古，嗚呼亦壯矣！惜乎其末聞道也。蓋吾夫子病紛紛者之誣民也，討論墳典斷自唐虞，以下訖於周。周衰不足以訓，復約史記以修《春秋》，百王之大法盡在是矣。今遷之所取，皆吾夫子之所已棄。而遷文足以詔世，遂使里巷不經之說，間亦得為萬世不刊之信史。」（《黃氏日抄・讀史二・漢書・司馬遷傳》，卷四十七，頁13）也是肯定司馬遷的文章，對於其聞道則有保留，論證的理由包括史料的取捨，以及信史的斷限。

[36] 南宋・黃震：《黃氏日抄・讀史一・史記・封禪書》，卷四十六，頁8。

儀闕如。[37]史遷雖然不認同秦皇、漢武因封禪而造成的奢靡、求仙，基本上仍肯定封禪的價值，尤其每個新王朝代都必須舉行的重要祭典。司馬遷這樣的思考，固然由漢代天人感應的時代色彩，然而，政權的穩定關係人民福祉，透過封禪能穩定政局，凝聚力量，如果只是從侈靡的角度批判封禪，墨家也是從這個角度批判儒家禮樂。君王的奢靡求仙並不符合儒家的仁治，但是，如果通盤否定封禪的所有價值，恐怕有因噎廢食之偏弊。

黃震對於《史記・伍子胥列傳》有稱許，也有評議。他說：「《史記》在伍員事詳而古史裁之，蘇子不及史遷；《史記》贊伍員棄小義、雪大恥，而《古史》罪之，史遷不及蘇子。」（《黃氏日抄・讀雜史一・蘇子古史・跋》，卷五十一，頁24）

《史記・伍子胥列傳》把伍子胥形塑成一位復仇的悲劇性人物，他遭受家破人亡之痛，離鄉轉投吳國，十六年後率軍攻破楚國郢都，鞭屍楚平王。伍子胥輔佐吳王闔閭打敗楚國，接著，有佐助吳王夫差，想要成就霸業的夫差聽信伯嚭，輕縱越國；伍子胥滅越的建言未被採納，最後被夫差賜死。司馬遷透過伍子胥復仇的過程，以及對夫差強諫，讚賞其為剛烈的大丈夫。黃震肯定《史記・伍子胥列傳》的文字與結構，然而，對於司馬遷「烈丈夫」的評價不以為然，反而比較同意蘇轍的批判。蘇轍曰：「伍員以父兄之怨，破楚入郢，鞭平王之墓，世皆憐其志，多其才。然士不幸至此，不足以言功名矣。而員至鞭舊君以逞，逆天而傷義，卒以盡忠而喪其軀，豈非天哉！」（《古史・伍子胥列傳》，卷三十五，頁5）蘇轍對於世人肯定伍子胥的才幹與志向的角度不以為然，他認為，伍員鞭屍他曾謀事的楚平王，是傷害天理道義的，因此，雖然他最後以忠殉命，也算彌

---

[37] 《史記・封禪書》：「自古受命帝王，曷嘗不封禪？蓋有無其應而用事者矣。為有睹符瑞見而不臻乎泰山者也，雖受命而功不至，治而德不洽，洽矣而日有不暇給，是以即事用希。傳曰：『三年不為禮，禮必廢；三年不為樂，樂必壞。』每世之隆，則封禪荅焉。」（《史記會注考證》，頁496）

補了鞭屍舊君的罪過。伍子胥是忠臣，還是有虧君臣之禮，可以有不同角
度的評價。伍子胥是孝子，比較沒有爭議，因為他一心為殺父之仇奔忙，
不達目的絕不終止。然而他的殺父仇人是楚平王，因此他的復仇行動就有
忠、孝的衝突，鞭屍楚平王並非所有史書都記載，可見是司馬遷有意的抉
擇。司馬遷為什麼沒有批判伍子胥率敵軍攻進祖國首都、鞭屍舊君的行
為，反而讚賞他堅苦卓絕，忍受各種磨難的高貴情操，以及對吳王盡心效
命的忠忱？最主要是伍子胥父兄無罪而被殺，伍子胥的復仇符合《春秋》
大復仇之義。[38]蘇轍與黃震的批判比較從理學的角度，與司馬遷從公羊學
肯定伍子胥的復仇不同。

　　〈伯夷列傳〉是《史記》七十篇列傳之首，寄寓了司馬遷的人生觀與
價值理想，是史公孤心獨詣的篇章。然而，黃震對於〈伯夷列傳〉有不同
的看法，黃氏曰：

> 太史公載伯夷采薇首陽之歌，為之反覆嗟傷，遺音餘韻，
> 拱把莫盡。君子謂此太史公託以自傷其不遇，故其情到而
> 辭切，然非伯夷怨是用希之心也。故後世高其文而非其
> 旨。[39]

黃震肯定〈伯夷列傳〉的文采，卻對於其中懷才不遇的內容不以為然，認
為只是司馬遷個人的傷感，未能彰顯伯夷叔齊「求仁得仁，怨是用希」，

---

[38] 《公羊傳‧定公四年》敘述完伍子胥復仇之後說：「事君猶事父也，此其為可以復讎，奈何？」
曰：「父不受誅，子復讎可也；父受誅，子復讎，推刃之道也。」三傳中，以《公羊傳》最推崇復
仇之義，這段以設問的方式，回答伍子胥弒君復仇的行為，忠、孝的矛盾。《公羊傳》認為，如
果父親因罪被殺，其子復仇，則是冤冤相報。伍子胥的父親無罪被殺，伍子胥的復仇完全符合《春
秋》之道。參見李隆獻〈復仇觀的省察與詮釋──以《春秋》三傳為重心〉，《臺大中文學報》，
第二十二期，2005年6月，頁130-132。

[39] 南宋‧黃震：《黃氏日抄‧讀雜史一‧蘇子古史‧伯夷傳》，卷五十一，頁19。

難獲後人認同。綜觀〈伯夷列傳〉，敘述伯夷、叔齊事蹟的篇幅確實不多，反而是史公大篇幅的論述與提問，這些提問指向一個核心問題：爲什麼善惡無報、天道不彰？司馬遷先從人的有限性切入，確立在有限的生命前提，人應抉擇高遠的志向；再從孔子以其聖人的高度，給予伯夷、顏淵等古今人物高度的評價，讓這些沒有世俗成就，原本將湮滅在歷史洪流之中的聖賢得到眞正的平反，獲得世人的傳頌與敬重。而司馬遷的志向也是效法孔子，要以《史記》表彰歷史人物，彌補天道的缺憾。〈伯夷列傳〉包括了史公的志向、追隨聖賢的人生抉擇，以及超越世俗成敗的胸懷，內涵非常深刻豐富，黃震的批評顯然未能透達史公的深意。

六、結語

　　黃震的「史記學」內容豐富，他對於史料取捨，基本上本著史書實錄、鑑戒的原則，強調史料的取捨必須有本有源，不能憑個人喜好，任意去取。再者，史書對於人格高潔，足爲典範的人，也應盡量單獨立傳，以表彰典型，供後人效法。在閱讀《史記》的方法，黃震強調參照對讀的方式可以深入《史記》文章之美，他更從主旨深刻有致、文字簡潔優美，肯定《史記》的文學價值。在史事與人物評論方面，黃震特別著意於君臣之間的互動；再者，對於樂毅、刺客也提出個人的評論；此外，黃震讚美史公爲豪傑之士，然而對其抉擇史料、評論人物，則有不同意見。

　　黃震史學傳承朱熹的義理史學，強調以史證理，以理闡史。然而，在《黃氏日抄》關於《史記》的討論，以人物評論的內容居多，史料的討論、義理的掘發則較少，這一點值得再深入探析。

第六章

臺灣《史記》詮釋初探
（1950-2013）

一、前言

　　《史記》的教學與研究在海峽兩岸，甚至日、韓、美、歐等國都有非常多的學者投入，也獲得相當的成果。世紀之交，學者回顧百年的成果，總結以往的成績，展望新世紀的方向，別具意義。《史記》研究的總結工作，在大陸、日本、韓國，甚至歐美的學者都寫了相關的評論。臺灣學界雖然也有文章回顧臺灣《史記》的研究成果，然而，都流於片段。因此，截至目前為止，臺灣學界針對1949年以來，臺灣《史記》全面的回顧與整理仍付之闕如。本章以「臺灣《史記》詮釋初探」為題，就是希望整理1949年至2013年，超過六十年臺灣《史記》的研究成果，補足這樣的缺漏。筆者以專書、期刊論文、學位論文等三方面蒐集相關研究成果，初步建立論述目錄之後，再徵詢學界前輩提供高見，並且多方主動尋訪補正，以期資料完整可信。接著，筆者根據蒐集的文獻，以十年為斷限，概觀出版數量的消長，並以文學、思想、史學、語言（含考據）等四類，將論述資料分類。在這樣信而可徵的資料基礎上，再進一步分析臺灣超過六十年《史記》學的成果。這樣的研究，一方面彙整前人已有的成果，彰顯其特色，讓臺灣的《史記》研究可以和國際漢學對話；一方面也可以找到臺灣《史記》研究的特出處，並思考未來研究的方向。

　　臺灣《史記》的教學與研究在文、史學界非常盛行，中文系多會開設《史記》的課程，歷史系或開設《史記》，或者秦漢史的課程也會涉獵

《史記》的內容。所以，臺灣文、史科系的學生多有閱讀《史記》專書的經驗。早期，臺灣大學的大學國文，上、下學期分別是《史記》與《孟子》，學生普遍閱讀《史記》，臺大的教師投入《史記》的教學、研究者涵蓋中文系與歷史系，陣容堅強而壯大，阮芝生、李偉泰、呂世浩都是其中翹楚；臺灣師範大學國文系的《史記》研究，有賴明德、林礽乾等師長持續耕耘；此外，清華大學的林聰舜教授、成功大學的張高評教授、東海大學吳福助教授、高雄師大周虎林教授也長期投入《史記》教研工作，深化研究，培育人才。近年來，拜網路之賜，課程的改革與嘗試推陳出新，臺大MOOC課程中，由歷史系呂世浩教授開設的《史記》，每期的選修人數都超過萬人，選修的學生除臺灣之外，還有中國大陸、美國等地，令人嘆為觀止，也證明了臺灣《史記》教研的深厚實力。更有甚者，臺灣的中學教科書，也選錄《史記》的篇章，國中國文有〈張釋之執法〉，高中則有〈鴻門宴〉，《史記》是臺灣學生的共同記憶。[1]因此，《史記》在臺灣的傳播相當普遍，《史記》的學術研究在臺灣也相當盛行。[2]

近來，中國學界的《史記》研究人才輩出，陝西省的「司馬遷研究會」、北京的「中國史記研究會」是兩個頗具規模的《史記》研究協會，除了定期舉辦學術研討會之外，並完成《史記研究集成》、修訂點校本《史記》等重要的學術工作。[3]世紀之交，許多學者對於《史記》研究做

---

[1] 關於臺灣中學國文課本收錄《史記》篇章的研究，請參見拙著：〈臺灣中學國語文教材選用《史記》之研析〉，收錄在臺灣師範大學國文系主編：《國語文教學理論與實務的多元探討》，臺北：五南圖書出版公司，2012.02，頁147-163。本書第二篇第四章，頁243-266。

[2] 筆者初步蒐集臺灣關於《史記》的研究成果，專書163本、學位論文134篇、期刊論文（含專書論文、會議論文集）1,180篇。若以六十年計算，平均每十年都有超過25本專書、199篇期刊論文、20篇學位論文發表，研究成果也相當豐碩。

[3] 張大可、安平秋主導的《史記研究集成》大部叢書，從1994開始啟動，歷經十年，到2003大致完成，2005由北京：華文出版社出版，一套14卷，包括《史記》的內容、流傳、研究等面向，內容將近500萬字，是一部企圖宏大，具開創性的學術叢書。北京中華書局出版的點校本《史記》，流傳甚廣，有相當的嚴謹性，也存在一些問題。南京師範大學趙生群率領一群學者，以新發現的版本、

了不同面向的總結，例如張大可在《史記教程》第一章〈導論〉，提到
《史記》研究的總成果，他統計1980-1998，不到二十年的時間，大陸地
區發表了1,835篇論文（總字數1,100萬字，每位作者1.6篇），131部專書
（總字數5,000萬字，每位作者1.3部），成果豐碩。[4]這幾年還出版了《史
記研究年鑑》，定期總結《史記》的研究成果，整體而言，大陸近年來
《史記》研究的人才輩出，活力充沛。

　　除了大陸，日本、韓國、美國、歐洲對於《史記》也有相當多的成
果。日本池田英雄〈從著作看日本先哲的《史記》研究——古今傳承1300
年間的變遷〉[5]、《史記學50年——日、中「史記」研究の動向（1945-
1995）》、韓國諸海星〈六十年來韓國《史記》研究綜述——1984-
2007〉[6]、捷克羅然（Olga Lomova）〈二十一世紀初翻譯史記的回顧與
啓發：兼介紹史記翻譯成捷克文的研究項目〉[7]，都是非常具代表性的總
結。羅然教授是布拉格查理士大學教授，他的文章著重在《史記》的翻
譯，尤其是歐陸的翻譯，他指出，歐陸的學者翻譯《史記》有兩個主要的

　　出土資料重新勘校，2013年，北京的中華書局出版點校本《史記》的修訂本。大陸學者袁傳璋在
　　2013年中國史記研究會的年會上指出，點校本《史記》的重新勘校與出版，是《史記》研究值得大
　　書特書的盛事。

[4]　其他如張新科、俞樟華合著的《史記研究史略》（西安：三秦出版社，1990）；張新科、俞樟華等
　　著：《史記研究史及史記研究家》（《史記研究集成》，第十三卷）；俞樟華、鄧瑞全主編：《史
　　記論著提要與論文索引》（《史記研究集成》，第十四卷），在總結《史記》研究成績之時，雖涉
　　略臺灣的成果，然而，因時空隔閡，資料並不全面。

[5]　參見〔日〕池田英雄著，張新科、朱曉琳譯：〈從著作看日本先哲的《史記》研究——古今傳承
　　1300年間的變遷〉，收在張新科：《史記學概論》（北京：商務印書館，2003），頁377-403。此
　　外，池田英雄：《史記學50年——日、中「史記」研究の動向（1945-1995）》（東京：明德出版
　　社，1995）。

[6]　收在李紀祥主編：《史記學與世界漢學》（臺北：唐山出版社，2011），頁117-142。諸海星另有
　　一文〈《史記》在韓國的流傳與影響——以翻譯介紹與研究現狀為中心〉，漢學研究通訊23:4，
　　2004.11，頁11-20。兩篇文章相互參看，對於韓國的《史記》研究歷史與現況就能初步了解。

[7]　收在李紀祥主編：《史記學與世界漢學》（臺北：唐山出版社，2011），頁351-357。

方向：歷史史料與文學作品。前者著重客觀的考訂，後者著重敘事結構。俄羅斯RudolfV.Vitakin博士率領的團隊已經翻譯了《史記》第一至一百卷，並全數出版，此外，文章中也介紹了他自己正在著手的《史記》捷克文的翻譯工作。[8]諸海星教授任職韓國啓明大學中文系，他的文章總結韓國的《史記》研究，諸海星教授推斷，《史記》傳入韓國應該不會晚於中國的東晉時期，即韓國的高句麗朝。《史記》全本130卷的韓文翻譯，也由成均館大學丁範鎮教授率領的團隊，在二十世紀末完成並出版。韓國《史記》研究則由留學臺灣的李寅浩、朴宰雨等人爲首，逐漸深化，在文學、與研究方面有傑出的成果，此外，諸教授也指出韓國《史記》研究的未來方向，包括《史記》全書的詳注、《史記》接受史、中韓比較研究等。池田英雄是日本《史記》研究名家，他的《史記學50年》總結中、日的《史記》研究，分別從《史記》的成立、版本、人物傳記、普及、司馬遷的生卒年、思想等面向歸結相關的研究成果，以及遺留的問題，還專章介紹了《史記》研究的50年軌跡、《史記》研究的最新動向，非常全面的總結了中、日50年（1945-1995）的研究成果，令人嘆賞。

　　臺灣學界對於《史記》研究的成果也有多次的總結。民國六十年，學界編撰《六十年來之國學》書系，其中，《史記》專章由臺灣師範大學國文系劉本棟教授負責撰寫，在其〈六十年來的《史記》〉一文中，劉教授針對1921-1972年間，選擇十二本代表性的專著，作了簡略的介紹，[9]以鳥瞰的方式總結1921-1972年的研究成果。

---

[8] 2011年12月2-4日，羅然教授主辦的「《史記》及其超越：第三屆《史記》國際研討會」在布拉格查理士大學舉行，是近年來最重要的《史記》國際研討會，參見呂世浩：〈《史記》及其超越：第三屆《史記》國際研討會紀要〉（《臺大歷史學系學術通訊》，第13期，2012.10），頁19-25。

[9] 收錄在程發軔主編：《六十年來之國學》（臺北市：正中書局，1977）。十二本書包括：《史記新校注》、《史記今註》、《史記斠證》、《史記今釋》、《史記天官書今註》、《史記儒林列傳疏證》、《史記地名考》、《史記舊注平義》、《史記會注考證駁議》、《史記探源》、《太史公書義法》、《史記考索》。

　　1993年，趙秀金等人以集體合作的方式，回顧了臺灣三十年（1963-1993）的《史記》研究成果[10]，他們蒐集了19本專書、48篇期刊論文，指出《史記》研究在三個面向有顯著的成績：《史記》的考證注疏、《史記》內容及體制義例研究、司馬遷思想研究。

　　此外，王民信《史記研究之資料與論文索引》[11]，也蒐集了有關《史記》版本、解題，以及相關研究的資料與論文，包括古今以及香港、大陸的資料都盡量蒐集，對於初入門的研究者頗有助益。

　　以上三者都試圖在自己的時間點上，整理《史記》的研究成果，然而，限於時間、材料，劉本棟、趙秀金都是以鳥瞰的方式，約略的觀察；王信民的蒐集比較完整，古今中外都包括的範圍又太大了。除了針對研究成果的整理，也有臺灣學者選錄《史記》研究的代表性論文，輯為一書，提供研究者必讀篇目，嘉惠學子。[12]這樣的選輯有學術上的價值，可惜自張高評編選《史記研究粹編》之後，就無後繼者了。再者，這樣的選編仍有掛一漏萬的遺憾，無法看出臺灣《史記》研究的完整面貌。[13]

　　綜上所述，世紀之交，學界對於百年的學術反省全面展開，《史記》的研究亦難置身事外。大陸在這方面最積極，也成果豐碩。日本、韓國、

---

[10]　參見趙秀金等〈近三十年來臺灣地區有關司馬遷史學之研究〉（《史苑》，第54期，1993.05），頁1-13。《史苑》是輔大歷史學會發行的刊物，作者應是輔大歷史系的學生。

[11]　該書由臺北市：學海出版社，1976年出版。

[12]　據筆者所見，在臺灣地區這類的書有：大陸雜誌社編：《史記考證研究論集》（臺北市：大陸雜誌社，1970）；森海出版社編：《史記研究論文集》（臺北市：森海出版社，1973）；潘重規等：《史記論文集》（臺北市：木鐸出版社，1976）；陳新雄、于大成主編：《史記論文集》，國學論文薈編第一輯第二冊（臺北市：西南書局，1978）；黃沛榮：《史記論文選集》（臺北市：長安出版社，1982）；張高評編選：《史記研究粹編》（高雄市：復文書局，1992）。

[13]　李偉泰〈近十餘年來之《史記》研究（2001-2012）〉，針對十年來臺灣的《史記》研究成果，詳細介紹，經請教李教授，這是「先秦兩漢學術——研究生講習會」的講稿，沒有正式發表。不過，李教授特別注意到臺灣學者在大陸期刊或研討會發表的論文，這對筆者彙整期刊論文的資料，非常有幫助。

歐洲都有相關的省思與成果。臺灣的《史記》教學、研究都非常興盛，卻沒有對《史記》的研究作全面的整理，因此，筆者遂不揣淺陋，自動請纓，希望能整理1949年至今，臺灣《史記》研究的成果。一方面掌握已有的成績，一方面也試著指出未來的方向，我想這兩點對於臺灣《史記》研究來說，都至為重要。

　　本章希望總結自1949年至今，臺灣《史記》的研究成果。有幾點問題必須先釐清，首先，研究斷限的問題，本計畫以1949年為起點，是因為1949年，國民政府撤退來臺，中華人民共和國正式成立，開啓了兩岸分治的時代，為了彰顯臺灣《史記》的研究，尤其是與大陸區別的成果及特色，1949年以後最為顯著。下限則是筆者所能搜尋的完整資料，因此設定至2013年，超過60年的時間。

二、專書

　　如前所述，本研究希望總結1949年迄今臺灣《史記》的研究成果，筆者初步以專書、期刊論文、學位論文等三方面蒐集相關研究成果，這是學界撰寫論文時參考書目的架構，也是蒐集資料比較完整的架構。初步建立論述目錄之後，筆者以十年為限，作數量的統計，概觀出版數量的消長；並以文學、思想、史學、語言（含考據）等四類，將論述資料分類。

　　資料的蒐集工作是本章的關鍵，筆者先利用國家圖書館等相關的網站，搜尋相關的資料，建立目錄，並請益前輩學者提供意見，修正補充。接著，把視野擴及專書論文及會議論文，這部分就比較棘手，以會議論文及為例，包括輔仁大學中文系主辦的《史記》國際學術研討會、政治大學中文系主辦的漢代思想與文學學術研討會、佛光大學歷史系主辦的世界漢學中的《史記》學國際學術研討會等，蒐集的資料以正式出版會後論文集為主。此外，經李偉泰、林聰舜兩位教授提醒，又補充了臺灣學者在大陸研討會、期刊發表的論文。不過，資料的蒐集終究不能毫無遺漏，筆者會不斷的修正、補充，也會持續向學界前輩請益，希望能盡量避免缺漏，建

立完整的資料檔案。

　　資料初步蒐集建立之後，筆者將閱讀相關資料並摘要其內容，這部分的工作量相當大，筆者會先篩選重要的論著，閱讀並摘要，筆者希望能先著手最新、最具代表性的論著，所謂最新，比較沒有爭議；具代表性就比較有爭議，不過，總結前人研究成果的工作愈多人做越好，爭議只是個人選擇的學術視角，較無關乎整體計畫成敗的關鍵。

　　最後，筆者希望在這樣的總結基礎上，指出臺灣《史記》研究的方向，這個部分還要參酌其他國家或地區的《史記》研究成果與最新研究方向，大陸張大可、張新科，以及韓國諸海星都有很精要的論述，可以作爲重要的參考。池田英雄《史記學50年》的架構，則是筆者可以努力的理想。筆者初步建立的資料，會再進一步交叉比對、蒐羅補正，並請教臺灣《史記》研究的前輩學者，包括賴明德教授、蔡信發教授、李偉泰教授、林聰舜教授、吳福助教授、張高評教授、李紀祥教授等人，請他們提供寶貴意見，彙整成爲可信有徵的資料，在這個基礎上，開展相關研究成果的整理、歸納與分析。

　　以下先就專書的資料說明如下：

　　1949年之後，臺灣《史記》的專書包括古籍的出版與學者的專著兩部分。在古籍的出版這部分，除非是重要版本或校注本，本章對於重複出版的古籍版本就不予蒐錄，因此，本章將以學者專著爲主。筆者初步蒐集到的專書超過160本，主要的內容包括學術研究與選集新譯。[14]目前，筆者初步建立從1949-2013的《史記》相關專書的檔案，其中，學術著作，包括編纂的論文集，約占三分之一，其餘超過三分之二都是通俗傾向的著作，包括白話改寫、今註今譯、節選本等。就十年的出版數量而言，2001-2010出版超過40本專書最多，最少是1969年以前的10本。

---

[14]　參見本書附錄《史記研究專書一覽表》。這是筆者初步的蒐錄，尚有缺漏之處，待後續補訂。不過，也可以初步觀察研究成果。以下附錄二亦同。

在學術著作方面，內容多元而精彩：

專題論文部分，例如劉偉民《司馬遷研究》（臺北市：景文書局，1985）、賴明德《司馬遷的學術思想》（臺北市：洪氏出版社，1980）、周虎林《司馬遷與其史學》（臺北市：文史哲出版社，1980），針對司馬遷的生平、思想、史學，作宏觀的考察；古國順《史記述尚書研究》（臺北市：文史哲出版社，1985）則是闡發《史記》在經學史，尤其是尚書學史的意義。吳福助《史漢關係》（臺北市：文史哲出版社，1987）則是專注於《史記》、《漢書》的比較，吳福助另有《史記解題》（臺北市：河洛圖書出版社，1979），針對《史記》一百三十篇的主題內涵、寫作技巧與研閱方法，都有提綱挈領的提點，有助於初學者。汪惠敏《史記政治人物述評》（臺北市：師大書苑，1991），特別聚焦在《史記》政治人物，是臺灣研究《史記》類型人物的第一本專書。蔡信發《話說史記：歷史興衰勝負的癥結》（臺北市：萬卷樓出版社，1995），蔡信發教授在《史記》研究上深有所得，《話說史記》是蔡教授多年研究的成果。他在《史記》體例的見解、篇章的細膩分析，都是筆者閱讀、研究《史記》的重要參考。鄭圓玲《史記黃老思想研究》（新北市：學海出版社，1998），特別對《史記》的黃老思想深入闡發，〈太史公自序〉的〈論六家要旨〉是漢代黃老思想的重要文獻，然而，司馬遷的思想有其複雜性，除了承繼父親的黃老之外，也尊崇孔子，對於法家也有同情的理解、公允的評論。因此，司馬遷創作的《史記》，其思想內涵也非常豐富，鄭圓鈴選題相當有眼光，也獲得相當成果。林聰舜《史記的人物世界》（臺北市：三民書局，2003）、《史記的世界：人性與理念的競逐》（臺北市：國立編譯館，2009）是兩本深入有得的《史記》專著，林聰舜教授任教於清華大學，長期投入漢代學術研究，對於《史記》深入有得，能發人所未發，例如，以世界觀詮釋韓信敗亡即是一例，發人深省。李紀祥《史記五論》（臺北市：文津出版社，2007），李教授任教佛光大學歷史系，長期投入中國史學研究，這本專書是他對《史記》的部分研究成果，內容涵蓋史

學、文學。此外，李教授也舉辦了兩屆「世界漢學中的《史記》學國際學術研討會」，試圖將《史記》的研究推向國際，並與國際漢學對話。由其主編的《史記學與世界漢學論集》（臺北市：唐山出版社，2011）是部分成果的結集。呂世浩：《從五體篇末看史記的特質：以〈平準〉、〈三王〉、〈今上〉三篇為主》（新北市：花木蘭出版社，2008）、《從史記到漢書：轉折過程與歷史意義》（臺北市：國立臺灣大學出版中心，2009），呂世浩教授任職臺大歷史系，他的這兩本專書都是從史學編纂的角度開掘《史記》的內涵，前者以《史記》五體的末篇，尤其是本紀、世家、書為考察重點，後者則關注《史記》到《漢書》的轉折與變化。

考訂的成果也是成果豐碩，例如，施之勉《史記會注考證訂補》（臺北市：華岡出版社，1976），針對日人瀧川龜太郎《史記會注考證》的資料，細緻的考訂與增補。瀧川龜太郎《史記會注考證》的成就大、影響深，然而，訛謬也不少，施之勉教授的工作非常有價值，魯實先教授《史記會注考證駁議》（臺北市：洪氏出版社，1981）也是相似的著作。王叔岷《史記斠證》（臺北市：中研院史語所，1982）則是《史記》校讎工作的最重要總結。

論文集的出版也是專書中的亮點，包括研討會論文集，例如輔大中文系主編《紀實與浪漫：史記國際研討會論文集》（臺北市：洪葉文化，2002）、李紀祥主編《史記學與世界漢學論集》（臺北市：唐山出版社，2011）。還有《史記》的論文集，例如潘重規等《史記論文集》（臺北市：木鐸出版社，1976）、陳新雄、于大成主編《史記論文集》（臺北市：西南書局，1978）、黃沛榮主編《史記論文選集》（臺北市：長安出版社，1982）、張高評《史記研究粹編》（高雄市：復文書局，1992）。論文集的出版對於推動《史記》的研究有很大的助益。

在古籍選注、語譯、改寫等普及《史記》的著作方面，也有可觀的成績。古籍選注部分，馬持盈《史記今註》（臺北市：臺灣商務印書館，1979初版，2006再版），是臺灣第一部《史記》全本今註今譯的專書，至

於《白話史記》的《史記》語譯工作，也有蘭臺書局（1969）、河洛出版社（1979）等積極投入，或者馮作民獨立完成（1978），不過，最具影響力的仍是由臺大、臺灣師大等校教授合力完成的《白話史記》（臺北市：聯經出版社，1985）。至於大學《史記》課程的授課教材，早期都是採用瀧川龜太郎的《史記會注考證》，近來，因授課時數縮限等因素，《史記》選本逐漸被列為教材，例如臺大李偉泰教授等人編選的《史記選讀》（臺北市：國立臺灣大學出版中心，2008）。《史記》改寫的部分，李永熾《歷史的長城：史記》（臺北市：時報文化，1981）最具代表性。李永熾教授任職臺大歷史系，他以深入淺出的文筆改寫《史記》故事，生動有趣，引人入勝。

此外，黃啟方、洪國樑《史記地圖匯編》（新北市：學海出版社，2001）是第一本比較完整的《史記》地圖專著，研閱《史記》必須配合地圖，然而，不論掌握古今地名的變動，戰爭描寫與兵法運用等，都需要明晰的地圖資料，黃啟方、洪國樑兩位教授的《史記地圖匯編》補足了這方面的不足。不過，受限於繪製技術與出版經費，該書以手繪的方式出版，不夠精確明晰，授課時的運用也比較受限。

大陸學者《史記》研究著作在臺灣出版，則是另一個值得觀察的焦點。從楊燕起等《歷代名家評史記》（臺北市：博遠出版有限公司，1990）開始，陸續有何世華《史記美學論》（臺北市：水牛出版社，1992）、韓兆琦《史記選注匯評》（臺北市：文津出版社，1993）、《史記博議》（臺北市：文津出版社，1995）、陳桐生《儒家經傳文化與史記》（臺北市：洪業文化出版社，2002）等著作在臺出版，這標誌了兩岸《史記》研究的實質交流。

三、學位論文

筆者初步蒐集臺灣從1949-2013《史記》研究的學位論文，總共134篇。其中博士論文15篇，約占11%，碩士論文119篇，約89%。學位論文

的系所的部分，中文系（包括國文系、語教系）118篇，占88%。其他的系所16篇，占12%，包括歷史系有9篇，教育系2篇，東亞系1篇，東方人文思想所1篇，地理系1篇，宗教系1篇，應用外語系1篇。如果就研究主題而言，據筆者初步歸納，文學61篇，約46%、思想39篇，約29%、史學21篇，約15%、語言13篇，約10%。

　　如果從1950年開始，以十年為期的數量統計，每十年平均約有27篇。然而，第一篇出現在1965年，譚固賢〈史記尙書說〉（臺大中文研究所碩士論文），因此，1950-1959年沒有學位論文。統計從1960年開始，細究其論文數量的分布，1961-1970有5篇，都是碩士論文；1971-1980有5篇，1961-1970有5篇，有2篇博士論文、3篇碩士論文，較諸前10年，數量並沒有增加，不過，出現了兩篇博士論文，包括臺灣第一篇《史記》博士論文：阮芝生〈司馬遷的史學方法與歷史思想〉（臺大歷史研究所博士論文，1973），阮芝生先生後來留在臺大歷史系任教，成為臺灣研究《史記》的代表性學者之一。另外一篇博士論文，許璧〈史記稱代詞語虛詞研究〉（臺灣師大國文研究所博士論文，1975），這是第一篇中文系博士論文。碩士論文中，朴宰雨〈史記的寫作技巧研究〉，（臺大中文所碩士論文，1980），朴宰雨是韓國學生，碩士之後，繼續在臺灣大學取得博士學位，返回韓國之後，成為韓國研究《史記》的代表性學者之一。

　　1981-1990有11篇，包括3篇博士論文，8篇碩士論文。博士論文包括張添丁〈司馬遷春秋學〉、金苑〈史記列傳義法研究〉以及朴宰雨〈史記漢書傳記文比較研究〉，內涵涵括了經學、文學。碩士論文部分，出現了第一篇地理學的論文：林哲君〈司馬遷的地理思想與觀念〉，這也是臺灣唯一一篇研究司馬遷地理思想的學位論文。此外，李寅浩、金聖日都是韓國的學生，兩人分別在臺灣、韓國完成博士論文，也成為韓國研究《史記》的重要學者。 1991-2000有15篇，包括4篇博士論文，11篇碩士論文。博士論文包括李寅浩〈史記文學價值與文章新探〉、簡松興〈西漢天人思想——以《淮南子》、《春秋繁露》、《史記》為中心〉、魏聰祺

〈太史公「成一家之言」研究〉、高禎霙〈史漢論讚之研究〉，分別出自臺灣師大、輔仁大學、東吳大學、中國文化大學四個大學的博士論文，標誌著《史記》研究的開枝散葉，研究人才的培育更加深廣。

　　2001-2010有71篇，包括6篇博士論文，65篇碩士論文。博士論文包括5篇中文系、1篇歷史系，研究主題涵括傳記文學、語言、敘事學、《史記評林》、生死觀以及《史記》到《漢書》的轉折等，非常多元。碩士論文部分，有2篇教育系、1篇宗教系的碩士論文，《史記》受到不同科系的研究生的關注。2011-2013有27篇，全部都是碩士論文。在研究的主題部分，文學61篇，占45%；思想39篇，占29%；史學21篇，占16%；語言（考證、翻譯）13篇，占10%。以文學研究占多數，思想研究僅次其後，史學、語言（含考證）又其次。

　　整體而言，臺灣近六十年來的《史記》學位論文，有幾點值得注意：

　　首先，在15篇博士論文中，韓國學生占了3位：朴宰雨、李寅浩、金利湜，比例相當高，這三位韓國學生的碩、博士論文都在臺灣完成，學成返回韓國，都在大學任教，對於韓國《史記》研究的建立與推動，有重要的貢獻，這是中、韓學術交流重要的一頁。

　　再者，在臺灣的學位論文中，《史記》的研究以中文系為主，也有歷史系、教育系、地理系、宗教系，展現多元的學術專業視野，不過，中文系占了將近九成，其他系所，尤其是歷史系的比例偏低。在研究主題方面，如果以文學、思想、史學、語言四大領域統計，文學最高，將近一半；其次是思想，將近三成；史學、語言各有一成五及一成。文學占最高比例本在預期之中，思想研究在臺灣《史記》學位論文將近三成的比例，完全超過筆者的預期。

四、期刊論文

　　筆者初步建立蒐集臺灣從1949-2013有關《史記》的單篇論文，總共1,180篇。除了期刊論文，筆者也蒐集專書論文、正式出版的會議論文

集，包括政治大學中文系主辦的「漢代文學與學術思想研討會」、輔大中文系舉辦的「史記國際研討會」、佛光大學歷史系主辦的「世界漢學中的《史記》學國際學術研討會」等。此外，近年來海峽兩岸學術交流頻繁，臺灣學者在大陸期刊發表論文，或者會議論文集也收錄臺灣學者的論文，這部分也盡量蒐集。整體而言，如果從1950年開始，以十年為期的數量統計，每十年平均約有199篇左右。1981-1990年最多，有329篇，其次，2001-2010年，共266篇；1971-1980年，計238篇；1991-2000年，則有185篇、1961-1970年，計82篇；1951-1960年，計6篇。2011-2013年，計79篇。1951-1960的單篇論文數量最少，後來逐年增加，到了1991-2000達到高峰，2000年之後，論文數量雖有減少，仍高於1971-1980十年的論文數量，因此，我們可以從《史記》單篇論文發表的數量消長，初步推論：近六十年的臺灣《史記》研究，從1960年第一篇論文發表之後，逐步成長。到了八〇、九〇年代達到高峰，並持續不斷，直到現代，每十年都有將近200篇的論文發表。因此，臺灣的《史記》研究仍維持相當的研究能量。

此外，隨著國際學術交流風氣的開展，臺灣學者在國外，尤其是在大陸期刊發表論文也逐漸增加，就《史記》而言，大陸陝西省司馬遷研究會的《司馬遷與史記論集》、中國史記研究會的《史記論叢》，還有中國秦漢史研究會的《秦漢史論叢》、《秦漢研究》，都可以看到臺灣學者的文章。

五、結語

國際化是目前學術的重要走向，如果從國際漢學的角度，臺灣的《史記》研究應該放在什麼位置？要回答這個問題，必須先說明1949年之後，超過60年，臺灣在《史記》的研究上，交出了什麼樣的成績單。然後，再把這樣的成果，置放在國際漢學，尤其是《史記》研究的場域相互參照比較，進而發現臺灣《史記》研究的精彩殊勝之處，也對照出臺灣《史記》研究待努力的地方。本章著重臺灣《史記》研究成果的資料建構，主要包

括專書、學位論文與期刊論文三部分，筆者雖已經初步整理相關資料，仍待進一步蒐補、校對；就目前所蒐集的資料，以十年為斷限，作初步的分析，分析包括兩部分：數量的消長，以及內容的分類。數量的消長可以觀察研究成果的變化起伏，內容的分析，初步是以文學、思想、史學、語言（含考據）四大類，歸納研究的內容。

　　臺灣的《史記》研究成果，以期刊與學位論文為主，學位論文以中文系為主，其內容多寡依序是文學、思想、史學、語言。據筆者針對134篇學位論文的分析，發現關於《史記》文學議題的研究最多，思想議題的研究也出乎意料，占得較高比例，反而史學比較少，這樣的資訊對相當有意思，也指出臺灣學界或許可以多開發史學視野的《史記》研究。此外，臺灣的《史記》研究與大陸有密切的來往，不論在期刊發表、專書出版等方面，都有具體可喜的成果；與韓國也建立了相當深厚的連結，然而，與其他國家或地區的交流就比較少，這方面也是可以再努力的地方。

　　這幾年筆者參與《史記》相關的國際研討會，有一個比較深的體會，臺灣個別學者的研究成績斐然，在研討會上，臺灣學者的研究論文多受矚目，這是非常可喜的。證諸於本章對於臺灣《史記》研究的統計，臺灣《史記》研究仍然維持一定的研究能量。不過，這裡仍有一些潛藏的危機，臺灣《史記》研究近十年來的學位論文中，博士論文有減少的趨勢，這表示在呂世浩、李秋蘭等這一批年輕學者之後，是否有足夠的人才接棒，這是值得進一步觀察的現象。可喜的是，成功大學張高評教授持續指導以《史記》為題的碩、博論文，相關人才後繼有人。

　　網路時代，大數據來臨，臺灣《史記》研究的機會在哪裡？呂世浩在MOOC、COURSERA的《史記》課程大受歡迎，肯定了臺灣《史記》的重要發聲位置，這方面應該有更多的跟隨者。臺灣《史記》研究者如何在呂世浩的實踐經驗中獲取滋養，強化自身的教學與研究，是即時而重要的課題。此外，臺灣《史記》研究如何結合時代的新興議題，開展可能的新領域，例如《史記》與司馬遷的生死觀、《史記》的敘事研究、《史記》

與數位人文的結合等，都是已經開發，而需要深入；或者尚未被重視，而值得發展的視野。當然，這些新嘗試都不能遺忘臺灣學界對於學術自由的尊重，以及在文獻上的紮實工夫。

面對未來的挑戰，筆者對於臺灣《史記》研究仍充滿樂觀的期待。

第七章
《史記》的生死觀

一、前言

　　生命，何其渺小而有限，不及兩米的身軀，不到百年的形體。生命，何其偉岸而高聳，千百年後，我們仍在閱讀《論語》、《詩經》、《楚辭》、〈桃花源記〉……，傾倒於前人的文采、嚮往其深厚的生命與高潔的人格。生死問題，是生命的核心問題，人，都要面對有限生命如何追求無限價值的逼問。孔子雖然論生不論死，他透過養生送死無憾的追求、下學上達的修養，讓生命挺立、獲得永恆。莊子重視生死大事，他以氣之聚散變化體悟生死只是一體的循環，人依道而生，死亡，則是復返於道，將死亡解釋成返回故里般的溫暖，進而超越樂生惡死的俗情。莊子是一位有情人，在其對生死智悟的基礎上，以鼓盆而歌展現其面對生死的灑脫，其背後是有情到無情的轉折，以及因順自然變化的智慧。

　　今日社會，物質生活空前發達，醫療進步，開發中國家人民的平均壽命已達七、八十歲，然而，生死的問題並沒有因為壽命的延長而解決；面臨生死問題，即使親近的家人都無法取代瀕死之人，在精神上為他解決問題。而今日一切講求效率的時代，死者往生之後，多數無法回到家中，而是立即送至殯儀館封存，死亡過程在許多方面更是孤單、機械化及非人化，令人厭惡而可怕。死亡過程變的更加孤離而又無人情味。[1]

　　再者，高齡化的結果，生命將有更多的時間思索、面對死亡的到來，這也讓我們對死亡有更深刻的思考。其實，生命的一切人生抉擇與承擔，

---

[1]　參見傅偉勳：《死亡的尊嚴與生命的尊嚴》（臺北：正中書局，1993），頁3-9。

歸根究柢乃是「生死態度應該如何？」的問題，亦是「生命的終極意義或終極目標究竟為何？」的終極問題。這種對生死問題的凝視與關注，面對死亡的挑戰，憑藉宗教的、道德的高度精神力量予以超克，而獲安身立命、復活永生或涅盤解脫，正是世界各大宗教共同的終極關懷。[2]

當生命面對生死的逼問時，將激發出何等的生命深度與強度。司馬遷遭受腐刑的羞辱，他隱忍苟活而完成《史記》，完成其「究天人之際，通古今之變，成一家之言」的壯志。《史記》是中國第一部記傳體的史書，開創以人為主的史書體例，既是以人為主，當然要記載人物從生到死的歷程，閱讀《史記》的讀者，或許會有一個印象，從今日的眼光，《史記》的某些人物對於死亡的態度似乎過於輕率，尤其是表現於歷史人物的自殺或犧牲。例如〈魏公子列傳〉中的侯生的自殺、〈刺客列傳〉中聶政、田光的自殺。而他們要成就的價值又沒有儒家「殺身成仁」那麼堂而皇之，在面對生死之際，這些士人為何選擇犧牲生命，他們追求的價值是什麼？面對生死的選擇，內心有何掙扎？本章以「《史記》生死觀」為題，旨在爬梳《史記》人物對生死的沈思、超克，希望透過分析《史記》對生死的態度、思想，深化司馬遷與《史記》的研究。

二、生死的省思

西方哲學家海德格（Martin Heidegger, 1889-1976）說人是向死的存在（being-towards-death）。[3]當人們誕生之後，就走在趨向死亡之路，因此，在生死路上，人人生而平等，這也是現代死亡學（Thanatology）的

---

[2] 參見傅偉勳：《學問的生命與生命的學問》（臺北：正中書局，1994），頁269。

[3] 海德格對人的存在進行實存分析（existential analysis）後的著名論斷。這可以看成「人們終必死亡」這一事實的哲理論述。參見《存在與時間》（Being and Time）。參見汪文聖：〈海德格〉，《華文哲學百科》，http://mephilosophy.ccu.edu.tw/entry.php?entry_name=海德格。搜尋日期：2023.08.18。

事實起點，人人超克生死則是死亡學的理想終點。[4]

　　人類面對死亡，首先興起的是不安與恐懼，對未知的不安、對喪失所有的恐懼。為了消除心理的不安與恐懼，我們會試圖尋找途徑安立身心，首先，是對生死的問題有了自覺的省思。司馬遷親歷生死大節，對生死有深刻的思考，其筆下的人物，對生死之際，也有引人深思的體悟。

(一)士為知己者死

　　「士為知己者死」在〈刺客列傳〉中屢屢出現，刺客，為他人殺人，也犧牲自己的生命，到底是什麼原因，讓這群刺客願意殺人、甘心犧牲自己的生命。司馬遷捻出「義」字，他說：

> 曹子匕首，魯獲其田，齊明其信。豫讓義不為二心，作刺
> 客列傳。[5]

綜觀刺客列傳的「義」，就在於知己關係。刺客列傳記載五個人，曹沫為魯將，率軍與齊國作戰，屢戰屢敗，害得魯國割地求和，魯莊公卻仍一如往常，重用曹沫為將。因此，曹沫在齊、魯盟會上，持匕首脅持齊桓公要回失地，正是報答魯莊公的知遇之恩。專諸前有伍子胥的欣賞，後有公子光的重用，他在刺殺吳王僚之際，也被虎賁侍衛砍殺。豫讓歷仕范氏、中行氏、智伯，只有智伯「甚尊寵之」，因此，當趙襄子滅智伯，豫讓的作為是：

> 豫讓遁逃山中，曰：「嗟乎！士為知己者死，女為悅己者
> 容。今智伯知我，我必為報讎而死，以報智伯，則吾魂魄

---

[4] 參見傅偉勳：《死亡的尊嚴與生命的尊嚴》（臺北：正中書局，1993），頁3-9。

[5] 參見《史記‧太史公自序》，卷一百三十，西漢‧司馬遷撰，日‧瀧川龜太郎考證《史記會注考證》，頁1377。

不愧矣。」[6]

對趙襄子而言，智伯是勢不兩立的政敵；[7]對豫讓來說，智伯是難逢的知己。豫讓曾經在范氏與中行氏麾下任職，卻不被重用，只有智伯以「國士」對待他，了解、欣賞豫讓的才幹，[8]因此，豫讓一而再，再而三地，用盡各種方式，包括扮成「刑人，入宮塗廁中」；漆身吞炭，扮成乞丐，毀容傷身到妻子都無法認出；或者匿於橋下，伺機行刺，都只是為了報答智伯的知遇之恩。更難能可貴的是，豫讓不願假意投靠趙襄子，待取得信任之後，再伺機刺殺趙襄子，而是選擇一條艱難的道路，以近乎自殘的方式，為智伯報仇。《史記》載：

> 其友為泣曰：「以子之才，委質而臣事襄子，襄子必近幸子；近幸子，乃為所欲。顧不易邪？何乃殘身苦行，欲以求報襄子，不亦難乎？」豫讓曰：「既已委質臣事人，而求殺之，是懷二心以事其君者也。」[9]

豫讓復仇之際，仍然嚴遵君臣之義，十分難得，無怪乎司馬遷論刺客之「義」，以豫讓為代表。就刺客而言，其「義」表現在「士為知己而

---

[6] 西漢·司馬遷撰，日·瀧川龜太郎考證：《史記會注考證·刺客列傳》，頁1025。

[7] 智伯原是晉國公卿中最具權勢者，他率領韓、趙、魏滅了范氏、中行氏，盡分其地；要求韓、趙、魏獻地，只有趙襄子不從，智伯就率領韓、魏大軍攻打趙國，趙襄子固守晉陽一年多，智伯引汾水灌城，晉陽城的百姓易子而食，情況危急，後來，趙襄子策反韓、魏，兩位公卿陣前倒戈，才合力滅了智伯。參見《史記·趙世家》，頁692-693。

[8] 豫讓多次行刺趙襄子不成，趙襄子質疑豫讓：「子不嘗事范、中行氏乎？智伯盡滅之，而子不為報仇，而反委質臣於智伯，智伯亦已死矣，而子獨何以為之報仇之深也。」豫讓回應說：「臣事范、中行氏，范、中行氏皆眾人遇我，我故眾人報之；至於智伯，國士遇我，我故國士報之。」參見《史記·刺客列傳》，頁1025。

[9] 同前註。

死」；豫讓更進一步，在刺殺的過程中，嚴守君臣之義。[10]因此，就連趙襄子都對豫讓禮敬有加，稱其爲「義人」、「賢人」，最後，成全豫讓形式的復仇，《史記》記載豫讓的最後請求：

> 臣聞名主不掩人之美，而忠臣有死名之義。前君已寬赦臣，天下莫不稱君之賢，今日之事，臣固伏誅，然願請君之衣而擊之焉，至報仇之意。則雖死不恨，非所敢望也，敢布腹心。[11]

當豫讓兩次刺殺趙襄子未成，趙襄子發覺豫讓的復仇決心難以動搖時，雖然爲豫讓惋惜，也決定不再放走他；豫讓自知難逃一死，就提出借用趙襄子衣服，以擊刺衣服達到形式復仇的目的，趙襄子對豫讓堅持復仇的決心大加讚賞，也立即慨然應諾，豫讓在復仇之後，自殺身亡。豫讓以劍擊刺趙襄子衣服以完成復仇一幕，極富悲劇性，豫讓並非天生的殺人好手，人生的際遇讓他必須背負刺殺趙襄子的使命，「入宮塗廁」、漆身吞炭或藏匿橋下都不是高明的手段，然而，在這些作爲之中，展現了豫讓至死不會悔的決心以及成全君臣大義的堅持，因而散發出強大的感召力，讓趙襄子敬佩，也讓趙國志士爲之涕泣。

　　另一名刺客聶政，也是知遇於嚴遂，就挺身殺了韓相俠累，解除嚴遂在政治的大患。嚴遂對聶政的知遇，在於不論出身高低，主動拜訪隱身屠者的聶政，並準備厚禮饋贈聶母，表達重託的誠意。聶政在其姐姐也已有了幸福的歸宿，又守完母喪之後，主動找嚴遂，幫助他消滅仇家。在行刺

---

[10]　唐・司馬貞：《史記索隱》：「言寧爲厲而自形，不可求事襄子而行殺，則恐傷人臣之義而近賊，非忠也。」今人錢鍾書亦曰：「蓋不肯詐降也。其嚴於名義，異於以屈節從權後圖者。」參見西漢・司馬遷撰，日・瀧川龜太郎考證：《史記會注考證・刺客列傳》，頁1025。錢鍾書：《管錐篇》㊀（北京市：三聯書店，1999），頁517。

[11]　西漢・司馬遷撰，日・瀧川龜太郎考證：《史記會注考證・刺客列傳》，頁1026。

過程中，聶政表現得智勇雙全，在隻身進入韓國相府，殺害俠累，並擊殺數十名衛士之後，「因自皮面決眼，自屠出腸，遂以死。」聶政爲了怕洩漏嚴遂的形跡，選擇壯烈的犧牲。這當然不是臨時起意，而是經過事先縝密的規劃。士人對於嚴遂與聶政的知遇關係，歷來有所質疑，其焦點在於認爲嚴遂利用聶政剷除政敵，而非眞心禮遇。例如南宋‧鮑彪曰：

> 人之居世不可不知人，亦不可妄爲人知矣。遂惟知政，故得行其志。惜乎，遂褊猾細人耳，政不幸謬爲所知，故死於是。使其受知名主賢將相，則其所成就豈不又萬萬於此乎？哀哉！[12]

鮑氏爲聶政打抱不平，認爲他如果遇到賢主，其成就可以更高，而非慘死於韓相府。其實，關於聶政的抉擇，司馬遷已經透過其姐聶榮說出：

> 嚴仲子乃察舉吾弟困污之中而交之，澤厚矣，可奈何？士固爲知己者死。[13]

聶榮與聶政姐弟都認爲嚴遂有知遇之恩，而士爲知己者死則是立身處世必須奉行的法則。鮑彪的評論表現不同的價值觀，也是對知己關係的認知不同。聶政以爲，嚴遂能不恥卑下，與我結交，並欲託以重任，而且尊重自己安家的負擔，願意耐心等候時機，這就是我的知己。至於他的品行如何，他要託付的任務是什麼，則並非考量的重點。專諸之於公子光、豫讓之於智伯也是如此。

　　荊軻，是刺客的代表，他的刺秦象徵山東六國的最後一擊。在〈刺客

---

[12] 西漢‧劉向集錄：《戰國策》（臺北市：里仁書局，1990），頁1001。
[13] 西漢‧司馬遷撰，日‧瀧川龜太郎考證：《史記會注考證‧刺客列傳》，頁1027。

列傳〉中，荊軻的知己是田光，而非太子丹。太子丹從秦國逃回燕國，一心想復仇，在太傅鞠武的舉薦下，召見田光；田光以自己年老爲由，推薦荊軻。《史記》載：

> （田光）僂行見荊卿曰：「光與子相善，燕國莫不知。今太子聞光壯盛之時，不知吾形已不逮也。幸而教之曰：『燕、秦不兩立，願先生留意也。』光竊不自外，言足下於太子也，願足下過太子於宮。」荊軻曰：「謹奉教。」[14]

田光並未經由荊軻的首肯，逕自向太子丹推薦荊軻，在一般交情是唐突無理的，在知己則是合乎情理。田光稱「光與子相善，燕國莫不知。」誠非虛言，而荊軻在得知田光的舉薦之後，也從其意，面見太子。在此，發生一段小插曲，田光在荊軻答應面見太子之後，提到太子交代他不能洩密一事，認爲自己的人格未受信任，必須自殺以明志。值得注意的是，司馬遷特別強調「欲自殺以激荊卿」，而且荊軻對田光自殺的抉擇並未阻止。田光的自殺當然有明志的用意，不過，激勵荊軻才是重點。試想，田光、荊軻等人在一起酣酒高歌，繼之以旁若無人的相泣，不就是在等待大展長才的機會，而燕、秦的對立情勢並非勢均的軍事對抗，燕太子丹私逃回國，又收留樊於期，外交的折衝空間也遭到極大的壓縮，因此，必須採取非常手段，刺殺是一種可能的選擇。入秦廷刺殺秦王是有去無回的不歸路，必須有極大的決心與勇氣才能勝任，田光的死就是希望荊軻篤定地去執行燕太子丹的託付，一肩扛起六國的最後希望。[15]荊軻與田光相善，應該理解

---

[14] 西漢·司馬遷撰，日·瀧川龜太郎考證：《史記會注考證·刺客列傳》，頁1029。

[15] 明·高儀曰：「其死非為洩，實欲勉軻使死之耳。」參見明·凌稚隆輯校，明·李光縉增補：《史記評林》，第五冊（天津古籍出版社，1998），頁609。

田光的生平抱負與深刻用心：生死並不值得擔憂，值得擔憂的是無法一展
長才，不能名留青史。如今，荊軻有機會承擔歷史重擔，田光當然樂意以
一己老朽的性命幫助荊軻完成使命，荊軻不阻止田光自殺，這正是兩人的
默契，田光也是爲了荊軻這位知己而獻上生命。[16]

(二)處死者難

司馬遷曰：

> 知死必勇，非死者難也，處死者難。方藺相如引璧睨柱，
> 及叱秦王左右，是不過誅，然士或怯懦而不敢發，相如一
> 奮其氣，威信敵國，退而讓賢，名重太山，其處智勇，可
> 謂兼之矣。[17]

太史公在這段論贊中，特別稱許藺相如的智勇雙全：顧全國家大局，不與
廉頗爭鬥，展現其退讓的智慧；智折強秦，完璧歸趙則是其勇。藺相如在
秦廷與秦君鬥智，是面對生死之際，能置死生於度外，展現道德勇氣，行
所當行。完璧歸趙一事，有幾個轉折，首先，藺相如察覺秦王拿到和氏璧
後無意履行承諾，就先以璧中有瑕的謊言，奪回和氏璧，再以人璧俱毀威
脅秦王，掌握主動權；接著，又要求秦王齋戒五日，在這緩衝期間，派人
偷偷隨和氏璧回趙國。這些作爲都是冒著生命的危險，尤其是深陷虎狼之

---

[16]　樊於期自殺，作爲荊軻見秦王的獻禮，也是異曲同工的意義。樊於期避秦於燕，全家慘遭殺戮，荊
　　軻設身處地，遂其復仇之心，樊於期感於家仇可報，痛快自刎。又，相對於田光對荊軻的全然理
　　解、盡心協助，太子丹雖然一開始也表現出極大的誠意，但是，他的禮遇是「日造門下，供太牢、
　　具異物，閒進車騎美女，恣荊軻所欲，以順其意。」完全是物質層次的滿足，「日造門下」也顯示
　　太子的焦躁。所以，在刺秦的準備上，太子丹只能提供督亢地圖與徐夫人匕首，以及不斷的催促，
　　最後，荊軻在怒叱太子之後，帶著有勇無謀的秦舞陽前往秦廷。荊軻的失敗，太子丹實要擔負相當
　　的責任。參見《史記‧刺客列傳》，頁1030-1031。

[17]　西漢‧司馬遷撰，日‧瀧川龜太郎考證：《史記會注考證‧廉頗藺相如列傳》，頁996。

國，面對倨傲的秦王，其凶險更加萬分。藺相如在生死之際表現的從容、智慧與勇氣，維持了趙國的尊嚴與利益，也獲得秦國君臣的尊敬。其後，澠池之會上，藺相如又以其人之道還治其人之身的方式，回應秦王令趙王鼓瑟、秦臣要求以趙十五城為秦王壽等無禮的對待。甚至在秦王不肯擊缶之時，以威脅的方式逼其就範；在秦國衛士欲刀劍相向時，瞋目斥之，所向披靡。這樣勇毅的表現，震懾秦國君臣，捍衛國家尊嚴。

其實，處死之難，司馬遷自己有深刻的體會。報任安書曰：「人固有一死，或重於泰山，或輕於鴻毛，用之所趨異也。」〈報任安書〉寫於武帝征和二年（B.C.91），司馬遷回信給好友任安，一方面回應任安之對他舉薦賢才的期許，一方面也藉此表明心志，尤其是李陵案的原委，並抒發自己遭受宮刑的羞辱之後，在生死關頭掙扎的深刻體悟。司馬遷指出生命必然趨向死亡，這是誰也沒有辦法抵擋的自然規律，然而，生命死亡的價值卻有極大的落差，有的重於泰山，有的輕如鴻毛，端賴自我的抉擇。

㈢悲壯的告別

生死之際，是人生至大的艱難。當死亡來臨，要以何種姿勢與生命告別呢？《史記》歌頌悲壯的方式。

項羽及其叔父項梁於秦二世元年（B.C.209）發兵抗秦，年僅二十四歲，三年之後（B.C.206）滅秦，分封天下，自立為西楚霸王，「政由羽出」，是當時最有權勢的人，也創立亙古未有的偉大功業。然而，由於其分封不公、以力服人、用人不當、婦人之仁等因素，導致五年之後（B.C.202）兵少食盡，困於垓下。劉邦的軍隊將垓下團團圍住，夜裡，四面傳來楚歌聲，項羽在軍帳中飲酒，身邊有美人虞姬，帳外有寶馬騅，以及八百多名的精忠士兵。項羽慷慨悲歌，唱出：

力拔山兮氣蓋世，時不利兮騅不逝，騅不逝兮可奈何，虞

兮虞兮奈若何？[18]

這是項羽自創的楚歌，他一邊唱，虞姬在旁和著，項羽落下英雄淚，部屬
也跟著落淚，悲傷得無法仰視。霸王別姬一幕，寫盡了英雄失路悲慨，[19]
成為後來文學藝術創作的泉源。虞姬只在此段驚鴻一瞥，後面再無記載，
可能已經自刎。所以，霸王別姬是生死之別，美人香消玉殞，霸王也自知
死期將至。綜觀項羽本紀，這是項羽第一次，也是最後一次落淚。悲歌之
後，項羽率軍突圍，雖然僅存二十八騎，仍在項羽的指揮下數度衝殺，與
劉邦的軍隊相抗衡，最後不敵，逃至烏江邊，在烏江亭長的勸說下，依然
堅持不再渡江，項羽笑曰：

> 天之亡我，我何渡為？且籍與江東子弟八千人渡江而西，
> 今無一人還，縱江東父兄憐而王我，我何面目見之？縱彼
> 不言，籍獨不愧於心乎？[20]

霸王是不接受別人可憐的，當項羽率領八千江東子弟渡江而西，他只能榮
歸故里，失敗，是無法接受的，因此，當江東子弟都在爭逐中原時犧牲殆
盡，霸王項羽無顏回鄉。項羽再度回到戰場，死神已經在等他；劉邦立下
重賞，誰能殺了項羽，就能賞千金、封萬戶侯，漢軍將士無不睜大眼睛、
磨刀霍霍。在短兵相接中，項羽已經身受重傷，他回頭看見舊識呂馬童，
主動承認是馬童舊識，並說：「吾聞漢購我頭千金邑萬戶，吾為若德。」
接著就自殺，眾人搶分項羽屍首，最後，包括呂馬童等五人分得屍首，也

---

[18] 西漢·司馬遷撰，日·瀧川龜太郎考證：《史記會注考證·項羽本紀》，頁157。

[19] 清·吳見思：「一腔悲憤，萬種低迴，地厚天高，托身無所。寫英雄失路之悲，至此極矣。」
（《史記論文》，臺北：中華書局，1967），頁65。

[20] 西漢·司馬遷撰，日·瀧川龜太郎考證：《史記會注考證·項羽本紀》，頁158。

獲得封侯。項羽在死之前，用自己的身體送人情給舊識，其豪邁無畏地赴死，正是霸王對人間悲壯式的告別。

　　春秋時代的楚國的伍子胥一生際遇坎坷，卻能堅持自己的價值，司馬遷在論贊中稱其為「烈丈夫」，〈伍子胥列傳〉：

> 使人召二子，曰：「來，吾生汝父；不來，今殺奢也。」員曰：「楚之召我兄弟，非欲以生我父也，恐有脫者，後生患。故以父為質，詐召二子，二子到，則父子俱死，何益父之死？往而令讎不得報耳。不如奔他國，借力以雪父之恥。俱滅，無為也。」伍尚曰：「我知往終不能全父命，然恨父召我以求生而不往，後不能雪恥，終為天下笑耳。」謂員：「可去矣。汝能報父之讎，我將歸死。」[21]

當父親伍奢被楚平王藉故逮捕，命在旦夕之際，平王傳令要伍尚兩兄弟前來，否則，將立即處決伍奢。父親的安危完全繫於兄弟的一念之間，宅心仁厚的伍尚於心不忍，也擔心自己無力復仇，因此，決心赴死。「剛戾忍詢」的伍子胥則看清楚平王的詭計，不願作無謂的犧牲，而是決定逃亡他國，借外力以復家仇。伍尚、伍員的這一段對話，令人動容！伍尚選擇隨父親而死，成全父子之情，伍子胥則選擇漫長的復仇之路；赴死需要勇氣，復仇則需要毅力，兩者都是艱難的抉擇。

　　經歷十六年（B.C.522-506）的努力，伍子胥終於率領吳國大軍攻入郢都，報了父仇，也輔佐闔閭、夫差父子壯大吳國，稱霸中原。然而，由於對越國的態度不同，加上伯嚭從中挑撥，伍子胥最後落得遭賜死的下場。伍子胥再次面對生死交關，不過，這次他選擇死亡。〈伍子胥列傳〉：

---

[21]　西漢・司馬遷撰，日・瀧川龜太郎考證：《史記會注考證・伍子胥列傳》，頁871。

> 伍子胥仰天歎曰：「嗟乎！讒臣嚭爲亂矣，王乃反誅我。
> 我令若父霸，自若未立時，諸公子爭立，我以死爭之於先
> 王，幾不得立；若既得立，欲分吳國予我，我顧不敢望
> 也。然今若聽諛臣言，以殺長者。」乃告其舍人曰：「必
> 樹吾墓上以梓，令可以爲器；而抉吾眼縣吳東門之上，以
> 觀越寇之入滅吳也。」[22]

伍子胥雖然選擇自殺，不過，他對於夫差忘恩負義深表不滿，也預測吳國將敗於越國。因此，他在遺言裡交代，要門人在其墳塚上種梓樹，以作爲夫差的棺木；抉出眼珠掛在東門上，要「親眼」看到越國軍隊進入姑蘇。這些作爲都彰顯其剛烈的性格，也可看出伍子胥帶著憾恨，以及無畏的面臨死亡。

　　〈伍子胥列傳〉中以附傳記載白公勝的事蹟，白公勝是楚國太子建之子，太子建流亡他國，被鄭國君臣殺害，後來白公輾轉回到楚國，一心一意希望能復仇。終於得到楚國令尹子西的首肯，無奈國際情勢變化，晉國出兵攻打鄭國，楚國救鄭，兩國結盟，白公復仇大夢破碎。他遷怒於子西，與死士石乞襲殺令尹子西，並脅持楚惠王，後來，葉公出兵，平定動亂，白公自殺，石乞被俘。石乞被逼問白公埋葬處，石乞堅不吐實，將被烹煮，他並無畏死，並說：「事成爲卿，不成而亨，固其職也。」石乞在面臨死亡之際，展現一個臣子爲義而亡的勇敢、義無反顧。

三、生死的超克
(一)自我價值的追求

　　司馬遷的價值觀重在完成自我，身後留名是士人追求的目標，他說：

22　西漢・司馬遷撰，日・瀧川龜太郎考證：《史記會注考證・伍子胥列傳》，頁874。

「君子疾沒世而名不稱焉。」賈子曰：「貪夫徇才，烈士
徇名，夸者死權，眾庶馮生。」「同明相照，同類相求，
聖人作而萬物覩。」伯夷、叔齊雖賢，得夫子而名益彰，
顏淵雖篤學，附驥尾而行益顯。巖穴之士，趣舍有時，若
此類名湮滅而不稱，悲夫，閭巷之人，欲砥行立名者，非
附青雲之士，惡能施于後世哉！[23]

司馬遷在生死掙扎之際，念茲在茲的是死亡其實是容易的，自殺、就刑都
可以，然而，面對突遭的橫逆，不可期待的天道，如何在命運與死神面前
昭告自己找到立身安命的價值，可以篤定而安然地面對命運的播弄與死神
的威脅。太史公在〈伯夷列傳〉最後一段，先引述了《論語・衛靈公》、
賈誼〈鵩鳥賦〉以及《易・文言傳・乾卦》等先賢遺訓，說明世人都有其
價值觀：大眾為生活奔忙、好大喜功的人為權力犧牲、貪心的人為錢財付
出代價、烈士與士人則追求生前身後名。這些價值雖有層次的不同，然
而，世人願意犧牲任何代價，以追求價值的完成。可見，人們可以透過價
值的追求，暫時忽略或真正超越死亡的威脅。而「暫時忽略」與「真正超
越」的不同，就在其價值層次的差異。一般人追求物質需求的滿足，只是
為了生命的延續，層次最低，財富、權力的追求也都是「求之在外」，不
能完全作主，這些追求的滿足都要依賴外在的世界、偶然的際遇等各種因
素的配合才能達成，並非自己能完全作主。較能自己作主的只有德行的實
踐與才性的發揮：德行的實踐日起有功，從君子到聖人的精進、下學而
上達的提升，只要努力擴充其本質之善端，就能達到仍皆可的堯、舜境
界。才性的發揮則是認識自我的才能，以及其在所處環境能達到多大的發
展，並且盡力而達成之。司馬遷的際遇，讓他對「天道無親，常與善人」
（《老子》，第七十九章）產生深刻的質疑，也深化了他對生命的思索：

23 西漢・司馬遷撰，日・瀧川龜太郎考證：《史記會注考證・伯夷列傳》，頁848-849。

既然天道施報不可信任，就轉而向內尋求生命價值的貞定與確立：秉承孔子作《春秋》的宏願，在撰寫《史記》的過程中，一方面完成父親的遺命，一方面也回應時代撰作史書的要求，更重要的是，讓那些在歷史洪流中湮滅不彰的賢士君子、豪傑倜儻之人，藉由史書而能留名後世，也完成自己「究天人之際，通古今之變，成一家之言」的價值。蔡澤曰：「夫人之立功，豈不期於成全邪？身與名俱全者，上也；名可法而身死者，其次也；名在僇辱而身全者下也。」（〈范雎蔡澤列傳〉，頁982）蔡澤的回應內容中，《戰國策·秦策》並無上述引文，所以，這段話可能是司馬遷根據不同文獻，或者自己加上去的，然而，不管如何，都可以證明，司馬遷欣賞這段話。身、名俱全當然是士人追求的最高目標，然而，魚與熊掌常不能兼得，在兩者輕重的選擇中，身後的聲名顯然比生命重要。

㈡唯義所在

范雎曰：

> 君子以義死難，視死如歸，生而辱不如死而榮。士固有殺
> 身以成名，唯義之所在，雖死無所恨。[24]

君子行所當行，所謂「自反而縮，雖千萬人，吾往矣。」死而道義存、尊嚴存，則此生可以不朽；能以死彰顯道義、捍衛尊嚴，則死可以不枉也。[25]《史記》記載許多以死捍衛生命尊嚴的人，例如右丞相馮去疾、將軍馮劫因勸諫秦二世而下獄，曰：「將相不辱」，遂自殺以保尊嚴；[26]

---

[24]　參見《史記·范雎蔡澤列傳》，頁981。

[25]　參見孫映達：〈《史記》中所表現的死亡觀試探〉，收在王初慶主編：《記實與浪漫——史記國際研討會論文集》（臺北：紅葉文化事業有限公司，2002），頁180。

[26]　參見西漢·司馬遷撰，日·瀧川龜太郎考證：《史記會注考證·秦始皇本紀》，頁130。

李廣率軍與匈奴作戰，因迷路而被治罪，他不願被酷吏審訊而自殺。[27]其中，最具代表性的是屈原，《史記》將屈原與賈誼合傳，表達懷才不遇的主題，整篇文章夾敘夾議，充滿濃烈的抒情色彩。司馬遷是第一位爲屈原作傳的史家，並且對屈原的作品與人格都給予極高的評價，史公曰：

> 國風好色而不淫，小雅怨誹而不亂，若離騷者，可謂兼之矣。……其志絜，其行廉，……其志絜，故其稱物芳；其行廉，故死而不容。自疏濯淖汙泥之中，蟬蛻於濁穢，以浮游塵埃之外，不獲世之滋垢，皭然泥而不滓者也。推此志也，雖與日月爭光可也。[28]

屈原的《離騷》與《詩經》並列爲中國文學南、北的代表，也是兩大源頭，而屈原高潔不凡的形象也就此深入人心，這些都是司馬遷的影響。

漢初將領欒布先在燕王臧荼帳下任官，高祖五年（B.C.202），臧荼謀反被捕，欒布也受到牽連，彭越力保欒布，並任命爲梁大夫。高祖十一年（B.C.196）彭越被誣謀反，梟首洛陽，欒布從齊國出使回梁國，不顧高祖禁令，爲彭越收屍，遭到逮捕，《史記》記載欒布與高祖一段精彩的

---

[27] 漢武帝元狩四年（B.C.119），李廣隨大將軍衛青攻打匈奴，漢軍得知單于所在，欲發動攻擊。衛青率領主力部隊主攻，李廣從東邊輔助，然而，東道需要繞遠路，本來是前鋒部隊的李廣深怕錯失與單于決戰的唯一機會，請大將軍收回成命，仍任命他為主力部隊的先鋒，然而武帝臨行前交代衛青，李廣運氣不佳，不要讓他主攻，而當時隨行的將軍公孫敖曾救過衛青，他在元狩二年的戰役中失利，衛青想給公孫敖戴罪立功的機會，因此，仍李廣調至側翼。李廣不服調度，仍無奈地向東將軍酈食其報到，卻因中途迷路，耽誤軍機。大將軍衛青想了解迷路的詳細情況，向天子報告詳情，李廣不願配合，衛青責求李廣之幕府回答問題。李廣對他的部下說：「廣結髮與匈奴大小七十餘戰，今幸從大將軍出，接單于兵，而大將軍又徙廣部，行回遠，而又迷失道，豈非天哉！且廣六十餘矣，終不能復對刀筆之吏。」逐引刀自剄。參見《史記·李將軍列傳》，頁1182。李廣絕命之辭中充滿了命運的無奈，其以死捍衛自己最後的一點尊嚴。

[28] 西漢·司馬遷撰，日·瀧川龜太郎考證：《史記會注考證·屈原賈生列傳》，頁1010。

對話：

> 上召布罵曰：「若與彭越反邪？吾禁人勿收，若獨祠而哭
> 之，與越反明矣。趣亨之。」方提趣湯，布顧曰：「願一
> 言而死。」上曰：「何言？」布曰：「方上之困於彭城、
> 敗滎陽、成皋閒，項王所以遂不能西，徒以彭王居梁地，
> 與漢合從苦楚也。當是之時，彭王一顧，與楚則漢破，與
> 漢則楚破；且垓下之會，微彭王，項氏不亡。天下已定，
> 彭王剖符受封，亦欲傳之萬世。今陛下一徵兵於梁，彭王
> 病不行，而陛下疑以為反，反形未見，以苛小案誅滅之，
> 臣恐功臣人人自危也。今彭王已死，臣生不如死，請就
> 亨。」於是上迺釋布罪，拜為都尉。[29]

高祖以違反禁令為由，要烹殺欒布，欒布毫無懼容，並質疑高祖對功臣前
後不一的態度，甚至以子虛烏有的藉口逼使功臣造反，再一一剿滅，是背
信忘義的不恥行為，也非治國良策。證諸當時史實，高祖在五年滅楚即位
之後，每年都親率大軍平定叛亂，欒布的指控正是漢王朝兔死狗烹的實
況。高祖無言以對，釋放了欒布，並恢復其官職。欒布行所當行，挑戰最
高統治者的膽識與智慧，受到司馬遷的讚賞：

> 欒布哭彭越，趣湯如歸者，彼誠知所處，不自重其死。雖
> 往古烈士，何以加哉？[30]

欒布「知所處」而視死如歸，正是謹守君臣之義的最佳典型。

---

[29] 西漢‧司馬遷撰，日‧瀧川龜太郎考證：《史記會注考證‧季布欒布列傳》，頁1119。
[30] 西漢‧司馬遷撰，日‧瀧川龜太郎考證：《史記會注考證‧季布欒布列傳》，頁1120。

四、結語

　　《史記》的生死觀基於生命價值的思索，就人際而言，是士爲知己者死。因此，刺客聶政、謀士侯生、田光都爲了知音的賞譽而奉獻生命。

　　豪傑之士在生死之際，掙扎徘徊，難以抉擇，正是對生命的意義與眞實的嚴厲逼問，當生死了然於胸，則怨怒、遺憾就能一一消解，坦然面對死亡。然而，也有怨怒未消，帶著滿腔憤懣與不解，以一種悲壯的方式與生命告別。

　　生死士人生大事，有限的生命受限於時空，不可能長生不死，然而，我們仍然可以超克生死，《史記》特別標舉了「自我價值的追求」與「唯義所在」兩種方式，讓有限的生命在現實中貞定，並獲得無限的價值。

Note

Note

Note

Note

Note

國家圖書館出版品預行編目(CIP)資料

《史記》武將、史傳文學暨《史記》學／蔡忠
道著. -- 初版. -- 臺北市：五南圖書出版
股份有限公司, 2025.02
面； 公分
ISBN 978-626-393-028-5(平裝)

1.史記 2.傳記文學 3.史學 4.研究考訂

610.11   113000993

1XNU

《史記》武將、史傳文學暨《史記》學

作　　者 ― 蔡忠道

編輯主編 ― 黃惠娟

責任編輯 ― 魯曉玟

封面設計 ― 姚孝慈

出 版 者 ― 五南圖書出版股份有限公司

發 行 人 ― 楊榮川

總 經 理 ― 楊士清

總 編 輯 ― 楊秀麗

地　　址：106台北市大安區和平東路二段339號4樓

電　　話：(02)2705-5066　　傳　　真：(02)2706-6100

網　　址：https://www.wunan.com.tw

電子郵件：wunan@wunan.com.tw

劃撥帳號：01068953

戶　　名：五南圖書出版股份有限公司

法律顧問　林勝安律師

出版日期　2025年2月初版一刷

定　　價　新臺幣500元

經典永恆・名著常在

五十週年的獻禮——經典名著文庫

五南，五十年了，半個世紀，人生旅程的一大半，走過來了。

思索著，邁向百年的未來歷程，能為知識界、文化學術界作些什麼？

在速食文化的生態下，有什麼值得讓人雋永品味的？

歷代經典・當今名著，經過時間的洗禮，千錘百鍊，流傳至今，光芒耀人；

不僅使我們能領悟前人的智慧，同時也增深加廣我們思考的深度與視野。

我們決心投入巨資，有計畫的系統梳選，成立「經典名著文庫」，

希望收入古今中外思想性的、充滿睿智與獨見的經典、名著。

這是一項理想性的、永續性的巨大出版工程。

不在意讀者的眾寡，只考慮它的學術價值，力求完整展現先哲思想的軌跡；

為知識界開啟一片智慧之窗，營造一座百花綻放的世界文明公園，

任君遨遊、取菁吸蜜、嘉惠學子！